NZZ **Libro**

Der Zürcher Sommer 1968

Zwischen Krawall, Utopie und Bürgersinn

Herausgegeben von
Angelika Linke und Joachim Scharloth

Mit digitaler Edition

Herausgegeben von
Joachim Scharloth und Angelika Linke

unter Mitarbeit von
Noah Bubenhofer
Susanne Haaf
Céline Jourdain
Monika Schnoz
Ursula Stutz
Peter Zaugg
Angela Zimmermann

Verlag Neue Zürcher Zeitung

Herausgeber und Verlag danken für die freundliche Unterstützung durch

Cassinelli-Vogel-Stiftung
Dr. Adolf Streuli-Stiftung
Hochschulstiftung der Universität Zürich
Schweizerische Akademie der Geistes- und Sozialwissenschaften (SAGW)
SAGW
ASSH
Stadt Zürich, Präsidialdepartement
Stiftung für wissenschaftliche Forschung an der Universität Zürich

Bibliografische Information der Deutschen Nationalbibliothek
Die Deutsche Nationalbibliothek verzeichnet diese Publikation in der Deutschen Nationalbibliografie; detaillierte bibliografische Daten sind im Internet über http://dnb.d-nb.de abrufbar.

Gestaltung und Satz: GYSIN [Konzept + Gestaltung], Zürich
freiburger graphische betriebe, Freiburg im Breisgau

ISBN 978-3-03823-409-8

www.nzz-libro.ch
NZZ Libro ist ein Imprint der Neuen Zürcher Zeitung

FSC
Mix
Produktgruppe aus vorbildlich bewirtschafteten Wäldern, kontrollierten Herkünften und Recyclingholz oder -fasern
www.fsc.org Zert.-Nr. SGS-COC-003993

Inhalt

HER

Der Zürcher Sommer 1968

Ein Vorwort zu Buch und digitaler Edition

Am 1. Juli 1968 befinden sich die Bewohner der Stadt Zürich in einer Art Schockzustand. Sie schwanken zwischen Fassungslosigkeit und Empörung über die Ereignisse, die sich in den Nächten zuvor vor dem Globus-Provisorium am Hauptbahnhof, aber auch an vielen andern Orten in der Innenstadt abgespielt haben. 300 Polizisten hatten sich mit den rund 2000 Demonstranten Strassenschlachten geliefert, wie es sie in der Geschichte der Schweiz in dieser Form noch nie gegeben hatte. Die Demonstration für die Einrichtung eines autonomen Jugendzentrums hatte nach offizieller Darstellung 40 teils schwer verletzte Polizisten, Feuerwehrleute und Demonstranten gefordert, insgesamt waren 169 Personen verhaftet worden. Der Stadtrat kommt zu zwei Dringlichkeitssitzungen zusammen, bei denen sogar die Möglichkeit des Einsatzes von Truppen diskutiert, dann aber einstimmig verworfen wird. Er erlässt aber ein Verbot sämtlicher «Ansammlungen demonstrativen Charakters», das dabei helfen soll, die «Ruhe und Ordnung» wiederherzustellen. Am selben Tag reicht das *Aktionskomitee autonomes Jugendhaus* Strafklagen gegen die Zürcher Stadtpolizei ein. Die Anklagepunkte: Körperverletzung und Tätlichkeiten. Im Keller des Globus-Provisoriums, in dem die Polizei während der Unruhen die verhafteten Demonstranten gesammelt hatte, war es zu schweren Übergriffen gekommen. Der «Dialog der Generationen», den der Stadtpräsident beschwört, scheint am Ende.

In dieser Situation meldet sich eine weitere Stimme zu Wort. Eine Gruppe von Künstlern und Intellektuellen, unter ihnen Max Frisch, entwirft das *Zürcher Manifest*. In diesem «Aufruf zur Besinnung», der auf Flugblättern und in der Tagespresse publiziert wird, werden die Unruhen als Folge «unzulänglicher Gesellschaftsstrukturen» und der «Unbeweglichkeit unserer Institutionen» gedeutet, die sich nicht den veränderten Bedürfnissen der Menschen anpassten und die Entfaltung schöpferischer Minderheiten verhinderten. Die Gruppe, die sich schnell zu einer Arbeitsgemeinschaft mit grosser Mitgliederzahl entwickelt, stellt sich auf die Seite der Jugendlichen und fordert die Wiederaufnahme des öffentlichen Dialogs und die Wiederherstellung des Demonstrationsrechts. Doch es gingen noch weitere 14 Tage ins Land, ehe sich der Stadtrat zur Aufhebung des Demonstrationsverbotes – und auch nur unter Auflagen – durchringen konnte. Die Zürcher Ereignisse der letzten Junitage im Sommer 68 sollten später als «Globus-Krawall» in das kollektive Gedächtnis der Schweiz eingehen. Sie prägen bis heute die Erinnerung an die Zürcher 68er-Bewegung, und der Globus-Krawall steht auch über die Stadt hinaus als Chiffre für die Protestereignisse in der Schweiz.

Dennoch löst das Reizwort ‹Achtundsechzig› auch in der Schweiz zunächst andere Assoziationen aus. Wenn von ‹1968› die Rede ist, dann denkt man zunächst nicht an Jugendliche in Zürich, sondern an protestierende Studenten in Berlin und Frankfurt, nicht an ein Zürcher Jugendhaus, sondern an die Kommune I oder an Bilder von überfüllten Hörsälen, in denen Teach-ins mit stundenlangen Diskussionen abgehalten werden. Man denkt an die Happenings der Hippiebewegung in San Francisco und anderswo auf der Welt, an die sexuelle Revolution, die psychedelischen Klänge von *The Doors*, die Performances von Jimi Hendrix und *I can't get no satisfaction*. An die Barrikaden im Quartier Latin im Pariser Mai ebenso wie an die Panzer auf dem Prager Wenzelsplatz und die Ermordung Martin Luther Kings. An die von Herbert Marcuse konstatierte «grosse Weigerung» einer ganzen Generation, an Proteste gegen den Vietnamkrieg, an Imperialismus- und Kapitalismuskritik und an den Kampf für mehr Frieden und Gerechtigkeit auf der Welt. All diese Facetten der Jahre um 1968 haben sich zum populären Mythos von ‹1968› verdichtet, zu einem Mythos, der von einer jungen Generation erzählt, die gegen die Eltern im Namen einer besseren Welt rebellierte, von einer globalen Revolution träumte und schliesslich den langen Marsch durch die Institutionen antrat, um wenigstens einen Teil ihrer Ideale zu verwirklichen.

Der populäre Mythos verstellt den kritischen Blick auf die Ereignisse der Jahre um 1968 und auf ihre konkreten Ausformungen. So wichtig die Einordnung der vielfältigen Protestereignisse in einen globalen Kontext ist, so sehr verwischt sie doch die Besonderheiten der vielen nationalen, regionalen oder lokalen 68er-Bewegungen, die in ihrer je spezifischen Ausprägung und Wirkkraft noch längst nicht beschrieben sind.

Dies zeigt sich auch und vielleicht in besonderem Mass an der Zürcher 68er-Bewegung, die meist nur als lokaler Widerhall der globalen Ereignisse gesehen wird. Die Beiträge im vorliegenden Band und vor allem die Sammlung von über 900 Quellendokumenten auf der beiliegenden DVD-ROM wollen hier neue Einblicke und neue Perspektiven eröffnen. Beides, die Beiträge und die Quellensammlung, sind der Leitfrage verpflichtet, warum und wie sich im Frühjahr und Sommer 1968 in Zürich eine soziale Bewegung formierte, in der so unterschiedliche Akteure wie Schüler und Studierende, Lehrlinge, Rocker und Hippies, aber auch eine grosse Zahl angesehener Stadtbürger gemeinsam den Wunsch nach sozialen und politischen Veränderungen artikulierten.

Die Ereignisse des Zürcher Sommers 1968 sollen als Kommunikationsgeschichte lesbar werden, als die Geschichte einer durch kommunikative Akte herbeigeführten Verengung von Handlungsspielräumen, die in dem dramatischen Gewaltausbruch der Globus-Krawalle gipfelte. An dieser Eskalation waren allerdings nicht nur die Aktivisten der jugendlichen Protestbewegung beteiligt, die durch Maximalforderungen und Ultimaten das Establishment unter Druck zu setzen suchten und die bürgerliche Ruhe und Ordnung nicht nur symbolisch zu Grabe trugen. Vielmehr hatten auch Medien und Stadtregierung einen grossen Anteil daran, dass sich Ende Juni Polizei und Demonstranten unversöhnlich gegenüberstanden. Mit Warnungen vor Verhältnissen wie in Paris oder Berlin setzte die Presse die Stadtregierung unter Druck, hart gegen alle linksradikalen Bestrebungen durchzugreifen. Auch nach den Globus-Krawallen prägte die Presse durch teilweise skandalisierende Berichterstattung die öffentliche Wahrnehmung der Ereignisse und das Bild der protestierenden Jugend und ihrer Aktionen. Der spezifische Verlauf der Ereignisse des Zürcher Sommers ist zudem auch der Intervention des linksliberalen Stadtbürgertums verpflichtet, das sich in der *Arbeitsgemeinschaft Zürcher Manifest* formierte. Deren Forderungen nach freier Meinungsäusserung aller Konfliktparteien, ihre Bemühungen um eine Aufarbeitung der Vorgänge in den Krawallnächten, die Versuche, zwischen Stadtregierung und Jugend zu vermitteln, und auch die Organisation öffentlicher Diskussionsveranstaltungen wie die sechstägige Marathondiskussion im Centre Le Corbusier eröffneten neue Handlungsspielräume und waren eine entscheidende Bedingung dafür, dass eine weitere Radikalisierung der 68er-Bewegung ausblieb. Der Sommer von 1968 blieb in Zürich – anders als in Berlin, Rom oder Tokio – nur eine kurze Phase breiter Mobilisierung. Die Geschichte der 68er-Bewegung lediglich aus der Perspektive der jugendlichen

Aktivisten zu erzählen und den populären Mythos von ‹1968› auf die Zürcher Ereignisse zu projizieren, greift daher zu kurz. Denn ‹1968› war in Zürich ein Prozess, der seine spezifische Dynamik nur aus dem Zusammenwirken heterogener Akteursgruppen in einer konkreten lokalen Situation – und bei Weitem nicht nur der protestierenden Jugend – gewann.

Alle Akteure haben Spuren hinterlassen, an denen sich ihr Wirken im Zürcher Sommer 1968 noch heute ablesen lässt. Die Flugblätter und Arbeitspapiere des *Aktionskomitees für ein autonomes Jugendzentrum* oder der *Jungen Sektion der Partei der Arbeit* etwa, die Dossiers der *Arbeitsgemeinschaft Zürcher Manifest*, die Zeitungsberichte von *Tages-Anzeiger, Blick* und *Neuer Zürcher Zeitung*, die Zeitschrift *Hotcha!*, das Zentralorgan des Zürcher Underground, die Protokolle des Zürcher Stadtrates, die Polizeiakten der Stadtpolizei sowie Plakate und Wandzeitungen öffentlicher Veranstaltungen – von kaum einer andern 68er-Bewegung sind so faszinierende Zeitdokumente erhalten geblieben. Sie werden mit diesem Buch und der ihm beigegebenen digitalen Quellenedition erstmals einer breiten Öffentlichkeit zugänglich gemacht. Zwei Quellengattungen sind dabei besonders hervorzuheben. Zum einen die lange unter Verschluss gehaltenen Polizeiakten des Kriminalkommissariats III (die ‹Fichen›), die durch eine Sondergenehmigung des Stadtarchivs Zürich erstmals veröffentlicht werden können; zum andern die rund 300 Wandzeitungen, die im Rahmen der Marathondiskussion *6 Tage Zürcher Manifest* im Centre Le Corbusier entstanden sind. Sowohl die Staatsschutzdossiers als auch die Wandzeitungen ermöglichen bislang völlig unbekannte Einblicke in die innerhalb der Bewegung geführten Debatten, aber auch in das Befremden, das die Vorgänge bei Personen auslösten, die wie die Polizisten nicht Teil der Bewegung waren. So lassen die im vorliegenden Buch und in der digitalen Edition versammelten Texte und Dokumente den Zürcher Sommer 1968 wieder als einen Abschnitt der Zürcher Stadtgeschichte lebendig werden, in dem gesellschaftspolitische Fragen die Limmat-Stadt bewegten und ihre Bewohner polarisierten. Sie wollen 40 Jahre nach den Ereignissen Anlass sein für eine vertiefte Auseinandersetzung mit einer Zeit, die noch heute gesellschaftliche Kontroversen provoziert.

Joachim Scharloth und Angelika Linke

JEDEM SEIN EIGEN
SEIN EIGENER POLIZIST,
ES GUT WAR

Zürich 1968

Die Stadt als Protestraum

Angelika Linke, Jakob Tanner

Chiffre 68

‹1968› verweist auf einen Erinnerungsraum, der nach wie vor polarisierend wirkt. Während die einen im kulturrevolutionären Aufbruch, für den diese Jahreszahl steht, eine innovative Kraft sehen, welche die restaurative Phase der Nachkriegs-Konsumgesellschaft beendete und kreative Potenziale freisetzte, die sich bis heute noch nicht erschöpft haben, sind andere der Meinung, Übelstände der heutigen Gesellschaft hätten in der permissiven, respektlosen, individualistisch-selbstbezogenen Haltung der damaligen Protagonisten ihren Ursprung. Während die einen den nachhaltigen kulturellen Modernisierungsschub im Gefolge von ‹1968› hervorheben, beklagen andere den Zerfall von gesundem Pflichtbewusstsein und natürlicher Autorität. Insgesamt ist ‹1968› eine politisch und emotional überfrachtete Jahreszahl. Sie ist zur Chiffre geraten, an der sich sehr unterschiedliche, ja gegensätzliche Deutungen festmachen. Diese Bewertungskonflikte ziehen sich bis in die Gegenwart hinein und erleben 40 Jahre nach 1968 eine Aktualität, die zwar zum Teil, aber eben nicht nur, der runden Zahl geschuldet ist (vgl. zu diesem Punkt den Beitrag von Tobias Holzer in diesem Band). Vier Jahrzehnte garantieren zwar nicht zwingend Distanz. Doch sind diese die Lebensgeschichte vieler Beteiligter prägenden Jahre inzwischen zum Gegenstand historischer Untersuchungen geworden und eine neue Generation von Forscherinnen und Forschern wirft einen unbefangeneren Blick auf die Vorgänge. Mit diesem freieren Blick werden auch Kontexte sichtbar, die aus engagierter Nahperspektive nicht gesehen werden oder nicht relevant erscheinen.

Revolte zwischen globaler Phantasie und lokaler Wirklichkeit

Die *années 68* bildeten insgesamt eine Konjunktur sozialer Utopien, politischer Proteste und gegenkultureller Manifestationen, die schon Jahre vor ‹1968›, ganz prägnant aber 1967 mit dem kalifornischen *Summer of Love*, einsetzte und die sich dann einige Jahre über den Kulminationspunkt des 1. Mai 1968 hinauszog. Dieser Aufbruch war weitgehend auf (sowohl West- wie Ost-)Europa sowie auf die USA, Japan und Australien, d.h. auf entwickelte Industrie- und Konsumgesellschaften beschränkt. In der Perspektive ihrer Akteure wies er jedoch einen globalen Horizont auf. Es gab damals eine synchronisierte Wahrnehmung weltweiter Veränderungen, eine Illusion der internationalen Gleichzeitigkeit von Verweigerung und Revolution, in Kuba, ganz Lateinamerika, in Vietnam und China, in Afrika – und in jenen Zonen des urbanen Kapitalismus, in denen man gerade selber protestierte. Die Rebellion gegen das bürgerliche Establishment, die Revolte gegen Krieg, Imperialismus und Kommerzkultur schien unaufhaltsam in planetare Dimensionen hineinzuwachsen. Der medial unterstützte (und durch die Massenmedien überhaupt erst ermöglichte) Traum revolutionärer Omnipräsenz setzte enorme emotionale Energien frei und steigerte die Intensität von Konflikten. Detlef Claussen sollte später treffend vom «Selbstmissverständnis der metropolitanen Revolte als Revolution» sprechen.

Hierzu trugen nicht zuletzt neue Formen des Protestes bei, die international praktiziert und medial verbreitet wurden: *Go-ins, Sit-ins* und *Teach-ins*, in den USA ‹erfunden›, wurden rasch überall adaptiert. Die Internationalität galt auch für viele Slogans und Sprüche, die auf den Demonstrationsrouten durch die Städte skandiert wurden: «Ho-Ho-Ho-Chi-Minh» oder «Hoch-die-internationale-Solidarität» erklangen in Frankfurt wie in Zürich – Köpfe und Gedanken der auf lokalem Pflaster Protestierenden waren gleichsam ‹hors-sol›, sie dachten und fühlten in den grossen Dimensionen einer weltweiten Befreiung.

Dennoch: Die Aufbruchenergien und Konfliktpotenziale waren gleichzeitig lokal verortet und wurden entsprechend ausagiert. Protestaktionen fanden immer an konkreten Orten statt, sie widerhallten in begrenzten Resonanzräumen, die ihnen ein individuelles Gesicht und eine spezifische Stimmung gaben. In diesem Sinn kann *Think global, act local* als ein Leitmotiv der 68er identifiziert werden, längst bevor es drei Jahrzehnte später von den Theoretikern der *globalization* aufgegriffen wurde. Die globale Phantasie einer Zeitenwende war jeweils bezogen auf eine lokale Wirklichkeit und deren konkrete Konfliktpotenziale. Das galt auch für die Schweiz.

Die Stadt

Der Hauptschauplatz aller grossen Revolutionen der Moderne waren Städte. Das gilt für 1789 ebenso wie für 1848, 1918 – und für die Revolten von 1968. Als Gegenstück zu diesen Herausforderungen für die politische Ordnung entzündete sich auch die Kritik an der Moderne am Modell der Grossstadt. Die Entstehung und Ausbreitung urbaner Lebensformen und Verhaltensweisen wurde als Gefahr für tradierte Normen und legitime Institutionen wahrgenommen. Städte stellen hoch verdichtete, zugleich aber komplex strukturierte Handlungs-, Sozialisations- und Transaktionsräume dar. Sie sind von soziokulturellen Widersprüchen durchsetzt und werden seit je auch so interpretiert.

Die vielgestaltige soziale Struktur der Stadt, ihre unverbindliche Anonymität, der rasche Puls urbanen Lebens und die Beschleunigung von Verkehrsformen und Zirkulationsprozessen wurden und werden als Gegensatz zum Land, zum Leben auf dem Dorf wahrgenommen – sei dies als positiver Gegenpol zur einengenden dörflichen Sozialkontrolle und zu einer als langweilig empfundenen Übersichtlichkeit ländlicher Gemeinwesen, sei dies – negativ – als Projektionsschirm für alle Ängste und Befürchtungen, welche die Stadt zum abschreckenden Kontrastort eines als idyllisch imaginierten Landlebens machen.

Der Weg in die Stadt ist seit je ein möglicher Ausbruch aus einem engen Gefüge sozialer Verpflichtung und Verantwortung; gleichzeitig steht Urbanität immer auch für das Unbeheimatete und Unbehauste. Die Netzwerke, die sich in der Anonymität der Städte entfalten können, schaffen aber wiederum neue Formen der Vergemeinschaftung. Weit davon entfernt, Menschen flächendeckend in die Isolation zu treiben, formen sich in Städten neue Möglichkeiten der Kommunikation, der Vernetzung, des Sich-Kennenlernens und des Sich-zur-Kenntnis-Nehmens. Als ‹zentrale Orte› bieten Städte zudem das ganze Angebotsspektrum, das eine moderne Industrie- und Dienstleistungsgesellschaft zu bieten hat, sie sind privilegierte Orte des Konsums, des Vergnügens, der verdichteten Kommunikation.

Als Orte des Geschehens werden sie allerdings auch zum zentralen Objekt entsprechender Kritik. 1965 hatte Alexander Mitscherlich seinen kritischen Essay «Die Unwirtlichkeit unserer Städte» veröffentlicht, den er eine «Anstiftung zum Unfrieden» nannte. 1968 schlug das Unbehagen in der Stadt in praktizierten Unfrieden um. Es waren Städte, in denen sich die Aktivitäten konzentrierten, die dann

▲ Das Globus-Provisorium war 1968 der am heftigsten umkämpfte Ort im städtischen Raum. Blick auf die Bahnhofbrücke am 29. Juni 1968, dem Tag des sogenannten Globus-Krawalls.

unter der Chiffre 68 rubriziert wurden; die Vorgänge, die durch ‹68› beschrieben werden, sind jeweils auch Stadtgeschichte. Auch in Zürich.

Hier wie andernorts bot die kommunikative ‹Dichte› der Stadt die konkrete Voraussetzung für die Konzentration unspezifischen wie spezifischen Unmuts, für einen Zusammenschluss von unterschiedlichen politischen, sozialen und kulturellen Gruppen und Milieus und für die unmittelbare Selbstwahrnehmung der jugendlichen Protestanten als eine Form von Gemeinschaft. Diese Entwicklung wiederum ist eingebettet in einen europäischen und internationalen Kontext: vom Pariser Mai über den Prager Frühling über ‹Berlin› bis ‹Haight-Ashbury› in San Francisco ist ‹68› mit den Namen von Städten und städtischen Quartieren verbunden. In der Deutschschweiz wird dieser Aufbruch durch ‹Zürich› symbolisiert. Die heimliche Hauptstadt der Schweiz war auch das Epizentrum der aufbrechenden Konflikte.

Sichtbarkeit

Städte zeitigen spezifische Bildeffekte. Das Flugblatt als das prototypische Kommunikationsmedium der *années 68* entfaltet seine besondere Wirkung im urbanen Raum. Es ist sichtbar, auch noch dann, wenn es im Schmutz der Strasse liegt. Es ist ein Zeichen des Protests, der sich verkündet, auch wenn er schon vorbei ist. Die Stadt bietet Räume für Zeichenzirkulation und Spielmaterial für semiotische Praktiken, die Aufmerksamkeit schaffen. Das gilt im Übrigen gleichermassen für die Stadt als dem traditionellen Repräsentationsraum des Bürgertums wie für die Stadt als dem Ort proletarischer Opposition. Für die berechnende Ökonomie medialer Aufmerksamkeit bieten Städte jene Attraktoren, die moderne Massenmedien ebenso wie protestierende Akteure anzieht. Aktionen und Demonstrationen haben in einem urbanen Kontext die grössere Chance, in besonders intensiver Weise zur Kenntnis genommen und Objekt einer dramatisierenden Berichterstattung zu werden. Auch und gerade die Aktionsformen der 68er lassen sich nicht abgelöst von medialen Repräsentationsformen betrachten. Erst die Bilder machten diese zu einem zeitgeschichtlichen Ereignis.

Die verdichtete Topografie der Stadt gewährleistete auch in Zürich der sich formierenden jugendlichen Gegenkultur eine Sichtbarkeit für sich selbst wie für andere, die in ‹verdünnten› ländlichen Strukturen nicht gegeben war. Der Globus-Krawall vom 29. und 30. Juni 1968, als mitten in Zürich mehr als 1000 Jugendliche und 400 Polizisten aufeinanderprallten, steht exemplarisch für die urbane Bündelung und Konzentration von Protest, für die damit einhergehende Intensivierung der Kommunikation sowie für eine mediale Präsenz, die ihrerseits wieder Zürich als für Schlagzeilen sorgenden Protestort auswies. Diese Auseinandersetzung wurde im Juli 1968 fortgesetzt mit dem *Sechstagerennen* des *Zürcher Manifests* im Le-Corbusier-Haus im Zürcher Seefeld (vgl. zur Chronologie der Ereignisse auch den Beitrag von Ursula Stutz in diesem Band). Dass die politische Diskussion um die Geschehnisse im Zentrum der Stadt an einen eher peripheren, jedoch architektonisch renommierten Ort verlagert wurde, zeigt, wie eine Deeskalation im Zentrum mit einer Intensivierung der Reflexion in der Grünzone einhergehen konnte. Nicht zufällig war das Zürcher Manifest – im Gegensatz zum Globus-Krawall – ausgeprägt von rhetorischen Meinungsmachern dominiert. Während sich an den Auseinandersetzungen zwischen Bahnhof und Central ganz unterschiedliche Gruppen beteiligten, stand die anschliessende Debatte, die in vier Wänden geführt wurde, im Zeichen von Abgrenzungen. Snobistische Distinktionsbemühungen führten zum Beispiel dazu, dass gegenkulturelle Pioniere wie *Hotcha!*-Macher Urban Gwerder, der in einem transnationalen und urbanen Undergroundnetzwerk arbeitete, nicht für geeignet erachtet wurden, das auf Publikumsund Medienwirksamkeit orientierte Demokratische Manifest zu unterzeichnen (vgl. auch das Interview mit Urban Gwerder sowie den Beitrag von Céline Jourdain).

Wenn es um Protest und Provokation ging, wurde das Zentrum der Stadt zum Attraktor und Resonanzraum für Aktionen. Zentrale Orte bieten den Vorteil, dass sich hier schon immer ein Publikum befindet, das unbesehen zum Teil der intendierten Störung wird. Eine grosse Zahl von Konsumentinnen und Konsumenten, von motorisierten Verkehrsteilnehmern, von Flaneuren und Passanten werden durch den Einbruch irregulärer Aktionen aus ihren normalen Routinen geworfen; sie müssen sich auf Unvorhergesehenes einstellen, ihre Stimmung verändert sich, und sie werden in den Status von Zuschauern und Partizipanten versetzt. Es gibt zudem eine Rekrutierungsbasis von protestbereiten Leuten, insbesondere von Jugendlichen. Es spielen sich merkwürdige Mischungsverhältnisse von Erschrecken und Unterhaltung ein; Unbeteiligte werden dadurch, dass ihre Pläne durchkreuzt werden, zu Beteiligten *ex negativo* und die Erwartung des Neuen, die für den Habitus des modernen Konsumenten grundlegend ist, erfüllt sich auf paradoxe Weise, was häufig einen Voyeurismus verstärkt, der wiederum für die Operationen der Ordnungskräfte zum Problem werden kann (vgl. hierzu den Text von Peter Zaugg in diesem Band).

Aktionen im Verdichtungsraum der Stadt lassen sich leicht dokumentieren. Die Politik der Bilder ist auf beiden Seiten der Konfrontation wichtig. Für die Demonstranten und Protestierenden stellte die mediale Berichterstattung – auch wenn sie von ihnen als einseitig angegriffen wurde – eine Authentifizierung ihrer Präsenz dar; die Multiplikation der Nachrichten im Mediensystem machte aus den auf die Stadt beschränkten Aktionen eine Affäre mit nationaler, ja internationaler Resonanz (vgl. den Text von Rahel Bühler in diesem Band). Umgekehrt insistierten Protagonisten des Establishments ihrerseits auf einer überregionalen Medienberichterstattung, die den Bürgerinnen und Bürgern die Gewaltanwendung der rebellierenden Jugendlichen vor Augen führen sollte. So strahlte Radio DRS drei Wochen nach dem für mehr als nur lokale Aufregungen sorgenden Globus-Krawall eine Sendung über die «Hintergründe der Zürcher Unruhen» aus, an der Politiker, Zeitungsredaktoren und Vertreter der Kulturszene teilnahmen. NZZ-Redaktor Fred Luchsinger erklärte, unter direkter Bezugnahme auf Fernsehbilder: «Wie haben Sie denn noch gehen wollen, wenn keine Trams mehr gefahren sind? Wenn da also solche Bilder von – ordnungswidrig ist einfach zu schwach – anarchistisch und von Chaos entstehen, dann reagiert man sauer und dann reagiert man einfach: *So geht's nicht. So geht's nicht!*»

Unruhe und Bewegung

In derselben Radiosendung über die «Hintergründe der Zürcher Unruhen» diagnostizierte Luchsinger eine «bewusste Provokation der Behörden», ergänzte aber gleichzeitig, dass hier «auch das Element *Explosion vom Sommer* mit drin» stecke. Diese Diagnose dürfte trotz ihrer der gesprochenen Sprache geschuldeten grammatischen Schräglage das Lebensgefühl der jugendlichen Protestierenden und die emotionale Dynamik der Bewegung auf den Punkt gebracht haben: Was sich im Sommer 68 auf den Strassen und Plätzen von Zürich Bahn bricht, ist nicht nur die Wut über die jahrelange Zögerlichkeit der Behörden gegenüber den konkreten Forderungen nach einem autonomen Jugendhaus, ist nicht nur ein politisches Engagement gegen Krieg und Imperialismus, gegen Kulturindustrie und gegen erstarrte Bildungs- und Politinstitutionen, sondern ebenso Ausdruck einer intensivierten Selbstwahrnehmung, eines neuen Lebensgefühls der Jugendlichen, die in der Selbstermächtigung durch Protest zu politischen Akteuren werden.

Die Bewegtheit und Unruhe im politischen Engagement wie in der emotionalen Befindlichkeit vieler jugendlicher Gruppen und Gruppierungen findet ihren homologen Ausdruck in den Formen des Protestes. 1968 sind die markanten Ausdrucksweisen v.a. *Flugblätter* und *Transparente* – leichte und bewegliche Medien, die dem Zug der Demonstrationen

▲ Die symbolische Besetzung des öffentlichen Raums mit Graffiti war eine wichtige Ausdrucksform in der 68er-Bewegung. Hier eine Innenansicht aus dem Globus-Provisorium, das von den Jugendlichen als autonomes Jugendzentrum beansprucht wurde und zeitweilig von der 68er-Bewegung symbolisch besetzt war.

folgen und die Orte flüchtiger kommunikativer Ballungen markieren. Dasselbe gilt für das *Megafon*, das – mitgetragen – zur Stimme der mobilen Demo wird, die ihre Sprachspur durch die städtische Topografie legt und in einer Art von Dopplereffekt sich langsam als Geräuschkulisse aufbaut, dann ihre turbulente Klimax erreicht, um schliesslich wieder abzuschwellen, in den Strassen zu verebben und Teil einer Erinnerung zu werden. Ähnliches gilt auch für die *Wandzeitungen* (vgl. zu diesem Medium den Beitrag von Monika Schnoz), deren Handschriftlichkeit Garant der Spontaneität und Authentizität der auf ihnen festgehaltenen Aussagen ist und die so zum Protokoll des Augenblicks und dann – von der Wand genommen und zusammengerollt – zum historischen Dokument werden. (Die bemerkenswerte Kombination einer auf flüchtige und performative Effekte setzenden Protestkultur mit dem Hang zur Selbstdokumentation, welche die 68er auszeichnet, gilt auch für Zürich: So sind auch die über 300 Wandzeitungen der sechstägigen Marathondiskussion im Le-Corbusier-Haus noch heute als Archivalien vorhanden und fast vollständig auf der diesem Buch beiliegenden CD dokumentiert.)

Das Graffito als die lokal gesetzte und monumentalere Form revoltierender Kommunikation, die Betonwände als Schreibfläche nutzt und Gebäude zu Orten visueller Markierung funktionalisiert, setzt sich mit der Technik der Spraydose erst in der 80er-Bewegung flächendeckend durch. Die gesprayten Graffiti der Zürcher Jugendunruhen der 1980er-Jahre bedeuten gegenüber den Praktiken der 68er eine andere und neuartige symbolische Besetzung von städtischem Raum und urbaner Architektur. Die politische Performativität von ‹1968› war dagegen gleichermassen zeitlich flüchtig und örtlich konzentriert, was sich auch bei den zahlreichen Pop-Polit-Wandmalereien rund um und im Globus-Provisorium zeigt. Diese temporäre Beschlagnahmung von funktional oder imaginär wichtigen Orten fokussiert jedoch auf das Zentrum der Stadt, während sich mit der Kultur der Graffiti die ubiquitäre Präsenz einer Bewegung zeigte, die überall auftauchen konnte, gerade auch an der Peripherie, und die sich auch nicht mehr so einfach durch Polizeieingriffe bekämpfen liess, wie dies bei den Aktionen des ‹Zürcher Sommers 1968› der Fall war.

Topografien und Verdichtungsorte

Städte lassen sich als kulturell und sozial markierte Topografien beschreiben. In Zürich ist es – metaphorisch überdeutlich – der ‹Zürichberg›, an dessen Hang das Stadtbürgertum seine Villen erbaut hat, und der nahtlos in die ‹Goldküste›, in das rechte und reiche Ufer des Zürichsees übergeht. Die Stadtkreise im Aussersihl, insbesondere der als ‹Kreis Cheib› bekannte Kreis 4, wo traditionell die unteren Schichten zu Hause sind, liegt vom Zürichberg aus gesehen unten und hinten, nämlich unten im Tal zwischen Zürichberg und Üetliberg, hinter den Geleisen des Hauptbahnhofs und ‹befestigt› durch die Kaserne, an der sich immer wieder Protestaktionen kristallisierten. Auch die höhere Bildung haust auf dem Hügel: Sowohl die traditionellen Gymnasien wie Rämibühl und Hohe Promenade (die ehemalige ‹Töchterschule›) als auch Universität und ETH erheben sich über die Stadt, und es ist semiotisch bemerkenswert, dass die Haupteingänge von beiden Hochschulen zum Berg hin ausgerichtet sind und es nur der kleinere Ausgang der Universität – derjenige zur Stadt hin – ist, der den von zwei Zürcher Löwen bewachten Spruch «Durch den Willen des Volkes 1911–1914» trägt. Damit wird die plebiszitäre Legitimation der höchsten Bildungseinrichtung des Kantons Zürich in einer Phase erhöhter sozialpolitischer Spannungen und eskalierender Konflikte zum Ausdruck gebracht.

Im sozialsymbolischen Verdichtungsraum, als der eine Stadt wahrgenommen werden kann, spielen solche Zuschreibungen eine wichtige Rolle. Die Kritik, die sich gegen die gesellschaftlichen Verhältnisse richtet, findet hier in den Repräsentationsbauten von Stadtregierung wie von Grossbanken, in den Tempeln der offiziellen Kultur – Theater, Oper –

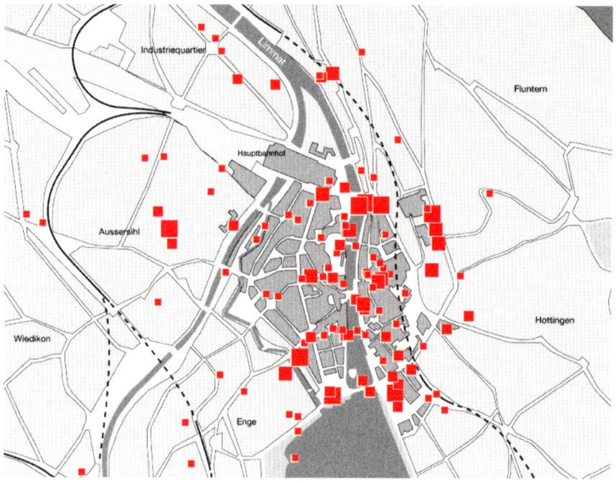

Aktionsorte im Zürcher Sommer 1968: Im interaktiven Stadtplan der digitalen Edition sind die Orte markiert, auf die in den Dokumenten der Zürcher 68er-Bewegung Bezug genommen wird. Abbildung aus der digitalen Edition, die diesem Band beiliegt.

sowie in den Schaufensterfronten der grossen Einkaufsstrassen konkrete Destinationen. Merkwürdig ausgespart blieben die Traditionsmonumente – Denkmäler und Museen kamen weit weniger ins Visier des Protests als die Institutionen des Finanzkapitalismus und des städtischen Bürgertums.

Die Proteste des Zürcher Sommers 68 und der Folgejahre waren allerdings weniger *gegen* als vielmehr *auf* Orte gerichtet, es galt einerseits, Räume zu erobern und für neue Nutzungen umzufunktionieren – das Globus-Provisorium und später den Bunker unter dem Lindenhof zu einem Freiraum für Jugendliche, den Lichthof der Universität zu einem Ort des Protestes und der Diskussion –, andererseits waren viele Protestaktionen auf Störungen der städtischen Zirkulation und des ‹bürgerlichen Verkehrs› hin angelegt. Die symbolische Bedeutung von Orten wurde neu ausgehandelt, der öffentliche Raum wurde in Demonstrationszügen, in Strassentheatern und öffentlichen Diskussionen durch Gruppierungen besetzt, die traditionell keinen Anspruch auf städtische Öffentlichkeit hatten. Die Eroberung der Stadt erfolgte dabei zum Teil in einem Katz-und-Maus-Spiel, das seither zu einem festen Element jugendlichen Protestes geworden ist: Wurde etwa die ‹Riviera› (das Limmat-Ufer unterhalb des Grossmünsters) geräumt, dann fand sich einige 100 Meter weiter eine neue Gelegenheit für einen Versammlungs- und Interaktionsort, und kaum war auch dieser suspendiert, fand man sich wieder woanders zusammen. Was sich hier zunächst als Vertreibung, als ein Ausweichen, als blosser Effekt des Eingreifens der Polizei zeigt, lässt sich allerdings auch anders lesen: Es ist die Aneignung der Bürgerstadt durch die Jugendlichen, die durch ihre gruppenhafte Präsenz städtische Plätze als ‹ihre› Plätze markierten, welche die Stadt zu *ihrem* Kommunikationsraum machen. Das Selbstverhältnis der Jungen zur Stadt und auch das Bild der Stadt insgesamt ist mit dem Sommer 68 ein anderes geworden.

Die Jungen und die Stadt

Der Zürcher Sommer 68 ist der Sommer der Jungen – ‹68› ist in Zürich mehr als in andern europäischen Städten eine Jugendbewegung, nicht eine Studentenbewegung (vgl. zu diesem Punkt auch den Beitrag von Nicole Peter). Darüber waren sich auch die Gesprächsteilnehmer an der bereits erwähnten Radiosendung über die Globus-Krawalle einig. Der Sozialdemokrat Ulrich Götsch erklärte, «dass die Studenten unter diesen ‹Jugendlichen› nur eine verschwindend kleine Minderheit» gewesen seien. Zentrales Element der Proteste ist die gesellschaftliche Autorisierung der Jugendlichen als einer Gruppe mit spezifischen politischen und kulturellen Interessen. Zur Diskussion stehen die Altersordnungen der Gesellschaft – ein wichtiges Movens der Proteste ist deshalb *auch* die Vertreibung der (Alters-)Hierarchie aus der Kommunikation. Als Voraussetzung dafür, dass ihre Forderungen, Hoffnungen und Träume tatsächlich gehört wurden, mussten die Jungen erst einmal als Gesprächspartner ernst genommen werden. In den unterschiedlichen Störaktionen, in Strassentheatern, öffentlichen Diskussionen und in gewaltvollen Ausschreitungen ging es jenseits der jeweiligen aktuellen Anlässe und Inhalte deshalb immer *auch* um eine neue Selbstdefinition der Jugendlichen.

Dies zeigte sich auch schon vor dem ‹heissen Sommer› in der neuartigen Verbindung von Protest und Pop, als es beim Auftritt der *Rolling Stones* vom 14. April 1967 und dann wieder beim ‹Monsterkonzert› von Jimi Hendrix am 31. Mai 1968 im Hallenstadion zur exzessiven Zerstörung von Mobiliar und zu gewaltsamen Konfrontationen zwischen Jugendlichen und der Polizei kommt (vgl. zur Verbindung von Protest und Pop den Beitrag von Lorenz Durrer). Das «I can't get no satisfaction» der *Rolling Stones* wurde motorisch ausgelebt. Als Ausdruck des Selbstermächtigungsgestus' der Jungen war es symptomatisch, dass Popkonzerte als eine Formation, die sich besonders für Unmutsbekundung der Alterskohorte der Jungen eignete, zu den ersten Anlässen von Krawall und Gewalt wurden. Die Verständnislosigkeit der Zwinglistadt gegenüber dieser Verbindung von Popkultur, Freizeit, Konsum und rauschhaftem Protest war gross, die fehlende Erklärungskohärenz – *Was soll das? Was wollen die?* – besonders erschreckend.

Die Forderung nach einem autonomen Jugendzentrum, ein Kristallisationskern der Zürcher Proteste, entwickelte vor diesem Hintergrund ein entsprechendes Beunruhigungspotenzial. In der Stadt als einer imaginären Topografie von kommunikativen Stützpunkten und Treffpunkten, als einem Netzwerk von Einrichtungen und ‹Wanderwegen› unterschiedlichster Gruppierungen machten die Jugendlichen bis dahin tatsächlich keine als eigenständig wahrgenommene Gruppe aus. Nur in speziellen Kontexten, in denen ihre soziale Rolle, ihre Freiheiten und Grenzen wohl definiert waren, hatten junge Leute ihren Auftritt und ihre Orte in der Stadt: als Schüler in den Schulhäusern, als Studierende an den Hochschulen, als Korporationsstudenten am Vorabend des Dies academicus beim Fackelumzug auf dem Lindenhof. Doch nun sollte – so die Vision der Jungen – jenseits vorgegebener Strukturen und Rahmenbedingungen ein undefinierter Freiraum, ein «Autonomes Jugend-Zentrum» – das AJZ – errichtet werden. Und nicht an der Peripherie, ‹im Grünen›, wohin es die traditionelle Arbeiterbewegung zog, sondern mitten im Zentrum der Stadt. Die Forderung war nicht neu. Sie ging auf die 1940er-Jahre zurück, hatte also bereits eine eigene Geschichte und wurde nun, vor dem Horizont der globalen Proteste, neu formuliert. Gleichzeitig erhielt sie eine neue, vom sich formierenden neuen Selbstverständnis der Jungen getragene Virulenz: Mit dem Jugendzentrum sollte ein nicht durch Konformität und Normen regulierter Raum für Selbstverwirklichung geschaffen werden, eine Miniatur der imaginierten globalen Revolution, eine Abbreviatur des geglückten Lebens.

Es kam nicht dazu. Der als ‹Spätfolge› des Globus-Krawalls im Oktober 1970 von der Stadt den Jungen zur Verfügung gestellte Lindenhof-Bunker wurde nach 68 Tagen bereits wieder geschlossen, die zu Jahresbeginn 1971 ausgerufene «Autonome Republik Bunker» blieb ein kurzes und heftiges, aber aufgrund der Rahmenbedingungen von vornherein zum Scheitern verurteiltes Experiment, das am 18. Januar unter dem Druck der Polizei abgebrochen wurde. Die Forderungen nach einem autonomen Jugendhaus als Symbolort einer neuen Selbst- wie Fremdwahrnehmung der Jugendlichen sollte allerdings auch noch bei den Jugendunruhen Anfang der 1980er-Jahre eine zentrale und traurige Rolle spielen. Allerdings: Die Eroberung eigener und ‹freier› Räume durch Jugendliche fand in der Hausbesetzungswelle, die in den 1970er-Jahren Fuss fasste, ihre weniger spektakuläre, dafür aber multiplizierte Umsetzung. Und die besetzten Häuser, durch improvisierte Leintuch-Flaggen und bunte Bemalung gekennzeichnet, markierten deutlich sichtbar die Eroberung des städtischen Raumes durch die Jungen, die in den Wohnexperimenten von «Karthago» am Stauffacher in den 1980er-Jahren und in der Erfolgsgeschichte der Genossenschaft Kraftwerk seit den 1990er-Jahren ihre Fortsetzung fand.

Symbol- und Erinnerungsorte

Eine Stadt ist verwoben mit einem kulturellen Gedächtnis. Dieses macht sich an Namen, Gebäuden, Plätzen fest, die mit Erinnerungen besetzt sind und welche die «sozialen Bedingungen des Gedächtnisses» (M. Halbwachs) ausmachen. Wenn sich die sozialen Gruppen und Netzwerke, die ihre Lebenserfahrung mit den Namen von Orten verbinden, wieder auflösen, wenn sie – wie dies bei den 68ern im «langen Marsch durch die Institutionen» geschah – durch die ganz unterschiedlichen Lebenswege und Karrieren der Beteiligten sozial unkenntlich werden, wird das Feld für neue mentale Besetzungen dieser Orte frei. Sie werden durch ihre mediale Prominenz, durch Erzählungen, durch unterschiedlichste Formen der Vergegenwärtigung zu Topoi für Bevölkerungsgruppen, die diese Ereignisse nur vom Hörensagen kennen. Zwar war das Globus-Provisorium bei der Bahnhofbrücke über den Namen Globus-Krawall von Anfang an fest mit den Geschehnissen von 1968 verbunden, ebenso wie seit den Opernhaus-Krawallen der frühen 1980er-Jahre die Zürcher Oper eine neue und zusätzliche Ereignismarkierung trägt. Heute werden diese Namen in neuen medialen und sozialen Bezügen tradiert und gelten auf diese Weise auch für die Generationen und Gruppen, welche die Ereignisse selbst nicht erlebt haben.

Namen wie ‹Drahtschmidli› schliesslich sind heute in der Stadt Zürich auch für diejenigen mit der Konnotation von Rebellion und Kampf um Autonomie verbunden, die gar nicht so genau wissen, wo denn das ‹Drahtschmidli› liegt oder lag, ob es als fassbarer Ort überhaupt noch existiert oder nicht und ob es nun 1968 oder 1981 oder eigentlich die ganze Zeit eine Rolle in der Auseinandersetzung der Jugendlichen mit der Stadt und der Stadtregierung gespielt hat. Orts*namen* werden so zu Chiffren für Ereignisse, und die Orte selbst verfestigen die Aura von Ereignissen und Stimmungen und können jenseits von aktueller Nutzung entsprechende emotionale Reaktionen auslösen. *Central – Riviera – Hirschenplatz – Helvetiaplatz*: Die 68er-Jahre haben ein Erinnerungsraster über die Stadt gelegt und Symbolorte geschaffen, die das imaginäre Zürich bis heute prägen und zur kulturellen Semantik von Zürich beitragen – explizit und mit historischem Wissen verbunden für die einen, diffus und mehr im Sinne einer vagen emotionalen Aufladung für die andern.

Im historischen Überblick zeigt sich, dass die Topografie einer Stadt immer wieder ‹überschrieben› wird durch Ereignisse, welche die Erinnerungen der Beteiligten und das Gedächtnis eines Gemeinwesens oder der breiten Öffentlichkeit prägen. So ergeben sich kulturelle Palimpseste, die sich über die urbane ‹Hardware› aus Stein und Beton legen. An bestimmten Orten machen sich lang zurückliegende historische Ereignisse ebenso wie noch aktiv erinnerte Fernsehbilder und Presseschlagzeilen fest oder es verbinden sich mit ihnen literarische und filmische Stadtgeschichten. Namen von Plätzen und Gebäuden sind entsprechend oft auch Auslöser von emotionalen Reaktionen, sie tragen diffuse Konnotationen, ohne dass notwendigerweise ein konkretes Wissen damit verbunden ist. Indem dieses Buch die bewegte Psychogeografie und den sozialen Handlungsraum der Stadt Zürich in den Jahren um 1968 mit einer Reihe von Aufsätzen, die Ereignisse und Orte zum Gegenstand haben, nachstellt, stellt es eine Intervention in diese Gedächtnisarbeit dar. Es möchte dazu anregen, sich die Stadt aus der Perspektive einer bewegten Zeit zu vergegenwärtigen, die in der politischen Kultur der ganzen Schweiz nachhaltige Spuren hinterlassen hat und deren Ambivalenzen, die einleitend angesprochen wurden, ihre Wirkung noch keineswegs verloren haben.

▲ Mai 1968 in Zürich: Demonstrationszug auf dem Münsterhof.

LSZ
DER GEIST AUS DEM „FASS"

Halbstarke, Kellerpoeten, Studentinnen und Lehrlinge

‹1968› in der Schweiz

Nicole Peter «1968: Aufbruch in eine alternative Gesellschaftsordnung oder Schreckgespenst des Laissez-faire?» Während in politischen Zeitschriften, Auseinandersetzungen und Debatten um diese Fragen gestritten wurde, interessierte sich die akademische Gilde bezüglich der Schweiz lange Zeit wenig für die ‹wilden Jahre›. Die lokalen Ereignisse und Entwicklungen verblassten vorerst in ihrer quantitativen Dimension vor dem Hintergrund des französischen Mai ‹1968› oder der westdeutschen Ausserparlamentarischen Opposition (APO), zumal sich die Eskalation der Proteste weitgehend auf Zürich beschränkte. Indes zeichnet sich in den letzten Jahren insbesondere innerhalb der neueren Sozial- und Geisteswissenschaften ein reges Interesse für den Gegenstand ab. Zwei zentrale Perspektiven gilt es dabei hervorzuheben: Die eine betrifft den Beobachtungszeitraum. ‹1968› ist nicht mehr in erster Linie ein singuläres Ereignis, das sich auf ein oder zwei Jahre beschränkte, sondern vielmehr ein Kulminationspunkt einer von den späten 1950er- bis Mitte der 1970er-Jahre reichenden Phase, innerhalb derer die westlichen Gesellschaften einen fundamentalen Strukturwandel hin zur modernen Konsumgesellschaft durchliefen.[1] Die andere Perspektive begreift ‹1968› weniger als verspielte Revolution denn vielmehr als transnationales Kommunikationsereignis.[2] Im europäischen Vergleich machten die hiesigen Aktivistinnen und Aktivisten weder mit staatsgefährdenden Strassenschlachten noch mit einer revoltierenden Studentenschaft Furore, trotzdem signalisierten die mannigfaltig expressiven politischen und kulturellen Manifestationen seit Mitte der 1960er-Jahre ein Frühlingserwachen im wertkonservativen Milieu der Schweiz.

Konsumkultur und Wertkonservativismus

Der Durchbruch der Konsumgesellschaft in der Schweiz seit Mitte der 1950er-Jahre ging mit ähnlichen ökonomischen und sozialen Entwicklungen wie in den übrigen westlichen Gesellschaften einher, wiewohl das Land im Unterschied zu den umliegenden Staaten vom Zweiten Weltkrieg weitgehend verschont geblieben war. Die entscheidenden Weichenstellungen der schweizerischen Nachkriegsmoderne erfolgten bereits in den 1930er- und 1940er-Jahren. Damals bildete sich eine jahrzehntelang nachwirkende Kompromissformel heraus, die liberales Fortschrittsdenken an kultur- und strukturbewahrende, gemeinschaftsideologische Elemente koppelte. Die Konzepte ‹bewaffnete Neutralität› bzw. ‹geistige Landesverteidigung› kondensierten damals im Mythos vom ‹Sonderfall Schweiz› zur Verteidigungsideologie gegen den Nationalsozialismus, die nach dem Zweiten Weltkrieg nahtlos in ein neues, gegen den kommunistischen Osten gerichtetes Feindbild überging. Jener Mythos war während des Kalten

Krieges charakterisiert durch Konkordanz, formale Neutralität und politischen Alleingang; er wirkte sich stabilisierend auf die institutionellen Rahmenbedingungen aus und begünstigte das Wachstum in der einsetzenden Phase konjunkturellen Aufschwungs. Die schweizerische Nachkriegswirtschaft startete dank intakter, vom Krieg unversehrter Infrastruktur auf hohem Niveau. Bis Ende der 1960er-Jahre erlebte die Schweiz eine nie dagewesene Prosperität, welche die hiesigen Lebenswelten tief greifend veränderte; es kristallisierte sich mit der Konsumgesellschaft eine Gesellschaft heraus, die sich radikal von der Industriegesellschaft der Vorkriegszeit unterschied. Sie wurde ermöglicht durch den steilen Aufstieg einer neuen Mittelklasse, die über (arbeits-) freie Zeit, zunehmende Mobilität und neue Technologien verfügte. Der allgemeine Anstieg des materiellen Lebensstandards liess schliesslich sogar ein Bild sozialer Nivellierung entstehen. Klassenschranken schienen aufgehoben. Erstmals konnten auch in der Schweiz breite Bevölkerungskreise am Erwerb von Konsumgütern partizipieren – Television, Kühlschrank und bald auch das Automobil zählten zunehmend zum Standard eines jeden Haushaltes.[3]

Soweit durch staatliche Steuerung und soziale Abfederung die gemeinschaftsgefährdenden Potenziale des gesellschaftlichen Wandels unter Kontrolle gehalten und kompensiert schienen, fand die ökonomische Entwicklung Zustimmung. Die entsprechende Ideologie unter Integration der Sozialdemokratie, der Befriedung der Gewerkschaften sowie durch den Ausschluss der linksradikalen Opposition trieb den schweizerischen Loyalitätsverband voran. Waren die wichtigsten innenpolitischen Debatten auf den Ost-West-Konflikt zentriert, so erwies sich die Reprise der nunmehr antikommunistisch ausstaffierten ‹geistigen Landesverteidigung› als Keule gegen jede oppositionelle Regung: Einerlei woher Dissens geäussert wurde, galt Kritik an den gesellschaftlichen Konstellationen allenthalben als vom Osten her konzertierte Verschwörung. Davon betroffen war die Friedensbewegung der 1950er-Jahre ebenso wie die Antiatomwaffenbewegung Anfang der 1960er-Jahre.

Mitte der 1960er-Jahre war die Schweiz also charakterisiert durch ein komplexes, nahezu unerschütterliches Nebeneinander von kultur- und strukturbewahrenden Elementen einerseits und rasantem sozialem Wandel andererseits. Vor diesem gesellschaftlichen Hintergrund spielte sich schliesslich ‹1968› ab.

Von Halbstarken, Poeten und Jugendlichen

Während vor allem in Frankreich und in der BRD die sozialen Proteste an den Universitäten ihren Ausgang nahmen, manifestierte sich die durchaus auch in der Schweiz existierende Studentenbewegung bis auf wenige Ausnahmen weder unbedingt auf der Strasse, noch wurde sie thematisch erweitert in die Gesamtgesellschaft getragen. Neuere Untersuchungen weisen darauf hin, dass zahlreiche Gruppierungen und Interessengemeinschaften aus dem linken, nonkonformistischen und kulturellen Milieu in verschiedenen Aktionsfeldern miteinander verflochten waren und an der öffentlichen Inszenierung von gesellschaftlichem Dissens mitwirkten. Erst nachträglich wurde diese Vielfalt vereinheitlichend mit dem Label ‹68er-Bewegung› versehen. In den Medien wurden allerdings die im Sommer 1968 in Zürich eskalierenden und als Kulminationspunkt der schweizerischen Bewegung gewerteten Proteste unter dem Eindruck der Ereignisse in Frankreich und der BRD einseitig als studentische Unruhen porträtiert.[4] In der Öffentlichkeit etablierte sich daher eine Interpretation, welche die Auseinandersetzungen um ein städtisches Jugendhaus als Fortsetzung europaweiter studentischer Proteste in der Schweiz identifizierte.

Indes zeitigte die Trägerschaft eine weit heterogenere Struktur, deren Vernetzung und Konstituierung sich bis in die frühen 1960er-Jahre zurückverfolgen lassen. Damals waren die aus dem konjunkturellen Aufschwung erwachsenen struktu-

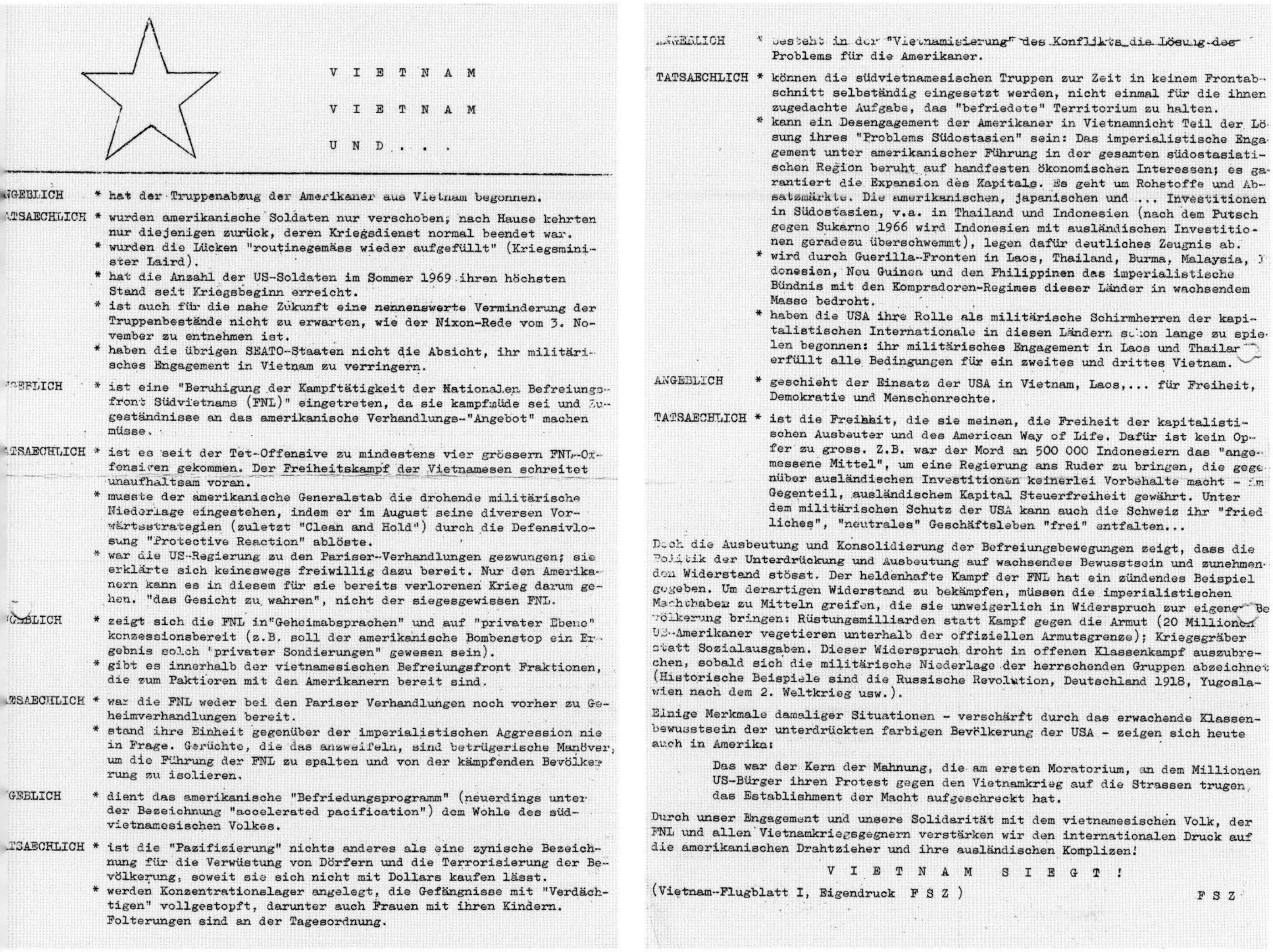

V I E T N A M

V I E T N A M

U N D . . .

NGEBLICH * hat der Truppenabzug der Amerikaner aus Vietnam begonnen.

TSAECHLICH * wurden amerikanische Soldaten nur verschoben; nach Hause kehrten nur diejenigen zurück, deren Kriegsdienst normal beendet war.
* wurden die Lücken "routinegemäss wieder aufgefüllt" (Kriegsminister Laird).
* hat die Anzahl der US-Soldaten im Sommer 1969 ihren höchsten Stand seit Kriegsbeginn erreicht.
* ist auch für die nahe Zukunft eine nennenswerte Verminderung der Truppenbestände nicht zu erwarten, wie der Nixon-Rede vom 3. November zu entnehmen ist.
* haben die übrigen SEATO-Staaten nicht die Absicht, ihr militärisches Engagement in Vietnam zu verringern.

GEBLICH * ist eine "Beruhigung der Kampftätigkeit der Nationalen Befreiungsfront Südvietnams (FNL)" eingetreten, da sie kampfmüde sei und Zugeständnisse an das amerikanische Verhandlungs-"Angebot" machen müsse.

TSAECHLICH * ist es seit der Tet-Offensive zu mindestens vier grössern FNL-Offensiven gekommen. Der Freiheitskampf der Vietnamesen schreitet unaufhaltsam voran.
* musste der amerikanische Generalstab die drohende militärische Niederlage eingestehen, indem er im August seine diversen Vorwärtsstrategien (zuletzt "Clean and Hold") durch die Defensivlosung "Protective Reaction" ablöste.
* war die US-Regierung zu den Pariser-Verhandlungen gezwungen; sie erklärte sich keineswegs freiwillig dazu bereit. Nur den Amerikanern kann es in diesem für sie bereits verlorenen Krieg darum gehen, "das Gesicht zu wahren", nicht der siegesgewissen FNL.

GEBLICH * zeigt sich die FNL in"Geheimabsprachen" und auf "privater Ebene" konzessionsbereit (z.B. soll der amerikanische Bombenstop ein Ergebnis solch 'privater Sondierungen" gewesen sein).
* gibt es innerhalb der vietnamesischen Befreiungsfront Fraktionen, die zum Paktieren mit den Amerikanern bereit sind.

TSAECHLICH * war die FNL weder bei den Pariser Verhandlungen noch vorher zu Geheimverhandlungen bereit.
* stand ihre Einheit gegenüber der imperialistischen Aggression nie in Frage. Gerüchte, die das anzweifeln, sind betrügerische Manöver, um die Führung der FNL zu spalten und von der kämpfenden Bevölkerung zu isolieren.

GEBLICH * dient das amerikanische "Befriedungsprogramm" (neuerdings unter der Bezeichnung "accelerated pacification") dem Wohle des südvietnamesischen Volkes.

TSAECHLICH * ist die "Pazifizierung" nichts anderes als eine zynische Bezeichnung für die Verwüstung von Dörfern und die Terrorisierung der Bevölkerung, soweit sie sich nicht mit Dollars kaufen lässt.
* werden Konzentrationslager angelegt, die Gefängnisse mit "Verdächtigen" vollgestopft, darunter auch Frauen mit ihren Kindern. Folterungen sind an der Tagesordnung.

ANGEBLICH * besteht in der "Vietnamisierung" des Konflikts die Lösung des Problems für die Amerikaner.

TATSAECHLICH * können die südvietnamesischen Truppen zur Zeit in keinem Frontabschnitt selbständig eingesetzt werden, nicht einmal für die ihnen zugedachte Aufgabe, das "befriedete" Territorium zu halten.
* kann ein Desengagement der Amerikaner in Vietnamnicht Teil der Lösung ihres "Problems Südostasien" sein: Das imperialistische Engagement unter amerikanischer Führung in der gesamten südostasiatischen Region beruht auf handfesten ökonomischen Interessen; es garantiert die Expansion des Kapitals. Es geht um Rohstoffe und Absatzmärkte. Die amerikanischen, japanischen und ... Investitionen in Südostasien, v.a. in Thailand und Indonesien (nach dem Putsch gegen Sukarno 1966 wird Indonesien mit ausländischen Investitionen geradezu überschwemmt), legen dafür deutliches Zeugnis ab.
* wird durch Guerilla-Fronten in Laos, Thailand, Burma, Malaysia, Indonesien, Neu Guinea und den Philippinen das imperialistische Bündnis mit den Kompradoren-Regimes dieser Länder in wachsendem Masse bedroht.
* haben die USA ihre Rolle als militärische Schirmherren der kapitalistischen Internationale in diesen Ländern schon lange zu spielen begonnen: ihr militärisches Engagement in Laos und Thailand erfüllt alle Bedingungen für ein zweites und drittes Vietnam.

ANGEBLICH * geschieht der Einsatz der USA in Vietnam, Laos,... für Freiheit, Demokratie und Menschenrechte.

TATSAECHLICH * ist die Freiheit, die sie meinen, die Freiheit der kapitalistischen Ausbeuter und des American Way of Life. Dafür ist kein Opfer zu gross. Z.B. war der Mord an 500 000 Indonesiern das "angemessene Mittel", um eine Regierung ans Ruder zu bringen, die gegenüber ausländischen Investitionen keinerlei Vorbehalte macht – im Gegenteil, ausländischem Kapital Steuerfreiheit gewährt. Unter dem militärischen Schutz der USA kann auch die Schweiz ihr "friedliches", "neutrales" Geschäftsleben "frei" entfalten...

Doch die Ausbeutung und Konsolidierung der Befreiungsbewegungen zeigt, dass die Politik der Unterdrückung und Ausbeutung auf wachsendes Bewusstsein und zunehmenden Widerstand stösst. Der heldenhafte Kampf der FNL hat ein zündendes Beispiel gegeben. Um derartigen Widerstand zu bekämpfen, müssen die imperialistischen Machthaber zu Mitteln greifen, die sie unweigerlich in Widerspruch zur eigenen Bevölkerung bringen: Rüstungsmilliarden statt Kampf gegen die Armut (20 Millionen US-Amerikaner vegetieren unterhalb der offiziellen Armutsgrenze); Kriegsgräber statt Sozialausgaben. Dieser Widerspruch droht in offenen Klassenkampf auszubrechen, sobald sich die militärische Niederlage der herrschenden Gruppen abzeichnet (Historische Beispiele sind die Russische Revolution, Deutschland 1918, Yugoslawien nach dem 2. Weltkrieg usw.).

Einige Merkmale damaliger Situationen – verschärft durch das erwachende Klassenbewusstsein der unterdrückten farbigen Bevölkerung der USA – zeigen sich heute auch in Amerika:

> Das war der Kern der Mahnung, die am ersten Moratorium, an dem Millionen US-Bürger ihren Protest gegen den Vietnamkrieg auf die Strassen trugen, das Establishment der Macht aufgeschreckt hat.

Durch unser Engagement und unsere Solidarität mit dem vietnamesischen Volk, der FNL und allen Vietnamkriegsgegnern verstärken wir den internationalen Druck auf die amerikanischen Drahtzieher und ihre ausländischen Komplizen!

V I E T N A M S I E G T !

(Vietnam-Flugblatt I, Eigendruck F S Z) F S Z

▲ **Vietnamkrieg und Imperialismuskritik spielten bei der Mobilisierung der Jugendlichen eine zentrale Rolle. Sie waren Ausgangspunkt für eine weiter reichende Gesellschaftskritik. Hier ein Flugblatt der Fortschrittlichen Studenten Zürich (FSZ) vom November 1969, das die einseitige Medienberichterstattung über den Vietnamkrieg anklagt.**

rellen und sozialen Problemstellungen virulent, die Kluft zwischen sozialem Wandel und traditionellen Werthaltungen unüberbrückbar. Die Rhetorik der ‹geistigen Landesverteidigung› und des Antikommunismus überzeugten immer weniger. Während die Arbeiterschaft jedoch mehrheitlich in die neuartige Lebenswelt integriert war und somit ihr oppositionelles Potenzial weitgehend einbüsste, formierte sich im mittelständischen Milieu ein Protestpotenzial: Als sogenannt nonkonformistische bürgerliche und linke Intellektuelle die schweizerische Realität öffentlich infrage stellten, hatten Halbstarke und Rocker die bürgerliche Gesellschaft bereits aufgegeben. Tino, der König der Halbstarken und Rocker, tauchte ab in die Halbwelt – indes nicht ohne sich streckenweise mit der aufstrebenden Jugendbewegung zu verbünden.[5] Landesweit, vor allem aber in der Westschweiz, erhob sich an den überfüllten Universitäten die Forderung nach demokratischen Reformen der überalterten Strukturen, währenddessen kehrten junge Kulturschaffende dem etablierten Betrieb den Rücken, und in zahlreichen Diskussionsforen, wie etwa in der Arena in Basel, begann sich die junge Linke von den bestehenden Links-

▲ **Anlässlich eines Grenzkonfliktes zwischen der Sowjetunion und der Volksrepublik China, der am Grenzfluss Ussuri in bewaffneten Zusammenstössen gipfelte, luden die Fortschrittliche Studentenschaft Zürich (FSZ), die Fortschrittlichen Gewerkschafter Zürich (FGZ) und das Komitee Demokratische Mittelschule am 29. März 1969 zu einem Teach-in ein. Die hier abgebildete Rückseite des Flugblattes zeigt eine Zeichnung, in der sich Revolutionäre unterschiedlicher Länder um Mao Tse-tung geschart haben, um mit ihm gegen Imperialismus, Kapitalismus (der als Vampir dargestellt ist) und Sowjetkommunismus zu kämpfen. Unter den Revolutionären befindet sich auch Wilhelm Tell.**

parteien abzusetzen. In der Antiatomwaffenbewegung und dann, vor allem ab Mitte der 1960er-Jahre, in der nachfolgenden Antivietnamkriegsbewegung vernetzten sich diese oppositionellen Kräfte.

Die *Fortschrittliche Arbeiter-, Schüler- und Studentenschaft* (FASS) als organisatorische Struktur des ‹Zürcher Sommers 1968› widerspiegelte die soziale Vielfalt in aller Deutlichkeit: Während die Studenten- und Schülerschaften lediglich durch radikalisierte Minderheiten vertreten waren, fand sich insbesondere die stark kulturell geprägte jugendliche Opposition ein. Was 1968 in der Schweiz auf den Strassen sich abspielte, war eine Jugendbewegung.[6]

Mitten drin

Die Auseinandersetzung mit dem Vietnamkrieg innerhalb der (nonkonformistischen) Linken trug in der Schweiz seit Mitte der 1960er-Jahre wesentlich zur Beschleunigung des Prozesses bei, der Ende der 1960er-Jahre in eine Radikalopposition mündete. Waren die Proteste gegen den Vietnamkrieg anfangs von pazifistischer Seite bestimmt und von humanitärem Gestus getragen, nahmen die Nonkonformisten Vietnam zum Anlass, Kritik an der Schweiz zu üben, die letztlich an gesellschaftskritische Überlegungen der europäischen Neuen Linken anknüpfte. Dabei war die diskursive Konstellation vor dem Hintergrund des Ost-West-Konfliktes von zentraler Bedeutung. Vor dem Hintergrund der antikommunistisch-konservativ organisierten nationalen Selbstvergewisserung sowie der Einbettung der Schweiz in die westliche Konsumkultur entwickelte sich in den Reihen der schweizerischen Oppositionellen eine ambivalente Haltung gegenüber den beiden Grossmächten Sowjetunion und USA.

Ähnlich wie in andern westeuropäischen Ländern wurde die Kritik an traditionellen Wertvorstellungen wesentlich von aus den USA importierten Jugendkulturen vorbereitet bzw. begleitet. Während zwar Protestformen aus den amerikanischen Jugendbewegungen übernommen wurden und sich auch die amerikanische Popkultur in der Schweiz grosser Beliebtheit erfreute, ging diese Rezeption andererseits mit der Kritik am *American Way of Life* einher. Das bisher in der schweizerischen Gesellschaft nahezu unangetastet positive Bild der USA wurde nunmehr durch die Aktivisten und Aktivistinnen in ein kritisches Licht gerückt. Ihr Einspruch kristallisierte sich am Vietnamkrieg und wurde zunehmend sowohl in einer Fundamentalkritik der westlichen Konsumgesellschaft als auch in einer antiimperialistischen Deutung verdichtet. Während der etablierte Diskurs verhaftet im Gravitationsfeld des Ost-West-Schemas die antikolonialen Kriege in der Dritten Welt von einem antikommunistischen Standpunkt aus deutete, erfolgte mit der Etablierung der antiimperialistischen Interpretation der Ereignisse eine alternative Setzung der Koordinaten. Dort war die Demarkationslinie zwischen den ausgebeuteten ‹kleinen› und den ‹grossen› ausbeutenden, imperialistischen Staaten angesiedelt. Die Schweiz wurde von den Aktivistinnen und Aktivisten ambivalent verortet: einerseits als Vollzugsgehilfin der USA, andererseits als Opfer ihrer hegemonialen Bestrebungen.

Während sich dieser Interpretationsrahmen zunächst auf die USA bezog, so blieb die Sowjetunion trotz aller Kritik zunächst positiver Bezugspunkt revolutionärer Transformation: Anfang der 1960er-Jahre stellten von der jungen Linken formulierte Fürsprache und Solidarität mit der Sowjetunion im antikommunistisch verhärteten Klima einen subversiven Akt dar. Radikal, wenn auch nicht unerwartet, änderte sich diese Haltung schliesslich im Spätsommer 1968, als die Truppen des Warschauer Paktes unter sowjetischer Führung in Prag einmarschierten. Dieses Ereignis besiegelte die Abkehr der schweizerischen Neuen Linken von der Sowjetunion; fortan galt die UdSSR, eingereiht in die Galerie der imperialistischen Mächte, als ‹rot angestrichenes Amerika›.

Während die traditionelle Linke an gesellschaftsveränderndem Potenzial eingebüsst hatte, formulierten die Neue Linke und die aufstrebende Jugendbewegung die Defizite der zeitgenössischen Gesellschaften. Widerspruch in Bezug auf die Schweiz provozierte deren konservativer Geist: Stagnation in politischen, gesellschaftlichen und kulturellen Konstellationen schien ihnen vor dem Hintergrund des rasanten sozioökonomischen Wandels unerträglich. An allen Fronten standen dabei Forderungen nach politischer Partizipation und Demokratisierung im Vordergrund. Entgegen dem Narrativ vom ‹Sonderfall Schweiz› begriffen die Akteure die Probleme der damaligen schweizerischen Gesellschaft zunehmend in globalpolitischem Kontext. In Anlehnung an Bewegungen anderer europäischer Länder wurden sowohl einschlägige (kultur-)theoretische Schriften, die in Verbindung von Marxismus und Existenzialismus bzw. von Marxismus und Psychoanalyse den Aspekt der Entfremdung akzentuierten, als auch befreiungstheoretische Autoren rezipiert. Jean-Paul Sartre, Herbert Marcuse, aber auch Frantz Fanon und Mao Tse-tung gehörten unter andern zum (Lektüre-)Repertoire der Bewegung. Im Zuge des linken Engagements gegen den Vietnamkrieg verdichteten sich diese Ansätze zu einem internationalistischen, antiimperialistischen Deutungsmuster, das die Konfliktkonstellationen innerhalb der schweizerischen Gesellschaft in globalem Kontext verortete.[7]

Das Ineinandergreifen von Gesellschafts- und Kulturkritik, von angestrebter individueller und kollektiver Emanzipation, eingebettet in die Auseinandersetzung mit dem Vietnamkrieg, macht die spezifische Identität der schweizerischen 68er-Bewegung aus.

Langanhaltender Aufbruch

Ab Mitte der 1960er-Jahre lässt sich in der Schweiz ein markanter Anstieg politischer Mobilisierungen verzeichnen,[8] der bis in die 1970er-Jahre anhielt und die schweizerische 68er-Bewegung recht eigentlich ausdehnte. Parallel zur Häufung von Antivietnamkriegsprotesten, in deren Rahmen anfangs von den Behörden eine aktivere Aussenpolitik gefordert wurde, erwuchs an den schweizerischen Hochschulen eine Opposition, die überkommene Strukturen anvisierte und eine Demokratisierung des Lehrbetriebs forderte. Während an den westschweizerischen Universitäten hochschulpolitische Fragen früh an gesamtgesellschaftliche Problemstellungen gekoppelt und auf die Strasse getragen wurden, erfolgte diese Verbindung an deutschschweizerischen Institutionen erst Ende der 1960er-Jahre. Ende Juni 1968 erfolgte schliesslich mit einiger Verspätung und weit weniger ausgeprägt als im europäischen Vergleich ein erster Höhepunkt der schweizerischen Protestereignisse, dem weitere Anfang der 1970er-Jahre folgten. Indes waren es nicht nur politische Mobilisierungsereignisse im engeren Sinn, deren Zahl markant anstieg. Bereits Anfang der 1960er-Jahre bildete sich jenseits des etablierten Kulturbetriebes eine oppositionelle Strömung heraus. Das Kulturlokal Junkere 37 in der Altstadt von Bern mit seinen Diskussionsveranstaltungen und Happenings – auch Theodor W. Adorno beehrte die Kellerpoeten –, die Arena, ein Forum in Basel, die eine eigentliche Schnittstelle zwischen der Ausserparlamentarischen Opposition und dem Underground bildete,[9] oder charismatische Persönlichkeiten wie Sergius Golowin, Urban Gwerder u. a. mehr charakterisierten die schweizerische 68er-Bewegung ebenso wie dezidiert politische Events.

Obzwar mannigfaltige Manifestationen und Proteste sich im Zuge von ‹1968› landesweit erhoben, konzentrierte sich die gewalttätige Eskalation der Proteste, die sich im Sommer 1968 ereigneten, auf Zürich. Den Auftakt bildete dort Mitte Juni die Forderung nach einem von städtischer Seite zur Verfügung zu stellenden autonomen Jugendhaus. Katalysator war aber vorgängig eine gewalttätige Auseinandersetzung zwischen Konzertbesuchern und der Polizei: Ähnlich wie ein Jahr zuvor nach dem Rolling-Stones-Konzert kam es in der Nacht vom 31. Mai auf den 1. Juni 1968 anlässlich eines ‹Monsterkonzerts› mit Jimi Hendrix erneut zu heftigen Schlägereien zwischen Jugendlichen und den Ordnungshütern. Obgleich die breite Masse der Konzertbesucher kaum mit an vorausgegangenen Demonstrationen Teilnehmenden identisch war, schufen die einmal mehr manifestierte polizeiliche Repression und die politische Agitation seitens der FASS, die mit einem aufsehenerregenden Flugblatt zu «Rebellion» aufriefen und «Satisfaction» forderten, Identifikationsmotive und Solidarisierungsmomente mit den Politaktivisten. Dies dürfte dazu beigetragen haben, dass zahlreiche der jugendlichen Konzertbesucher sich wenige Wochen später als Akteure der Protestbewegung wiederfanden. Was zwischenzeitlich geschah, ist die Entfesselung einer Eskalationsspirale, an der Demonstranten, Polizei, Stadtrat und insbesondere die Medien beteiligt waren. Die Kritik an den gewalttätigen Übergriffen durch die Polizei waren von Beginn an gekoppelt an die seit Jahren virulente Forderung nach einem autonomen Jugendzentrum: Im Anschluss an ein Protestevent, im Rahmen dessen die Obrigkeit symbolisch ihrer Verurteilung zugeführt wurde, erfolgte am 16. und 17. Juni 1968 die Besetzung des Globus-Provisoriums – eines leer stehenden Gebäudes im Stadtzentrum. Die anschliessenden Wirren um Öffnung und Schliessung des Provisoriums mündeten in der Nacht vom 29. auf den 30. Juni in jenes Ereignis, das als Globus-Krawall in die Protestgeschichte einging. In bisher unbekanntem Masse stiessen die Fronten aufeinander; in den Katakomben des Provisoriums traktierte die Polizei die festgenommenen Demonstranten. Danach war der erste ‹Aufbruch 1968› vorbei: Der Stadtrat verhängte zwischen dem 2. und dem 15. Juli ein Demonstrationsverbot, das für diese Zeitspanne weitgehend durchgesetzt werden konnte.[10]

… und in den 1970er-Jahren

Indes bebte im Land diese Episode nach: Kontroversen um das Jugendhaus waren zwar nicht die Revolution, sie stellten aber eine seltene Herausforderung an das Establishment dar. Unter dem Eindruck der europaweiten Protestbewegungen und portiert durch einflussreiche Massenmedien sahen breite Bevölkerungskreise die vertrauten Konstellationen in Gefahr. Die Aktivistinnen und Aktivisten dagegen sahen das Verhalten von Polizei und Obrigkeit als Anzeichen totalitären Herrschaftsgebarens und interpretierten ihrerseits das Ereignis in einem internationalistischen Sinnzusammenhang von Repression, Ausbeutung und Revolution.

Nach den handfesten Auseinandersetzungen zwischen Polizei und Demonstranten im Sommer 1968 flachten die Proteste vorerst ab, um Anfang der 1970er-Jahre erneut zu erstarken. Zwischenzeitlich wendeten sich die schweizerischen Aktivistinnen und Aktivisten von der Bühne der Weltpolitik ab und nahmen konzentriert innenpolitische Problemstellungen ins Visier. Diese kreisten vorab um die Themen Fremdenfeindlichkeit, Militärdienstverweigerung, Ökologie und Gleichstellung der Geschlechter. Damals setzte ähnlich wie im benachbarten Ausland gegen Ende des Jahres 1968 ein Prozess ein, der die 68er-Bewegung in einen Flügel spaltete, der sich an den Themen und Organisationsformen der alten Arbeiterbewegung orientierte, sowie in einen spontaneistischen, antiautoritären Flügel, der skeptisch war gegenüber jeglichen Organisationskonzepten. Zugleich entstand in der Schweiz mit der *Frauenbefreiungsbewegung* (FBB) eine neue Frauenbewegung, die ihrem Selbstverständnis nach zunächst Teil der 68er-Bewegung war und sich erst gegen Mitte der 1970er-Jahre abspaltete.[11]

Anfang der 1970er-Jahre erhob sich schliesslich neuer Protest, der anders als die Ereignisse des Jahres 1968 breiten Zulauf aus der Bevölkerung erfuhr. Die *Bunkerbewegung* griff damals die Forderung nach einem autonomen Jugendhaus erneut auf, während die *Heimkampagne* Zöglinge aus Heimen und Erziehungsanstalten befreite. Überdies weiteten sich damals die studentischen Proteste an den deutschschweizerischen Universitäten aus. Die Studenten verknüpften hochschulpolitische Problemstellungen zusehends mit gesellschaftspolitischen Fragestellungen; es entstanden damals zahlreiche Basisgruppen, die u.a. im Sommer 1971 an der Universität Zürich eine «Antikapitalistische und antifaschistische Informationswoche» organisierten. Dieses Vorhaben provozierte seitens des Rektorats zuletzt die Schliessung der Zürcher Hochschulen während rund einer Woche.

Protest in neuen Registern

Bereits Anfang der 1960er-Jahre zeichnete sich ein Wandel hinsichtlich der politischen Artikulationsformen ab, die sowohl Absetzbewegungen innerhalb der schweizerischen Linken als auch eine Bewegung hin zu einer jungen bzw. neuen Linken konturierten. Sie nahmen alternative Ausdrucks- und Aktionsformen vorweg, die wenig später das Protestrepertoire der 68er-Bewegung speisen sollten. Die Antiatom- bzw. die Friedensbewegung bildete hierin mit einem zukunftsträchtigen Themenkatalog eine frühe Artikulation gesellschaftlicher Opposition, welche die im Konkordanzsystem eingebetteten Kräfte herausforderte und eine Brücke zu den neuen Protestbewegungen schlug. Jenseits der für die politische Willensbildung etablierten Institutionen bedienten sich die damaligen Akteure aus dem Fundus der *-ins*, wie sie von der amerikanischen Bürgerrechtsbewegung praktiziert wurden.[12]

Anfänglich waren die Protestaktionen von einem appellativen Gestus geprägt. Ein erstes, von der *Fortschrittlichen Studentenschaft* (FSZ) getragenes *Teach-in* zum Vietnamkrieg fand bereits 1965 an der Eidgenössisch Technischen Hochschule (ETH) in Zürich statt, weitere folgten; *Sit-in, Go-in, Paint-in* und *Love-in* gesellten sich dazu. Zudem sorgten Wanderausstellungen und Strassentheater, die auf die amerikanischen Verbrechen in Vietnam aufmerksam machten, für Aufsehen; die zahlreichen Demonstrationen indes verliessen die gewohnten disziplinierten Bahnen der Arbeiteraufmärsche; Gesang, Parolen, neuartige Plakate und Transparente zeitigten eine bis dahin unbekannte bunte Vielfalt auf den Strassen und Plätzen in diesem Land. Das lag dezidiert in der Absicht der Aktivistinnen und Aktivisten. Provokative Auftritte fokussierten insbesondere im Kontext des Vietnamkrieges auf die Herstellung einer von den etablierten

◀ Linkskritisches Flugblatt, das die Liberalen Studenten Zürich (LSZ) als Marionetten der linksradikalen Fortschrittlichen Studenten Zürich (FSZ) darstellt. Das Fass, aus dem der Geist kommt, steht symbolisch für die Fortschrittlichen Arbeiter, Schüler und Studenten (FASS).

▶ Volkshaus Zürich: Vollversammlung im Mai 1968 anlässlich der Globus-Krawalle.

Medien sich absetzenden alternativen Öffentlichkeit, die das politische Bewusstsein der Bevölkerung zu reaktivieren trachtete. Dazu gehören insbesondere auch die zahlreichen Neugründungen von (kultur-)politisch orientierten Zeitschriften: *neutralität*, *Hotcha!*, *Agitation* und andere mehr sind Publikationsorgane, die alle im Verlaufe der 1960er-Jahre auf der politischen und kulturellen Bühne erschienen.

Gegen Ende der 1960er-Jahre traten schliesslich vermehrt Aktionsformen auf den Plan, die sich direkt gegen staatliche, privatwirtschaftliche und kulturelle Institutionen richteten: Eine im Grunde harmlose, aber spektakuläre Aktion zielte zur allgemeinen Empörung auf die einflussreiche bürgerliche Tageszeitung *Neue Zürcher Zeitung* ab. Ihr Hauptsitz wurde im März 1968 aus Protest gegen ihre konservative und einseitige Vietnamkriegsberichterstattung mit einer Flagge des FNL, das heisst der Nationalen Befreiungsbewegung Vietnams, bestückt. Dieser Akt veranschaulicht in der Retrospektive auch das ambivalente Verhältnis der schweizerischen Akteure gegenüber den Massenmedien. Sowohl appellative als auch direkte Aktionen spekulierten mit ihren öffentlichkeitsheischenden Protestformen auf massenmediale Resonanz. Mediale Öffentlichkeit war der Bewegung Triebfeder und Selbstvergewisserung zugleich – die damaligen Aktivisten und Aktivistinnen verfolgten die Medienwirksamkeit ihrer Aktionen genau. Zugleich aber herrschte, wie am Beispiel verdeutlicht, grosses Misstrauen gegenüber den Massenmedien; die Kritik an den etablierten Einrichtungen wurde in ihren Aktionen stets mitartikuliert.[13]

Vernetzt und verknotet

Sowohl auf medialer wie auch auf personaler Ebene kristallisierten sich Bezugnahme und Verstrickung der schweizerischen Aktivistinnen und Aktivisten mit der internationalen Linken heraus. Aufgrund sprachtopografischer Spezifika unterscheiden sich diese Kontakte jedoch regional stark. Mit ihren ostentativ gepflegten Beziehungen zur europäischen Linken setzten sie jedenfalls einen markanten Kontrapunkt zum etablierten Bild vom politischen Alleingang der Schweiz.

Es waren einerseits die Massenmedien, welche die europäischen Bewegungen meist im Kollektiv-

singular abhandelten. Andererseits setzten die schweizerischen Akteure ihrerseits alles daran, ihr Beziehungsnetz mit dem europäischen Raum medial zu knüpfen und zu festigen. Seit den frühen 1960er-Jahren etablierte sich im Rahmen diverser, teils neu lancierter nonkonformistischer Publikationsorgane eine spezifische Form des Internationalismus, die sich in der regen Rezeption des westeuropäischen linken Diskurses manifestierte. Zeitschriften wie etwa die *neutralität*, der *Zeitdienst*, die Tessiner *Quaderni* oder die Lausanner *Voix Universitaire* betonten ihre internationale (und internationalistische) Ausrichtung, die u. a. der *Zeitdienst* durch bilaterale Aboallianzen mit der *neuen kritik*, dem *Organ des Sozialistischen Deutschen Studentenbundes* (SDS), noch bekräftigte.[14]

Die mediale Vernetzung war *ein* Aspekt bilateraler Beziehungen, ein anderer zeigte sich auf personaler Ebene. Zwar fanden in den unterschiedlichen Landesteilen durchaus die gesamteuropäischen Entwicklungen Beachtung, Kontakte ergaben sich jedoch hauptsächlich zu Gruppierungen und Persönlichkeiten des gleichsprachig benachbarten Auslandes. In der Westschweiz konzentrierten sich junge Intellektuelle und Studenten auf die französische Linke; bereits in den frühen 1960er-Jahren führten diese Kontakte an der Universität Lausanne zur Gründung des *Mouvement démocratique des étudiants* (MDE), das jenseits studentischer Anliegen vorab in den Bereichen Antikolonialismus und Antiimperialismus mit der französischen Linken zusammenarbeitete. Die Akteure der italienischsprachigen Schweiz dagegen konzentrierten ihre internationalen Kontakte hauptsächlich auf Italien. Das 1967 gegründete *Movimento giovanile progressista* (MGP), eine Trägergruppierung der Tessiner 68er-Bewegung, orientierte sich am italienischen Ouvrierismus; sie organisierte Diskussionsveranstaltungen mit Giangiacomo Feltrinelli und Enrico Filippini, linksintellektuelle Exponenten der italienischen 68er-Bewegung, nahm aber später auch an Kongressen in Florenz und Bologna teil. Beziehungen zur Bundesrepublik erfolgten notabene durch deutschschweizerische Aktivisten, die ihre Kontakte zum SDS anlässlich der Vietnamkongresse in Frankfurt und Berlin knüpften. Aus dieser Vernetzung erging im Frühjahr 1968 eine Einladung an Rudi Dutschke, vor der zürcherischen Linken zu sprechen. Aufgrund des Attentats gegen Dutschke wurde dieser Auftritt schliesslich von Gaston Salvatore übernommen.[15]

Resümee

Rückblickend lässt sich die Protestbewegung als Seismograf gesellschaftlichen Umbruchs charakterisieren. In politischer Hinsicht war sie bestrebt, das schweizerische Konkordanzsystem infrage zu stellen und das Land jenseits des etablierten Verständnisses von Aussenpolitik in globalpolitischem Kontext neu zu verorten. Thematisch sensibilisierten die damaligen Akteure die schweizerische Gesellschaft für die Kehrseiten des sozioökonomischen Wandels und bereiteten das Parkett für neue soziale Bewegungen.[16] Organisatorisch brachten die aus der 68er-Bewegung hervorgegangenen Interessengemeinschaften und Parteien etwas in Bewegung: Wenn auch im Gewirr der antiautoritären Sponti-Gruppen und kommunistischen Splittergruppen und -parteien einzig die *Progressiven Organisationen* (POCH) innenpolitisch einigen Erfolg verbuchen konnten, liessen sich doch innerhalb etablierter linker Organisationen Reformbestrebungen verzeichnen.

Von Ausnahmen einmal abgesehen, hat die 68er-Bewegung kaum Eingang ins kollektive Gedächtnis der Schweiz gefunden. Die Jugendbewegung der 1980er-Jahre bezog sich in negativer Abgrenzung auf 1968. Sie hatte wenig vom Aufbruchsoptimismus der 1968er-Jahre. Inhaltlich dominierten in den frühen 1980er-Jahren nicht mehr die weltpolitischen Themen, die noch in der 68er-Bewegung mobilisierten. Vielmehr konzentrierten sich die Aktivistinnen und Aktivisten mit einer pessimistischen Grundhaltung auf die Schaffung alternativer Kulturräume, womit sie freilich die schon 1968 aktuelle Forderung nach einem Jugendhaus wieder aufgriffen. Die 1980er-Unruhen überflügelten die 68er-Bewegung an Intensität und Dauer bei Weitem, sie gelten als die umfangreichsten Proteste der schweizerischen Nachkriegsgeschichte.

Ansonsten blieb zwar ‹1968› als Signum einer antiautoritären oder kulturellen Revolution im sozialen Gedächtnis verankert, vergessen wurden dagegen hiesige Ereignisse, Aktivistinnen und Aktivisten.

Trotz ähnlicher gesellschaftlicher Voraussetzungen verliefen in der Schweiz die Unruhen des Jahres 1968 in bescheideneren Dimensionen als im benachbarten Ausland. Aber es zeigen sich Übereinstimmungen in Entstehung, Verlauf und transnationaler Vernetzung der Protestereignisse. Andererseits belegen neuere Studien, dass die schweizerische 68er-Bewegung im Vergleich mit andern europäischen Ländern ihren eigentlichen Höhepunkt erst Anfang der 1970er-Jahre erlebte, als Frauen, Jugendliche und Studenten mit ihren Anliegen beträchtliche Mobilisierungserfolge verzeichnen konnten.

«Wir sind brave Kinder – wir bauen uns ein Altersheim»

Der Streit um ein autonomes Jugendzentrum

Wir sind brave Kinder – wir bauen uns ein „Altersheim"!

Stapi Widmer (am Radio):

«Der Stadtrat bietet der Zürcher Jugend ... eine Baustelle, wo sich die Jugendlichen ihr Haus selber bauen können. — Dort können Sie beweisen, was für tolle ‚Henkel' sie sind ...»

Wir:

Widmer hat Witz — Winkeltaktik mit Beschäftigungstherapie. So hängt man die «Henkel» an ihrer eigenen Idee auf. Wir sind aber keine «Henkel» (Henkel ist doch ... so ein Mittel, nicht? — Wasch' deine Hände in Henkel!)

Stapi Widmer:

«Ich hoffe, es habe genügend positive Kräfte in den verschiedenen Jugendorganisationen, damit etwas Positives entstehe.»

Dr. Widmer findet es seltsam, dass die demonstrierenden Jugendlichen nicht in das bereits bestehende Jugendhaus wollen.

Wir:

Wir sind die negativen Schwächelchen, machen solche Sächelchen, legen unser Fingerchen just auf dumme Dingerchen: Demokratisch und unter uns diskutieren soll die Grundlage unseres Zentrums sein. Bauen ja, — aber zuerst ein geräumiges Provisorium! Seltsam, nicht wahr?

Stapi Widmer:

«Wir erwarten von der Stadtpolizei, dass unsere Verantwortlichen für die Innenstadt mit Korrektheit, mit Ruhe, aber auch mit Festigkeit dafür sorgen, dass das Globus-Provisorium nicht betreten wird.»

Wir:

Was erwarten «sie» wohl von uns? Dass wir Unverantwortlichen mit Unkorrektheit, mit Unruhe, aber auch mit Nachgiebigkeit das Globus-Provisorium «betreten»? — Stürmen also?

Wir hören Herrn Widmer berechnen, man müsse damit rechnen, weil aus dem Negativen der unorganisierten Jugend nur Negatives entstehen kann.

Aber: eins und eins gibt manchmal drei.

Wir sind sooo brav geworden jetzt, wir bauen unser Kinderheim für bis ins hohe Alter!

WO WOHL, WO?

Treffpunkt auf jeden Fall für alle:

Samstag, 29. Juni, um 19.00 Uhr vor dem Globus-Provisorium.

Unbedingt Mitnehmen:

Baumaterial, Holz, Latten, Stangen, Bretter, Nägel, Hämmer, etc.

Stapi Widmer:

Zürich ist groß und eine bedeutende Stadt geworden, weil man bei uns gearbeitet und sich an eine vernünftige, demokratische Einrichtung gehalten hat. Und bei dem soll es auch bleiben.

Bert Brecht:

Das Alte sagt:
So wie ich bin, bin ich seit je.

Das Neue sagt:
Bist du nicht gut, dann geh'.

AKTION AUTONOMES JUGENDZENTRUM

Beat-Banausen verbitten,
verbittern,
verbieten Beat.
Knüppelschläge nach Jimi Hendrix
Beat-Fans lassen sich das nicht bieten
und verlegen sich nicht aufs Bitten
Bitterkeit und Verlegenheit, sein!
Das zeigte sich an der Polizei-Pop-Theater-Globus-Demonstration,
Beat war dabei!
Beat wird weiter dabei sein:
Die Vollversammlung der Jugend im Globus hat beschlossen sich einzusetzen
für ein autonomes, selbständiges Jugendzentrum.
Das ist ein Ort, wo Beat endlich seinen Platz hat,
wo mehrere Bands spielen,
viele Fans zuhören und tanzen können...
und auch diskutieren.
Diskutieren über unser Leben, ohne Laufgitter und ohne Gängelband,
über Beruf, Politik, Sex....
was wir wollen, unter uns, wo jeder mitmachen und alles
offen sagen kann.
In Zürich hat es angefangen und wird nicht aufhören bis wir soweit sind,
Action ist notwendig
Action for satisfaction
Auch diesmal kommen alle, noch mehr,
die Stadt soll sehen, dass wir wollen.

Wir treffen uns am Samstag, den 29. Juni, 19.00 h
vor dem Globusprovisorium an der Bahnhofbrücke!

Beat, Pop, Protest
Papi Stadt wird staunen!

Provisorisches Aktionskomitee & Ausschüsse
A U T O N O M E S J U G E N D Z E N T R U M
Postfach 2019/8023 Zürich

bitte wenden

B A S I S G R U P P E F U E R E I N A U T O N O M E S J U G E N D Z E N T R U M

Revolutionäre Modelle tauchen auf. Sie entlarven unser Gesellschaftssystem als lebensfeindlich. Bedrohliche Ahnungen einzelner wachsen zur Gewissheit einer ganzen Generation. Gruppenweise wird die Kraft und die Faszination der neuen Ideen erlebt. Aber der einzelne muss wieder zurück in seine kleine Welt, die ihn zwingt sein besseres Wissen zu verleugnen.

ERSTES NAHZIEL : Kollektiverfahrungen mit dem privaten Leben vereinbaren.

Wir haben gelernt uns der eigenen Phantasien zu schämen. Unsere Ansätze zu schöpferischer Tätigkeit werden stillschweigend unterbunden. Die autoritäre Gesellschaft pflegt ihr eigenes Wertsystem. Man heisst uns mitlächeln und verweist auf das Bestehende. Lächelnd älter werden und resignieren?

ZWEITES NAHZIEL : Privaten Ausdruck öffentlicher Wertung zugänglich machen.

Das Bestehende stiehlt unser Leben und verwaltet es tod-sicher. Wir fordern den Mut zur Utopie. Die "gute Erziehung" in uns gebietet NEIN! Sie fürchtet das Experiment.

DRITTES NAHZIEL : Experimente gegen Autorität und Tabu.

Im Schwarzen sind wir autonom. Hier beginnen und wachsen wir. Versuchen, Erfahren und Auswerten. Verbindungsnetz zu Gleichgesinnten.

FERNZIEL : Den schwarzen Kreis durchbrechen, in der offiziellen Welt auftauchen und eine Alternativgesellschaft verwirklichen.

P R O V I S O R I S C H E S T R U K T U R

Bezuege	:	Wir sind eine Basisgruppe des autonomen Jugendzentrums.
Versammlung	:	1. Stufe: Privaträume 2. Stufe: Private und öffentliche Säle 3. Stufe: Autonome Grundstücke 4. Stufe: Oeffentlich
Information	:	1. Stufe: Diskussion 2. Stufe: Flugblätter 3. Stufe: Druckerzeugnisse 4. Stufe: Oeffentliche Anschläge und Ausstellungen
Finanzierung	:	1. Stufe: Eigenfinanzierung 2. Stufe: Verkauf eigener Erzeugnisse 3. Stufe: Spenden 4. Stufe: Selbstragende Alternativgesellschaft
Methoden	:	Künstlerisch, wissenschaftlich, mystisch, experimentell usw. je nach den Neigungen des Einzelnen
Auskünfte	:	E. + R. + Ch. Wanner Höhenweg 10, Zürich beim Klusplatz Tel. 53 72 25

September 1968 Nr. 2A, 2B, 2C Eigendruck Basisgruppe für ein autonomes Jugendzentrum

▲ Mit dem autonomen Jugendzentrum verbanden sich viele Hoffnungen. Sie reichten vom Wunsch nach einem Raum für ungestörtes Beathören und freie Diskussion bis hin zur Utopie vom Aufbau einer Alternativgesellschaft.

◀ Mit diesem Flugblatt wurde zur Demonstration am 29. Juni vor dem Globus-Provisorium aufgerufen, die später als Globus-Krawall ins kollektive Gedächtnis der Schweiz eingehen sollte. Die Aufforderung, Latten, Bretter und Hammer mitzubringen, wurde von Vertretern der Stadt später als Aufruf zur Bewaffnung gedeutet.

AKTION AUTONOMES JUGENDZENTRUM   POSTFACH 2019/8023 ZUERICH   2

M I T T E I L U N G S B L A T T   NR. 1

Das provisorische Aktionskomitee:

Die Mitglieder des Aktionskomitees und die Delegierten der verschiedenen Ausschüsse, die am vergangenen Wochenende von der im alten Globus versammelten demonstrierenden Jugend gewählt worden sind, haben k e i n M a n d a t und nehmen weder von irgend einer Partei, noch einer sonstigen Organisation Direktiven entgegen. Ihr gemeinsames und einziges Interesse ist das der J u g e n d, die hinter ihnen steht: Im Sinne der damals (am 15. Juni 68) gefassten Resolution ein geeignetes Gebäude im Zentrum der Stadt Zürich für die Errichtung eines Autonomen Jugendzentrums zu finden.

Die am 15. Juni gefasste Resolution lautet:

Nachdem während einigen Jahren das städtische Jugendhaus alter Schule bestanden hat, in dem mehrere Jugendorganisationen ausgeschlossen worden sind und das den heutigen gesellschaftlichen und kulturellen Interessen der Jugend nicht Rechnung trägt, hat der Stadtrat dem zunehmenden Druck der Jugend nachgegeben.

Am Samstag, 15. Juni, hat der beunruhigte Stadtrat eine Delegation der demonstrierenden Jugend zu einem ersten Gespräch über diese unbefriedigende Lage eingeladen. Darin haben die Behördenvertreter ihre Zusicherung gegeben, sich diesen Problemen vordringlich zu befassen und die bestehenden Möglichkeiten, die Forderungen zu erfüllen, ernsthaft zu prüfen. Unter den gegebenen Umständen ist die Jugend bereit, am Sonntag Abend den Globus wieder freizugeben. Daran knüpfen wir folgende Forderungen:

1. Steht der Jugend am 1. Juli kein dem Globus entsprechendes Gebäude offen, werden wir dieses Areal besetzen und zu unserem autonomen Kultur- Gesellschafts- und Freizeitzentrum ausbauen.
2. Bei den Konsultationen und Vorbereitungen des Stadtrates für die Planung eines neuen Jugendzentrums anstelle des Globusprovisoriums verlangen wir ein Mitsprache- und Mitbestimmungsrecht im Verhältnis 1:1. Die Delegierten sind von der Jugend selbst zu bestimmen.
3. Das autonome Jugendzentrum ist absolut unabhängig von den Stadtbehörden. Verwaltung und Organisation liegen in den Händen der Jugend.
4. Beschlüsse werden von der Gesamtheit der jeweils im Zentrum anwesenden Jugendlichen gefasst.

Z U R   W A R N D E M O N S T R A T I O N
rufen wir A L L E J U N G E N auf. MITTWOCH, 26.Juni 18.00 beim Globus

bitte wenden!

D i e w i c h t i g s t e n D a t e n:

14. Juni Definitiver Entscheid des Stadtrates, das Globusprovisorium der ETH-Architekturabteilung (Obergeschoss, Bürotrakt) und der LVZ-Genossenschaft (Erdgeschoss) zu vermieten.
Ein Flugblatt der Architekturstudenten bekundet der Jugend deren Sympathie zu ihren Bestrebungen um ein Jugendzentrum: "Wir geben der Hoffnung Ausdruck, dass die Befürworter eines Jugendzentrums im alten Globus bald im Stande sein werden, eine ahnlich freudige Nachricht, das Erdgeschoss betreffend anzukündigen."

15. Juni Der Stadtrat empfängt eine Delegation der demonstrierenden Jugend zu einem ersten Gespräch über die unbefriedigende Lage. Und gibt die Zusicherung, sich mit diesen Problemen vordringlich zu befassen.

15./16. Juni Die demonstrierende Zürcher Jugend besetzt den alten Globus und stimmt in einer konstituierenden Versammlung nach eingehender Diskussion der umstehend zitierten Resolution zu.
Wahl des provisorischen Aktionskomitees für ein autonomes Jugendzentrum und der Aussschussdelegierten.

ab 17. Juni Verschiedene Repressalien werden gegen Beteiligte an der Globusbesetzung ergriffen. (Stellen-, Wohnungs-, Zimmerverlust, Drohungen)

21. Juni Ein Gespräch zwischen einer Delegation des Aktionskomitees und Sprechern des LVZ ergibt, dass der LVZ eventuell bereit wär auf eine Schadenersatzklage zu verzichten, falls der Stadtrat vom Mietvertrag zurücktreten würde.

22. Juni Der Stadtrat empfängt eine Delegation des Aktionskomitees zu einem zwei-ten Gespräch und betont, dass er der Jugend keinen Ersatz für den alt[en] Globus im Stadtzentrum zur Verfügung stellen könne. Er nimmt Kenntnis [vom] Ergebnis des Gesprächs zwischen Aktionskomitee und LVZ. Er schlägt de[r] Delegation als Alternative ein Grundstück an der Wehntaler-/Hofwiesen[strasse] vor. Er betrachtet dies als eine originelle Lösung, denn hier könne d[ie] Jugend ihre überschüssige Kraft produktiv verwenden, indem sie ihr Ha[us] selber baue .

23. Juni Ein Gerücht geht um, wonach der alte Globus am 29./3o. Juni militärisc[hen] Einheiten als Kantonnement dienen werde.

24. Juni Informeller Kontakt mit "Aktion Bahnhofbrugg".

24. Juni Der Aktion Jugendzentrum werden (auf polizeiliches Geheiss?) sämtliche Säle in Zürich für eine auf 17.00 angesetzte Pressekonferenz verweige[rt].

24. Juni Die Aktion autonomes Jugendzentrum legt an einer Pressekonferenz ihre Ziele dar.

IM JUGENDHAUS ALTER SCHULE GIBT ES MEHR VORSCHRIFTEN ALS JUGENDLICHE - IM AUTONOMEN JUGENDZENTRUM MACHEN WIR UNS DIE VORSCHRIFTEN SELBST

▲▶ **Flugblätter aus der zweiten Junihälfte 1968: Die Verhandlungen zwischen dem Aktionskomitee für ein autonomes Jugendzentrum und der Stadtregierung wurden mit harten Bandagen geführt. Durch Drohungen und Ultimaten engten die Akteure ihre Handlungsspielräume gegenseitig derart ein, dass eine gewaltsame Eskalation unvermeidlich wurde.**

Warum fürchten die Behörden das autonome Jugendzentrum?

Wir kämpfen für ein «autonomes Jugendzentrum» bis zum letzten Knüppelschlag…

- weil wir vom reinen demokratischen Willen, von der parteilichen Unabhängigkeit, und schöpferischen Integrität des « autonomen Jugend Zentrums» überzeugt sind.
- weil wir mündig sind und uns selbst verwalten können.
- weil wir eine Insel wahrer Demokratie – ein demokratisches Modell – im Sumpfe der selbstzufriedenen Pseudo-Demokratie schaffen wollen.
- weil wir von keiner (versteckten) Demagogie und Gewalt mehr abhängig sein wollen.
- weil wir Autorität und Überorganisation instinktiv hassen.
- weil wir keine «Idealisten» sein wollen – sondern Realisten
- weil wir eine Gemeinschaft schaffen wollen, in welcher auch Aussenseiter Aufnahme finden.
- weil wir keine Macht anstreben, welche korrumpiert.
- weil wir europäisch gesinnt sind und keine Rassenvorurteile und -diskriminierung mehr akzeptieren wollen.
- weil wir keine Klassenunterschiede mehr wollen.
- weil wir Sittenkodexe, die wir nicht nötig haben, abgeschafft wissen wollen.
- weil wir keinen totalen Vernichtungskrieg wollen.

NB: Wir sind für gewaltlose *Aktion*, trotz «Menschlichkeit» (Dr. S. Widmer!) von seiten der Behörden, die für Ruhe und Ordnung sind.

NB: Dieses Flugblatt ist aus privater Initiative entstanden und untersteht *nicht* der Verantwortung irgendwelcher politischen Partei, noch der des Komitees.

DIE ZUERCHER J
IHRE KUMPANEN VON DER
WIEDER WEISS ZU WASCHEN
UND DEMONSTRANTEN INS LOCH ZU STECKEN
SEHEN WIR UNS NUN DIESE JUSTIZ
HINTER IHRER WEISSEN FASSADE EINMAL ETWAS GENAUER AN

AGITATION

JUSTIZ

unter Druck gesetzt worden, um das Einvernahmeprotokoll zu unterschreiben und zwar bevor all das, was er selbst darin niedergeschrieben haben wollte, aufgenommen worden sei. Erst als ein entsprechender Abschnitt aufgenommen worden sei, habe er die Unterschrift unter das Dokument gesetzt. Der Bezirksanwalt replizierte ungeschickt, worauf der Verteidiger des Angeklagten, Dr.Max Gubser, ihm eine Rechtsbelehrung erteilte: Es liege nicht im Ermessen eines Bezirksanwaltes, darüber zu befinden, was in einem Protokoll zu stehen habe. "Der Angeklagte entscheidet, ob das Protokollierte genügt oder nicht, und ob das Geschriebene seinen Aussagen entspricht oder nicht. Es ist keine Art eines Untersuchungsrichters, das Zimmer zu verlassen und vom Angeklagten zu fordern, dass er etwas unterschreiben müsse."

EINE ANRUECHIGE UNTERSUCHUNG

Die Untersuchung gegen die Globus-Demonstranten wurde durch die Bezirksanwaltschaft rechtswidrig, unter Missachtung garantierter Verteidigungsrechte geführt. Unsere Verteidiger stellten an die übergeordnete Behörde den Antrag auf Neuuntersuchung. Dieser Antrag wurde von der Staatsanwaltschaft abgelehnt ! Mit einer fadenscheinigen Begründung, die sich, da sie rechtswidriges Vorgehen deckt, nicht einmal auf Paragraphen berufen kann. Einige Bezirksanwälte zeichneten sich durch besonderen Amtseifer aus: sie führten falsche Protokolle, erzwangen durch Drohungen Unterschriften und erpressten Aussagen gegen andere Demonstranten. Alle insgesamt verweigerten wesentliche Verteidigungsrechte:

Unsere Verteidiger erfuhren erst nach Abschluss der Untersuchung, dass insgeheim 21 uns belastende Zeugen (Sieber, Bertschi, Polizeifunktionäre) einvernommen worden waren. Die Verteidiger protestierten: "Wir akzeptieren die Begründung zu derartig ▶

Der Zürcher Sommer 1968: die Chronologie der Ereignisse

Ursula Stutz

Zürichs Jugend rebelliert

«Satisfaction ist möglich – Rebellion ist berechtigt» waren sich am 15. Juni 1968 Lehrlinge, Schüler und Studierende einig und marschierten bei regnerischem Wetter in einer Kundgebung gemeinsam durchs Niederdorf in der Zürcher Altstadt. Lange genug hatten sie auf die Realisierung eines eigenen Jugendhauses gewartet. Nicht länger waren sie gewillt, repressive Polizeieinsätze wie jenen anlässlich des Jimi-Hendrix-Konzertes Ende Mai folgenlos hinzunehmen. Bei der Jugend in Zürich war der Startschuss zu einem engagierten öffentlichen Kampf für ihre Anliegen und Forderungen gefallen.

In Zürich, dem Zentrum der Deutschschweizer 68er-Bewegung, waren die Auseinandersetzungen um ein autonomes Jugendzentrum der wichtigste Auslöser für Aufstand und Krawall. Wenn man die Ereignisse des ‹heissen Sommers› chronologisch Revue passieren lässt und dabei näher ausleuchtet – wie dies im Folgenden geschieht –, wird auch deutlich, dass die Zürcher Proteste nicht von einer Studentenbewegung im engeren Sinn getragen wurden und dass sie sich auch sonst von den Ereignissen in andern westeuropäischen Staaten unterschieden.

Die Zürcher Bewegung im internationalen Kontext

Im Unterschied zu den Protestereignissen in Deutschland oder Frankreich war Zürichs Jugendbewegung im Sommer 1968 nicht primär von weltpolitischen Themen bestimmt. Obwohl auch in Zürich lebhaftes Interesse an den damals aktuellen Ereignissen im Ausland bestand, ging es in den gesellschaftlichen Protesten – die am 29. Juni 1968 im sogenannten Globus-Krawall gipfelten – vordergründig nur um einen lokalen Streit, und zwar um die Errichtung eines autonomen Jugendzentrums. Natürlich gab es auch in der Schweiz Antikriegsdemonstrationen, wie beispielsweise eine von der Jungen Sektion der Partei der Arbeit (PdA) gemeinsam mit der *Aktion gegen Kriegsverbrechen* organisierte Vietnamkundgebung, bei der Demonstranten am Limmat-Ufer eine Vietcong-Puppe symbolisch mit ‹Napalm› verbrannten und diese dann begleitet von Vietcong-Fahnen, Bildern und Spruchbändern («Dow verbrennt Kinder») zum nahe gelegenen europäischen Sitz der Dow Chemical Company, dem Hauptproduzenten von Napalm, trugen. Weiter gingen etwa 500 Gymnasiasten im Rahmen einer Kundgebung gegen Kriegsverbrechen in Biafra und gegen Waffenlieferungen an Nigeria auf die Strasse. Durch die Medien ging u.a. auch ein Hungerstreik von rund einem Dutzend Jugendlichen, die mit ihrem *Sit-in* im Keller eines Gebäudes beim Bahnhof Stadelhofen die Öffentlichkeit im Hinblick auf das Elend in Biafra aufzurütteln versuchten.

Trotzdem waren die sich gewaltsam zuspitzenden Proteste in Zürich hauptsächlich von dem Anliegen der Jugendlichen um autonome Jungendräume und neue Kulturzentren getrieben. Die Forderungen nach einem Jugendzentrum reichten bis 1949 zurück, waren von der Stadt aber nie zufriedenstellend erfüllt worden. Hier ist der Grund dafür zu suchen, dass im Vergleich zu ähnlichen Bewegungen in den Nachbarländern die Zürcher 68er-Bewegung in viel höherem Masse von Jugendlichen und jungen Erwachsenen aus allen Bevölkerungsschichten getragen war. Obwohl also die Ereignisse in Zürich im Gegensatz zur Situation in Deutschland oder Frankreich nicht als Studentenunruhen bezeichnet werden können, zeigen die folgenden zwei Beispiele, dass sich die Zürcher Studierenden sehr wohl als Teil einer internationalen Protestbewegung sahen. Dies umso mehr, als sich aus Sicht mancher Studierender die lokalen Auseinandersetzungen um ein Jugendhaus durchaus als Ausdruck allgemeiner gesellschaftspolitischer Konflikte verstehen liessen und daher an ein umfassenderes gesellschaftskritisches und reformatorisches Programm anschliessbar waren.

■ Die *Fortschrittliche Studentenschaft Zürich* (FSZ) führte im Sommersemester 1968 ein Seminar mit dem Titel «Hochschule und Gesellschaft» durch, welches sich aktuellen Hochschulfragen widmen sollte. Für die FSZ war klar, dass eine Reform der Universität nur mit einer Reform der Gesellschaft einhergehen konnte. Um die Aufmerksamkeit der Öffentlichkeit auf die Veranstaltung zu lenken, plante man, die Vortragsreihe mit einer Rede Rudi Dutschkes vom *Sozialistischen Deutschen Studentenbund* (SDS) zu eröffnen, der über die Politik des antiautoritären Flügels im SDS und die Rolle der Hochschule bei der Umwälzung der Gesellschaft sprechen sollte. Das Attentat auf Rudi Dutschke am 11. April 1968 machte diesen Plan zunichte. Die FSZ, die in einem Telegramm an den SDS ihre Solidarität erklärt hatte, lud deshalb kurzfristig drei andere bekannte SDS-Mitglieder ein. Diese sprachen am 26. April bei grossem Andrang im Lichthof der Universität Zürich (und mit offizieller, vom Rektorat erteilter Erlaubnis) vor etwa 1000 Zuhörern über die Themen «Hochschulreform und Hochschulrevolte» (Bernhard Achterberg, Kiel), «Intelligenz und Revolution» (Gaston Salvatore, Berlin) und «Der SDS als Teil der ausserparlamentarischen Opposition» (Günter Amendt, Frankfurt).

■ Nachdem in Frankreich in der Nacht vom 10. auf den 11. Mai 1968 die Studentenunruhen eskalierten, versammelten sich in der französischen Schweiz Studierende in Genf, Lausanne und La Chaux-de-Fonds zu einer Demonstration, um ihrer Solidarität Ausdruck zu verleihen. Die *FSZ* reagierte ihrerseits auf die Krawalle im Nachbarland und kündigte an, dass sie den traditionellen Fackelumzug am Dies academicus für eine Solidaritätskundgebung mit den Pariser Kommilitonen verstanden wissen wollte. Alternativ zur jährlichen Stiftungsfeier der Universität plante sie einen Tag der Diskussion, einen ‹Anti-Dies›, mit dem sie ein Statement für die «Selbstverwaltung aller am Bildungs- und Forschungsprozess Beteiligten» setzen wollte. Auf Flugblättern propagierte die FSZ: «Wir wollen keinen Dies academicus mit Festreden und jovialem Einverständnis, wir wollen einen nüchternen, kritischen Dies, einen Tag der Diskussion, an dem sich die Universität auf ihre Probleme besinnt.»

Wie diese beiden Beispiele deutlich machen, war es ein grosses Anliegen der Fortschrittlichen Studierenden, die Forderung nach mehr Mitspracherecht an der Universität mit einer Neudefinition der Rolle der Hochschule in der Gesellschaft zu verknüpfen.

Die Radikalisierung in der Jugendhaus-Debatte

Doch wie kam es, dass so unterschiedliche Gruppierungen, die anfangs auf Verhandlung und Reform setzten, sich ab dem Frühjahr 1968 zu einer Bewegung formierten und ihrem Protest in immer radikaleren Formen Ausdruck verliehen? Und wie kam es, dass nach dem Eingreifen zahlreicher Vertreter des intellektuellen linksliberalen Bürgertums, das zwischen Bewegung und staatlichen Organen vermittelte, die Proteste nach den Vorfällen um das Globus-Provisorium relativ schnell wieder abflauten?

■ Beginnen wir bei der anfangs erwähnten, am 15. Juni 1968 von der Vereinigung *Fortschrittliche Arbeiter, Schüler und Studenten* (FASS) organisierten Demonstration gegen die Stadtpolizei. Die FASS wurde bereits 1967 gegründet und umfasste 1968 schliesslich etwa 20 Organisationen, u. a. auch die FSZ. Im Vorfeld der Kundgebung hiess es auf Flugblättern, man wolle auf die Missstände bei der Zürcher Polizei

▲ Zürich, 29. Juni 1968: Demonstrationszug auf der Bahnhofsbrücke vor dem Globus-Provisorium, vom Central aus gesehen. In der Nacht zum 30. Juni kommt es zu schweren Ausschreitungen zwischen der Polizei und den Demonstranten, den sogenannten Globus-Krawallen.

aufmerksam machen, beispielsweise an den harten Polizeieinsatz beim Jimi-Hendrix-Konzert am 31. Mai erinnern. Weil die Jugendlichen nach dem besagten Konzert die Halle zu wenig schnell geräumt hatten, waren sie schliesslich von einer Hundertschaft von Polizisten mit Knüppeln ins Freie getrieben worden. Die Folge waren Ausschreitungen, die sich zum Teil in die Innenstadt verlagerten und bis in die Morgenstunden dauerten. Bereits im Vorjahr war es am 14. April nach einem Konzert der *Rolling Stones* im Hallenstadion ebenfalls zu einer Schlägerei zwischen Fans und Polizei gekommen. Anders aber als damals stand die Polizei nach dem Jimi-Hendrix-Konzert mit scharfen Hunden bereit. Der übertrieben harte Polizeieinsatz wurde an der Kundgebung vom 15. Juni mit Slogans wie «Unsere liebe Polizei legt ab und zu ein Ei» oder «Lasst Meinungen sprechen und nicht Fäuste» kritisiert. Die Demonstranten zogen vom Hirschenplatz im Zürcher Niederdorf zur Hauptwache der Stadtpolizei, wo ein von der FASS vorbereiteter symbolischer Schauprozess gegen ‹den unbekannten Polizisten› stattfand. Den Teilnehmern wurde auf Flugblättern das genaue Vorgehen erklärt: «Das Volkstribunal wird heute Abend zum ersten Mal zusammentreten und dem unbekannten Polizisten den Prozess machen. [...] Das Volkstribunal wird die Vergehen des unbekannten Polizisten feststellen, ihre Gründe und Hintergründe aufweisen und versuchen, ein gerechtes Urteil zu fällen. Es wird einen Beitrag liefern zur Klärung des Verhältnisses zwischen Polizei und Passant.»

■ Anschliessend an den Schauprozess versammelten sich die Demonstranten in den unbenutzten Räumen des Globus-Provisoriums in der Innenstadt zu einer ersten Vollversammlung der Zürcher Jugend, bei der sie ihre Anliegen gemeinsam diskutierten – der Stadtrat hatte die Räume zu diesem Zweck zur Verfügung gestellt. In jener Nacht – vom 15. auf den 16. Juni – gründeten die Jugendlichen spontan das *Provisorische Aktionskomitee für ein autonomes Jugendzentrum* und beschlossen gemeinsam ein Ultimatum an den Zürcher Stadtrat. Gefordert wurde darin, dass bis zum 1. Juli 1968 eine entsprechende Räumlichkeit im Stadtzentrum geschaffen werde. Ein weitere Forderung war, dass die Jugend bei den Beratungen bezüglich dieses Jugendzentrums ein «Mitbestimmungsrecht im Verhältnis 1:1» haben und dass das Jugendhaus von den Jugendlichen selbst verwaltet werden sollte. Für die Verhandlungen mit der Stadt waren das neu gegründete Komitee und dessen Delegierte vorgesehen. Im Falle einer Nichterfüllung des Ultimatums drohten die Jugendlichen mit der Besetzung des Globus-Provisoriums. Die Idee, gerade dieses Gebäude als Jugendhaus zu nutzen, war nicht neu. So hatte gut zwei Wochen zuvor am 29. Mai Otto Baumann im Zürcher Gemeinderat eine Motion mit 30 Mitunterzeichnern aus unterschiedlichen politischen Lagern eingereicht, die bezwecken sollte, dass das Globus-Provisorium bis zu dessen Neuüberbauung von den Jugendlichen als provisorisches Jugendhaus benutzt werden dürfe.

Der Stadtrat reagierte prompt auf das Ultimatum der Jugendlichen und lud für den 22. Juni zu Gesprächen ein, bei denen Vertreter der wichtigsten Organisationen und Gruppierungen im Streit um ein Jugendhaus mit ihren Begehren an den Stadtrat gelangten:

■ Zuerst empfing Stadtpräsident Dr. Sigmund Widmer mit den Stadträten Dr. Ernst Bieri und Dr. August Ziegler sowie den Gemeinderäten Otto Baumann und Alfred Messerli Vertreter des Vereins *Zürcher Jugendhaus* und der sogenannten *Aktion Bahnhofbrugg*. Die Projektgruppe *Aktion Bahnhofbrugg* war 1967 auf Initiative von Mitgliedern der *Vereinigung Ferien und Freizeit* (VFF) und andern, teils kirchlichen Verbänden gegründet worden; auch sie vertrat die Forderung nach der Nutzung des Globus-Provisoriums als Jugendhaus. Dem *Verein Zürcher Jugendhaus* sicherte der Stadtrat für den Neubau des bereits bestehenden Jugendhauses auf dem Drahtschmidliareal an der Limmat unweit des Hauptbahnhofes tatkräftige Unterstützung zu. Der Gemeinderat reagierte übrigens rasch und teilte gut eine Woche später mit, dass Projekte für einen Neubau eines Jugendhauses am alten Standort vorgelegt werden dürften.

■ Nach diesem ersten Gespräch suchte der Stadtrat den Dialog mit Delegationen des *Aktionskomitees für ein autonomes Jugendzentrum*, der FASS und anderer Jugendgruppen. Der Stadtrat bemühte sich, die Anliegen und Ziele der Jugendlichen kennenzulernen und zeigte seinen Willen, die Bereitstellung einer zusätzlichen Begegnungsstätte zu fördern. Zugleich machte er aber deutlich, dass die Überlassung des Globus-Provisoriums – die Stadt hatte Mitte Juni mit den Magazinen zum Globus AG einen Mietvertrag zur Nutzung des Warenhausprovisoriums geschlossen – aus verschiedenen Gründen nicht möglich sei. Anstelle des Globus-Provisoriums bot der Stadtrat ein weniger zentrales Areal an der Hofwiesen-/Wehntalerstrasse an und billigte Hilfe bei der Inbetriebnahme der Räumlichkeiten zu. Die Vertreter des *Aktionskomitees für ein autonomes Jugendzentrum* lehnten das Angebot kategorisch ab und opponierten gemeinsam mit den andern Jugendorganisationen gegen ein herkömmliches Jugendhaus, wie es vom *Verein Zürcher Jugendhaus* seit dem 1. Oktober 1967 auf dem Drahtschmidliareal betrieben wurde. Sie verlangten eine geräumige Gaststätte im Zentrum der Stadt, in der sich Jugendliche im Alter von 20 bis 30 Jahren austauschen und vergnügen könnten. Seitens der Jugendlichen bestand zwar die Bereitschaft, an einer neuen Konzeption des Jugendhauses auf dem Drahtschmidliareal mitzuarbeiten, jedoch nur bei einer sofortigen Lösung. Schliesslich vereinbarte man mit dem Stadtpräsidenten, dieser möge abklären, ob allenfalls das alte Klubhaus der Migrosschule oder die leeren Stallungen der Kaserne an der Gessnerallee für ein Jugendhaus infrage kämen. Die nächste Zusammenkunft von Stadtrat und Jugendvertretern wurde auf Samstag, den 29. Juni, festgesetzt.

■ Am 26. Juni, also noch vor Ablauf des Ultimatums, folgten etwa 150 bis 200 Jugendliche dem Aufruf des *Aktionskomitees autonomes Jugendzentrum* und versammelten sich zu einer unbewilligten Warnkundgebung vor dem Globus-Provisorium an der Bahnhofbrücke. Die Demonstration hatte zum Ziel, nochmals auf die Wünsche und Ansprüche der Jugendlichen aufmerksam zu machen. Der Zug führte – mit einem kleinen *Sit-in* beim nahe gelegenen Central – durch das Stadtzentrum und blockierte an verschiedenen Stellen den Abendverkehr. Über ein Megafon wurden die Jugendlichen aus den eigenen Reihen darüber informiert, wie sie sich beim Auftauchen der Polizei zu verhalten hätten. So gelte es vor allem, Ruhe zu bewahren und im Falle von Gewaltanwendung seitens der Polizei sich zu zerstreuen. Mit der Kundgebung sollte einerseits bewiesen werden, dass die Jugend hinter dem *Aktionskomitee autonomes Jugendhaus* stehe. Andererseits wollte man aber für die zweite ‹Vollversammlung der Zürcher Jugend› am folgenden Samstag werben, und man wollte auch – wie ein Redner über ein mitgeführtes Megafon verkündete – den Stadtrat, der am folgenden Tag seine Sitzung über die Jugendhausfrage halten sollte, unter psychischen Druck setzen. «Die ganze Stadt soll sehen, dass wir da sind, dass wir immer wieder kommen, bis wir unser eigenes selbständiges Jugendzentrum haben» – so der Text auf einem Flugblatt.

Der Stadtrat war provoziert und weigerte sich, auf die Forderungen einzugehen. Wie bereits bei den Gesprächen vom 22. Juni verwies er am 27. Juni auf das Angebot, das städtische Grundstück bei der Hofwiesen-/Wehntalerstrasse den Jugendlichen zur Verfügung zu stellen. Im Falle einer Besetzung des Globus-Provisoriums am folgenden Samstag wurde polizeiliches Einschreiten angedroht. Der Stadtrat begründete seine Entscheidung, die Verhandlungen mit den Jugendlichen abzubrechen, ferner damit, dass es bei der letzten Veranstaltung von Jugendlichen im Globus-Provisorium zu Beschädigungen am Gebäude gekommen sei. Auch sei jene Versammlung nicht zwecks besserer Zusammenarbeit mit der Stadt genutzt worden, sondern um ein Ultimatum zu stellen und die Stadt damit unter Druck zu setzen. In der Radiosendung *Rendez-vous am Mittag* vom 27. Juni erklärte Stadtpräsident Widmer, dass der Stadtrat grundsätzlich nach wie vor bereit sei, mit den Jugendlichen eine demokratische Lösung für die Jugendhausfrage zu finden. Nichtsdestotrotz werde die Stadtpolizei mit Korrektheit, Ruhe und Festigkeit für Ordnung in der Innenstadt sorgen und am Wochenende das Globus-Provisorium mit einem Aufgebot vor einer illegalen Besetzung schützen.

Der Globus-Krawall

Am Samstag, den 29. Juni, wurde trotz Ablehnung durch die Mehrheit der Jugend das von der Stadt bereitgestellte Grundstück an der Hofwiesen-/Wehntalerstrasse von einigen Jugendlichen etwas hergerichtet, damit in den folgenden Tagen in den Lagerbaracken über den Neubau des Jugendhauses diskutiert werden könne. In dem damit eröffneten *Zentrum der Jungen Hof 103* fanden sich jedoch nur etwa 200 Jugendliche zusammen. Der Grossteil der Jugendlichen war dem Aufruf des *Aktionskomitees autonomes Jungendhaus* gefolgt, sich vor dem Globus-Provisorium in der Innenstadt zu versammeln. Anstatt der ursprünglich geplanten Besetzung des Globus-Areals wollte man – so der Aufruf – gemeinsam auf der Sechseläutenwiese am See mit mitgebrachten Baumaterialien ein «Altersheim für die Zürcher Jugend» errichten. Die versammelten Jugendlichen wurden um 18 Uhr von Polizeikommandant Bertschi, der sich zusammen mit Stadtrat Sieber und Dr. Walter Hubatka, dem Chef der Kriminalpolizei, auf der dem Globus-Provisorium gegenüberliegenden Strassenseite auf dem Balkon des *Du Nord*-Hauses installiert hatte, mehrmals dazu aufgefordert, den Platz vor dem Globus zu räumen. Die Anweisungen blieben erfolglos, die Polizei griff zum Wassereinsatz, die Jugendlichen zu Steinen. Die immer grösser werdende Menschengruppe, etwa 2000 Demonstranten, setzte sich schliesslich in Bewegung und zog den Limmatquai entlang zum Bellevue, wo die Kundgebung auf dem Sechseläutenplatz stattfinden sollte. Bereits unterwegs kam es zu Zusammenstössen mit Passanten und Besuchern des Volksfestes der *Tessiner Woche*, wodurch der Verkehr lahmgelegt wurde und die Polizei zwischen zwei Fronten geriet. Am Bellevue, auf der Bahnhofstrasse und am Limmatquai kam es zu schweren Ausschreitungen zwischen über 300 Polizisten und mehreren Hundert Demonstranten. Die Krawalle, die bis in die frühen Morgenstunden dauerten, forderten schliesslich gut 40 Verletzte (davon 15 Polizisten, 7 Feuerwehrleute und 19 Demonstranten) und führten zu 169 Verhaftungen.

Der *Vorwärts* – linke Wochenzeitung und Organ der PDA – berichtet in seiner Ausgabe vom 18. Juli 1968, dass die Polizei Demonstranten, die während der Ausschreitungen festgenommen worden waren, im Globus-Keller schwer misshandelt habe, dass einige von ihnen mehrmals verprügelt und bis zur Bewusstlosigkeit geschlagen worden seien. Andere Jugendliche seien ausgezogen und in die Geschlechtsteile geschlagen worden, was von Ärzten bezeugt worden sei. Bei diesen Schlägereien sei zudem Walter Hubatka, Chef der Kriminalpolizei, anwesend gewesen. Stadtpräsident Dr. Sigmund Widmer schliesslich solle den Einsatz von Armee-Einheiten erwogen haben.

■ Nur Stunden nach dem Ende der nächtlichen Auseinandersetzungen richtete Stadtpräsident Widmer am Sonntagnachmittag um 12.50 Uhr übers Radio das Wort an die Zürcher Bevölkerung. Er drückte seine Empörung über die Ereignisse aus und appellierte an alle Zürcher sowie an Besucher der Stadt, in Zukunft Orte von Auseinandersetzungen zwischen Demonstranten und Polizei zu meiden. Nur so könne verhindert werden, dass Zuschauer, die lediglich aus Neugier in die Innenstadt drängten, die Arbeit der Polizei erschwerten, wie dies eben in der vergangenen Nacht der Fall gewesen sei.

■ Am Sonntagabend zogen einige vom Vortag aufgebrachte Demonstranten vom Globus-Provisorium zur Polizeihauptwache, wo eine Dreierdelegation des *Aktionskomitees autonomes Jugendzentrum* mit einer Petition die sofortige Freilassung der in der Nacht zuvor Verhafteten forderte. Als die Abgesandten nach einer halben Stunde noch nicht wieder vor

▲ Die Polizei versucht demonstrierende Jugendliche auf dem Bahnhofquai mit einem Löschschlauch zu vertreiben. Die Ausschreitungen in den Krawallnächten waren der Anlass für die spätere Anschaffung gepanzerter Wasserwerfer.

Verbot

1. Jede Ansammlung demonstrativen Charakters ohne ausdrückliche Bewilligung des Stadtrates ist auf öffentlichem Grund und in öffentlichen Anlagen der Stadt Zürich bis auf weiteres verboten.

2. Das Verbot gilt mit Wirkung ab 2. Juli 1968, 12 Uhr.

3. Zuwiderhandlungen werden gemäss den Bestimmungen des schweizerischen Strafgesetzbuches bestraft.

Zürich, den 1. Juli 1968 **Der Stadtrat**

◂▴ Gewalt und Gegengewalt: Ein verletzter Polizist wird während der sogenannten Globus-Krawalle von Kollegen weggetragen. Ein Demonstrant wird gewaltsam abgeführt. Im Keller des Globus-Provisoriums kam es nach Aussagen von Demonstranten zu schweren Misshandlungen der Festgenommenen. Unmittelbar nach den Krawallnächten erliess der Zürcher Stadtrat ein Demonstrationsverbot.

der Wache erschienen waren, liessen sich die Demonstranten zu einem Sitzstreik auf der Strasse nieder. Um 23 Uhr begannen Jugendliche mit ausgerissenen Pflanzen, Erde und Steinen die anwesenden Polizisten zu bombardieren. Die Ordnungskräfte reagierten erneut mit dem Einsatz von Wasser, und es kam zu kleineren Auseinandersetzungen, die bis in die Morgenstunden andauerten.

■ Auch am Folgetag, dem 1. Juli, versammelten sich wieder Demonstranten vor dem Globus-Provisorium, beim Bahnhofplatz und auf der Bahnhofbrücke. Während Polizeikommandant Bertschi ähnlich wie bereits zwei Tage zuvor die Protestierenden und Zuschauer aufforderte, sich zu zerstreuen, schlug ein Jugendlicher im Namen der FASS vor, sich um 22 Uhr zu einer Diskussion auf dem Lindenhof einzufinden. Etwa 300 Jugendliche folgten dem Vorschlag und versammelten sich dort, um konstruktiv über eine Lösung der Jugendhausfrage zu diskutieren. Die grosse Mehrheit blieb aber in der Innenstadt zurück. Da die Polizei diesmal jedoch darauf bedacht war, erst bei Ausschreitungen einzugreifen, nahm der Abend ein friedliches Ende.

Erste Reaktionen und Massnahmen auf die Krawalle

In den auf den Globus-Krawall folgenden Tagen waren die Medien voll von Stellungnahmen und Grossinseraten aller Beteiligten und politischen Lager. Viele Jugendliche distanzierten sich von jeglicher Form der Gewaltanwendung. Während sich vorerst grosse Teile der Bevölkerung hinter den harten Polizeieinsatz stellten – einige Mitbürger brachten sogar Blumen und Geschenke auf die Polizeiwachen –, kamen nach der ‹heissen Nacht› bald Stimmen auf, dass die Polizei unverhältnismässig brutal und rücksichtslos auf die Demonstranten reagiert habe. Auch das Verhalten von Polizeikommandant Bertschi sowie die Abwesenheit von Stadtpräsident Widmer wurden kritisiert. Unterstützung hingegen fand die Polizei von den *Freisinnigen*, welche forderten, dass man die Gespräche und Verhandlungen mit den gewalttätigen Jugendlichen abbrechen, hart gegen die Verhafteten vorgehen, beteiligte Schüler und Studenten von den Lehrveranstaltungen ausschliessen sowie beteiligte Ausländer ohne Verfahren ausweisen solle. Auch die Schweizerische Bauern-, Gewerbe- und Bürgerpartei (die BGB-Mittelstandspartei, die sich 1971 mit der Demokratischen Partei zur Schweizerischen Volkspartei SVP zusammenschliessen sollte), verlangte ein härteres Vorgehen gegen die ihrer Meinung nach verantwortungslose und verwahrloste Jugend. Ganz anders die Stellungnahme der *Christsozialen*, die wie die Sozialdemokratische Partei weiterhin das Gespräch mit den Jugendlichen suchen wollten. Die Partei der Arbeit machte vor allem die Polizei für die Verhärtung der Situation verantwortlich und zeigte Verständnis für die Proteste der Jugend. Man begrüsste das Interesse der jungen Generation an politischen Fragen. Die SP Zürich forderte die Jugendlichen auf, einen demokratischen Weg einzuschlagen, forderte aber gleichzeitig eine Untersuchung der Ausschreitungen beim Jimi-Hendrix-Konzert im Hallenstadion.

■ Zwei der unmittelbar an der Auseinandersetzung um ein autonomes Jugendzentrum beteiligten Parteien – zum einen der Stadtrat und zum andern das *Aktionskomitee autonomes Jugendhaus* – reagierten am 1. Juli mit jeweils eigenen Massnahmen auf das gewaltsame Wochenende. Der Zürcher Stadtrat verbot mit einer Verordnung, die am 2. Juli um 12 Uhr in Kraft trat, jegliche «Ansammlung demonstrativen Charakters». Später erklärte er diese kurzfristige Massnahme damit, dass die öffentliche Ruhe und Sicherheit gewährleistet werden müsse. Da Kundgebungen ohnehin eine Bewilligung erforderten, sei das Gesetz nicht verfassungswidrig. Dieses Demonstrationsverbot wurde von Anfang an von den verschiedensten Gruppierungen kritisiert. In einer Kundgebung vom 5. Juli machten etwa 200 Teilnehmer – darunter viele aus dem Kreis der Jungsozialisten und der SP – auf die aus ihrer Sicht illegalen Massnahmen des Stadtrates aufmerksam und

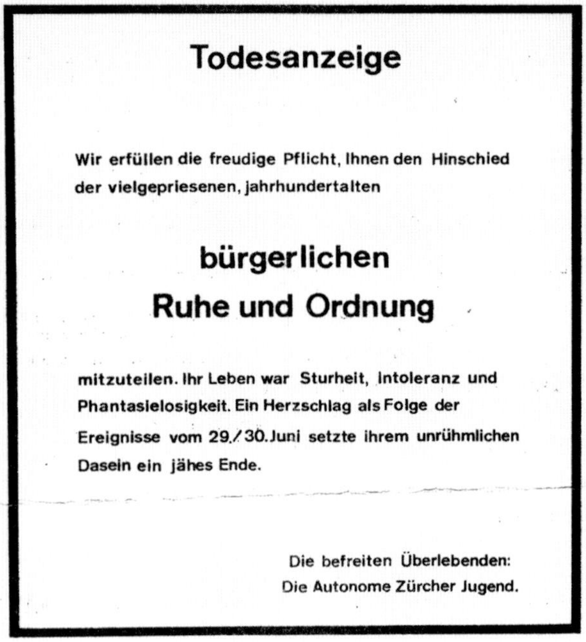

Todesanzeige

Wir erfüllen die freudige Pflicht, Ihnen den Hinschied der vielgepriesenen, jahrhundertalten

bürgerlichen
Ruhe und Ordnung

mitzuteilen. Ihr Leben war Sturheit, Intoleranz und Phantasielosigkeit. Ein Herzschlag als Folge der Ereignisse vom 29./30. Juni setzte ihrem unrühmlichen Dasein ein jähes Ende.

Die befreiten Überlebenden:
Die Autonome Zürcher Jugend.

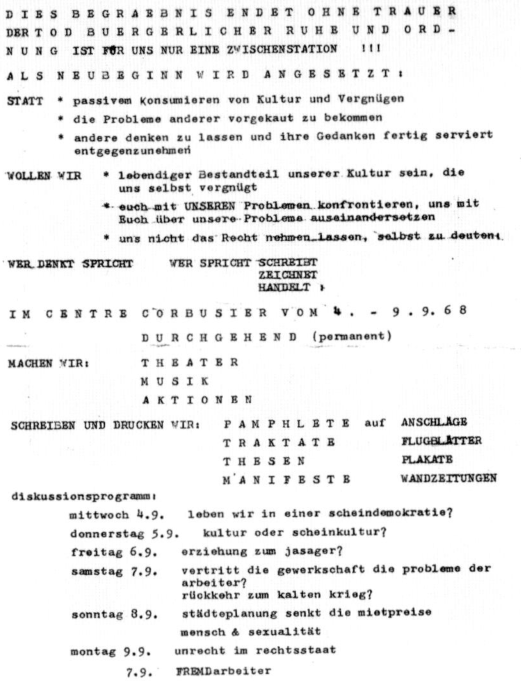

DIES BEGRAEBNIS ENDET OHNE TRAUER
DER TOD BUERGERLICHER RUHE UND ORD-
NUNG IST FÜR UNS NUR EINE ZWISCHENSTATION !!!

ALS NEUBEGINN WIRD ANGESETZT:

STATT
* passivem Konsumieren von Kultur und Vergnügen
* die Probleme anderer vorgekaut zu bekommen
* andere denken zu lassen und ihre Gedanken fertig serviert entgegenzunehmen

WOLLEN WIR
* lebendiger Bestandteil unserer Kultur sein, die uns selbst vergnügt
* euch mit UNSEREN Problemen konfrontieren, uns mit Euch über unsere Probleme auseinandersetzen
* uns nicht das Recht nehmen lassen, selbst zu deuten.

WER DENKT SPRICHT   WER SPRICHT SCHREIBT
ZEICHNET
HANDELT.

IM CENTRE CORBUSIER VOM 4. - 9.9.68
DURCHGEHEND (permanent)

MACHEN WIR:
THEATER
MUSIK
AKTIONEN

SCHREIBEN UND DRUCKEN WIR:
PAMPHLETE auf ANSCHLÄGE
TRAKTATE FLUGBLÄTTER
THESEN PLAKATE
MANIFESTE WANDZEITUNGEN

diskussionsprogramm:
mittwoch 4.9. leben wir in einer scheindemokratie?
donnerstag 5.9. kultur oder scheinkultur?
freitag 6.9. erziehung zum jasager?
samstag 7.9. vertritt die gewerkschaft die probleme der arbeiter?
rückkehr zum kalten krieg?
sonntag 8.9. städteplanung senkt die mietpreise
mensch & sexualität
montag 9.9. unrecht im rechtsstaat
7.9. FREMDarbeiter

▲ **Die 68er-Bewegung deutete die Globuskrawalle als Initialzünder einer neuartigen politischen Streitkultur. Auf einem Flugblatt (hier Vorder- und Rückseite), das zur Marathondiskussion «6 Tage Zürcher Manifest» einlädt, wird dieser Deutung in der provokativen Form einer Todesanzeige für die «bürgerliche Ruhe und Ordnung» Ausdruck gegeben.**

zeigten, dass Demonstrationen auch friedlich verlaufen können. Die Polizei – in Zivil – hielt sich bei diesem Anlass betont zurück. Die Demonstranten erliessen einstimmig eine Resolution, in der auf das verfassungsmässige Versammlungsrecht hingewiesen wurde. Ferner forderte man die Freilassung der verhafteten Demonstranten, die sofortige Aufhebung des Demonstrationsverbots, die Untersuchung der Gewalttaten der Polizei sowie die Wiederaufnahme der Gespräche mit den Jugendlichen. Nach einer Aufforderung von Walter Hubatka, Chef der Kriminalpolizei, die Versammlung aufzulösen, gingen die Protestierenden schliesslich auseinander. Erst am 15. Juli beschloss der Stadtrat nach einer Aussprache und aufgrund der Beruhigung der Lage, das Demonstrationsverbot zum 16. Juli um 12 Uhr wieder aufzuheben. Weiterhin musste jedoch für Kundgebungen der Stadtrat um Erlaubnis gebeten werden. Diese Bewilligungspflicht wurde vor allem von linken Kreisen als Einschränkung der Meinungsbildung empfunden.

■ Ebenfalls am 1. Juli begann das *Aktionskomitee autonomes Jugendhaus* damit, Material für Strafklagen gegen die Polizei zu sammeln und beauftragte Zürcher Anwälte mit der Verteidigung der Interessen der Demonstranten. Das Aktionskomitee richtete zusätzlich einen Rechtsdienst ein, bei dem sich betroffene Jugendliche melden konnten.

In der *Rundschau* vom 10. Juli wurde vom Schweizer Fernsehen ein Interview mit Dr. Fuchs, der in der Krawallnacht den Polizeizug leitete, und Polizeikommandant Bertschi ausgestrahlt, in dem beide versicherten, trotz Anwesenheit im Globus-Keller nichts von den Gewalttaten aufseiten der Polizei mitbekommen zu haben. Dr. Fuchs erinnerte sich lediglich daran, dass sich einige Jugendliche auch nach der Festnahme schlecht benommen hätten. Solche Aussagen schürten die hitzige Diskussion über den Gewalteinsatz der Polizei, zumal Polizeikommandant Bertschi bei einer Pressekonferenz am 1. Juli nicht bestritten hatte, dass die in der Nacht des Globus-Krawalls Festgenommenen im Innern des Globus-Provisoriums oder in der Hauptwache Schläge bezogen hätten. Nicht zuletzt aufgrund solch widersprüchlicher Aussagen rief die Dokumentationsstelle der Arbeitsgruppe *Zürcher Manifest* am 16. Juli Zeugen – insbesondere Ärzte, Journalisten und Anwälte – dazu auf, zwecks Erstellung eines umfas-

▲ **Ausschreitungen vor dem Globus-Provisorium in der Nacht vom 29. auf den 30. Juni 1968.**

senden und unabhängigen Berichtes über die Krawallnacht die Arbeitsgruppe mit Informationen und gegebenenfalls auch mit Personenbeschreibungen zu beliefern.

Das Zürcher Manifest

21 anerkannte Persönlichkeiten des Schweizer Kulturlebens – darunter der Schriftsteller Max Frisch, der Maler Gottfried Honegger-Lavater sowie weitere Schriftsteller, Professoren, Kantonsräte, Ärzte, Redaktoren und ein Architekt – hatten bereits am 30. Juni das sogenannte *Zürcher Manifest* entworfen, das der Vermittlung zwischen den Konfliktparteien dienen sollte. Die Unterzeichner riefen die Bevölkerung und alle am Jugendhauskonflikt Beteiligten zur Besinnung auf und konstatierten mit Verweis auf ähnliche Auseinandersetzungen im Ausland, dass die Ereignisse in Zürich nicht isoliert von den «unzulänglichen Gesellschaftsstrukturen» zu betrachten seien. Überdies müsse man bedenken, dass gesellschaftliche Umwälzungen historisch immer von Minderheiten ausgegangen seien. Im Text des Manifests wurden folgende Forderungen festgehalten: 1) die Bereitstellung eines zentral gelegenen, autonom verwalteten Diskussionsforums für Jung und Alt, 2) der Verzicht auf Sanktionen gegen Studierende, Schüler und Ausländer, sofern nicht schwerwiegende Delikte vorlägen, 3) die Wiederherstellung des verfassungsmässigen Demonstrationsrechts, 4) die Fortsetzung der Gespräche mit allen beteiligten Gruppen und 5) die unverzügliche Bildung einer wissenschaftlichen Arbeitsgruppe mit dem Auftrag, die tieferen Ursachen des Konflikts zu erforschen und praktische Vorschläge zu seiner Lösung auszuarbeiten.

■ Am 4. Juli gab der zuständige Direktionsvorsteher im Regierungsrat bekannt, dass die Staats- und Bezirksanwaltschaft zahlreiche Strafuntersuchungen eingeleitet hatte. Der Regierungsrat wollte zusammen mit den Behörden der Stadt Zürich alle Mittel einsetzen, um die öffentliche Ordnung und die

Sicherheit der Bürger zu gewährleisten. So wurde beispielsweise der Veranstalter des Jimi-Hendrix-Konzertes, Hansruedi Jaggi, wegen Verdachts auf Anstiftung zum Landfriedensbruch in seinem Haus in Rudolfstetten verhaftet und einvernommen, einige Stunden später jedoch wieder freigelassen. Der Stadtrat erteilte am 6. Juli Dr. Hans Gut, dem Präsidenten des Geschworenengerichtes, den Auftrag, die Strafanzeigen der Bezirksanwaltschaft gegen Polizisten zu prüfen. Für die Bearbeitung der Vorfälle im Globus-Provisorium und im Hallenstadion wurde ein Untersuchungsgremium einberufen, dem neben Gut auch Vertreter der Bezirksanwaltschaft und der Polizei angehörten. Der Regierungsrat bekräftigte zudem im Kantonsrat, dass die verhafteten Jugendlichen schnell abgeurteilt würden und stellte in Aussicht, Disziplinarmassnahmen gegen straffällige Schüler und Studenten durchzuführen sowie ausländische Randalierer auszuweisen. Während die Untersuchungen weiterliefen, wurden Mitte Juli die letzten Verhafteten freigelassen. Das Vorgehen des Regierungsrates und der Polizei wurde von der SP Zürich, die u. a. auch die Entlassung des Hilfslehrers und FSZ-Mitglieds Thomas Held kritisierte, verurteilt. Am 14. August erfuhr die Öffentlichkeit, dass insgesamt 200 Strafanzeigen gegen am Globus-Krawall beteiligte Demonstranten eingegangen und 28 Polizisten angezeigt worden waren. Eine Woche später wurde bekannt, dass im Zusammenhang mit dem Globus-Krawall bis dahin bereits vier Ausweisungen von Ausländern ohne gerichtliche Untersuchung vollzogen worden waren.

Neue Gespräche und ihre Folgen

Nach den Krawallen ergriffen im Juli verschiedenste Gruppen Initiativen, um sowohl intern als auch extern den differenzierten Meinungsaustausch wieder aufzunehmen. Die Jugendlichen bemühten sich in den eigenen Reihen an die ursprüngliche Debatte um ein Jugendhaus anzuknüpfen. Podiumsdiskussionen und andere öffentliche Veranstaltungen boten die Möglichkeit, die Sichtweisen der verschiedenen Akteurskreise einer breiteren Öffentlichkeit zugänglich zu machen.

Hof 103

Jene Jugendlichen, die sich zusammen mit dem Stadtrat für ein Jugendzentrum an der Hofwiesen-/Wehntalerstrasse bemüht hatten, sahen in der Situation nach der Eskalation einen Neuanfang und ihre Chance. Mit Flugblättern warben sie für eine gross angelegte Diskussion am 8. Juli im *Zentrum der Jungen Hof 103*. Nachdem Stadtpräsident Widmer das Areal inspiziert hatte, stellte die Stadt als besonderes Entgegenkommen Lautsprecher und Mikrofone für den Anlass zur Verfügung. Der Einladung folgten jedoch nur etwa 40 Jugendliche, und die Diskussion zum Thema «Provisorium Hofwiesenstrasse – ja oder nein?» verlief zäh und ziellos – so die Berichterstattung in der NZZ. Während des Abends wurden unter den Teilnehmern Fragebögen verteilt, auf denen die persönlichen Vorstellungen, Wünsche und Vorschläge im Bezug auf den *Hof 103* notiert werden konnten. Die Organisatoren waren über das geringe Interesse am *Hof* 103 sichtlich enttäuscht, doch sie gaben nicht auf. Auf einem Flugblatt teilten sie nochmals klar ihre Ziele mit: Die Zürcher Jugend hätte hier die Gelegenheit, zu beweisen, dass sie mit wenig Mitteln und grossem Einsatz etwas erreichen könne, und das provisorische Jugendhaus sollte wegweisend für ein autonomes Jugendzentrum im Stadtinnern sein.

■ Rund zweieinhalb Monate später sollte der *Hof 103* ein unglückliches Ende finden. Jugendliche demolierten am 27. September innerhalb weniger Stunden die gesamten Räumlichkeiten. Der Schaden wurde im *Tages-Anzeiger* auf 40 000 Franken geschätzt. Was war geschehen? In der Woche zuvor war den mit dem Ausbau des Hauses beschäftigten Jugendlichen mitgeteilt worden, sie dürften kein Baumaterial mehr bestellen und keine weiteren Änderungen am Bau vornehmen. Nach Aussagen der Ju-

Ein Aufruf zur Besinnung

Zürcher Manifest

Wir stellen fest:

In Zürich ist es zwischen Jugendlichen und der Polizei zu Kämpfen gekommen. Damit brachen auch in unserer Stadt Konflikte auf, wie sie sich gegenwärtig in Ost und West zeigen.

Wir folgern:

Die Zürcher Ereignisse dürfen nicht isoliert beurteilt werden. Sie sind eine Folge unzulänglicher Gesellschaftsstrukturen. Sie als Krawalle abzutun und die Beteiligten nur als randalierende Taugenichtse und Gaffer hinzustellen, ist oberflächlich.

Wir sind überzeugt:

Eine Ursache der Krise ist die Unbeweglichkeit unserer Institutionen. Diese Unbeweglichkeit wendet sich gegen den Menschen. Sie verhindert die Anpassung an die sich wandelnden Bedürfnisse der Menschen und die Entfaltung schöpferischer Minderheiten.

Wir erinnern:

Wesentliche Umwälzungen sind immer von Minderheiten ausgegangen. So fand 1848 der Liberalismus gerade in der Jugend leidenschaftliche Anhänger. Diese Minderheit – damals Revoluzzer genannt – bewahrte die Unabhängigkeit der Schweiz und schuf unseren Bundesstaat.

Wir warnen:

Einen kulturellen Konflikt lösen weder Prügel und Verbote noch Besänftigung durch gönnerhafte Angebote. «Wohltätigkeit ist das Ersaufen des Rechts im Mistloch der Gnade» (Pestalozzi). Unterdrückung der Konflikte treibt die Jugend auf die Barrikaden.

Wir fordern:

1. Bereitstellung eines zentral gelegenen, autonom verwalteten Diskussionsforums für Jung und Alt.
2. Verzicht auf Sanktionen wie Relegation von Studenten und Schülern, Entzug von Stipendien, Ausweisung von Ausländern, Entlassungen, sofern nicht schwerwiegende Delikte vorliegen.
3. Wiederherstellung des verfassungsgemässen Demonstrationsrechts.
4. Fortsetzung der Gespräche mit allen Minderheiten.
5. Einladung zur Meinungsäusserung aller Konfliktparteien durch Presse, Radio und Fernsehen.
6. Unverzügliche Bildung einer wissenschaftlichen Arbeitsgruppe mit dem Auftrag, die tieferen Ursachen des Konflikts zu erforschen und praktische Vorschläge auszuarbeiten.

Forderung 3 inzwischen

Name, Vorname, Beruf

Wenden

Ausschreitungen in Zürich

Zeugenaufruf

Wir möchten eine umfassende Dokumentation aufbauen, die den Anwälten von Geschädigten oder Angeschuldigten zur Verfügung steht und die wissenschaftlich ausgewertet werden soll.

Wir bitten alle Personen, insbesondere auch Ärzte, Journalisten und Anwälte, uns Beobachtungen über Vorgänge vom 29./30. Juni 1968 in Zürich und deren Auswirkungen mitzuteilen ohne Rücksichtnahme darauf, welche Konfliktspartei allenfalls belastet wird.

Ihre Informationen, insbesondere Namen und Personenbeschreibungen, werden nur mit Ihrer ausdrücklichen Genehmigung an Anwälte weitergegeben oder für Publikationen verwendet.

Arbeitsgruppe Zürcher Manifest
Dokumentationsstelle

8022 Zürich Postfach 190
Tel. 051 45 02 63 von 17–21 Uhr

Unter den vielen Unterzeichnern des Zürcher Manifestes befinden sich:

Prof. Dr. med. Karl Bättig ETH
Prof. Dr. Hans Biäsch
Prof. Marcel Beck
Prof. Dr. Hans Burla
Prof. Dr. Kurt von Fischer
Prof. Dr. med. Etienne Grandjean
Prof. Dr. P. Heintz
Prof. Dr. Gerhard Huber
Prof. Dr. Arnold Niederer
Prof. Dr. Arthur Rich
Prof. Dr. Alfred Schindler
Prof. Dr. Ernst Specker
Prof. Dr. Hans Staub

Jakob Baumann, alt Stadtrat
Dr. Hansjörg Braunschweig, Kantonsrat
Georges Eggenberger, Gemeinderat
Paul Früh, Gemeinderat
Dr. Peter Gessler, Gemeinderat
Dr. Fritz Heeb, Kantonsrat
Erwin A. Lang, Kantonsrat
Ernst Rosenbusch, Kantonsrat
Dr. med. Hans Rotter, Gemeinderat
Otto Siegfried, Kantonsrat

Dr. Paul Gartmann, wiss. Mitarb. ETH
Alois-Karl Hürlimann, Student
Armand Meyer, Bezirksrichter
Frederik Jay Oertly, Ass. ETH
Dr. med. Paul Parin-Matthey
Dr. med. Sandro Pedroli

Franz Schumacher, Rechtsanwalt
Dr. Bernhard Weck
Dr. Hans Ulrich Wintsch, Assistent UNI

Paul Frehner, Pfarrer und Kantonsrat
Willi Kobe, Pfarrer
Ernst Ott, Pfarrer
Hans Roy, Pfarrer
Max Schoch, Pfarrer
Ferdinand Tobler, Pfarrer

Anne Abegglen, Bühnenbildnerin
Fredy Aeberli, Typograph
Hans Falk, Kunstmaler
Heiner Hesse
Gottfried Honegger-Lavater, Kunstmaler
Warja Honegger-Lavater, Illustratorin
Benedikt Huber, Architekt
Bruno Kammerer, Grafiker
Marcel Leuba, Bildhauer
Margarete Lipps, Kunstmalerin
Aja Iskander Schmidlin, Kunstmaler
Felix Schwarz, Architekt
Carlotta Stocker, Kunstmalerin

Dr. Dieter Bachmann, Journalist
Dr. Franz H. Beidler, Schriftsteller
Traugott Biedermann, Redaktor
Otto Böni, Publizist
Walter M. Diggelmann, Schriftsteller
Max Frisch, Schriftsteller
Dr. Hans-Rudolf Hilty, Redaktor
Peter Höltschi, Journalist
Otto Hürlimann, Redaktor

Louis Jent, Schriftsteller
Marthe Kauer, Buchhändlerin
Dr. Peter Keckeis, Verleger
Rolf Kloter, Redaktor
H. Landolt, Redaktor
Dr. Herbert Meier, Schriftsteller
Dr. Paul Nizon, Schriftsteller
Dr. Willy Rotzler, Redaktor
Max Schmid, Schriftsteller
Claire Schumacher, Redaktorin
Hans Steiger, Buchhändler
Dr. Alice Vollenweider, Publizistin
Ernst F. Vollenweider, Schriftsteller
Peter K. Wehrli, Publizist

Emil Greber, Sekretär SBHV
Dr. Max Gassmann, Lehrer
JeanRichard dit Bressel, Gewerbelehrer
Jörg Kaufmann, Mittelschullehrer
Kurt Nägeli, Schulpräsident
Jakob Zaugg, Geschäftsführer

Arnold Bachofner, Heizungsmonteur
G. Bucher, Automechaniker
Werner Egli, Gärtner
Walter Hauser, Maschinentechniker
Heinrich Heer, Korrektor
Robert Hess, Angestellter SBB
A. Kähn, Chauffeur
Heinrich Kaiser, Mechaniker
O. Kaufmann, Polier
Ellen Kränchi, Hausfrau
Johann Meier, Buchdrucker
Fredi Walder, Bauführer

Arbeitsgemeinschaft Zürcher Manifest
8022 Zürich, Postfach 190
Telefon 051 450263

Für finanzielle Beiträge:
Postcheck 80-5898

◂▴ **Kurz nach dem Globus-Krawall gehen anerkannte Persönlichkeiten aus Kultur und Politik mit Forderungen an die Stadtregierung an die Öffentlichkeit. Die Gruppe der zunächst 21 Erstunterzeichner des «Zürcher Manifests» wächst schnell zu einer wichtigen politischen Kraft heran, die den gesellschaftskritischen Diskurs moderiert.**

gendlichen hatte man ihnen zudem auf Nachfragen hin eröffnet, dass das Jugendzentrum wegen sittlicher Bedenken bis Ende September geräumt werden müsse. Das Experiment *Hof 103* war damit beendet.

Aktionskomitee autonomes Jugendhaus

Das *Aktionskomitee autonomes Jugendhaus* hatte im Gegensatz zu den Mitwirkenden des *Hof 103* vergebens eine öffentliche Vollversammlung beantragt. Nur unter Mithilfe einiger Unterzeichner des *Zürcher Manifests* konnte für eine Versammlung am Samstag, den 13. Juli, schliesslich der Grosse Saal im Volkshaus gesichert werden. Trotz heftiger Kritik an der Polizei wurde an diesem Abend von den 700 bis 1000 versammelten Jugendlichen auch Selbstkritik geübt. Es wurde mangelnde Organisation bei der Demonstration vom 29. Juni eingestanden und auch der Nutzen des Ultimatums wurde kritisch diskutiert. Nichtsdestotrotz wurde das Demonstrationsverbot als illegal empfunden, und man beschloss die Annahme einer Resolution, die u. a. die Rückweisung der Vorwürfe des Stadtrates beinhaltete und die Polizei für die Vorfälle um den Globus-Krawall verantwortlich machte. Nach der Sperrstunde um 23 Uhr verliessen die Jugendlichen anstandslos das Gebäude.

Aussprache im Gottlieb Duttweiler Institut

Am 8. Juli – also am selben Tag wie die Diskussion über die Zukunft des *Hof 103* – fand im Gottlieb Duttweiler Institut in Rüschlikon eine öffentliche Veranstaltung unter dem Motto «Die Zürcher Unruhen – eine sachliche Aussprache» statt. Etwa 400 Zuhörer fanden den Weg ins Institut und verfolgten aufmerksam die Debatte zwischen den geladenen Teilnehmern. Zu diesen gehörten Vertreter der unterschiedlichsten Gruppierungen, u. a. Polizeiinspektor Rolf Bertschi, FSZ-Mitglied Thomas Held, der Chefredaktor der *Weltwoche* August E. Hohler, der Soziologe Prof. Peter Heintz, der Rechtsanwalt Eduard Zellweger, der Professor für mittelalterliche Geschichte Marcel Beck sowie Vertreter von Gemeinde-, Stände- und Nationalrat. Eröffnet wurde die Veranstaltung mit drei Referaten: Während es im ersten Beitrag um das Demonstrationsrecht ging (Zellweger), handelte der zweite von der historischen Notwendigkeit revolutionärer Bewegungen (Beck). Der dritte Vortrag erläuterte schliesslich eine Studie des Soziologischen Institutes, in der Zeitungsberichte über die Unruhen inhaltlich analysiert worden waren (Heintz). Polizeiinspektor Bertschi und Thomas Held hatten die Möglichkeit, den Verlauf der Krawalle vom 29. Juni aus ihrer je eigenen Sicht zu schildern. Während Ersterer betonte, dass die Polizei erst nach den ersten Steinwürfen der Jugendlichen mit Wasser, dem «humansten Mittel», reagiert habe, hielt Held an seiner Überzeugung fest, die Polizei habe zuerst Wasser eingesetzt. Zudem bedauerte Held, dass die Medien zu einem gewissen Teil für den Abbruch der Gespräche zwischen den Jugendlichen und dem Stadtrat mitverantwortlich gewesen seien.

Teach-in an der Universität Zürich

Für den 16. Juli rief schliesslich die FSZ zum «Teach-in für alle» an der Universität Zürich auf. Die jugendlichen Akteure des Globus-Krawalls sowie Studierende und weitere Teilnehmer diskutierten zusammen mit den Referenten und Podiumsteilnehmern Karl Kränzle (Redakteur der *National-Zeitung*), Fritz Heeb (Rechtsanwalt), Dr. Konrad Farner (Publizist) und Peter Bichsel (Schriftsteller) über Legalität und Legitimität der Zürcher Demonstrationen. Dabei kam man zum Schluss, dass auch Legales nicht immer zwangsläufig legitim sein muss, weil Legitimität schliesslich von der Sichtweise abhängig sei. Demonstrationen seien generell wichtig und eine zu scharfe Selbstkritik seitens der Demonstranten daher unangemessen.

Nachdem sich also verschiedene Parteien im Streit um das Jugendhaus rückblickend mit den Ereignissen befasst hatten, drängten die Jugendlichen auf die Wiederaufnahme der Gespräche mit dem

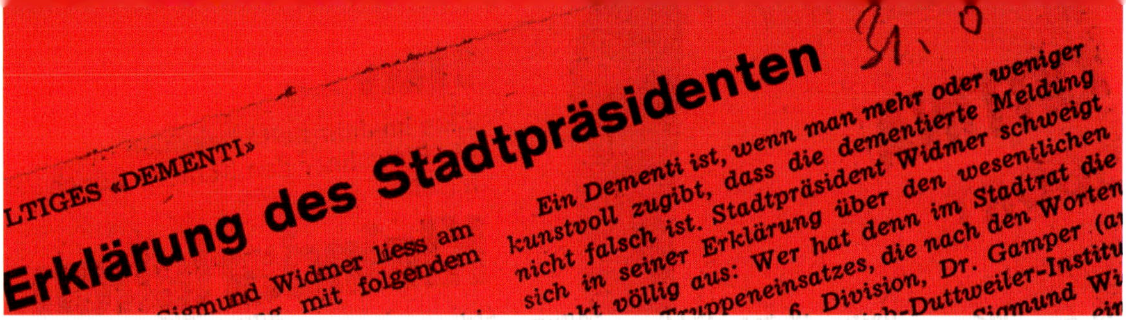

Eine Erklärung des Stadtpräsidenten

Stadtpräsident Dr. Sigmund Widmer liess am Mittwochabend eine Erklärung mit folgendem Wortlaut veröffentlichen:

«Am 1. Juli, unmittelbar nach den beunruhigenden Ausschreitungen vom vergangenen Wochenende, nahm der Stadtrat in zwei ausserordentlichen Sitzungen zu den akuten Problemen Stellung. Unter meinem Vorsitz und auf meinen Antrag wurden verschiedene Massnahmen, die nach Entwicklung der Lage nötig werden könnten, ausführlich besprochen.

Was den möglichen Einsatz von Truppen betrifft, beschloss der Stadtrat einstimmig, auf ein solches Mittel zu verzichten. Dieser Beschluss wurde im Protokoll des Stadtrates ausdrücklich aufgenommen.

Glücklicherweise ist in den vergangenen zwei Wochen eine deutliche Beruhigung eingetreten. Ich wünsche unserer Bevölkerung, dass diese Entspannung anhält. Sie wird die Grundlage bilden für ein vertrauensvolles Gespräch zwischen den Generationen.»

▲ Ausschnitt aus einer Erklärung des Stadtpräsidenten, die am 19. Juli 1968 im Volksrecht abgedruckt wurde. Der ausdrückliche Verweis darauf, dass auf den Einsatz der Armee verzichtet werde, wurde von der Presse als indirekte Drohung gewertet.

Stadtrat. Dieser Wunsch wurde jedoch abgelehnt, da die Jugendlichen nur gemeinsam mit Vertretern des *Aktionskomitees für ein autonomes Jugendhaus* zu solchen Gesprächen antreten wollten. Anstelle von Gesprächen mit den Jugendlichen selbst empfing der Stadtrat am 19. Juli fünf Delegierte des *Zürcher Manifests*. Obwohl der Stadtrat einmal mehr eine möglichst rasche Bereitstellung eines autonomen Jugendhauses zusicherte, waren die Vertreter des *Zürcher Manifests* über die geringfügigen Ergebnisse der über zwei Stunden dauernden Gespräche enttäuscht. Um ihrer demokratischen Selbsthilfeaktion Nachdruck zu verleihen, verteilte die Arbeitsgemeinschaft *Zürcher Manifest* gleichentags in allen Teilen der Stadt Unterschriftsbögen mit dem Ziel, möglichst viele Mitunterschriften für ihr Manifest zusammenzutragen.

Sechs Tage *Zürcher Manifest*

Das Engagement der Arbeitsgruppe *Zürcher Manifest* für die Anliegen der Jugendlichen liess nicht nach: Vom 4. bis 9. September organisierte sie eine sechstägige Diskussionsveranstaltung im ruhig gelegenen Centre Le Corbusier am rechten Seeufer der Stadt. Das Haus, das jeweils von 12 Uhr mittags bis spät nachts geöffnet war, wurde täglich von etwa 200 bis 600 Interessierten besucht. Die einzelnen Abende waren nur grob geplant. Die aufgegriffenen Themen reichten von Fragen zum Unrecht im Rechtsstaat über die Rolle der Gewerkschaften, Erziehungsmethoden und Sexualität bis zur Alternative zwischen Kultur oder Scheinkultur. Bei allem jedoch waren die Krawalle des Vorsommers als Thematik im Hintergrund präsent. Über die Diskussionen hinaus hatten die Besucher die Möglichkeit, ihre Ansichten, Forderungen oder Ideen auf Wandzeitungen kundzutun. Bereits am zweiten Abend waren die Wände des Hauses dicht bedeckt, das kommunikative *Sechstagerennen* lief auf Hochtouren. Im Anschluss konstatierte die NZZ, dass die mehrstündigen, meist sehr sachlichen Diskussionen zwar keine neuen Erkenntnisse gebracht hätten, dass die Veranstaltung aber vom Erfahrungsaustausch unter den Jugendlichen sowie einer Atmosphäre gegenseitiger Toleranz und Offenheit geprägt gewesen sei.

Die Organisatoren der sechstägigen Dauerveranstaltung hielten ihrerseits im Hotel Pfauen einen überaus selbstkritischen Rückblick auf das Happening. Da das Experiment von hohen Erwartungen getragen worden war, wurde kritisiert, dass von den bekannten Erstunterzeichnern des *Zürcher Manifests* nur wenige bei der Dauerveranstaltung anwesend gewesen waren. Als Konsequenz plante man unter der Leitung von Dr. Hans-Rudolf Hilty, Schriftsteller und Publizist, eine Tagung über die Weiterexistenz des *Zürcher Manifests*.

■ Am 20. September veröffentlichte die Arbeitsgemeinschaft die *Dokumentation I* mit über 90 Seiten Zeugenaussagen zum Globus-Krawall, die ein höchst negatives Bild der Polizei zeichneten und die breite Öffentlichkeit regelrecht schockierten. Die Publikation enthielt neben Auszügen aus Aussagen von Demonstranten auch Auszüge aus der Pressekonferenz der Stadtpolizei vom 20. Juni. Alle Dokumente bezeugten ein äusserst brutales und in dieser Brutalität unmotiviertes Vorgehen der Polizei. Der Regierungsrat lud daraufhin am 23. September einige Erstunterzeichner des *Zürcher Manifests* ein. Wie bereits im Entwurf des Manifests forderte die Arbeitsgruppe Zurückhaltung bei Massnahmen gegen diejenigen Schüler, Lehrlinge und Studierende, die bei den Ausschreitungen um den Globus dabei waren, und schlug vor, das Soziologische Institut der Universität Zürich mit einer wissenschaftlichen Untersuchung der Ereignisse zu beauftragen. Man befürchtete u. a., dass die Strafverfahren gegen die Stadtpolizei nicht mit dem gleichen Elan geführt würden wie gegen die jugendlichen Demonstranten. Am 1. Oktober organisierte das *Zürcher Manifest* im zentral gelegenen Zürcher Börsensaal mit Teilnehmern aus verschiedensten Kreisen eine öffentliche Kundgebung unter dem Motto «Repression in der Demokratie», und knapp einen Monat später folgte eine zweitägige Arbeitstagung unter dem Titel «Bilanz und Perspektiven». Dabei standen die folgenden Themen zur Diskussion: *Repression in der Demokratie, Polizei und Armee im Rechtsstaat, Junge Generation in der autoritären Gesellschaft* sowie *Alternativen in der Konkordanzdemokratie*. Gefordert wurde u. a. eine Neuformulierung des Demonstrationsrechts. Bald kam es jedoch zu Differenzen innerhalb der Arbeitsgruppe selbst, was die Zukunft des *Zürcher Manifests* ungewiss machte.

Das Ende von 1968

Obwohl sich die Auseinandersetzung um ein Jugendhaus im Frühling 1968 auf eine damals für Zürich ungewohnte Weise radikalisierte, blieben die gemeinsamen Aktionen von Lehrlingen, Schülern und Studierenden ohne den gewünschten Erfolg. Ende des Jahres fand am 11. Dezember im Gemeinderat eine siebenstündige – von den Medien im Nachhinein als ‹Monsterdebatte› charakterisierte – Diskussion über die ‹Zürcher Unruhen› statt, die ebenfalls wenig konkrete Ergebnisse brachte. Als Reaktion auf den ‹heissen Sommer› beschloss der Gemeinderat am 18. Dezember in einer lebhaften Sitzung die Aufrüstung der Polizei: Mit knapper Mehrheit votierte das Gremium für den Ankauf von zwei Wasserwerfern im Wert von 300 000 Franken. Pikantes Detail: Der Stadtrat hatte zuvor den Gemeinderat mit einer Dringlichkeitsklausel umgangen und die Wasserwerfer bereits bestellt. Ende Dezember wurde schliesslich die Strafuntersuchung gegen Demonstranten des Globus-Krawalls abgeschlossen, indes die Untersuchungen gegen angeklagte Polizisten weiterliefen. Erst zwei Jahre später kam es 1970 in Winterthur zum Globus-Prozess, bei dem während sieben Wochen Strafklagen gegen am Krawall beteiligte Polizisten und Demonstranten verhandelt wurden. Mit einer Ausnahme wurden gegen die Angeklagten nur bedingte Strafen verhängt.

Bezeichnend für die Zürcher 68er-Bewegung ist, dass sich die verschiedenen zentralen Akteursgruppen im Anschluss an den ‹heissen Sommer› sehr bald wieder auflösten oder spalteten und so das Netzwerk, das zeitweilig die Proteste getragen hatte, auseinanderfiel. Während die Träger der Jugendproteste spätestens seit Anfang 1969 immer stärker in ideologische Grundsatzdiskussionen gerieten, be-

Aufhebung des Demonstrationsverbotes

Beschluss des Stadtrates vom 15. Juli 1968

1. **Das am 1. Juli 1968 erlassene Demonstrationsverbot wird mit Wirkung ab 16. Juli 1968, 12 Uhr, aufgehoben.**
2. **Die Oeffentlichkeit wird ausdrücklich darauf aufmerksam gemacht, dass die Beanspruchung des öffentlichen Grundes für Kundgebungen, Demonstrationen usw. gemäss Artikel 23 der Allgemeinen Polizeiverordnung der Stadt Zürich einer Bewilligung durch den Polizeivorstand bedarf.**
3. **Entsprechend der am 12. Juli 1968 veröffentlichten Erklärung des Stadtrates wird der Polizeivorstand die Bewilligung nur dann erteilen, wenn die Veranstalter Gewähr dafür bieten, dass sie willens und in der Lage sind, Ausschreitungen zu vermeiden.**

DER STADTRAT

◀ In seinem Beschluss vom 15. Juli hob der Stadtrat das nach den Krawallnächten erlassene Demonstrationsverbot wieder auf.

schäftigte sich der Stadtrat nach wie vor mit der Frage eines autonomen Jugendzentrums. Auf Drängen des *Zürcher Manifests* wurde 1969 eine externe Untersuchungskommission gebildet, die sich mit den Voraussetzungen für ein solches Jugendhaus auseinandersetzte und gemeinsam mit Jugendlichen ein Konzept erarbeitete. Im Oktober 1970 wurde im Lindenhofbunker am linken Limmat-Ufer zwischen Hauptbahnhof und Bellevue ein autonomes Jugendzentrum eröffnet, ein Experiment, das schon bald aus dem Ruder lief und im Mai 1971 zu neuen Krawallen und später zur Schliessung des Bunkers führte. Zu Beginn der 1980er-Jahre kamen erneut Forderungen nach alternativen Kulturzentren und autonomen Jugendräumen auf. Im Visier war u.a. eine alte Fabrikanlage am linken Zürichseeufer, die von der Stadt aufgekauft worden war und gemäss einer Volksabstimmung von 1977 kulturell genutzt werden sollte. Als die Stadt Ende Mai 1980 vor dem Opernhaus, das in dem von den Jugendlichen begehrten Fabrikgebäude seit 1978 teilweise eingemietet war, bei den Stimmbürgern für die Bewilligung eines Renovationskredites in der Höhe von über 60 Millionen Franken warb, kam es erneut zu Auseinandersetzungen zwischen der Polizei und Jugendlichen – dem sogenannten ‹Opernhaus-Krawall›. Auch nach der Eröffnung eines autonomen Jugendhauses an der Limmat-Strasse in der Nähe des Hauptbahnhofs im Juni und der provisorischen Inbetriebnahme des am See gelegenen *Kulturzentrums Rote Fabrik* im Oktober 1980 kam es über Monate hinweg immer wieder zu schweren Krawallen und Grosskundgebungen mit bis zu mehreren Tausend Teilnehmern.

Das vom *Verein Zürcher Jugendhaus* geführte Drahtschmidli überstand die Unruhen von 1968 und wurde erst 1980 aufgrund der erneuten Unruhen vorübergehend geschlossen. Nachdem 1981/82 ein Neubau erfolgte, hatte der Verein in den folgenden Jahren mit massiven Drogenproblemen im und um das Jugendhaus herum zu kämpfen. Aus diesem Grund übernahm die Stadt Zürich 1987 den Betrieb und machte daraus ein Jugendkulturhaus, das heute noch unter dem Namen *Dynamo* geführt wird. Das *Kulturzentrum Rote Fabrik* wird bald sein 30-Jahr-Jubiläum feiern.

«Hunde, wollt ihr ewig beissen?»

Gewalt und Gegengewalt

1. Fassung

HUNDE WOLLT IHR EWIG BEISSEN ??

2 Ist der Polizeibeamte eine herzlose Maschine? NEIN, er hat Gefühl. Mädchen prügelt er mit Freuden, Freudenmädchen belästigt er mit Genuss.

1 Hat es unter den Polizeibeamten verhinderte Kriminelle? Nein, es handelt sich um perfekte Kriminelle. Wer damals auf der Hauptwache die Lohntüten mitlaufen liess, ist bis heute nicht herausgefunden worden. Da der Eingang streng bewacht wird, kommt nur ein Polizeibeamter in Frage. Man sieht: unsere Stadtpolizei arbeitet tadellos.

Ist der Polizeibeamte ein verkappter Rowdy? Nein, er ist ein offizieller Rowdy. Er lebt auf Staatskosten. Er randaliert auf Befehl der Regierung. 3

4 Ist der Polizeibeamte ein hilfloser Schläger? Nein, er ist ein trainierter Schläger. Polizeiinspektor Bertschi legt grossen Wert auf körperliche Ertüchtigung. Die Hunde werden abgerichtet, die Polizisten dressiert.

Wie lange noch werden harmlose Passanten und unpolitische Beat-Fans verprügelt? Genau so lange, wie sie harmlos bleiben.
Deshalb:
MACHT AUS DEN PASSANTEN
GUTE DEMONSTRANTEN

~ ~ ~

MERKBLATT

zum Verhalten gegenüber Gewaltdrohung

1.Bewusstsein

Sieht man einer Situation entgegen, die Gefahrenmomente birgt (z.B. Zusammenprall Demonstranten - Polizei), so muss man sich vorher darüber klar werden, wie man sich im befürchteten Augenblick verhalten will.
Dieses Bewusstsein schützt den Demonstranten vor Panik und unbedachten Reaktionen.
Das ist auch dann der Fall, wenn seine Reaktion nicht die zweckmässigste ist.
Sich ein falsches Verhaltensschema zurechtlegen ist daher immer noch besser als gar keines.

2.Wer aktiv an einer Demonstration teilnimmt, muss darauf bedacht sein, seine individuelle Furcht zu unterdrücken (siehe Regel 1).
Passive Demonstrationsteilnehmer richten sich in ihren Reaktionen instinktiv nach "Führern" , in unserem Falle nach den aktiven Demonstranten.
Wer aktiv an einer Demonstration teilnimmt muss sich über diese Rolle im klaren sein und wissen, dass die übrigen Demonstranten nicht besser, eher schlechter reagieren als er.
Er kann aber ihr Verhalten beeinflussen.
Ein gefährlicher Moment entsteht jeweils beim Zusammenprall zweier feindlicher Gruppen (zweier feindlicher Individuen).
Solange sie sich feindlich gegenüberstehen, entsteht eine unerträgliche Spannung.
Sie tendiert danach, durch Schlagen oder Geschlagenwerden sich zu lösen.

3. Diese Spannung kann aber auch gelöst werden, indem man einen höchstpersönlichen Kontakt mit dem Gegner sucht (also nicht als Angehöriger einer Gruppe z. B. der Demonstranten mit einem Angehörigen der Polizei zu sprechen, sondern z. B. als Walter Huber, Vater von zwei Kindern, zu Emil Meier, Ehemann).
Nicht über Politik, Revolution, Parteien, Establishment, sondern über Familie, Erziehung, Lohn und Freizeit.

4.Misslingt diese Kontaktnahme und schlägt der Gegner dennoch so sollte weiter versucht werden, an seine Person zu appellieren: z.B. Schmerzensschreie von sich geben, Appell an seinen Stolz, an seinen Anstand.
Der Gegner kann auch gelegentlich durch ungewöhnliche Reaktionen vom Schlagen abgehalten werden: z.B. absitzen, abliegen, laut beten etc.

5. Wird man zum Opfer einer Schlägerei, so muss man bestrebt sein, "sich selbst zu organisieren":
1. Verletzliche Körperteile mit den Händen schützen
2. Sich bewusst machen, warum geschlagen wird (politische Aspekte)
3. Details registrieren wie Ort und Zeit der Tat, Identifikationsmerkmale des Täters, damit er später identifiziert werden kann. Als solche kommen namentlich in Betracht: Haarfarbe, Augenfarbe, Statur (fest, mager), Gesichtsform , ungefähre Körpergrösse, bei Nichtuniformierten: Art der Kleidung, besondere Merkmale.

6. Um einen Zusammenstoss allgemein zu vermeiden ist es schliesslich notwendig, dass eine Demonstration stets
a) organisiert ist (was das Bestehen einer Gruppe zur Voraussetzung hat, die die Organisation verwirklicht)
b) Zweck und Ziel der Demonstration möglichst vielen Teilnehmern bekannt sind.

Herausgegeben von der Arbeitsgruppe "POLIZEI UND ARMEE"

ZUERCHER-MANIFEST

◄▲ **Reaktion auf die harten Polizeieinsätze nach dem Jimi-Hendrix-Konzert am 31. Mai.**

▲ **Die Zürcher Bewegung zwischen friedlichem Protest und revolutionärer Gewalt. Während die Arbeitsgemeinschaft Zürcher Manifest Gewaltvermeidungsstrategien formulierte, galt andern revolutionäre Gewalt als unvermeidlich.**

NICHT EINSTECKEN LESEN WEITERSAGEN

Anregungen

zur

P O L I Z E I D E M O N S T R A T I O N

Samstag, 15. Juni

18.00 HIRSCHENPLATZ (NIEDERDORF)

1) Hitzköpfe und ganz Vorsichtige tragen einen Plastic- oder Sturzhelm

2) Lederhandschuhe, Schaumgummi- und Zeitungseinlagen schützen gegen Schläge und Hundebisse

3) Bei Regen oder Einsatz von Wasserwerfern kann man sich mit einem Plasticmantel schützen. In gebückter Stellung Stellung, mit dem A... gegen den Wasserstrahl, kann nichts mehr passieren

4) Hunde haben Pfeffer und Schaumlöscher gar nicht gern

5) Demonstrieren macht Hunger, besonders wenn es lange dauert. Auf der Strasse kann man gut pick-nicken, wenn man einen Rucksack mit Wurst und Brot bei sich hat

6) Gegen Tränengas helfen Taschentuch und Zitrone vor dem Gesicht

FASS sagt:

DER GUTE DEMONSTRANT
HAT ALLES BEI DER HAND

- Steine und andere harte Wurfgeschosse können lebensgefährlich sein und zu unnötigem Blutvergiessen führen.
- Parkierte Autos, Schaufenster, Baustellen und Passanten sind nicht unsere Feinde.
- Um Erfolg zu haben, müssen wir unsere wirklichen Feinde erkennen. Wir WEHREN uns nicht gegen Polizisten, sondern gegen die POLIZEI.

FASS sagt: LASST MEINUNGEN SPRECHEN UND NICHT FAEUSTE

FASS

Fortschrittliche Arbeiter
Schüler und Studenten

Kommissär-Stv.

STADTPOLIZEI ZUERICH
Polizeiinspektorat

Nr. 87

D i e n s t b e f e h l

zur

Globusmanifestation des Aktionskomitées
"Jugendzentrum" vom Mittwoch, 26.6.68
Beginn 1800 Uhr

1. Lage

Das Aktionskomitée "Jugendzentrum", u.a. gebildet aus den sog. Fortschrittlichen Arbeitern, Schülern und Studenten (fass) und den PdA-Jungen hat mit Flugblatt vom 24.6.68 auf Mittwoch, 26.6.68 1800 Uhr zu einer Demonstration vor dem Globusprovisorium aufgerufen. Das Flugblatt wirft dem Stadtrat vor, er versuche, die Jugend zu spalten. Deshalb habe er auch Delegierte der Aktion "Bahnhofbrugg" empfangen, obgleich diese gar nicht "die Jugend", sondern "Organisationen mit autoritären Programmen" (Pfadi, kirchliche Organisationen, Verein Zürcher Jugendhaus usw.) verträten.

Die Manifestanten könnten aus den eigenen Reihen max. 120 - 150 Personen mobilisieren. Möglich ist auch eine Gegenmanifestation aus den Kreisen der Aktion "Bahnhofbrugg". Die Mittwochveranstaltung dient u.U. der Vorbesprechung der auf Samstag angekündigten Demonstration, welche auf dem Flugblatt des Komitées "Jugendzentrum" ebenfalls erwähnt ist.

2. Aufgebot

2.1. Uniform
Die Res.Abl. 2 b inkl. MVP besammelt sich am Mittwoch 26.6.1968 um 1700 Uhr im Amtshaus I, 1. Stock.
Verpflegung in der Kaserne
Entlassung je nach Lage

2.2. Zivilmannschaft
Gemäss Anordnung des Chefs der Kriminalpolizei.

- 2 -

3. Kommando

Kom. [redacted], zugeteilt C-Wm. [redacted] (in Uniform).

4. Tenue

Reglementarisch, Helm und Gummiknüttel, bei schlechtem Wetter Regenmantel.

5. Besondere Anordnungen

Das techn.Kommissariat stellt bei der Hauptwache auf 1700 Uhr bereit:

5.1. Fahrzeuge
2 grosse Mannschaftstransportwagen
1 kleiner Arrestantenwagen

5.2. weitere Mittel

4 SE 18 (exkl.Kripo)	8 Handscheinwerfer
3 Megaphone	17 Weidenschilder
20 rote Stablampen	

5.3. Verpflegung
Der Kasernenchef verpflegt die eingerückte Mannschaft um 1715 Uhr in der Kaserne.

5.4. Journal
Auf dem Kommandoposten ist über alle ein- und ausgehenden Befehle und allfällige Einsätze chronologisch Protokoll zu führen.

5.5. wichtige Telefonnummern

Feuerwehr	18
VBZ-Umleitung	27 88 00

Zürich, 25. Juni 1968

Der Polizeiinspektor:
sig. [redacted]

Geht an:

Sämtliche Offiziere	Det.Büro
Chef der Det.-Abteilung	Bereitschaftsdienst
Dienstkontrolle	Strassensignierdienst
Kom.-Stellvertreter	Zentralgarage
Kreischefs	Seepolizei
FNZ	Mot. Verkehrspolizei
Erkennungsdienst	Wache Polizeigehilfen
Wissenschaftlicher Dienst	sämtliche Wachen und Posten
Uebermittlungsdienst	Büro Personelles

◀ ▲ Vorbereitungen auf Demonstrationen: So wie die Polizeiführung Anweisungen zu Ausrüstung und Verhalten bei Demonstrationen gab, formulierten politische Gruppierungen wie die Fortschrittlichen Arbeiter, Schüler und Studenten (FASS) Empfehlungen für eine geeignete Ausstattung von Demonstranten.

▶▶ Polizeikritische Wandzeitungen, entstanden während der Diskussionsveranstaltung «Sechs Tage Zürcher Manifest» vom 4. bis 9. September 1968.

WIR WOLLEN SEIN EIN EINIG VOLK VON BRÜDERN, VERSCHTANDE!

DIE POLIZEI DEIN FREUND + HELFER

P. HEINTZ
T. HELD
O.SCHUETZ

Krawall!

Die mediale Inszenierung der Ereignisse vom 29. und 30. Juni in der Deutschschweizer Presse

Rahel Bühler «Dieses Zürcher Wochenende war ein Schock» schrieb die *Weltwoche* am 5. Juli 1968, und eine Woche später titelte sie: «Was niemand für möglich gehalten hätte.» Mit diesen Schlagzeilen brachte die Zürcher Wochenzeitung die Stimmung, die nach den Zürcher Ausschreitungen vom 29. und 30. Juni in weiten Teilen der Öffentlichkeit herrschte, ziemlich genau auf den Punkt: Überraschung und Schock bestimmten die öffentliche Diskussion über die Vorfälle des letzten Juniwochenendes. Die Empörung war u. a. deshalb so gross, weil das Ausmass der Ausschreitungen und die Tatsache, dass Jugendliche darin involviert waren, in der Geschichte der Schweiz neu und beispiellos waren. Auch in der Berichterstattung Deutschschweizer Massenmedien nahmen die Demonstrationen für ein autonomes Jugendzentrum (AJZ) dementsprechend viel Raum ein. Anfang Juli 1968 verdrängten sie für einige Tage andere brennende Themen wie die Hungersnot in Biafra, den Atomwaffensperrvertrag zwischen den USA, Grossbritannien und der UdSSR oder den Regierungswechsel in Frankreich von den Frontseiten der Deutschschweizer Presse.

Die damals veröffentlichten Bilder und Schlagzeilen, die Aspekte, welche die Massenmedien herausgriffen sowie ihre Wertungen der Ereignisse haben unsere Erinnerung daran entscheidend mitgeformt und sind bis heute unter dem Label Globus-Krawall Teil des kollektiven Gedächtnisses.

Die Massenmedien spielten jedoch auch für die damalige öffentliche Debatte und den weiteren Ereignisverlauf eine bedeutende Rolle: Schon Monate vor den Zürcher Ausschreitungen thematisierten die Zeitungen mit Blick auf die Protestereignisse im Ausland die Möglichkeit, dass es auch in der Schweiz zu derartigen Unruhen kommen könnte. Ende April fragte der *Tages-Anzeiger*: «Erreicht die ‹Kulturrevolution› jetzt auch Zürich?» Und einige Wochen später mahnte die NZZ: «Wehret den Anfängen!». Die freisinnige Zürcher Zeitung warnte vor umstürzlerischen Tendenzen und riet der Stadtpolizei, im Umgang mit den Demonstranten einen harten Kurs zu fahren. Dass die NZZ chaotische Zustände erwartete, zeigt auch die Überschrift vom 26. Juni: «Wie heiss wird die heutige ‹Globus›-Demonstration?» Mit solch alarmierenden Schlagzeilen erhitzten die Printmedien schon im Vorfeld die Gemüter: Sie versahen die Protestkundgebung mit einem bedrohlichen Anstrich und trugen nicht zuletzt damit auch zu deren Eskalation bei.

Ihre Darstellung des Wochenendes vom 29. und 30. Juni prägte aber auch die Wahrnehmung desselben durch die Zeitgenossen, sie förderte die Herausbildung von Kritik und beeinflusste das Verhalten der verschiedenen Akteure. Die meisten Schweizer und auch die meisten Zürcher haben die Ausschreitungen nämlich nicht direkt miterlebt, sondern aus zweiter Hand erfahren, das heisst aus der Zeitung, dem Fernsehen oder dem Radio. Am Beispiel des Globus-Krawalls zeigt sich deutlich, dass die Massenmedien nicht einfach neutrale Vermittler eines bestimmten Ereignisses sind, sondern dass die Sichtweisen der Journalisten und die funktionalen Vorgaben der Redaktion oder des Verlags in die Berichterstattung einfliessen und die Selektion beziehungsweise die Aufbereitung von Nachrichten prägen. Die Fülle der damals erschienenen Artikel beleuchtete das Geschehen unter verschiedenen Aspekten und wertete es unterschiedlich. Hierbei lassen sich mit Blick auf die Printmedien hauptsächlich zwei Gruppen ausmachen, deren Darstellung der Geschehnisse vom 29. und 30. Juni sich teilweise diametral gegenüberstehen.

«Krawall um des Krawalles willen»

Unterschiede zwischen den verschiedenen Zeitungen sind vor allem in ihrer Beurteilung der Berechtigung sowie der Bedrohlichkeit der Demonstrationen zu verzeichnen. Ein Grossteil der Deutschschweizer Presse – darunter mehrheitlich bürgerlich-konservative Zeitungen wie die NZZ, die *Neuen Zürcher Nachrichten*, der Berner *Bund*, die *Basler Nachrichten*, das *St. Galler Tagblatt* oder das Luzerner *Vaterland* – verurteilten die Demonstrationen äusserst hart. Laut NZZ handelte es sich bei den Ausschreitungen um ein «höchst vulgäres, niedriges und [...] kriminelles Happening» – die sichtlich abschätzig gemeinte Verwendung des in jugendlichen Kreisen positiv aufgeladenen Ausdrucks *Happening* durch die NZZ ist hier besonders bemerkenswert – und um eine «vandalische Barbarei». Nicht minder hart gingen die meisten Zeitungen mit den Demonstranten selbst ins Gericht: In den *Neuen Zürcher Nachrichten* wurden sie als «pubertäre Randalierer», «Angetrunkene, offensichtlich asoziale Typen» oder als «einfältige Sympathisanten» bezeichnet, während die *Neue Berner Zeitung* am 1. Juli auf der Frontseite titelte «Wieder die Schnuderbuebe und -meitli von Zürich».

Diese negativen und abwertenden Bezeichnungen diskreditierten die Demonstranten von vornherein und sprachen ihren Anliegen und den Forderungen nach einem AJZ, die von der Presse vornehmlich als «absurd», «arrogant» und «grossmäulig» bezeichnet wurden, jegliche Ernsthaftigkeit oder Legitimität ab. Immer wieder war denn auch der Vorwurf zu lesen, dass der Wunsch nach einem Jugendhaus längst erfüllt sei. Für den *Bund* stand bereits am 1. Juli fest, dass der Anlass für die Demonstrationen ein ganz anderer war: «Man hat den Eindruck, dass es [...] nicht mehr um die Frage eines zentralen Jugendhauses, sondern einfach um das Auslösen von Unruhen ging. Wenn nämlich eine Stadt über vorbildliche und zahlreiche Einrichtungen für die Jugend ausgewiesen ist, dann Zürich.»

Mit dieser Haltung stand der *Bund* bei Weitem nicht einsam in der Deutschschweizer Medienlandschaft: Die meisten Zeitungen stellten die Demonstrationen für ein AJZ nicht als Protestaktion, sondern als reinen Vorwand für Vandalismus und Gewalt dar. Die NZZ verurteilte zum Beispiel, dass es sich in Zürich nicht um ein dringliches Anliegen, sondern ausschliesslich um einen «Krawall um des Krawalles willen» gehandelt habe. Und der *Blick* fragte am 1. Juli: «Ging es am Samstag um ein Jugendhaus?» Die Antwort gab er dabei gleich selbst: «Nein. Es war ein sinnloser Krawall.»

Eine Bedrohung für die öffentliche Ordnung?

Im Mittelpunkt der Berichterstattung eines Grossteils der Printmedien standen also weniger die Protestaktion oder die von den Demonstranten gestellten Forderungen, als der Gewaltaspekt. Die Konfrontation zwischen Jugendlichen und Polizisten vor dem Globus-Provisorium, die Verletzten und die entstandenen Sachbeschädigungen dominierten – insbesondere in den ersten Tagen nach den Ausschreitungen – die Artikel und die in den Printmedien veröffentlichten Fotos.

Indem die Zeitungen die Demonstranten als «Radaubrüder», «halbkriminelle Schlägertypen» oder «zerstörungssüchtige Randalierer» bezeichneten, un-

Montag, 17. Juni 1968 III — Der Zürcher Zeitung 189. Jahrgang — Abendausgabe Nr. 365

Umfang 32 Seiten

Neue Zürcher Zeitung

Verkaufspreis 30 Rp.

Täglich drei Ausgaben — *und schweizerisches Handelsblatt* — Redaktion: Falkenstraße 11, Zürich

Briefadresse: Hauptpostfach, 8021 Zürich — Telephon (051) 32 71 00

Wehret den Anfängen!

Einige Leute mögen finden, wir seien in Zürich, verglichen mit Paris, Rom, Mailand, Frankfurt und Berlin, wieder einmal gut weggekommen, weil eine als Happening aufgezogene Protestaktion der Straße gegen die Polizei relativ friedlich verlaufen ist. Auch daß die Allianz der *«Fortschrittlichen Arbeiter, Studenten und Schüler»* sich hier im schönen Namen «FASS» und einem entsprechenden Festhüttenbetrieb niederschlägt, mag auf den ersten Blick als Indiz helvetischer Harmlosigkeit erscheinen.

Aber das Gaudi ist nicht mehr harmlos. Es ist völlig durchsichtig geworden, daß es einer von A bis Z bewußten und offen funktionierenden *klassenkämpferischen Regie* nur als ein Mittel zum Zweck diente — zum Zweck der *Provokation* der Gesellschaft und ihrer demokratischen Ordnung, als Mittel und *«Modell einer Kulturrevolution»*, wie einer der kommunistischen Haupteinpauker im «Globus» durchs Mikrophon rief. Zwar reicht die Phantasie unserer einheimischen Revoluzzer nicht weiter als zur bloßen Imitation ausländischer Vorbilder: «Schauprozeß», Straßentheater, «Besetzung» eines Gebäudes, Sit-in, «ultimative» Forderungen sind die von Berkeley bis Paris verwendeten Standardrequisiten der «Bewegung». Gerade das zeigt wiederum, wie wenig spontan das Treiben ist.

Was mit den «radikaldemokratischen» Methoden der *«direkten Aktion»* bezweckt wird, kann man in der Selbstenthüllung der «Fortschrittlichen Studentenschaft Zürich» nachlesen, die wir im Sonntagblatt abgedruckt haben: der «rationalen Erkenntnis» — die allerdings in dieser Darstellung von kläglicher Dürftigkeit ist und einigen wenigen Klischees der Urgroßvätergeneration verhaftet bleibt — soll «Sensationscharakter» verliehen werden, weil man nur so als Minderheit ins öffentliche Gerede zu kommen meint. Und mit «Provokation», mit der «befristeten symbolischen Veränderung der aktuellen Strukturen» — gemeint sind unter anderem *Handlungen gegen Gesetz und Ordnung* — soll die Umwälzung eingeleitet, soll auch, das ist anderen Manifesten der «Bewegung» unmißverständlich zu entnehmen, die Autorität der Behörden systematisch untergraben werden.

Im alten «Globus» tönte es in der Samstagnacht allerdings weniger akademisch. Dort wurde die demokratische Ordnung auf handfestere Weise provoziert, nämlich mit nichts weniger als einem *Ultimatum* an die Stadtbehörden: entweder sie stiften «den Jugendlichen», will sagen zur freien Verfügung derer, die sie revolutionär indoktrinieren wollen, ein Haus «im Stadtzentrum», oder man holt sich eigenmächtig, was man nicht bekommt. Das ist eine neue Sprache in diesem Land, das ist der *offene Terror einer Minderheit*. Wenn man das durchgehen läßt, wenn das Schule macht, dann haben wir die *Anarchie*. Dann holen sich alle, die Lehrlinge, die Schüler, die Studenten, die Beat-Fans, von den großen Interessengruppen nicht zu reden, was sie gerne hätten und was anderen oder der Allgemeinheit gehört, sobald sie sich nur einmal die Methode gemerkt haben: Drohung mit Gewalttätigkeit genügt.

Ueber die Schaffung eines *Jugendhauses* kann man reden und beschließen. Man kann sie mit einer Motion oder sogar mit einer Einzelinitiative aufs Tapet bringen — abgesehen davon, daß es Motionen in dieser Richtung bereits gibt, daß es auch ein Jugendhaus gibt (dessen schlechte Eignung für die den Agitatoren vorschwebenden Zwecke nun plötzlich entdeckt worden ist) und daß die Pläne der Stadt weitere derartige Einrichtungen, vernünftigerweise dezentralisiert, vorsehen. Aber zu beschließen haben jene Instanzen, die von den Stimmbürgern dazu bestellt sind gemäß der Ordnung, die wir uns selber gegeben haben — und sie sollen, dürfen und können nicht unter dem Druck der Straße handeln. Was kommt eine winzige, in Promillen oder Promillebruchteilen des Volkes zu messende Minderheit an — die sich zudem ohne jedes Mandat anmaßt, im Namen der «Jugend» zu sprechen —, daß sie für sich *mit Gewaltdrohung und ultimativ* einen außerhalb der demokratischen Prozedur, sozusagen in beschleunigter «Notverordnung», zu bewilligenden *Extrakuchen* in Gestalt einer Spielstätte fordert? Unsere Demokratie würde zur *Farce*, wenn die Behörden durch solche Methoden sich in Galopp setzen und ihre Entscheidungen diktieren ließen.

Welcher Art die weitere Entwicklung sein würde, wenn man so vorginge, läßt sich schon aus ihrer ersten Phase ermessen. Das *Entgegenkommen des Stadtrates*, der den Demonstranten vom Samstag das alte «Globus»-Gebäude öffnete, nachdem sie es mit Gewalt zu besetzen gedroht hatten, wurde als *Schwäche* verstanden, und die Quittung erfolgte sogleich mit einem zweiten Schritt, dem Ultimatum. Wir wollen dieses Entgegenkommen nicht kritisieren; es sprachen einige Gründe, hoffentlich nicht die Angst, für diese «weiche» Lösung.

Aber nach dem, was geschehen ist, wird es nicht mehr zu früh sein, sich einige Fragen über das Verhalten gegenüber den Gruppen zu stellen, die Anarchie im Sinne haben. Wie weit kann und soll ihre Tätigkeit mit *Nachgiebigkeit* der Behörden «entschärft» werden, wie weit kann und darf Nachgiebigkeit gehen? Wird man es auch zulassen, wenn die Progressistenschar, wie andernorts geschehen, sich etwa einfallen ließe, das Schauspielhaus zu besetzen und die Besucher zu zwingen, sich statt einer wirklichen Tragödie oder Komödie die «Diskussion» einiger von bürgerlicher Toleranz und anderen «Repressionen» geschädigter zorniger Leute anzuhören? Wird man sie auch gewähren lassen, wenn sie sich ein Kino erobern, etwa um für ein geheiligtes Recht «der Jugend» auf pornographische Filme sinnfällig zu protestieren? Wird man den Agitatoren den Bahnhof überlassen, wenn sie, weil es einer unterdrückten großen Jugend ja wohl zukomme, auch einmal mit der großen Eisenbahn spielen wollen?

Wo zieht man die Grenze, wenn man gewillt sein sollte, «kleine» Störungen des Verkehrs oder der Ordnung, «kleine» Ausschreitungen (nur gegen «Sachen») hinzunehmen, um nicht in jene «Eskalation» der Auseinandersetzung zu geraten, auf die es die Störtrupps mit ihrer Taktik der Provokation bewußt abgesehen haben? Die Behörden werden sich ihrerseits vor einer *«Eskalation» der Nachgiebigkeit* hüten müssen; denn es ist klar, daß *eine* Konzession bei den jugendlichen Mao-Schülern nichts anderes als unweigerlich den Ruf nach der nächsten erzeugt.

Wie stünde es übrigens um *Rechtssicherheit* und *Rechtsgleichheit*, wenn man irgendwelchen Gruppen, nur weil sie mit Krawall drohen und dafür in Blättern, die sich zu allem und jedem «neutral» verhalten, die nötige Publizität im voraus bekommen, unter dem Druck solcher Drohung Dinge zu tun erlaubte, die allen anderen verboten sind und die das für alle geltende *Gesetz* verbietet?

Es ist nicht mehr zu übersehen und zu überhören, daß in der Bürgerschaft der Unmut über das Treiben der Provokationsgrüpplein steigt und der Sinn für sehr large Toleranz schwindet. Man möchte die *öffentliche Ordnung* mit fester (wenn auch nicht mit unnötig heftig dreinschlagender) Hand *gesichert* wissen. Und man will auf keinen Fall auf der schiefen Ebene falscher Nachgiebigkeit «französischen Zuständen» entgegenschlittern, noch will man sich insgesamt mit der Rolle eines hilflosen *«ancien régime»* abfinden und begnügen. Die Behörden werden diesem wachsenden Widerstand durch ihre Haltung Rechnung tragen müssen, wenn sie verhindern wollen, daß jenen gegenüber, die mit ihrem Spiel den Aufstand proben, etwa der Gedanke der «Selbsthilfe» noch weiter Fuß faßt und daß anarchischer Gewalt eine nicht weniger anarchische Gegengewalt entgegentritt. Es ist Zeit, die Auseinandersetzungen von der Straße weg in ihre *geordneten demokratischen Bahnen* zu weisen, die ja jeder Gruppe reichlich Raum zur Betätigung lassen, und es ist Zeit für ein *«Bis hierher und nicht weiter!»* an die Adresse derer, die diese Ordnung erst stören und dann zerstören wollen.

Die Rhodesiensanktionen im britischen Parlament

Blockierung durch konservative Lords?

C. K. London, 17. Juni

Der *Erlaß über die Verschärfung der Sanktionen* gegen Rhoedisen, mit dem die britische Regierung für die Ausführung des letzten Rhodesienbeschlusses des Sicherheitsrates sorgt, kommt heute in beiden Häusern des Parlaments zur Beratung. An seiner Gutheißung im Unterhaus ist nicht zu zweifeln; dagegen scheint die konservative Mehrheit unter den Lords entschlossen, den Erlaß zurückzuweisen. Damit steht ein *Verfassungskonflikt* in Aussicht, in dem es um den Fortbestand der heutigen Zusammensetzung und die Kompetenzen des Oberhauses gehen wird.

Appell Jenkins

Schatzkanzler *Jenkins* hat am Wochenende die Lords in einer dramatisch klingenden Rede davor gewarnt, in die außenpolitischen Befugnisse der Regierung einzugreifen. Keine Regierung könne eine solche Situation auch nur für einen Moment tolerieren. Der Schatzkanzler ist besorgt über den Eindruck, der in der Weltöffentlichkeit entstünde, wenn die britische Regierung, die den Beschluß des Sicherheitsrates selber inspirierte, von ihrem Parlament an der Ausführung gehindert würde. Andere Regierungen, denen an der Rhodesienfrage nicht viel gelegen ist, könnten das Eingreifen des Oberhauses zum Vorwand nehmen, um die Anwendung der Resolution hinauszuzögern. Jenkings sagte in seiner Rede leidenschaftliche Auseinandersetzungen um die verfassungsmäßige Stellung der Peers voraus, in denen die Hoffnung auf eine vernünftige, unter den Parteien vereinbarte Reform der Zweiten Kammer untergehen würde.

Kampfstimmung im Oberhaus

Es war seit einiger Zeit zu erkennen gewesen, daß unter den konservativen Lords mit dem Gedanken gespielt wurde, die *potentielle Tory-Mehrheit im Oberhaus* bei geeigneter Gelegenheit zu mobilisieren, um den *Abgang der Regierung Wilson zu beschleunigen*, die trotz ihrer angeschlagenen Autorität noch beinahe drei Jahre Regierungszeit vor sich hat. Die Meinungen waren aber geteilt über der Frage, auf welchem Gebiet der Konflikt gesucht werden sollte, um beim Publikum die größtmögliche Wirkung zu erzielen. Sollte der Zusammenstoß über dem Preis- und Lohngesetz stattfinden, sollten die Lords das Transportgesetz zurückweisen, oder sollten sie sich besser darauf beschränken, die Annahme gewisser Bestandteile der umfangreichen Transportvorlage mit der Begründung zu verweigern, sie seien vom Unterhaus nur ungenügend beraten worden? Der letztere Kurs hätte den Vorteil gehabt, das Oberhaus als Hüter der ungeschriebenen Verfassung auftreten zu lassen, der sich dem Willen der gewählten Kammer des Parlaments nicht direkt entgegen zu stellen sucht, aber notfalls die Einhaltung solider Grundregeln der Gesetzgebung erzwingt.

Noch vor kurzem schienen sich die Führer der Konservativen im Oberhaus an diese Begründung ihres Oppositionskurses halten zu wollen. Inzwischen ist jedoch unter den konservativen Peers ein *Stimmungswandel* eingetreten, und soweit man sieht, hat das Schattenkabinett die Schwenkung gutgeheißen. Der Zusammenstoß scheint daher unvermeidlich.

Taktische Möglichkeiten der Regierung

Eine Verwerfung des Regierungserlasses über die Verschärfung der Rhodesien-Sanktionen durch das Oberhaus würde bedeuten, daß seine Gültigkeit am 8. Juli erlischt. Die *Regierung* kann jedoch einen identischen neuen Elaß beschließen, der wiederum bis zum 28. darauffolgenden Sitzungstag des Parlaments gültig ist, was bis über die Sommerferien hinausreichen würde. Es besteht

▲ Mit expliziten Forderungen, strikt gegen linksradikale Tendenzen vorzugehen, trug die Zürcher Presse erheblich zur Eskalation der Ereignisse im Zürcher Sommer bei.

terstellten sie ihnen Gefährlichkeit. Die Betonung der Gefahr, die angeblich von den Demonstranten ausging, wurde dadurch verstärkt, dass die Zeitungen, wie im folgenden Abschnitt der *Basler Nachrichten*, immer wieder die grosse Anzahl der Demonstranten hervorhoben und vor allem auch auf die Wurfgeschosse, die sie gegen die Polizei einsetzten, hinwiesen: «Rund 350 Polizisten kämpften mit Wasserstrahlen und Knüppeln gegen eine schwer abzuschätzende Zahl von Demonstranten, Provokateuren und Mitläufern, welche [...] den Verkehr blockierten, Polizeikanzeln demolierten und mit Pflastersteinen, schweren Werkzeugen, Ketten, Latten, Metallrohren, Bierflaschen und anderen improvisierten Waffen gegen die uniformierten Ordnungshüter vorgingen.» Mit der Betonung der grossen Menge der an den Ausschreitungen Beteiligten wurden das Ausmass und die Bedeutung, gleichzeitig aber auch die Bedrohlichkeit der Ereignisse akzentuiert.

Die Zeitungen verstärkten das bedrohliche Bild einer wilden, ausser Kontrolle geratenen Auseinandersetzung zudem sprachlich, indem sie zur Beschreibung der Ausschreitungen auf ein von der Kriegsberichterstattung übernommenes Vokabular zurückgriffen. Es war von «Schlacht» und «Kampf» die Rede; die NZZ sprach von «Waffenstillstand», die *Tat* von «Trümmerfeld» und «Lazarett» und die *Neuen Zürcher Nachrichten* bezeichneten die Demonstranten als «kleine Feldherren», welche die Polizei bis aufs Blut provoziert hätten. Ein Journalist des freisinnig-liberalen *Luzerner Tagblatts* ging sogar so weit, die Gefahr eines Bürgerkriegs zu beschwören. Am 6. Juli schrieb er: «Die Vorstellung, dass dies [Bürgerkrieg, Anm. d. V.] in der vollbeschäftigten Wohlstandsdemokratie je möglich wäre, mutet irreal an, aber die jüngsten Ereignisse haben uns gezeigt, dass auch ein saturiertes Land rasch ungeordneten Zuständen entgegentreiben kann.»

Die Angst um die öffentliche Ordnung, die gesellschaftlichen Normen und den demokratischen Rechtsstaat beherrschte in jenen Juli-Tagen die Presseberichterstattung. Bürgerlich-konservative Zeitungen warfen dem *provisorischen Aktionskomitee für ein AJZ* eine «systematische Provokationstaktik» vor und beschuldigten es, den gewalttätigen Ausgang der Demonstrationen «von langer Hand vorbereitet und gesteuert» zu haben. Zeitungen wie das *Vaterland*, der *Bund* oder die *Neuen Zürcher Nachrichten* beschrieben die Demonstranten als «schlimme Aufwiegler», «düstere Provokateure», «fanatisch kämpfende Revolutionäre» und «geschickte Putschisten» und stellten sie somit als linksextremistische Drahtzieher mit subversiven Absichten dar, welche die staatliche Ordnung zerstören und bürgerkriegsähnliche Zustände schaffen wollten. Indem die Zeitungen das Ziel der Demonstranten im «Sturz des bestehenden ‹Systems›» und in der «Zerstörung des demokratischen Rechtsstaates» identifizierten, beschworen sie gleichzeitig eine ‹linke Gefahr› herauf: «Linksextremisten rütteln unter Assistenz ahnungsloser Neugieriger an den Pfeilern unserer Gesellschaft», warnte das *Vaterland* am 2. Juli.

Die Bedrohlichkeit, die viele Zeitungen den Zürcher Ausschreitungen zuschrieben, wurde zusätzlich verstärkt, indem sie diese in einen grösseren internationalen Kontext einordneten und als Teil einer europaweiten Studentenbewegung oder gar einer weltweiten ‹linken Verschwörung› darstellten. In diesem Sinne wurden die Ausschreitungen abwechselnd als «Strassenschlachten nach ausländischem Muster», als «eine Imitation ausländischer Vorgänge» oder als «Import primitiver Krawallmethoden» bezeichnet, und es wurde betont, dass die politische Unruhe nun auch die Schweiz erfasst habe.

Insbesondere die französischen Verhältnisse wurden als Beweis für die Ernsthaftigkeit der Situation herangezogen. «Wohin die Strategie der Provokation schliesslich führt, veranschaulicht Frankreich [...]», schrieb das *Volksrecht*: «Dem Zauberlehrling Daniel Cohn-Bendit [...] war es [...] gelungen, das Land in das Chaos zu stürzen.»

Wie das folgende Beispiel aus den *Basler Nachrichten* zeigt, konstatierten einige Zeitungen auch konkrete Verbindungen der Zürcher ‹Bewegung› zum Ausland: Die liberal-konservative *Basler Zeitung* stellte fest, «dass die Demonstranten nur einen sehr kleinen Teil der Zürcher Jugend ausmachen, ja zum Teil nicht einmal Zürcher sind». Gleichzeitig wies sie auf die vielen Auswärtigen und Ausländer unter den verhafteten Demonstranten hin. Das *Vaterland* entdeckte zudem im «‹Generalstab› der jungen Aufrührerschaft [...] Leute, deren Namen bezeichnenderweise nicht gerade urschweizerisch anmuten, neben Pinkus sind es Frapolli, Ermel, Gangl, Bautz, Modena usf.».

Solche Verweise auf ausländische oder linke ‹Drahtzieher› können als Versuch der Presse interpretiert werden, die Demonstranten mit bereits öffentlich diskreditierten Gruppen wie Kommunisten oder Ausländern zu assoziieren. Indem sie die Demonstranten als Randgruppe darstellte, wurden sie isoliert und ihre Forderungen nach einem AJZ delegitimiert.

«Die Bevölkerung hat allen Grund, der Polizei für die mutige Haltung dankbar zu sein»

In diesem bedrohlichen Szenario kam den Behörden die Aufgabe zu, die Ordnung wiederherzustellen und Schlimmeres zu verhindern. Viele Zeitungen befürworteten deshalb das Demonstrationsverbot und den repressiven Polizeieinsatz als einziges Mittel zur Verteidigung der Demokratie. Der Stadtrat und die Polizei wurden sodann – ganz im Gegensatz zu den Demonstranten, die als Angreifer und zerstörungswütige Randalierer dargestellt wurden – von der Mehrheit der bürgerlich-konservativen Presse, aber auch in Artikeln sozialdemokratischer Zeitungen wie dem *Volksrecht*, als höchst zurückhaltend beschrieben. «Die Zürcher Stadtpolizei hat gegenüber den Terroristen, [...] geradezu eine Lammsgeduld geübt und erst mit fester Hand eingegriffen, als sie sozusagen in den Notwehrstand versetzt und die Rechtsordnung aufs äusserste verletzt war.» Dieser Abschnitt aus dem *Bund* zeigt, dass der harte Polizeieinsatz als notwendige und zwingende Massnahme dargestellt wurde, damit «Zürich nicht vollends zum Rummelplatz düsterer Provokateure wird!», wie das *Vaterland* schrieb.

Auch als bekannt wurde, dass Demonstranten nach ihrer Verhaftung im Keller des Globus-Provisoriums von Polizisten verprügelt und misshandelt worden seien, änderte sich die Haltung der Zeitungen nicht wesentlich. Zwar wurde nun vereinzelt zugestanden, dass sich nicht alle Ordnungshüter korrekt verhalten hätten. Die *Basler Nachrichten* schrieben beispielsweise: «Einigen gingen die Nerven durch, und sicher gibt es auch in den Reihen der Zürcher Stadtpolizei etliche eher primitive Burschen, die ganz gerne einmal mit dem Knüppel losgehen.» Schliesslich wurde aber auch dort, wo überhaupt Kritik geübt wurde, der repressive Polizeieinsatz damit entschuldigt, dass die Demonstranten diesen selbst provoziert und verschuldet hätten. Dass den Polizisten der Geduldfaden riss, war in den Augen der NZZ denn auch mehr als verständlich: «Wer Gewalt bewusst herausfordert, sie also will, der kann nur durch die legale Gewalt zur Einsicht gebracht werden, dass es in einem geordneten Gemeinwesen so nicht geht.» Die Zeitungen waren sich sodann weitgehend einig, dass die Polizei «mit gutem Recht zu harten Mitteln» gegriffen habe.

«Harmloser Spaziergang und Ulk auf der Sechseläuten-Wiese»: eine andere Sichtweise

Neben dieser ersten Gruppe von Zeitungen, welche die Demonstranten und ihre Forderungen stark verurteilte, gab es Presseorgane, die vermehrt die Sichtweise der Demonstranten einnahmen. Diese stellten die Ereignisse der Nacht des 29. auf den 30. Juni weniger als Bedrohung dar und beleuchteten vielmehr die Legitimität der gestellten Forderungen. Solche Artikel waren jedoch deutlich in der Minderzahl und fanden sich überwiegend in Zeitungen, die links der politischen Mitte einzuordnen sind.

Was bürgerlich-konservative Zeitungen als ‹Revolution auf Raten› oder ‹Versuch einer Revolte› be-

Die Zürcher Presse heizt einen heissen Sommer an

SIE HETZT WIEDER (MIT WENIGEN AUSNAHMEN) GEGEN UNS JUNGE LINKE UND VERSCHWEIGT DABEI DIE SCHWEREN VORWUERFE DIE WIR DER ZUERCHER JUSTIZ ZU MACHEN HABEN.LIEBER DULDET DIE PRESSE EINE KORRUPTE JUSTIZ,ALS DASS SIE ZUGIBT,DASS DIE LINKE RECHT HAT.

Gegen die Demonstranten vom vergangenen Juni haben 10 Bezirksanwälte untersucht,gegen die 350 beim Globus im Einsatz stehenden potentiellen Prügelpolizisten nur zwei: NUESSLI und BERTSCHI.Die Behörden waren,das geht aus diesem Missverhältnis hervor,an einer genauen Untersuchung gegen unsere Ordnungshüter von vorneherein nicht interessiert.NUESSLI und BERTSCHI verzichteten auf die Einvernahme von wichtigen Zeugen und sistierten überstürtzt Verfahren gegen Polizisten:so bewältigten sie ihr grosses Arbeitspensum.

IN DEN PROTOKOLLEN,die während der Einvernahmen der Demonstranten geführt wurden,SIND AUSSAGEN GEGEN POLIZISTEN EINFACH UNTERSCHLAGEN WORDEN.Vor allem Dr.iur.HINDEN und NAEGELI haben versucht, durch Androhung von Haftverlängerung Unterschriften von Jugendlichen zu erzwingen.Weiter versuchten sie Geständnisse zu erpressen,die andere Jugendliche belasten sollten.So wurden mit Bienenfleiss Beweise und Scheinbeweise gegen uns zusammengetragen. Dr.iur.HINDEN hat nun die Unverschämtheit gehabt,die schweren Vorwürfe,die ihm namentlich René Keller machen musste,schlicht als Lüge zu bezeichnen.Er tat dies wahrscheinlich in der Ueberzeugung,dass man einem Richter,ihm,so eine bodenlose Falschheit gar nicht zutrauen würde.

ABER

Dr. HINDEN LÜGT

D R. H I N D E N L U E G T

Akten die er selber unterschrieben hat und das Protokoll des Gerichtsmdezinischen Instituts beweisen es.Ein privater Arzt wurde René Keller verweigert.Die medizinische Untersuchung fand erst fünf (und nicht wie Hinden behauptet bereits drei) Tage nach der Verhaftung statt.Die Wunden waren schwerer als sie Hinden beschreibt.Der Inhaftierte hätte der Pflege bedurft!Der Verteidiger durfte René erst nach zwölf Tagen besuchen!Dr.Hinden besitzt selbst die Akten die ihn widerlegen: er hat also wider besseres Wissen gelogen.

WIR VERLANGEN

- DR.HINDENS RUECKTRITT
- DIE SUSPENDIERUNG AUCH DER ANDERN BESCHULDIGTEN BEZIRKSANWAELTE UND FORDERN DIE EINLEITUNG VON UNTERSUCHUNGEN
- DIE NEUAUFNAHME DER UNTERSUCHUNG GEGEN PRUEGELPOLIZISTEN
- DEN RUECKTRITT DER FUER DIE POLIZEI-AUSSCHREITUNGEN VERANTWORTLICHEN

W I R D E M O N S T R I E R E N A M M I T T W O C H 11. J U N I

FASS,GRUPPE SAINT - JUST

Limmat-Press/8001 Zürich

◀◀ Auch aus der Bewegung heraus wurde der Vorwurf an die Presse formuliert, die Bevölkerung gegen die linken Jugendlichen aufzuhetzen, hier in einem Flugbatt (Vorder- und Rückseite) der Fortschrittlichen Arbeiter, Schüler und Studenten (FASS) – Gruppe Saint-Just.

zeichneten, wurde in der linken *AZ Abend Zeitung*, in der von Gottlieb Duttweiler gegründeten *Tat*, in der *Weltwoche* oder im *Tages-Anzeiger* sowie mehrheitlich auch im sozialdemokratischen *Volksrecht* weniger dramatisch dargestellt. Das *Volksrecht* beschrieb die Demonstration für ein AJZ als «harmloser, wenngleich unbewilligter und verkehrsstörender Spaziergang vom Bahnhof zum Bellevue und als Ulk auf der Sechseläuten-Wiese». Aus der Perspektive dieser Zeitungen, aber auch gemäss dem *Blick*, waren es nicht die Demonstranten, die den Verkehrszusammenbruch ausgelöst, die Polizei angegriffen und die Ausschreitungen provoziert hatten. Das *Volksrecht* warf der Polizei vor, dass sie von Anfang an «falsch disponiert» habe und ihr Verhalten «provokativ und für den Fortgang des Abends verheerend» gewesen sei. Der Polizeieinsatz wurde als «brutal» verurteilt und der *Blick* sprach, insbesondere in Zusammenhang mit den Geschehnissen im Globus-Keller, von polizeilichen «Schlägerkommandos», «Polizeiexzessen» und «brutaler Rachejustiz». Der *Tages-Anzeiger* veröffentlichte am 1. Juli fünf «Augenzeugenberichte» von Journalisten, die beschrieben, wie sie von der Polizei misshandelt wurden. Es waren Schilderungen einer brutalen Polizei, die ihre Aggressionen vor allem an Wehrlosen und Unschuldigen ausliess. Der *Blick*, der einen Artikel vom 1. Juli mit der Überschrift «Prügel-Orgie wie bei der Gestapo! So schlugen Polizisten im Globus-Provisorium Wehrlose zusammen» versah, machte in den folgenden zwei Wochen die Polizeigewalt zum Hauptthema seiner Berichterstattung. Die *Blick*-Leser konnten in zahlreichen ‹Tatsachenberichten› von «wütend-sinnlosen Einzelaktionen» gegen «unschuldige Passanten» oder von «Prügelkommandos gegen Verhaftete» lesen.

Zeitungen, die an Polizei und Behörden Kritik übten, verurteilten in der Regel auch das Demonstrationsverbot, das am 1. Juli unmittelbar nach dem Globus-Krawall ausgesprochen worden war. Sie bemängelten es als Verletzung des Verfassungsgrundsatzes und kritisierten es als zu einfache Lösung. So war es nicht nur das *Volksrecht*, das mit mahnenden Worten daran erinnerte, «dass hinter der oberflächlich gesehen tatsächlich chaotischen Situation echte Probleme innerhalb des Umbruchs unserer Zeit und der Generationen stehen». Die Erklärungsmuster, die für die Ausschreitungen herangezogen wurden, waren vorwiegend gesellschaftskritischer Art: Linke, teilweise jedoch auch liberale Zeitungen wie der *Bund* oder das *Luzerner Tagblatt*, wiesen auf die maroden Zustände in der Gesellschaft hin und machten die Konsumgesellschaft sowie die «grossstädtischen Verhältnisse» Zürichs für das «Unbehagen» der Jugend verantwortlich. Die sozialdemokratische *Berner Tagwacht* war nicht die einzige Zeitung, die schrieb: «Eine Grossstadt mit ihrer Anonymität bringt Anarchisten hervor [...].»

Derartige Erklärungen, in denen die Unruhen als eine Folge unzulänglicher Gesellschaftsstrukturen interpretiert wurden, kritisierte namentlich die NZZ stark: «Nicht diejenigen, die mit zu Hause vorbereiteten, nägelbesetzten Latten um sich schlugen und mit Pflastersteinen um sich warfen, seien an den Ausschreitungen Schuld gewesen, sondern die Gesellschaft. Ist das nicht auch oberflächlich?»

Parteipolitische Kämpfe und regionale Unterschiede

Die unterschiedlichen Sichtweisen, mit denen die Zeitungen die Zürcher Ausschreitungen betrachtet und bewertet haben, verdeutlichen, dass die Berichterstattung stark von der politisch-ideologischen Ausrichtung des jeweiligen Massenmediums beeinflusst wurde. Die Zeitungen fochten dabei regelrechte parteipolitische Kämpfe aus. Während bürgerlich-konservative Zeitungen Ausschreitungen verurteilten und den repressiven Polizeieinsatz zugunsten von Ruhe und Ordnung unterstützten, liessen insbesondere Printmedien, die dem politisch linken Spektrum zuzuordnen sind, keine Gelegenheit unbenutzt, die bürgerliche Regierungsmehrheit zu kritisieren. «Es wurde vieles versäumt. Politische Fehlleistungen aber können nicht mit Polizeieinsatz wettgemacht werden», schrieb zum Beispiel die *AZ Abend Zeitung* am 1. Juli und beschuldigte damit den Zürcher Stadtrat, die Ausschreitungen mit seiner Fehlpolitik verursacht (oder zumindest begünstigt) zu haben. Mit diesen Angriffen auf den Zürcher Freisinn, die bürgerliche Regierungsmehrheit und einzelne Exponenten der Regierung stand die sozialdemokratische *Basler Zeitung* nicht alleine da. Von verschiedener Seite wurde der FDP vorgeworfen, mit ihren öffentlichen Stellungnahmen das Feuer noch mehr geschürt und die Geschehnisse für parteipolitische Zwecke ausgenutzt zu haben. Das *Volksrecht* warf dem freisinnigen Zürcher Stadtrat Ernst Bieri, der am 2. Juli im *Bund* einen polemischen Artikel zu den Ausschreitungen veröffentlicht hatte, vor, die Krise zum «Siedepunkt hochgezüchtet» zu haben, «um dann seine politischen Rechnungen (Reinwaschung der freisinnigen Polizeiführung, politische Ausnützung eines Rechtsrutsches in der Volksstimmung, Ausschaltung der ‹radikalen› Linken) zu kassieren».

Ein weiterer, jedoch der linken Szene entstammender Akteur, der neben Bieri im Kreuzfeuer der Medienkritik stand, war der *Volksrechts*-Redaktor Traugott Biedermann. Dieser brachte in zwei Artikeln äusserst scharfe Vorwürfe gegen den Zürcher Stadtpräsidenten Sigmund Widmer vor. Unter anderem beschuldigte er Widmer, den Einsatz von Armeetruppen gegen die Demonstranten geplant und erwogen zu haben, auf die Jugend seiner Stadt zu schiessen. Diese Vorwürfe lösten in den Printmedien starke Kontroversen und eine Lawine von Kommentaren aus.

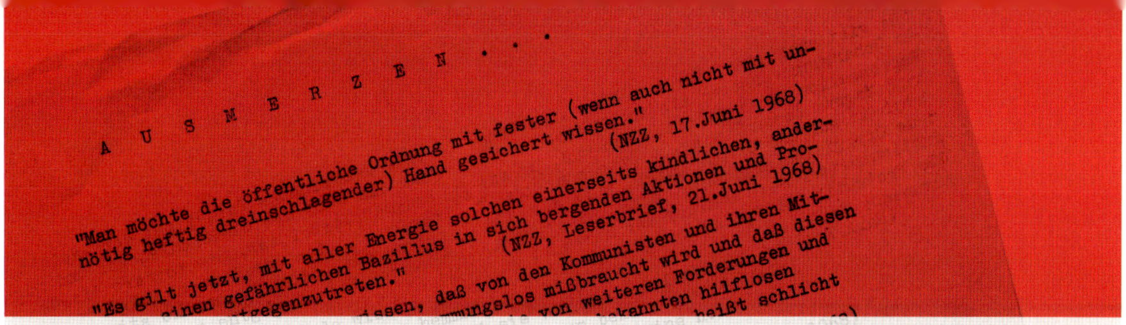
A U S M E R Z E N . . .
"Man möchte die öffentliche Ordnung mit fester (wenn auch nicht mit un-
nötig heftig dreinschlagender) Hand gesichert wissen."
(NZZ, 17.Juni 1968)
"Es gilt jetzt, mit aller Energie solchen einerseits kindlichen, ander-
seits einen gefährlichen Bazillus in sich bergenden Aktionen und Pro-
vokationen entgegenzutreten."
(NZZ, Leserbrief, 21.Juni 1968)

AUSMERZEN …

«Man möchte die öffentliche Ordnung mit fester (wenn auch nicht mit unnötig heftig dreinschlagender) Hand gesichert wissen.» (NZZ, 17. Juni 1968)

«Es gilt jetzt, mit aller Energie solchen einerseits kindlichen, andererseits einen gefährlichen Bazillus in sich bergenden Aktionen und Provokationen entgegenzutreten.» (NZZ, Leserbrief, 21. Juni 1968)

«Man sollte nacherade wissen, daß von den Kommunisten und ihre Mitläufern jedes Entgegenkommen hemmungslos mißbraucht wird und daß diesen Leuten nur eines Eindruck macht und sie von weiteren Forderungen und ‹Aktionen›, die den demokratischen Staat zum bekannten hilflosen ‹Papiertiger› machen müßten, abhält – und dieses eine heißt schlicht und einfach Einsatz der staatlichen Macht.» (NZZ, Leserbrief, 21. Juni 1968)

«Es steht viel zu viel auf dem Spiel, als daß man sich diese provokatorischen Aktionen noch länger gefallen lassen könnte, und die Behörden müßten, falls sie nichts unternehmen, sich nicht wundern, wenn die Bürgerschaft, die in ihrer überwältigenden Mehrheit fest auf dem Boden der Demokratie steht, dieses Treibens überdrüssig würde und dann selbst zum Rechten zu sehen gezwungen wäre.» (NZZ, Leserbrief, 21. Juni 1968)

POLIZEIINSPEKTOR BERTSCHI: «Jetzt provozieren wir!» (29. Juni, Bürkliplatz, 2330 h.) «Es sind deshalb kaum Zweifel darüber möglich, daß die Provokateure, nachdem sie sich bisher mit Fingerübungen begnügt hatten, diesmal auf eine Kraftprobe mit der Polizei hinsteuerten. Dem entsprach bei Beginn der Demonstration auf der Bahnhofbrücke das Verhalten den Anführer, die keinen ernsthaften Versuch unternahmen, ihre Anhängerschaft zur Vernunft zu bringen, als diese trotz den wiederholten Appellen der Polizei zur Räumung der Fahrbahnen den Verkehr weiterhin blockierte.» (NZZ, 1.Juli 1968)

«Um 19 Uhr befahl die leise, arrogante Stimme aus dem Lautsprecher den Demonstranten, das Feld zu räumen – um 19.15 Uhr würden Wasserwerfer eingesetzt. Um 19.15 Uhr begann sich ein Zug in Richtung Central zu bewegen. Beabsichtigt war noch immer ein Happening am Bellevue. Als der Hauptteil der Demonstranten schon am Central war, kamen Polizisten mit Wasserschläuchen aus dem Globus gerannt und spritzten die Zurückgebliebenen ab.» (National-Zeitung, 1. Juli 1968)

POLIZEIINSPEKTOR BERTSCHI: «Sie mached sich sauschlächd.» (29. Juni, 1910 h am Globus.)

«Es ist uns nicht gelungen, unser Programm durchzuführen, stattdessen hat die Polizei ihr Programm durchgeführt.» (Aus einer Selbstkritik des Aktionskomitees, 30. Juni)

«Was Stadtrat Sieber und die Polizei mit Unterstützung der NZZ-Kreise gewollt haben, ist eingetroffen. Die NZZ gab das Fanal zu den Krawallen durch einen Artikel unter dem Titel ‹Wehret den Anfängen›.» (H.-R. Hilty in: National-Zeitung, 5. Juli)

«Die Anwendung gesetzlicher Gewalt zur Austreibung des Ungeistes ist umso notwendiger, als jetzt eine steigende Tendenz der Selbsthilfe in der Bürgerschaft entgegengewirkt werden muß, aus der gefährlich chaotische Situationen entstehen können.» – «Jene, die das Gesetz mit Füßen getrampelt und die öffentliche Ordnung in schwerste Gefahr gebracht haben, müssen die Härte dieses Gesetzes jetzt zu spüren bekommen.» (NZZ, 2. Juli 1968.)

[…]

Fortschrittliche Studentenschaft

▲ **Kurz nach dem Globus-Krawall am 5. Juli 1968 veröffentlichten die Fortschrittlichen Studenten Zürich (FSZ) ein Flugblatt mit Zitaten aus der Zürcher Presse, in denen zu einem harten Vorgehen gegen Demonstranten aufgefordert wurde.**

Neben den politisch-ideologischen Wurzeln übte auch die geografische Herkunft der Zeitungen einen Einfluss auf die Berichterstattung der Printmedien aus. Unterschiede sind dabei insbesondere zwischen Zürcher Zeitungen und solchen Zeitungen auszumachen, die nicht in Zürich gemacht wurden. Letztere berichteten in geringerem Masse über die Demonstrationen für ein AJZ als Zürcher Zeitungen. Zudem veröffentlichten sie – insbesondere in den ersten Tagen nach den Geschehnissen – viele Agenturmeldungen und wenig redaktionelle Beiträge. Dabei konnte es auch vorkommen, dass politisch-ideologisch unterschiedliche Zeitungen dieselben Agenturmeldungen publizierten. Als Beispiel kann ein Artikel vom 1. Juli in der katholisch-konservativen *Ostschweiz* genannt werden, der sich nur unmerklich von einem Beitrag in der sozialdemokratischen Basler *AZ Abend Zeitung* unterschied.

Gleichzeitig war auswärtigen Zeitungen häufig auch eine eigene, ‹externe› Perspektive auf das Geschehen eigen: So stellten Basler und Berner Zeitungen wiederholt Parallelen zum Jura-Konflikt her und betonten, dass es in Basel oder Bern nie so weit kommen könnte wie in Zürich. Nicht selten waren dabei herablassende oder belehrende Kommentare über die Zürcher zu vernehmen: «Beide Seiten operieren bei uns vernünftiger. Die Polizei steht in einem besseren Ruf als in Zürich, deren Führung und die Jugendlichen haben in Basel bisher bewiesen, dass sie ihre Anliegen wortstark und ohne hellebardeähnliche Nagelbretter vorzutragen verstehen.»

Die Dominanz des Gewaltaspekts

Trotz der politisch-ideologischen und regionalen Unterschiede zeichnet sich die Zeitungsberichterstattung zu den Zusammenstössen vom 29. und 30. Juni auch durch Gemeinsamkeiten aus. Besonders augenfällig ist dabei die Dominanz des Gewaltaspekts: Im Vordergrund der Berichterstattung fast aller Zeitungen, unabhängig davon, wie sie die Ereignisse bewerteten, standen die Schilderungen der gewalttätigen Auseinandersetzungen vor dem Globus-Provisorium. Auch auf den Pressebildern dominierten knüppelnde Polizisten, Steine werfende Demonstranten und blutüberströmte Verletzte. Die Berichterstattung war so stark auf die gewalttätige Konfrontation zwischen Polizisten und Demonstranten fokussiert, dass die eigentliche Protestaktion und die Anliegen der Demonstranten zum Teil gänzlich hinter diesen Schilderungen verschwanden.

Dieses grosse Interesse der Printmedien am Gewaltaspekt ist u.a. mit den Selektionskriterien zu erklären, nach denen Massenmedien ihre Themen auswählen und gemäss denen vor allem das von öffentlichem Interesse oder publizistischem Wert ist, was vom Alltäglichen und Normalen abweicht. Die Tendenz, Gewalt und Konflikten in der Berichterstattung den Vorrang zu geben, manifestiert sich besonders seit den 1960er-Jahren. Damals verzeichnete das Fernsehen in Westeuropa und den USA ein kontinuierliches Wachstum und löste zwischen 1965 und 1970 auch in der Schweiz das Radio als Leitmedium ab. Der Siegeszug des Fernsehens war mitverantwortlich, dass es in den 1960er-Jahren zu einem Strukturwandel des massenmedialen Systems in Richtung Kommerzialisierung, Skandalisierung und ‹Boulevardisierung› kam: Neben dem Fernsehen berichteten nun auch die Printmedien vermehrt nach visuellen und emotionalen Kriterien. Das Interesse am Tabubruch, an Devianz und Sensation beschränkte sich dabei keineswegs nur mehr auf ‹boulevardistische› Massenmedien wie den *Blick*. In diesem Zusammenhang fanden in den Massenmedien gerade die für die Protestaktionen Ende der 1960er-Jahre typischen Tabu- und Regelbrüche sowie Schockaktionen grosse Beachtung. Insofern galten auch die Zürcher Demonstrationen für ein AJZ als äusserst ‹berichtenswert›, was in einer intensiven massenmedialen Berichterstattung mündete. Im Gegensatz dazu stiessen das *Zürcher Manifest* und das von ihm organisierte *Sechstagerennen* im Centre Le Corbusier in Zürich auf ein deutlich kleineres Echo. Dies obwohl die friedliche Diskussionsveranstaltung

▲ **Podiumsdiskussion zu den Globus-Krawallen am 11. Juli 1968 am Gottlieb Duttweiler Institut mit prominenten Vertretern aus Politik, Wirtschaft, Wissenschaft, Armee und Polizei. Von rechts nach links Thomas Held, Präsident der Fortschrittlichen Studenten, Prof. P. Heintz, alt Ständerat Zellweger, A.E. Hohler, Chefredaktor der Weltwoche, Prof. Marcel Beck, Direktor Fritz König, Gemeinderat Rolf Balsiger, Ulrich Pfister, Vertreter der Liberalen Studenten, Polizeiinspektor Dr. Rolf Bertschi und Dr. Rolf Gamper, Stabschef Felddivision 6.**

vom 4. bis 9. September täglich viele Interessierte anlockte und sich über einen grösseren Zeitraum erstreckte als die Konfrontationen zwischen Polizisten und Demonstranten vor dem Globus-Provisorium.

Die Berichterstattung der Massenmedien hat demnach wesentlich dazu beigetragen, dass sich die Bezeichnung *Globus-Krawall* für die Demonstrationen für ein AJZ durchgesetzt hat: Das Wochenende vom 29. und 30. Juni ging nicht zuletzt deswegen in die Geschichte ein, weil die Massenmedien den Fokus der Berichterstattung auf die gewalttätigen Ausschreitungen vor dem Globus-Provisorium legten, die Demonstrationen in Text und Bild mehrheitlich als Krawalle inszenierten und sie auch mit dieser negativ konnotierten Bezeichnung benannten.

Eine weitere Gemeinsamkeit, welche die Zeitungen aller politischen Couleur verband, war die Betonung der Unerwartetheit und Einzigartigkeit dieser Vorfälle sowie die Erschütterung darüber. Immer wieder wurde Überraschung, Empörung und Beschämung darüber formuliert, dass solche Ereignisse auch «in der ruhigen, friedlichen Eidgenossenschaft» geschehen konnten. Von vielen Zettungen wurden die Vorfälle denn auch als – bedrohlicher – Umbruch oder Wendepunkt dargestellt. So schrieb das *Volksrecht* am 5. Juli mit mahnenden Worten: «Einsichtige Männer [...] haben immer wieder darauf hingewiesen, dass auch unsere Form der Demokratie abirren kann zu einem gefährlichen Totalitarismus. An dieser Gefahrengrenze stehen wir jetzt.»

Während in den Printmedien eine polemische Debatte über die Ereignisse von Ende Juni geführt wurde, berichteten das Schweizer Fernsehen und das Radio weitaus sachlicher darüber. Vor allem die Tagesschau schilderte die Vorfälle in einer wertneutralen Sprache und strahlte kaum Bilder der gewalttätigen Aktionen aus. Damit kam das Fernsehen dem vom Bund definierten Programmauftrag nach, der ein um Ausgleich und Kompromiss bemühtes Tagesschauprogramm verlangte, das objektiv und nicht ‹politisiert› sein sollte. Die wertneutrale Berichterstattung und die Art, die Akteure als gleichwertige Kontrahenten zu zeigen, wurde in den Printmedien jedoch stark kritisiert: Die NZZ monierte, dass die Berichterstattung der Tagesschau vom 1. Juli nicht eine «wahrheitsgetreue» Darstellung der Geschehnisse sei, sondern eine «höchst merkwürdige Gewichtung» und eine «tendenziöse Haltung» an den Tag lege. Sie beanstandete insbesondere, dass die Frage der Schuldzuweisung für die Ausschreitungen offen gelassen wurde. Dies kritisierten auch die *Basler Nachrichten*: «Unser Fernsehen, dem sonst belehrende Töne ja nicht fremd sind, bemühte sich diesmal nicht im geringsten um eine Erklärung der Vorfälle, sondern begnügte sich leichthin mit dem Hinweis, die einen gäben den Demonstranten die Schuld, die andern aber der Polizei.»

Die Medienberichterstattung wurde auch von den Demonstranten kritisiert. In Flugblättern oder subkulturellen Medien wie der Untergrundzeitschrift *Hotcha!* beschuldigten sie vor allem die Printmedien, Hand in Hand mit der Regierung zu arbeiten, Schlagzeilen zu manipulieren und Lügen aufzutischen. Trotz dieses Misstrauens gegenüber den Zeitungen suchten aber auch die Aktivistinnen und Aktivisten für ihre Aktionen massenmediale Resonanz. Diese ambivalente Wechselbeziehung ist auch umgekehrt ersichtlich: Die Zeitungen prangerten die Ausschreitungen zwar an, machten sie jedoch gleichzeitig zum Schwerpunkt ihrer Berichterstattung: Erst durch den gewalttätigen Ausgang der Protestkundgebung, den sie so stark verurteilten, wurde diese für sie überhaupt zu einem Thema, über das es sich zu berichten lohnte.

So dominierte der empörte Aufschrei «Krawall!» die Berichterstattung Deutschschweizer Printmedien und in der Folge auch die öffentliche Debatte über das Geschehen. Er übertönte die eigentlichen Anliegen der Demonstranten weitgehend und hallt noch heute in unseren Köpfen wider, wenn wir uns die Zürcher Ereignisse vom 29. und 30. Juni in Erinnerung rufen.

«Was wollen die Studenten?»

Zwischen Hochschulkritik und Politisierung

Was wollen die Studenten?

15.5

Ausserparlamentarische Opposition – was soll das? Die Schweiz ist doch weder eine Militärdiktatur noch ein Einparteienstaat, unsere Parlamente in Gemeinde, Kanton und Bund weisen doch ein beachtlich buntes Parteienmosaik auf: hier gibt es Opposition, und nur hier gehört sie auch hin. Wer auf die Strasse geht und dort Opposition betreiben will, ist wirrköpfiger Pöbel, der sich mit den demokratischen Spielregeln nicht zurechtfindet, nicht zurechtfinden will.

Solcherart pfeifen die Spatzen von den Dächern und stimmen nachher in den grossen Choral «Freiheit und Demokratie» ein. Man ist sich einig: eine Gesellschaft ist nur dann demokratisch, wenn sie Kritik nicht nur zu Worte kommen lässt, sondern diese auch an der Verwaltung der Macht beteiligt. Also doch parlamentarische Opposition?

Aber fragen wir weiter: gibt es denn in der Schweiz eine echte Oppositionspartei? Und «echt» will sagen: sich nicht nur zu einem Strassenprojekt äussern, sondern und vor allem die Machtstruktur unserer Gesellschaft kritisch unter die Lupe nehmen. Opposition in diesem Sinn heisst fragen, ob die Macht in unserer Gesellschaft tatsächlich in der Hand des Volkes, des «Souveräns» liegt, oder ob sie nicht vielmehr bei den wirtschaftlich Mächtigen zu suchen ist. Sie ist es. Eine solche Opposition, die sich aufs Grundsätzliche richtet, darf aber nicht bei der rein verbalen Kritik haltmachen, sie muss sich auch für die *Veränderung* der bestehenden Verhältnisse einsetzen.

Tut das jemand in unserem Parlament? Stellt dort jemand überhaupt auch nur die Frage, ob sich unsere Demokratie nicht etwa in reinem Formalismus erschöpft, ob die Berufung auf unsere Verfassung, die die Gleichberechtigung jedes Bürgers fordert, ob diese Berufung nicht solange ein Hinweis auf einen blossen Fetzen Papier bleibt, als die Macht undemokratisch auf wenige Interessengruppen konzentriert ist?

Gibt es jemanden, der solche Fragen stellt? — Es gibt da die Partei der Arbeit, aber die ist ja bekanntlich antidemokratisch und will die Grundfesten unseres Staates einreissen, ist also nicht diskussionswürdig. Die etablierten Parteien aber sind samt und sonders weder willens noch in der Lage, einen Zusammenhang zwischen den konkreten zur Verhandlung stehenden Sachfragen und bestimmten gesamtgesellschaftlichen Vorgängen zu sehen.

Rainer Gangl studiert Germanistik, Soziologie und Philosophie an der Universität Zürich. Er ist Präsident der «Fortschrittlichen Studentenschaft Zürich», die im letzten Semester mit Strassenaktionen zum Thema Vietnam auf den Plan trat und mit einem Seminar über die Dritte Welt der sogenannten Entwicklungsländer die erste «Kritische Universität» der Schweiz begründete.

Eben: man behandelt Sachfragen, ohne sich im klaren zu sein, woher denn diese Sachen eigentlich kommen und welches ihr Stellenwert ist. Man diskutiert z. B. seit Jahrzehnten über die Gewässerverschmutzung, gibt sich aber keine Rechenschaft, wer denn und aus welchen Gründen eine Behebung dieses Skandals bis auf den heutigen Tag zu sabotieren verstand. Sicher nicht der kleine Mann, sondern die direkten Urheber, die Unternehmer. Denn sie müssten in die Taschen greifen, in ihre eigenen. Und der Staat (die Gesellschaft) will sie dazu nicht zwingen, ja er kann es nicht, weil er dann das durch die herrschende Ideologie heilig gesprochenen Privateigentum angreifen müsste. Man sieht: solche ganz konkreten Probleme können nur durch gesamtgesellschaftliche Veränderungen gelöst werden. Solches wird im Parlament aber nicht diskutiert, dort streiten sich die Interessengruppen lediglich um die Verteilung des Kuchens.

Was also sonst als ausserparlamentarisch kann die Opposition sein? Wie aber soll sie auf den Bildungsprozess der öffentlichen Meinung Einfluss nehmen? Die Hoffnung auf Presse, Radio und Fernsehen ist illusorisch oder zumindest nur sehr beschränkt berechtigt. Denn die Publikationsorgane sind Bestandteil der Gesellschaft und damit eng mit den Machtträgern verbunden. Erstens sind sie in gewissem Masse direkt, nämlich wirtschaftlich abhängig, zweitens aber auch (und dies ist der bedeutend wichtigere Punkt) mittels der vom Bürgertum getragenen Ideologie (freies Unternehmertum usf.). Es ist dies Ideologie, die unter dem Banner der Objektivität eine nicht genehme Meinung nur allzu gern als falsch und gesellschaftsschädigend erledigt. Was bleibt da der ausserparlamentarischen Opposition anderes übrig, als auf die Strasse zu gehen?

Rainer Gangl

Elmar Altvater

(SDS München)

fsz-Vortragzyklus
‹Hochschule und Gesellschaft›

Die Krise des Spätkapitalismus und die Studentenrevolte

Die Studentenunruhen sind symptomatische Eruptionen an der Oberfläche unserer Gesellschaft. Hinter diesen in die Augen springenden und die Öffentlichkeit mit Absicht herausfordernden Ereignissen spielen sich aber ökonomische und sozioökonomische Prozesse ab, die erst als Ursache der Revolte bewußt werden müssen.

Wir müssen uns daher die folgenden Fragen stellen:

- In welchem Zusammenhang stehen Universität, Wirtschaft und gesamtgesellschaftliche Entwicklung?
- Was für Folgen hat auf die Dauer eine sparsame Bildungspolitik?
- Welchen Interessen dient eine Ausbildung von engstirnigen Fachidioten?
- Erlauben die jetzigen Herrschaftsverhältnisse in der Industrie eine uneingeschränkte Entwicklung?
- Warum ist industrielle und universitäre Demokratisierung eine ökonomische Notwendigkeit?

Universität Zürich
Hörsaal des Zoologischen Instituts
(Eingang Künstlergasse 16)

Mittwoch, den 20. Nov., 20h

Eintritt 2.20

Fortschrittliche Studentenschaft Zürich

▲▶ Im Vergleich zu den 68er-Bewegungen in Deutschland oder Frankreich spielten die Studierenden im Zürcher Sommer 1968 nur eine untergeordnete Rolle. Die Aktivitäten an den Zürcher Hochschulen zeigen dennoch die zeittypische Verschränkung von Hochschulkritik, wie sie etwa in der Ablehnung universitärer Rituale sichtbar wird, mit allgemein gesellschaftspolitischen Fragen.

Dies-
Tag der Festreden

Der "Dies academicus" ist der Feiertag der Universität. Wer feiert? Die Professoren, einige Assistenten, wenige Studenten. Was feiern sie? Die bestehende Universität, die den meisten Erneuerungsversuchen bisher getrotzt hat. Wie feiern sie? Es werden Reden gehalten, Ehrendoktoren verliehen, Lieder gesungen; es wird gegessen, es wird auseinandergegangen. Beim Auseinandergehen hat sich in der Universität nichts geändert. Man hat dies und jenes zur Kenntnis genommen. Man wird es wieder vergessen, um es am nächsten Dies wieder zur Kenntnis zu nehmen.

Doch damit ist der Dies noch nicht zu Ende. Am Abend danken einige Studenten, die farbentragenden Verbindungen, den Behörden und den Professoren dafür, dass sie alles beim Alten gelassen haben. Sie marschieren in lustigen Gewändern, die an die Fasnacht erinnern, mit brennenden Fakeln durch die Stadt und singen Burschenlieder, die sie vorher auswendig lernen mussten. Auf dem Lindenhof werden die Fakeln auf ein Feuer geworfen und einer hält die Brandrede. Diese Rede heisst so, weil sie bei einem Feuer gehalten wird, nicht weil sie brennt. Dann geht man noch einmal auseinander und säuft, bis der Dies vorbei ist.

Kommilitoninnen, Kommilitonen!

Reden und Lieder werden den Problemen unserer Universität nicht gerecht. Reden und Lieder schaden der Universität, weil sie vorgaukeln, es sei alles in Ordnung, so wie früher. Wir glauben, dass heute eine umfassende Diskussion aller einsetzen sollte, dass Professoren, Studenten und Bevölkerung über Aufgaben, Ziele und Kosten der Universität sprechen müssen. Wir wehren uns dagegen, dass eine kleine Minderheit von farbentragenden Studenten das aus dem 19. Jahrhundert stammende Bild des Studenten als "Herrensöhnlein" weiter bestätigt. Wir wollen keinen Dies academicus mit Festreden und jovialem Einverständnis, wir wollen einen nüchternen, kritischen Dies, einen Tag der Diskussion, an dem sich die Universität auf ihre Probleme besinnt. Wir fordern alle Studenten, denen es um die Hochschule und nicht um Folklore geht, auf, am Montagabend, wenn die andern marschieren, in der Mensa der ETH zu diskutieren.

Wir laden zu dieser Veranstaltung (20.00, Mensa Studheim ETH, Clausiusstr. 21) sämtliche studentischen Organisationen an der Universität ein.

Fortschrittliche Studentenschaft Zürich

Dies-
Tag der Diskussion

DEMOKRATISIERUNG

des kritischen Intellekts

Student in Isolation / Nottut Demokratisierung / Innere Beziehung zu lohn-abhängigen Massen: **FEHLT**

Ideologisch verdingter Intellekt dient Macht des Menschen über den Menschen.

¡ AUFRUF !

Werkschaffende des kritischen Intellekts

Praktische Arbeit als Mitproletarier befreit von der Sklaverei der Ideologie.

WWIIRR FFOORRDDEERRNN::

Obligatorische Praktika in Elementarpositionen der werktätigen Bevölkerung für alle Studenten.
Massnahme in sozialistischen Ländern bestens bewährt.

Worte des Architekten Max Frisch

"Es war sehr provinziell." *

In einem Bericht über die FSZ-Veranstaltung vom 26.April 1968

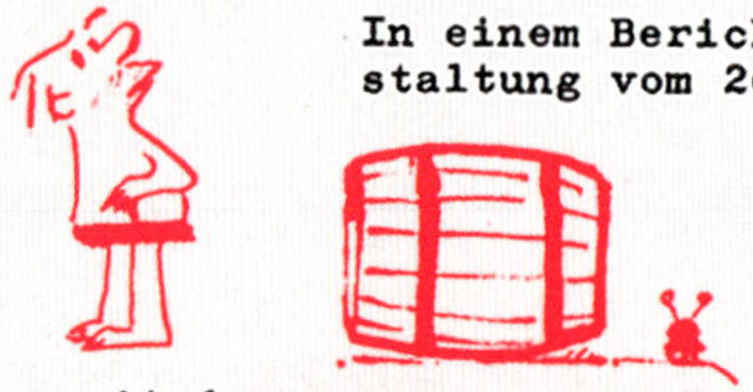

"Eine Auseinandersetzung mit der neuen Linken war es nicht, denn diese ist rational-politisch."

daselbst

Hymne in IN

SIT-IN, BAT-IN, STUDENT-IN,
SLEEP-IN, VAMP-IN, WITH-IN,
HO-CHI-M-IN, Darw-IN, HUEND-IN, IN-IN

*) Zitat aus dem Zusammenhang gerissen. Beispiel von totalitärem Journalismus

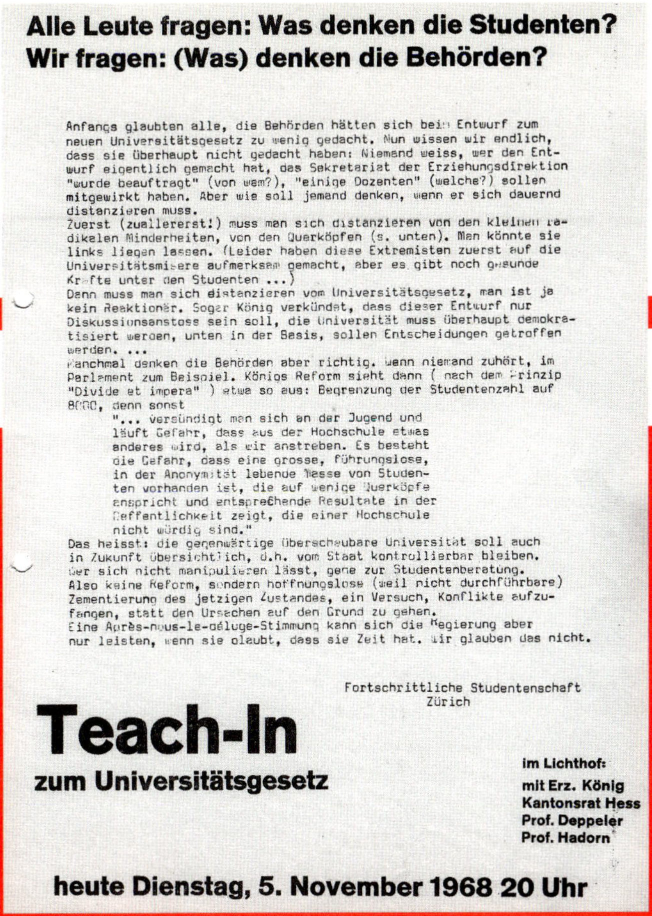

Alle Leute fragen: Was denken die Studenten?
Wir fragen: (Was) denken die Behörden?

Anfangs glaubten alle, die Behörden hätten sich beim Entwurf zum neuen Universitätsgesetz zu wenig gedacht. Nun wissen wir endlich, dass sie überhaupt nicht gedacht haben: Niemand weiss, wer den Entwurf eigentlich gemacht hat, das Sekretariat der Erziehungsdirektion "wurde beauftragt" (von wem?), "einige Dozenten" (welche?) sollen mitgewirkt haben. Aber wie soll jemand denken, wenn er sich dauernd distanzieren muss.
Zuerst (zuallererst!) muss man sich distanzieren von den kleinen radikalen Minderheiten, von den Querköpfen (s. unten). Man könnte sie links liegen lassen. (Leider haben diese Extremisten zuerst auf die Universitätsmisere aufmerksam gemacht, aber es gibt noch gesunde Kräfte unter den Studenten ...)
Dann muss man sich distanzieren vom Universitätsgesetz, man ist ja kein Reaktionär. Sogar König verkündet, dass dieser Entwurf nur Diskussionsanstoss sein soll, die Universität muss überhaupt demokratisiert werden, unten in der Basis, sollen Entscheidungen getroffen werden. ...
Manchmal denken die Behörden aber richtig. Wenn niemand zuhört, im Parlament zum Beispiel. Königs Reform sieht dann (nach dem Prinzip "Divide et impera") etwa so aus: Begrenzung der Studentenzahl auf 8000, denn sonst

> "... versündigt man sich an der Jugend und läuft Gefahr, dass aus der Hochschule etwas anderes wird, als wir anstreben. Es besteht die Gefahr, dass eine grosse, führungslose, in der Anonymität lebende Masse von Studenten vorhanden ist, die auf wenige Querköpfe anspricht und entsprechende Resultate in der Oeffentlichkeit zeigt, die einer Hochschule nicht würdig sind."

Das heisst: die gegenwärtige überschaubare Universität soll auch in Zukunft übersichtlich, d.h. vom Staat kontrollierbar bleiben.
Wer sich nicht manipulieren lässt, gehe zur Studentenberatung.
Also keine Reform, sondern hoffnungslose (weil nicht durchführbare) Zementierung des jetzigen Zustandes, ein Versuch, Konflikte aufzufangen, statt den Ursachen auf den Grund zu gehen.
Eine Après-nous-le-déluge-Stimmung kann sich die Regierung aber nur leisten, wenn sie glaubt, dass sie Zeit hat. Wir glauben das nicht.

Fortschrittliche Studentenschaft
Zürich

Teach-In
zum Universitätsgesetz

im Lichthof:
mit Erz. König
Kantonsrat Hess
Prof. Deppeler
Prof. Hadorn

heute Dienstag, 5. November 1968 20 Uhr

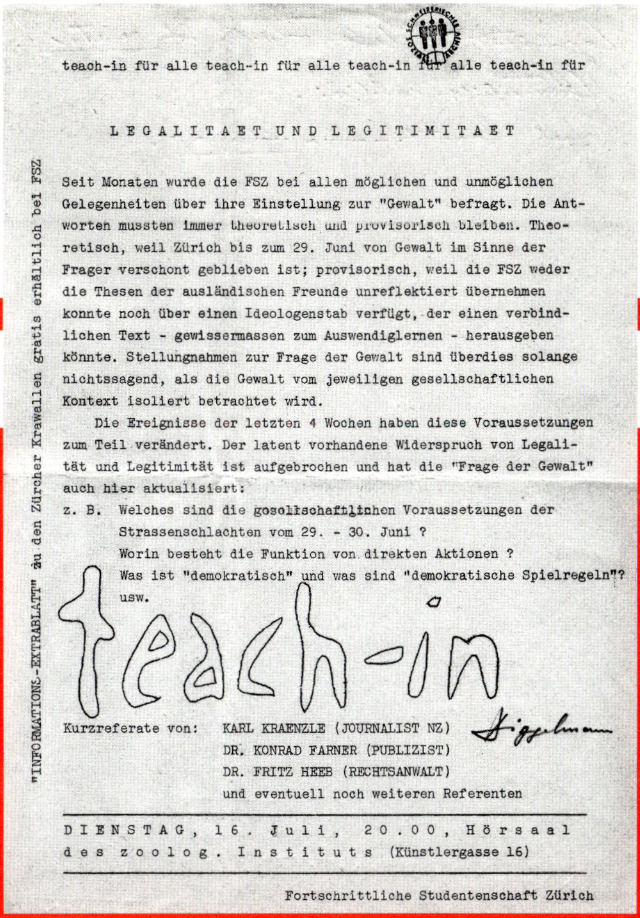

"INFORMATIONS-EXTRABLATT" zu den Zürcher Krawallen gratis erhältlich bei FSZ

teach-in für alle teach-in für alle teach-in für alle teach-in für

L E G A L I T A E T U N D L E G I T I M I T A E T

Seit Monaten wurde die FSZ bei allen möglichen und unmöglichen Gelegenheiten über ihre Einstellung zur "Gewalt" befragt. Die Antworten mussten immer theoretisch und provisorisch bleiben. Theoretisch, weil Zürich bis zum 29. Juni von Gewalt im Sinne der Frager verschont geblieben ist; provisorisch, weil die FSZ weder die Thesen der ausländischen Freunde unreflektiert übernehmen konnte noch über einen Ideologenstab verfügt, der einen verbindlichen Text - gewissermassen zum Auswendiglernen - herausgeben könnte. Stellungnahmen zur Frage der Gewalt sind überdies solange nichtssagend, als die Gewalt vom jeweiligen gesellschaftlichen Kontext isoliert betrachtet wird.

Die Ereignisse der letzten 4 Wochen haben diese Voraussetzungen zum Teil verändert. Der latent vorhandene Widerspruch von Legalität und Legitimität ist aufgebrochen und hat die "Frage der Gewalt" auch hier aktualisiert:

z. B. Welches sind die gesellschaftlichen Voraussetzungen der Strassenschlachten vom 29. - 30. Juni ?
Worin besteht die Funktion von direkten Aktionen ?
Was ist "demokratisch" und was sind "demokratische Spielregeln"?
usw.

teach-in

Kurzreferate von: KARL KRAENZLE (JOURNALIST NZ)
DR. KONRAD FARNER (PUBLIZIST)
DR. FRITZ HEEB (RECHTSANWALT)
und eventuell noch weiteren Referenten

D I E N S T A G , 16. J u l i , 20.00, H ö r s a a l d e s z o o l o g . I n s t i t u t s (Künstlergasse 16)

Fortschrittliche Studentenschaft Zürich

◀▲ **Die wichtigste universitäre Gruppierung der Zürcher 68er-Bewegung war die Fortschrittliche Studentenschaft Zürich (FSZ). Sie bemühte sich allerdings mit nur mässigem Erfolg um eine Radikalisierung und Mobilisierung der Studierenden. Auch Versuche zur Verbindung von Subkultur und politischer Kritik, wie sie etwa die Erste Hochschul-Untergrundzeitung der Schweiz (links) unternahm, waren selten.**

OLKSTRIBU
KSTRIBU

Protestinszenierungen

Theater, Spektakel und Subversion im Zürcher Sommer

Peter Zaugg

«Go to hell!»

Das rief Jimi Hendrix dem Polizisten nach, der spät nachts eine Frau aus seinem Zürcher Hotelzimmer abführte. Der Hotelmanager hatte die Polizei gerufen. Personalien wurden aufgenommen. Die Frau musste mit auf den Posten.

Es sollte nicht der letzte Einsatz der Ordnungshüter in diesen Tagen gewesen sein. Die sogenannten ‹Monsterkonzerte› im Zürcher Hallenstadion am 30. und 31. Mai 1968 fanden unter schärfster polizeilicher Überwachung statt, denn ein Jahr zuvor hatte ein Konzert der *Rolling Stones* in einer wüsten Schlägerei zwischen Konzertbesuchern und der Polizei geendet. Nach den ‹Monsterkonzerten›, bei denen neben Hendrix *The Koobas, The Move, Eric Burdon & The New Animals, Traffic* und die Schweizer Band *Anselmo Trend* auftraten, sagte der Gitarrist Walti Anselmo: «Die Stimmung war wie auf einem Pulverfass! Es gab gute Aggressionen. Wildfremde Leute haben sich umarmt. Und es gab die schlechten Vibes der Polizei.» Und Jimi Hendrix, der schwarze Gitarrist und gleichsam die Hauptattraktion der beiden Konzerttage im Mai 1968, meinte rückblickend in einem Interview: «Ich kann mir nicht erklären, warum die Polizei so reagiert hat, vielleicht liegt es an der niedrigen Kriminalitätsrate in diesem Land, dass sie sich anderswo Arbeit verschaffen muss.»

An beiden Abenden bevölkerten nicht nur Musikfans das Hallenstadion, sondern auch behelmte Polizisten mit bissigen Hunden. Als am Freitagabend das zweite Konzert endete, gingen einige Klappstühle in Brüche, worauf die Konzertbesucher aus dem Stadion gedrängt wurden. Vor der Konzerthalle kam es zu improvisiertem Widerstand – die Jugendlichen entfachten Feuer und weigerten sich, das Gelände zu räumen. Polizeikommandant Hans Schlegel fackelte nicht lange: Das Kennwort «Caramba» und ein Trillerpfiff waren das Zeichen für rund 100 Polizisten, ihre Knüppel und Hunde einzusetzen.

Am 4.6.1968 zeichnet die *Neue Zürcher Zeitung* das folgende Bild der Ereignisse: «Ein Teil der Polizeimänner lebt sich aus: Davoneilende werden geschlagen, Polizeihunde werden zwar an der Leine gehalten, aber gehetzt und dürfen zubeissen, zu Boden Geschlagene werden weiter geprügelt. Ein Polizeioffizier, den wir beobachten, verhält sich zwar völlig korrekt, doch die meisten seiner Leute geben ihrer Lust am Prügeln und unbeherrschten Wut hin [sic!]. Die Brutalität der Knüppelschwingenden und der Hundeführer zum einen, die Flucht der Jugendlichen zum anderen charakterisieren die Lage.»

Die Ausschreitungen im Anschluss an das Monsterkonzert am 31. Mai und das Konzert der *Rolling Stones* ein Jahr zuvor zeugen davon, wie die Grenze zwischen politischer Aktivität und Freizeitvergnügungen in der 68er-Bewegung zunehmend aufgeweicht wurde: Während Konzerte vor den 1960er-Jahren vornehmlich in einer unpolitischen Haltung

FREITAG * 14. JUNI * 18.30

PAINT-IN.

Flugblattverteilung und Anfertigung der Plakate für POLIZEIDEMONSTRATIC
(gegen den brutalen Einsatz vor dem Hallenstadion)
Freitag, 14. Juni 1968 - 18.30 Uhr RIVIERA (Limmatquai)

Demonstration: Samstag, 15. Juni 1968
17.00 Uhr Hirschenplatz

Hunde, wollt ihr ewig beissen?!

HEUTE 18h

Was ? die Vollversammlung für ein autonomes Jugendzentrum
Wo ? im Volkshaus am Helvetiaplatz (Tram 2, 3, 5, 8, 14 Stauffacher)
Wer ? alle ! (Spiesser und Dedektive gesucht fürs Gruselkabinett)
Wie ? wir sitzen am Boden, wir tanzen barfuss

DISKUSSION - FESTWIRTSCHAFT - UNTERHALTUNG

DISKUSSION

über
die Polizeikrawalle vom 29./30. Juni
unsere Kritik am provisorischen Komitee
unsere Kritik an Presse, Radio und Fernsehen
unsere Kritik an den Behörden
unsere Vorstellungen über das Jugendzentrum

W I R W A E H L E N E I N N E U E S K O M I T E E
W I R B I L D E N N E U E A U S S C H U E S S E

und dann

LES SAUTERELLES

und dann

LOVE-OUT ins Grüne (Mäntel und Decken mitnehmen)

AKTIONSKOMITEE AUTONOMES JUGENDZENTRUM
Postfach 2019 8023 Zürich
Konto Schweiz. Bankgesellschaft Zürich
Postscheck 80-2 mit Vermerk "Aktionskomitee für ein autonomes Jugendzentrum"

13. Juli 1968 / 20
E i g e n d r u c k

Neue happeningartige Formen des Protests wurden auch im Zürcher Sommer 1968 praktiziert und zeittypisch mit englischen Namen belegt. Die hier abgedruckten Dokumente etwa laden zu Paint-in und Love-out ein.

besucht wurden, war die Pop- und Rockkultur der 1960er-Jahre, die sich zu der Zeit – unterstützt durch die neuen medialen Möglichkeiten – international konstituierte, in entscheidendem Masse politisch geprägt. Die Randale im Anschluss an die Konzerte sind ein deutlicher Hinweis darauf, dass Freizeit und Vergnügen oft nicht mehr von Politik und Gesellschaftskritik getrennt wurden: Die Expansion der Popmusik und -kultur ging mit der Politisierung derselben einher. Gesellschaftskritik und Populärkultur verschmolzen ineinander.

Auch die traditionellen Formen politischen Protestes wurden umgestaltet: Die 1960er-Jahre waren nicht nur eine Zeit von Protesten bemerkenswerten Ausmasses, sie waren auch eine Zeit der Entwicklung neuer Protestformen: Um ihrem Unmut Ausdruck zu verleihen, griffen die vorwiegend jugendlichen Protestierenden einerseits zu Mitteln, die bis anhin eher unpolitischen Zwecken vorbehalten waren (wie der Unterhaltungsmusik), andererseits veränderten sie traditionelle Formen des Protests – die Strassendemonstration – oder entwickelten gar gänzlich neue.

Neue Generation, neue Formen von Protest

Zürich war zentraler Schauplatz der 68er-Bewegung und der Demonstrationen, die sich allerdings oft entscheidend von den Demonstrationen der traditionellen Linken und der Arbeiterbewegung unterschieden. Wie auch in andern Städten marschierten die Demonstrierenden nicht mehr in geordneten Reihen, sondern in losen Gruppen, und sie gehörten vor allen Dingen nicht nur einer Partei an. In der Heterogenität der protestierenden Gruppen, aber auch in der Vielfalt der Individuen zeigte sich deutlich ein neues politisches Verständnis. Die Neuen Linken, die sich in den 1960er-Jahren konstituierten, folgten der Strategie der *direkten Aktion*: Einsicht sollte durch Handeln geschaffen, die Öffentlichkeit durch Provokation aufgerüttelt und der Handelnde selbst in und durch die Aktion verändert werden. (So nannte sich denn auch eine wichtige Gruppierung, die in Zürich für ein Jugendzentrum kämpfte: Aktionskomitee.) Mit der Strategie der direkten Aktion korrelierte eine verspieltere, individualistischere Form des Protests. Statt im gesitteten Marschieren in Reih und Glied demonstrierten die 68er im Laufschritt, und anstelle bedruckter Schilder prägten handgemalte Plakate die Demonstrationszüge. Der Protest wurde mit ungewohnten und ‹unordentlichen› Formen angereichert – etwa wurden Strassentheater in den Demonstrationsablauf eingebaut – und durchbrach damit traditionelle Erwartungshaltungen. Das Publikum wurde verunsichert. Die neuen Formen dienten nicht nur dazu, den Protest symbolisch zu artikulieren: Sie waren auch Ausdruck eines neuen Selbstverständnisses und eines neuen Lebensgefühls; es galt, sich selbst als Individuum zu begreifen, das sich ohne Einschränkung durch soziale Verhaltensnormen entwickeln sollte. Auch in der Mode lässt sich diese Entwicklung beobachten: Die Männer liessen sich Bärte und lange Haare wachsen, was die bürgerliche Öffentlichkeit befremdete und als ‹unordentlich› und ‹unhygienisch› interpretierte. Bunte Hemden aus dem Second-Hand-Laden wurden fantasievoll mit gemusterten Jacketts kombiniert.

Das Zürcher Ereignis, das die allgemeine Ablösung von traditionellen Mustern und das damit verbundene Konfliktpotenzial besonders beispielhaft illustriert, ist der Fackelumzug der Studentenschaft im Mai 1968.

Ein Fackelumzug als Fest der Diskussion

Beim Fackelumzug der Studentenschaft handelte es sich um eine akademische Tradition, er fand alljährlich Ende April am Dies academicus statt und wurde von den Verbindungsstudenten organisiert und durchgeführt – als Dankeschön der Studierenden an die Stadtbevölkerung für die Finanzierung der Universität. 1968 wurde der Umzug wegen Regens um einen Monat verschoben und sollte am 27. Mai unter dem Motto «Verzicht auf Gewalt bei der Durchsetzung unserer Forderungen» stattfinden. Der *Kleine Studentenrat* (KStR) rief alle Studierenden zur Teilnahme auf und stilisierte den Fackelumzug zu einem Zeichen, dass man Konflikte friedlich beilegen wolle. Dagegen wandte sich die *Fortschrittliche Studentenschaft Zürich* (FSZ), die sich dem Gewaltverzichts-Motto nicht anschloss und den Fackelumzug einerseits zu einer Solidaritätskundgebung für ihre streikenden Kommilitonen in Paris und andererseits zu einer Diskussionsveranstaltung zur Hochschulreform umgestalten wollte: Die radikalen Forderungen der FSZ zu diesem Politikum beinhalteten u. a. den Ruf nach der «Selbstverwaltung aller am Bildungs- und Forschungsprozess Beteiligten». Die FSZ kündigte an, dass man auf Plakate und Transparente nicht verzichten werde, obschon dies durch die Richtlinien und Weisungen der Organisatoren klar verboten war, und beabsichtigte, die geplante Rede eines Studenten und die Gegenrede des Rektors, die vom KStR als Zeichen der Verständigung zwischen der Universitätsleitung und den Studierenden gedacht war, durch Zwischenrufe zu stören. Auf einer Pressekonferenz der Zürcher Studenten im Vorfeld des Umzugs und auf einem Flugblatt formulierte die FSZ ihre radikalen Forderungen.

Am Fackelumzug selber marschierten die Korporationsstudenten im Vollwichs und auch die Mehrzahl der restlichen Studierenden in ordentlich geschlossenen Gruppen, während die FSZ und ihre Anhänger in lockerer Form mit ihren provokativen, Sprachwitz nutzenden Transparenten am Ende des Zuges folgten – auf den Transparenten waren Slogans und Fragen zu lesen wie: «Politiker lenken, Studenten denken»; «‹Tat› und ‹NZZ› werfen wir ins Spülklosett», «Nur 6 % Arbeiterkinder an der Universität – warum?».

Schon bevor die Reden auf dem Zürcher Lindenhof, dem traditionellen Zielort des Umzuges, begannen, kam es zum Tumult unter konservativen und progressiven Studenten. Die Rede des Rektors wurde durch zahlreiche Zwischenrufe und lautes Absingen von Liedern gestört. Mit Erfolg: Der Rektor machte das Angebot, sich der Diskussion mit den Studierenden zu stellen. Dieses eher allgemeine, nicht auf die konkrete Situation bezogene Angebot wurde von den Studierenden so aufgefasst, dass man sofort und an Ort und Stelle diskutieren solle: Mit mitgebrachten Megafonen wurde der Vorschlag in die Tat umgesetzt. Wie die NZZ später berichtete, verlief die Diskussion, auch des schlechten Wetters wegen, allerdings nur schleppend. Im Anschluss an den Fackelumzug zog schliesslich noch eine Gruppe von Studierenden zum französischen Konsulat, um dort ihrer Solidarität mit den französischen Kommilitonen Ausdruck zu verleihen.

Dieses Ereignis zeigt gut, wie die Protestierenden – in diesem Falle die FSZ und ihre Anhänger – rituelle Formen der bürgerlichen Vergemeinschaftung benutzten, um die bestehende Ordnung zu kritisieren und gleichzeitig zu verändern. Traditionelle Rituale – wie der Fackelumzug – sind ein zentraler Ort, um der Ideologie einer Gesellschaft einerseits Ausdruck zu verleihen, andererseits aber auch, um in symbolischer Form soziale und kulturelle Identitäten zu schaffen: Das geordnete Verhalten der konservativen Studenten – ihr strammes Marschieren und ihre ordentliche Kleidung – spiegelt eine affirmative Haltung zum Establishment. Der Fackelumzug konstituierte mit diesen Formen das entsprechende Selbstverständnis der Universität und somit auch die etablierten Strukturen alljährlich neu – und bot mit seinem ästhetischen Pomp und Pathos auch die ideale Angriffsfläche für Störaktionen. Die Störung hergebrachter Handlungsmuster und ideologisch besetzter Rituale gehörte zu den neuen Praktiken des Protestes, welche die 68er-Bewegung auszeichnete – auch in Zürich.

Schlagabtausch am 1. August

Wie der Fackelumzug zum Dies academicus im Dienst der Selbstfeier der Universität steht, gehören die Festlichkeiten am 1. August zur Selbstfeier des Schweizer Staates.

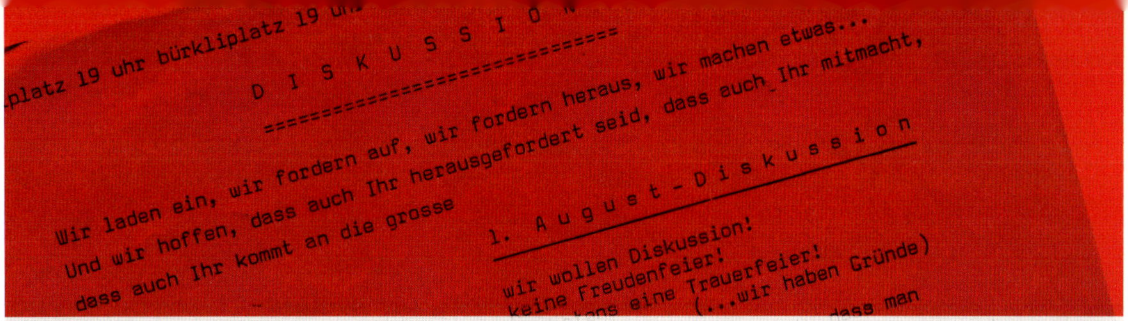

BÜRKLIPLATZ 19 UHR BÜRKLIPLATZ 19 UHR BÜRKLIPLATZ 19 UHR BÜRKLIPLATZ 19 UHR BÜRKLIPLATZ 19 UHR

Diskussion

Wir laden ein, wir fordern auf, wir fordern heraus, wir machen etwas… Und wir hoffen, dass auch Ihr herausgefordert seid, dass auch Ihr mitmacht, dass auch Ihr kommt an die grosse

1. August-Diskussion

wir wollen Diskussion! keine Freudenfeier! höchstens eine Trauerfeier!

(…wir haben Gründe)

WANN?

Heute am 1. August (wer nichts dagegen hat, dass man auch dann diskutiert) Um 19 Uhr, bis… (solange wir eben diskutieren wollen)

WO?

In der Bürkliplatz-Anlage (denn dort darf ja jedermann diskutieren und Reden halten)

WER?

Wirklich jedermann! Wir wollen keine politische Inzucht, es liegt an uns allen, zu kommen und mitzudiskutieren, eigene Reden zu halten!

WAS DISKUTIEREN WIR?

- über den 1. August
- über die Rede von Bundesrat Celio, die vorher stattfand
- über die Eidgenossenschaft
- über die Zürcher Unruhen
- über das nicht vorhandene Autonome Jugendzentrum
- über alle anderen Anliegen und so weiter

Jeder wählt das gewünschte Thema selbst! spricht über seine eigenen Anliegen! vertritt seine eigenen Standpunkt!

Wir laden ein, wir fordern auf, wir fordern heraus, wir machen etwas… Und wir fordern, dass auch Ihr herausgefordert seid – auch Sie herausgefordert sind, und das auch Ihr mitmacht – auch Sie mitmachen, und das auch Ihr kommt – auch Sie kommen!

ANTIAUTORITÄRES KOMITEE 1. AUGUST
Eigendruck 1. 8. 1968

▲ **Viele Protestinszenierungen im Zürcher Sommer 1968 richteten sich gegen traditionelle Rituale wie etwa die 1.-August-Feier. Sie sollten durch partizipativere Formen wie freie Diskussionen ersetzt werden.**

Wir machen dem unbekannten Polizisten den Prozess

Der unbekannte Polizist ist auf allen Stufen der Polizeihierarchie tätig. Er hat sich schon viele Vergehen zuschulden kommen lassen. Die Polizei fahndet schon lange nach ihm, doch immer ohne Erfolg.

Hingegen haben wir den unbekannten Polizisten nach kurzer, aber ernsthafter Suche aufgegriffen. Hier ist er, im Käfig auf dem Heuwagen. Sehen Sie ihn sich an: sein Gesicht ist weiss, wie viele andere. Er wartet auf seinen Prozess. Das VOLKSTRIBUNAL wird heute abend zum ersten Mal zusammentreten und dem unbekannten Polizisten den Prozess machen.

Es wirken mit:

Der unbekannte Polizist (Angekl.):	Demonstrant A
Der erste Zeuge (ein Beat-Musiker):	Demonstrant B
Der Ankläger:	Demonstrant C
Der Verteidiger:	Demonstrant D
Der Psychiater:	Demonstrant E
Der Richter:	Demonstrant F
Der Henker:	Demonstrant G
Der zweite Zeuge (ein Bürger):	Demonstrant H
Weitere Zeugen:	zum Beispiel Sie

Das VOLKSTRIBUNAL wird die Vergehen des unbekannten Polizisten feststellen, ihre Gründe und Hintergründe aufweisen und versuchen, ein gerechtes Urteil zu fällen. Es wird einen Beitrag liefern zur Klärung des Verhältnisses zwischen Polizei und Passant. Es wird zum Beispiel zeigen, dass der Polizist nicht notwendig ein Nazi oder SS ist, dass er aber leicht zu einem solchen werden kann, wie es die Bürger und Berlin und Paris erlebt haben. Warum kann es soweit kommen und wie haben wir uns solchen Entwicklungen gegenüber zu verhalten ? Eine Antwort steht fest: es ist völlig sinnlos, den Polizisten «Nazi» und «SS» nachzurufen, insbesondere dann, wenn sie es (noch) gar nicht sind. Was wir suchen müssen, sind keine Glaubensartikel, sondern Beweise. Was wir erreichen müssen, sind nicht blinde Gewaltakte, sondern bewusste, gezielte Aktionen.

Besammlung zur P-Demonstration,
zum VOLKSTRIBUNAL und zur
anschliessenden Besetzung
des GLOBUS-PROVISORIUMS
Samstag, 15. JUNI 1968 UM 18.00 UHR
AM HIRSCHENPLATZ(NIEDERDORF)

FASS, Fortschrittliche Arbeiter, Schüler und Studenten

▲ Theatrale Protestformen im öffentlichen Raum hatten während des Zürcher Sommers 1968 Konjunktur. Prominentes Beispiel ist der Prozess gegen den unbekannten Polizisten, der am 15. Juni von den Fortschrittlichen Arbeitern, Schülern und Studenten in Szene gesetzt wurde. Strassentheater bestand während der 68er-Bewegung vor allem aus schematischen, beispielhaft zugespitzten Lehrstücken mit typisierten Figuren. Es war von einer Dominanz der Sprache und der statischen Pose geprägt. Theatralisch-dramatische Veranschaulichungen gab es nur selten.

1968 fand die offizielle Feier zum schweizerischen Nationalfeiertag einen Monat nach dem Zürcher Globus-Krawall statt – und wurde deshalb in den Schlagzeilen der NZZ als bürgerliche ‹Gegendemonstration› apostrophiert: In den stadtzürcherischen Stadthausanlagen war der Nationalfeiertag pompös mit den Zünften, der Stadtmusik, verschiedenen Vereinen und Trachtengruppen sowie 70 fahnentragenden Turnern inszeniert worden. Zu Gast war Bundesrat Celio, dessen Rede die Bedeutung der Behörden betonte, welche die «Freiheit des Bürgers» sichern, und der damit indirekt auch die Meinung des Bundesrats zu den Polizeieinsätzen gegen die Demonstranten zum Ausdruck brachte. Weiter bemühte Celio das Sinnbild des Staats als Schiff: «Das Schweizer Schiff» gelte es «mit fester Hand durch den Sturm der internationalen Ereignisse zu führen». Zu einer Diskussion mit den Aktivisten sei der Bundesrat grundsätzlich bereit – allerdings nur unter der Voraussetzung von «Gemeinschaft und Ordnung».

Der Beschwörung nationalstaatlicher Tugenden und öffentlicher Ordnung stellten die protestierenden Jugendlichen ein Nationalfeiertags-Happening gegenüber: Das *antiautoritäre Komitee 1. August* veranstaltete um 19 Uhr in der Bürkliplatzanlage eine Diskussionsveranstaltung, die sich selbst als «eine Trauerfeier» verstand. Um die hundert Personen erschienen und verfolgten mit, wie ein junger Mann in Zylinder und schwarzem Mantel die 1.-August-Rede Bundesrat Celios persiflierte.

Der Unterschied zum Fackelumzug liegt freilich in der komödiantischen Gestaltung der Aufführung einerseits und in deren Abgrenzung vom offiziellen Anlass, der Ziel der Kritik war, andererseits: Während beim Fackelumzug die rituelle Form der Veranstaltung heftig sabotiert wurde, indem die zum Gelingen des Rituals notwendigen Elemente desselben absichtlich gestört wurden, griff das Happening am 1. August nicht in das eigentliche Fest ein, sondern bildete abseits des Geschehens ein Gegenereignis.

Obwohl der Inhalt der Rede, die das eigentliche Zentrum des Happenings darstellte, nicht überliefert ist, zeigt dieses Ereignis dennoch zumindest, wie karnevaleske Formen in den Protest der Zürcher Bewegten Einzug fanden: Ein hoher Repräsentant der staatlichen Autorität wird despektierlich nachgeäfft, was bei Karnevalsumzügen weit verbreitet ist. Karneval bedeutet eine Aufhebung der alltäglichen Regeln und bietet Raum, Tabus zu durchbrechen. Während der Karnevalszeit ist beinahe alles erlaubt und gerade die sonst strengen Grenzen, die das zwischenmenschliche Miteinander regeln, sind ausser Kraft gesetzt. Die 68er verbanden mit ihrem neuen Lebensgefühl eine ähnliche Freiheit von sozialen Normen und koppelten auch ihren politischen Protest mit karnevalesken Formen.

Volkstribunal an der Polizeidemo – die Zuspitzung des Konflikts mit der Polizei

Das Happening am 1. August war nicht das einzige Mal, dass ein Strassentheater im Zusammenhang mit öffentlichen Protesten in Zürich stattfand: Am Tag der ersten Besetzung des Globus-Provisoriums, dem 15. Juni, wurde vor der Hauptwache der Stadtpolizei ein «Volkstribunal» inszeniert, das dem «unbekannten Polizisten den Prozess machen» sollte.

Im Vorfeld der Kundgebung wurden Flugblätter verteilt, die auf Missstände bei der Polizei aufmerksam machten. Sie thematisierten die Affäre um den Detektivwachtmeister «Meier 19», der Praktiken der Stadtpolizei aufgedeckt hatte, bei Delikten von wohlhabenden und einflussreichen Persönlichkeiten mehr als nur ein Auge zuzudrücken, und stellten sie dem harten Polizeieinsatz beim Jimi-Hendrix-Konzert gegenüber. Slogans waren zum Beispiel

«Unsere liebe Polizei legt ab und zu ein Ei» oder «Lasst Meinungen sprechen und nicht Fäuste». Die *Fortschrittlichen Arbeiter, Schüler und Studenten* (FASS) planten, im Rahmen der Kundgebung einen Schauprozess zu veranstalten. Auf einem Flugblatt der FASS hiess es dazu: «Das Volkstribunal wird heute Abend zum ersten Mal zusammentreten und dem unbekannten Polizisten den Prozess machen. [...] Das Volkstribunal wird die Vergehen des unbekannten Polizisten feststellen, ihre Gründe und Hintergründe aufweisen und versuchen, ein gerechtes Urteil zu fällen. Es wird einen Beitrag liefern zur Klärung des Verhältnisses zwischen Polizei und Passant.»

Die Demonstranten zogen vom Hirschenplatz im Zürcher Niederdorf zur Hauptwache der Stadtpolizei, wo der Schauprozess auf einer erhöhten Bühne stattfand. Das Gesicht des gefesselten unbekannten Polizisten, der in einem Käfig ausgestellt war, wurde von einer weissen Kapuze verborgen. Die Vernehmung des Polizisten wurde durch den Einsatz von Mikrofonen verstärkt und von Hans-Ruedi Jaggi, dem Veranstalter der Monsterkonzerte im Hallenstadion, geleitet. Der «Prozess» stellte die Unschuld des unbekannten Polizisten fest – individuelle Erkennungsnummern für alle Polizisten wurden aber dennoch gefordert – und richtete die Klage gegen die höheren Dienstgrade (vor allem gegen den Polizeivorstand Albert Sieber), gegen die autoritäre Erziehung und schliesslich gegen die ganze Gesellschaft, die es daher zu verändern gelte. Ebenso in die Verantwortung genommen wurde die bürgerliche Presse, namentlich die Zeitungen *Die Tat* und die NZZ. Der unbekannte Polizist wurde freigesprochen und die etwa 100 Demonstranten skandierten lauthals den Slogan: «Use mit em Sieber!» («Raus mit dem Sieber!»).

Die Kundgebung verlief ruhig. Es regnete in Strömen – vielleicht waren es auch deshalb weniger Teilnehmer als erwartet. Die Eskalation sollte aber nicht mehr lange auf sich warten lassen; zwei Wochen später gipfelte der Konflikt in der heissen Nacht des Globus-Krawalls.

Auf dem Flugblatt der FASS, das den Schauprozess ankündigte, ist auch ein kurzes Personenverzeichnis der Aufführung abgedruckt, das von dem neuen Selbstverständnis der Protestierenden kündet. Um verschiedene Rollen zu besetzen, werden als Schauspieler Demonstranten aufgeführt: namenlos, allein durch die Buchstaben des Alphabets als Individuen kenntlich gemacht.

Allerdings sind noch einige Rollen unbesetzt: Mit den Worten «Zum Beispiel Sie» werden die Zuschauer zur Teilnahme eingeladen. Jeder, der schlechte Erfahrungen mit der Polizei gemacht hat, kann spontan in den Zeugenstand treten. Alle können mitmachen, jeder kann selbst ein Teil der Aufführung werden. So mobilisierte man anno 1968. Man plante den Protest nicht bis ins Detail, man gestaltete ihn offen für Aussenstehende, die man zum Mitmachen einlud, und durchlässig für Spontanes.

Kunst-Happening und politischer Protest: das Experiment der Entgrenzung

Die Tendenz, politischen Protest mit künstlerischen Darbietungen anzureichern, die selber wiederum die Grenzen der Kunst neu definierten, lässt sich in den 1960er-Jahren international feststellen. Vor allem die Form des *Happenings* gilt es in diesem Kontext zu nennen: Das Happening, als dessen ‹Erfinder› der Performance-Künstler Allan Kaprow gilt, ist ein Ereignis mit ungewissem, unvorhersehbarem Ausgang. Während neue Protestformen wie das *Sit-in* und das *Go-in* dem genuin politischen Kontext der amerikanischen Bürgerrechtsbewegung entstammen, ist das *Happening* von Beginn an mit dem künstlerischen Bereich verbunden: So bedienten sich verschiedene Künstler wie der Musiker John Cage oder auch Joseph Beuys dieser Form und begründeten in deren Weiterentwicklung die Performance-Kunst. In den 1960er-Jahren wurden diese neuen Kunstformen schnell politisiert: Das berühmteste Beispiel hierzu ist die Theatergruppe *The Living Theatre* um Judith Malina und Julian Beck, die mit ihren Aufführungen

OLIZEI ZÜRICH 62

[redacted] Det.Wm. den 21. Oktober 1968

Kriminal - Kommissariat III

Podium-Veranstaltung der Abteilung des Stadtpräsidenten.

Pro Testfall

Junge Autoren erproben progressive Sprache, mit

Baviera, Silvio Riccardo, bekannt,

Gwerder, Urban, bekannt,

Mettler, Klemens, bekannt,

Hilty, Hans Rudolf, bekannt, Einführung .

Samstag, den 19. Oktober 1968, 17.30 Uhr im Musikzimmer des Stadthauses.

Das Sekretariat d-es Stadtpräsidenten befürchtete während der obgenannten Veranstaltung Störungen oder gar Ausschreitungen. Diesbezügliche Meldungen sind beim Sekretariat eingegangen. Das Polizei-Inspektorat wurde deshalb von Herrn [redacted], der diese Veranstaltung zu organisieren hatte, ersucht, drei Detektive ins Musikzimmer des Stadthauses abzukommandieren. In der Folge wurden an diese Veranstaltung beordert: Pol.Assistentin Frl. [redacted], Det. [redacted] und vom KK.III Det. [redacted] sowie der Rapportierende. Nach einer kurzen Aussprache mit dem Stadtpräsidenten und Herrn [redacted] ersuchte ich den Postenchef der Hauptwache, die Stadthauswache um zwei Mann zu verstärken und auf der Hauptwache ein kleineres Pikett bereit zu halten, was damauch erfolgte.

Der Andrang zur Abendkasse war ziemlich gross und es erhielten schlussendlich viele der erschienenen Personen keine Eintrittskarten mehr, sodass sie zurückgewiesen werden mussten.

Verfügung vom: 22.OKT.1968
Geht an das Polizei-Inspektorat zur Kenntnis und zurück ad acta.
Der Kommissär Stellvertreter: [redacted]

10.66 1000000 A4

STADTPOLIZEI ZÜRICH - 2 -

Mit einer kurzen Begrüssungsansprache eröffnete der Stadtpräsident um 17.40 Uhr die Veranstaltung und teilte gleichzeitig mit, dass er leider bald wieder gehen müsse, weil er für diesen Abend vor längerer Zeit eine Abmachung getroffen habe. Hierauf hielt Hans Rudolf Hilty seine Einführungsansprache. Nach einigen Zitaten meinte er, falls man ihn als Vormund der drei jungen Autoren gerufen habe, müsse er eine Berichtigung anbringen, denn er fühle sich nicht als Vormund dieser Leute, er kenne einen Amtsvormund, der dies ausgezeichnet verstehe, er vertrete auch die Kriegsdienstverweigerer vor Gericht. (Dr. [redacted]). In Prag hätten vor einem Jahr die Studenten demonstriert und seien von der Polizei zusammengeprügelt worden. Darauf habe sich der Innenminister bei den Studenten entschuldigt und ihre Forderungen zu erfüllen versprochen. In Zürich hätten auch Demonstrationen stattgefunden, die Polizei habe auch junge Leute zusammengeprügelt, auch einen der neben ihm sitzenden Autoren, aber die Behörden hätten es noch nicht für nötig gefunden sich zu entschuldigen. Dafür habe das Bürgertum nach dem Einmarsch der Warschau-paktstaaten in die CSSR ihre Sympathie für das tschechoslovakische Volk bekundet. Diesen Leuten stehe dies ganz und gar nicht an.

Hierauf lasen Silvio Riccardo Baviera, Urban Gwerder und Klemens Mettler aus ihren Werken. Urban Gwerder rief nach seiner Vorlesung einen jungen Halbstarken zu sich und übergab ihm das Honorar von Fr. 200.- zuhanden seiner Kameraden.

Eine vom Stadtpräsidenten zu Beginn angeregte Diskussion fand nicht statt. Herr [redacted] konnte die Veranstaltung, die in voller Ruhe und Ordnung verlief, um 19.40 Uhr schliessen.

Die Zuhörerschaft , ca. 210 Personen, setzte sich zum weitaus grössten Teil aus jungen Leuten zusammen. Die Typen, teils in Lederjacken und Stiefeln, wie sie an der Riviera anzutreffen sind, waren in ziemlicher Anzahl vertreten. Von der extremen Linken war einzig Dr. [redacted] anwesend. [redacted]

13.08 Nr.283 10.66 1000000 A4

▲ Polizeibericht des Kriminalkommissariats III zur Lesung von Underground-Dichtern im Stadthaus am 19. Oktober 1968.

die Grenzen zwischen Kunst, Politik und Alltag aufhob. Bezeichnend für diese Künstlergruppe war auch, dass die traditionelle Trennung der Zuschauer von der Bühne überwunden und damit auch die fixen Rollen von Akteuren und Publikum dynamisiert wurden. *Audience participation* wurde zum Programm erhoben und das Publikum zur Teilnahme ermuntert, sodass die Aufführungen in eine Art Gemeinschaftsritual transformiert wurden. Das international agierende *Living Theatre* pflegte auch Kontakte nach Zürich: Der Dichter und Herausgeber der Untergrundzeitschrift *Hotcha!*, Urban Gwerder, wurde durch seine subversiven, subkulturellen Aktivitäten bald zu einer lokalen Berühmtheit.

Die künstlerische Art, den Protest zu inszenieren, und die oftmals gleichzeitige Entgrenzung der Künste in der Offenheit des Happenings war für die Künstlerszene um Urban Gwerder typisch. Gwerder – Sohn des Dichters Alexander Xaver Gwerder – begriff sich selber als Poet des Untergrunds und gründete 1965 die gegenkulturelle Künstlervereinigung *The Tellife-No-Mads*. Dieser Vereinigung gehörten Künstler aus den verschiedensten Sparten an: die Beat-Band *The Onion Gook* um den Organisten Jelly Pastorini, der Filmemacher Fredi M. Murer und der bildende Künstler Hans-Ruedi Giger. Wichtigstes Produkt der *The Tellife-No-Mads* war die sogenannte *Poëtenz-Show*, die insgesamt 14-mal in verschiedenen Schweizer und süddeutschen Städten aufgeführt wurde. Die Show bestand aus der Vorführung des Films *Chicorée* mit Urban Gwerder als Protagonist, live vertont durch *The Onion Gook*, der Lesung von Gedichten, Rockmusik, der Ausstellung von Bildern und Fotografien sowie der Diskussion mit dem Publikum. Jede Aufführung war etwas anders und lebte von der Improvisation: Für seine Poesie-Performances schrieb der langhaarige, schnauzbärtige und mit Schlapphut ausstaffierte Gwerder kurzfristig neue Gedichte, deren Lesung von der Band begleitet wurde. Die provokative Stossrichtung dieser Protest-Gedichte («Unsere Heimat ist schachmatt / Lehrer leeren Kinder / wie Abfuhrmänner Kübel kippen») wurde durch Performances verstärkt, so etwa wenn Urban Gwerder mit Hammer und Sichel bewehrt sein Image als kommunistischer Nestbeschmutzer ironisierte.

Gwerder, zweifellos der herausragende Kopf der alternativen Zürcher Kunstszene dieser Zeit, unterhielt zudem ein subkulturelles, internationales Mediennetzwerk, in dem das breite Spektrum und die Heterogenität der Protestierenden deutlich werden: Er stand mit internationalen Künstlern wie den Mitgliedern des *Living Theatre* und (allerdings später) mit dem Rockmusiker Frank Zappa in Verbindung, hatte aber auch Kontakte mit den Rockerbanden Zürichs, so auch mit dem Bandenchef Tino der *Lone Stars*, der auch im Film *Krawall* von Jürg Hassler prominent als Repräsentant der sozial Unterprivilegierten vertreten ist. Eine Zeit lang wohnte Tino in der Altstadtwohnung Gwerders, die sich zur internationalen Drehscheibe der subkulturellen Bewegung entwickelte.

Lyrik, Wein und Prügelfotos: Provokationen im Stadthaus

Gwerders Aktionen beschränkten sich nicht nur auf die Schauplätze der Jugendszene, sondern fanden auch an Orten statt, die eher ein bürgerliches Publikum anzogen. So beteiligte sich Urban Gwerder am 19. Oktober 1968 neben den ebenfalls als Poeten des Untergrunds bekannten Silvio Riccardo Baviera und Clemens Mettler an einer Dichterlesung im Zürcher Stadthaus: An der unter dem Namen «Pro Testfall» stehenden Veranstaltung sassen neben dem Stadtpräsidenten Dr. Sigmund Widmer auch die *Lone Stars* unter Gang-Boss Tino im Publikum. Der Podiumstisch war mit Pflastersteinen, WC-Rollen, Zeitungen und Hämmern dekoriert. Die drei Hauptakteure zeigten eingangs der Veranstaltung Fotos von verprügelten Demonstranten des Globus-Krawalls und spielten Tonbänder vor, die Aussagen von zuvor mit den Fotos konfrontierten Zuhörern enthielten. Nach den Lesungen überraschte der Untergrundpoet mit einer symbolischen Aktion: Er solidarisierte sich mit den Rockern im Saal, indem er sein Honorar für den Abend mit ihnen teilte.

Die regelmässig stattfindende Dichterlesung im Stadthaus war aber auch schon vor der genannten Veranstaltung Ort der Subversion: Eben dort wurde am 28. September 1968 eine in traditionellen Formen stattfindende Dichterlesung mit den Zürcher Schriftstellern Max Gertsch, Walter Vogt und Max Schmid veranstaltet, die durch das jugendliche Publikum immer wieder gestört wurde und bald in einer offenen Diskussion endete. Max Schmid forderte, das Stadthaus solle der Jugend als Diskussionszentrum zur Verfügung gestellt werden. Die älteren Zuschauer enteilten dem Saal, sodass die Jugendlichen bald unter sich waren, den für den Empfang gedachten Wein tranken und diskutierten.

Was sich hier deutlich zeigt, ist ein Charakteristikum der Protestbewegung im ‹heissen Zürcher Sommer 68›: Im Zentrum steht der Kampf um kommunikative Handlungsräume. Die Zürcher Bewegten forderten ihr Recht auf Diskussion ein, indem sie die traditionellen Muster bewusst durchbrachen und damit selbstverständlich die Empörung der konservativen Kreise weckten. Die Aktivisten begnügten sich nicht damit, ihren Lebensstil an der Peripherie der Gesellschaft zu verwirklichen, sondern drängten in die Zentren des sozialen, politischen und kulturellen Lebens: Der Protest gegen die traditionellen Ordnungen wurde öffentlich und im Kontext von Ereignissen und Orten artikuliert, die stadt-, staats- und bildungsbürgerlich besetzt waren. Die Störaktionen am Fackelumzug, das Nationalfeiertags-Happening, die Verurteilung des unbekannten Polizisten im Rahmen der Polizeidemonstration und die Transformierung von Dichterlesungen in politische Diskussionen (im Zürcher Stadthaus!) mussten die bürgerlichen Schichten erreichen und liessen keinen Zweifel an der Absicht der Bewegten, den kulturellen Wandel konsequent voranzutreiben.

Die formale Gestaltung dieser Aktionen, die Kreativität und Unkonventionalität der Proteste waren mehr als Mittel zum Zweck. Entsprechend galt die Empörung der breiten Öffentlichkeit zwar auch den inhaltlichen Forderungen der jugendlichen Bewegten, aber mindestens ebenso sehr der irritierenden Art und Weise, wie diese artikuliert wurden. Der gesellschaftliche Konsens war nicht nur durch divergente Inhalte und Ansichten erschüttert, sondern auch durch bedrohlich wirkende Formsprachen. Die ‹langhaarigen Gammler› verstanden ihr nonkonformistisches Äusseres und Verhalten aber nicht nur als symbolisches Distanzierungsmittel gegenüber dem Establishment, sondern vor allem als Ausdruck individueller Entfaltung. Die rebellischen Outfits eines Jimi Hendrix oder eines Urban Gwerder und der lockere Umgang mit gesellschaftlichen Verhaltensnormen sollten schon bald nicht mehr gesellschaftlich geächtet werden. Sie waren Zeichen und Motor einer tief greifenden Liberalisierung der Gesellschaft, für deren Folgen 1968 heute gerühmt, aber auch verdammt wird.

Nach dem Zürcher Pop-Monsterkonzert

Krawalle

ZÜRICH – Das Zürcher Pop-Monsterkonzert endete mit Krawallen: Rund 200 Uniformierte und einige hundert jugendliche Konzertbesucher lieferten sich in der Nacht auf Pfingstsamstag eine stundenlange Monster-Keilerei.

Gummiknüppel sausten auf langhaarige Köpfe. Die Pop-Fans ihrerseits bombardierten die Polizei mit Holzstücken, Flaschen und kleinen gusseisernen Dolendeckeln. Sie verschanzten sich hinter Barrikaden, entfachten Feuer und machten ihrer Wut in rasendem Randalieren Luft. Fazit: Vier Jugendliche und einige Polizisten wurden verletzt. Sachschaden: 24 000 Franken.

Kommentar von Jimi Hendrix: «Das ist die brutalste Polizei, die ich je erlebt habe!»

Beginn: Stühle

Der Polizei-Einsatz begann, als nach dem Auftritt von Jimi Hendrix im Hallenstadion ein paar Zuschauer Stühle zu Boden schmetterten – wie letztes Jahr nach dem Rolling-Stones-Konzert.

Ein Kordon von Uniformierten drängte die Besucher aus der Halle. Auf der Tribüne gab ein nervöser Einsatzleiter mit gezogenem Knüppel und mit Trillerpfeife Befehle.

Derselbe Kordon, verstärkt durch die restlichen Polizisten, griff ein, als Jugendliche vor dem Hallenstadion ein Feuer aus Zeitungen entfachten. Mit einem Blitz-Vorstoss trieb die Polizei die Fans über die Strasse und verjagte sie mit Gummiknüppeln und einem halben Dutzend Hungwartet, jetzt zeiged mer's öil» gwartet, Jetzt zeiged mer's öil» brüllte ein Hunde-«Führer».

Notfall

Die Zürcher Stadtpolizisten hatten Order, den Knüppel nur auf Befehl des Zugführers oder im äussersten Notfall zu gebrauchen.

BLICK-Reporter sahen mit eigenen Augen

● wie zwei Polizisten einen Burschen festhielten und der dritte dreinschlug,

● wie Polizisten zu dritt auf ein Mädchen losgingen.

Auch ältere, unbeteiligte Passanten wurden nicht verschont, und vor allem die Pressefotografen nicht. Deshalb gibt's auch

BLICK-Eigenbericht

beinahe keine Bilder von prügelnden Polizisten.

Die Freunde und Helfer errangen den Sieg gegen zwei Uhr. Eine Viertelstunde später räumten sie mit Gewalt die Zürcher Diskothek «Crazy Girl», wo sich Pop-Stars wie Eric Burdon, einige Animals, The Koobas und Hardy Hepp aufhielten.

Barrikaden

Und mitten in der Nacht ging's weiter auf dem Bahnhofplatz, wo 200 bis 300 Fans unter den Arkaden schliefen und sich mit Feuerchen wärmten. Die Feuerwehr intervenierte, Jugendliche verbarrikadierten die Feuerwehrautos (die Baustellen auf dem Platz lieferten genug Material), stürzten rot-weisse Abschrankungen und Restaurant-Stühle in die Baugruben, warfen Schaufensterscheiben ein. Und wieder sausten die Gummiknüppel.

Das ist eines der wenigen Fotos von der Polizei in Aktion: noch im Hallenstadion. Obwohl hier angeblich keine Gummiknüppel gezogen wurden.

Wie nach dem Rolling-Stones-Konzert auch dieses Jahr: Ein Jugendlicher zertrümmert Stühle

Kraw

– Das Zürcher
te mit Krawalle
und einige hun
esucher liefert
f Pfingstsamsta
nster-Keilerei.

pel sausten
ge Köpfe. Die
erseits bombar-
olizei mit Holz-
chen und klei-
nen Dolendek-
schanzten sich
aden, entfach-
machten ihrer
dem Randalie-
: Vier Jugend-
nige Polizisten

or Fliegen

Insekten bringt
Insektizid-Ele-
im Zimmer auf-
angen Sie in
und Drogerien
eifach verstärk-
-Elefant + 3 zu
Wirkt während

● wi
Mädc
Au
sante
und
fen

beina
gelnd
Di
range
Eine
ten s
Disk
Pop-S
nige
Hard

Un
weiter auf dem Bahnhofplatz,
wo 200 bis 300 Fans unter den
Arkaden schliefen und sich mit
Feuerchen wärmten. Die Feuer-
wehr intervenierte, Jugendliche
verbarrikadierten die Feuerwehr-

«Rebellion ist berechtigt»

Pop und Politik im Zürcher Sommer 1968

Lorenz Durrer Im Mai 1968 kam es im «Malatesta», einem traditionsreichen Künstlercafé am Hirschenplatz, zu einer unüblichen Begegnung: Roland Gretler von der *Jungen Sektion der Partei der Arbeit* traf sich mit Hansruedi Jaggi, dem Metzgersohn aus Oberengstringen, der als Organisator des berüchtigten Zürcher Konzerts der *Rolling Stones* zum ‹Beat-Papst› der Stadt aufgestiegen war. Als Dritter mit von der Partie war der Journalist Walter Bretscher, der das Zusammenkommen ermöglicht hatte.

Anlass des Treffens war Jaggis nächster grosser Streich: Am Ende des Monats sollte an zwei aufeinander folgenden Abenden im Hallenstadion ein als Monsterkonzert angekündigtes Rockspektakel stattfinden. Jaggi war es mit der Verpflichtung der *Jimi Hendrix Experience* erneut gelungen, eine der gefragtesten Bands nach Zürich zu holen. Aber diesmal wollte er noch höher hinaus: Mit Eric Burdon und seinen *Animals*, John Mayall, Steve Winwood, *The Move*, *The Koobas* und Walty Anselmo, dem ‹Schweizer Jimi Hendrix›, engagierte er zusätzlich ein illustres Ensemble, das dem Hauptstar sekundieren sollte. Weshalb aber interessierte sich Gretler als Vertreter einer antiautoritären Linken für das Monsterkonzert? Warum wollte er sich ausgerechnet mit Jaggi treffen, dem notorischen Bentley-Besitzer, der gern und demonstrativ im puritanischen Zürich den Glamour der Popwelt zelebrierte? Und was wollte umgekehrt Jaggi von einem radikalen Jungkommunisten?

Gretler und die Zürcher Antiautoritären interessierten sich für das Monsterkonzert, weil sie darin die einmalige Chance sahen, unzählige Popfans durch eine gezielte Flugblattaktion für die revolutionäre Sache zu gewinnen. In der Popjugend wähnten sie potenzielle Verbündete im Kampf gegen die verkrusteten Gesellschaftsstrukturen. Die eigene intellektuell-politische Rebellion sollte ergänzt und bereichert werden durch die affektive Revolte der Popfans. Und jetzt galt es, vom Chef der Veranstaltung die Erlaubnis zu erhalten, im grossen Stil die gewünschte Aktion durchführen zu können.

Jaggi wiederum war an den Linken interessiert, weil er für das Monsterkonzert noch einen Sprecher brauchte. Und die Linken hatten mit dem Italo-Zürcher Giorgio Frapolli einen Kandidaten, der nicht nur wortgewandt und – als erfahrener Demonstrant – massenerprobt war, sondern mit seinem attraktiven Aussehen auch die Eitelkeit der Popwelt ideal bediente. Kurz: Angebot und Nachfrage stimmten zwischen den beiden ungleichen Verhandlungspartnern überein, sodass Gretler grünes Licht für sein Flugblatt bekam und Jaggi den gewünschten Konzertansager.

Jimi Hendrix als Ikone des rebellischen Ensembles

Das Flugblatt, das Roland Gretler nach dem Treffen mit Jaggi konzipierte und vom ungarischen Grafiker Peter König gestalten liess, ist in mehrerer Hinsicht aussergewöhnlich. Während in den 1960er-Jahren für die Herstellung von Flugblättern üblicherweise maschinengetippte Matrizen im A4-Format verwendet wurden, auf denen äusserst spärlich gestalterische Mittel zur Anwendung kamen, liegt hier eine aufwendige doppelseitige Bild- und Textcollage als Offsetdruck in einem Format vor, das etwas grösser als A3 ist. Vor allem die Frontseite des Flugblattes sprengte den gängigen Rahmen und orientierte sich selbstbewusst an visuellen Formen, wie sie in der psychedelischen Plakatkunst San Franciscos oder in der Pop Art zeitgleich eine Blütezeit erlebten. In einem internen Brief der *Jungen Sektion der Partei der Arbeit* vom 30. Mai 1968 heisst es denn auch über das Flugblatt: «Bei vielen wird es schon im Schlafzimmer über dem Bett hängen, so dass sie den Text darauf täglich lesen können. Die Vorderseite des Flugblattes haben wir so gestellt, dass sie sich als Poster zum Aufhängen eignet.»

Aber nicht nur auf formaler Ebene fiel das Flugblatt von Gretler und König auf, auch das Bild- und Textprogramm war vielschichtig und originell. Als zentraler Blickfang dient auf der Vorderseite unter dem geschwungenen Titel «1. Flugblatt der antiautoritären Menschen» eine Aufnahme von Jimi Hendrix, die diesen als Büste in Frontalansicht zeigt. Der Rockstar schaut dem Betrachter mit lasziver Lässigkeit direkt in die Augen, während seine schlanke rechte Hand, deren Feminität durch das Tragen mehrere Ringe noch unterstrichen wird, mit der Kette eines Amuletts spielt. Heutige Betrachter sollten versuchen, nicht zu schnell über scheinbare Details hinwegzusehen, denn im Kontext der 1960er-Jahre konnten gerade Einzelheiten im Habitus und in der äusserlichen Erscheinung eminente Bedeutung zukommen. So war die gelangweilte Nonchalance in Hendrix' Blick ein Affront gegen das wackere Arbeitsethos des Bürgertums in Zeiten des Wirtschaftswunders. Und die androgyne Hand spielte nicht nur mit dem üppigen Schmuck, sondern zugleich mit den bürgerlichen Geschlechterrollen, die nicht vorsahen, dass eine Männerhand derart beringt sich zeigte.

Ein ähnlicher Verstoss gegen klar gezogene Grenzen stellte Hendrix' Haarschnitt dar. Der sogenannte Afrolook war nicht bloss ein Bekenntnis zu einem bestimmten modischen Stil, sondern darüber hinaus ein vehementes Statement gegen die herrschende Konvention, dass die Haare der Männer kurz zu sein hatten. Zwar wurde gegen Ende der Dekade die Haarlänge längst nicht mehr mit derselben Penetranz registriert wie zu Beginn, aber verschiedene Presseberichte über das Hendrix-Konzert und die Flugblattaktion zeigen, dass man es dennoch für nötig befand, darauf hinzuweisen, wie besonders ‹wildhaarig› dieser ‹Rebell› doch sei. Es ist nicht auszuschliessen, dass dabei auch rassistische Motive eine Rolle spielten. Immerhin recherchierte Eugen Sorg in seiner Reportage zum Monsterkonzert, dass Hendrix der Zutritt zu einer Diskothek, in der sich die Musiker nach dem Auftritt trafen, verweigert wurde mit der Begründung, dass seine Haut zu dunkel sei. Vor diesem Hintergrund bekam Hendrix' Haarschnitt noch eine zusätzliche, politische Dimension, war doch der Afrolook Ausdruck eines neuen schwarzen Selbstbewusstseins, das sich nicht mehr den alten kolonialen Schönheitsidealen unterwarf.

Auch Hendrix' Kleidung war in vergleichbarer Weise symbolisch aufgeladen. Sein Blumenhemd wies ihn aus als Teil der Hippiekultur, die sich 1967 von San Francisco aus immer mehr globalisierte. Wer Hendrix' Musik kannte, wusste ohnehin von den Korrespondenzen zwischen der bunten Extravaganz seines Auftretens, den psychedelischen Klangkaskaden seiner stupenden Gitarrensoli und den halluzinogenen Wirkungen der Drogen, die er konsumierte. Interessant ist, wie Peter König diesen Assoziationsraum noch betonte durch den Hintergrund, vor den er das Porträt rückte. Die Wolken aus blubberndem Dunst, die sich hinter Hendrix in den Himmel türmen, erinnern an den ‹Purple Haze›, den violetten Nebel, den der Sänger in einem seiner berühmtesten Songs besang:

«Purple haze all in my brain
Lately things just don't seem the same
Actin' funny, but I don't know why
'Scuse me while I kiss the sky ...»

▲▶ «1. Flugblatt der antiautoritären Menschen» (Vorder- und Rückseite), gestaltet von der Antiautoritären Jungen Sektion der Partei der Arbeit (PdA).

So ein Tag war der vom ROLLING-STONES Konzert

Um grad klar zu sein: Den Stühlen trauern wir nicht nach.
Und um auch das klarzumachen: Die Schuld an dieser Entladung aufgestauter Aggression haben weder der Mike Jagger noch die andern Stones.

Sie haben für uns alle gesprochen, mit:
I can't get no SATISFACTION !!
DASS wir keine Befriedigung finden, geht voll aufs Konto derer, die uns angeben wollen, das Leben bestehe aus nichts anderem als Unterordnung und Vorwärtskommen, Respekt und Karriere, Lernen und Zeugnissen, Arbeit und Zahltag, Fleiss und Erspartem, Ruhe und Ordnung, Anstand und Gesetz, VW und Opel, Bratwurst und Röstl.

Sexualscheu und Sexualheuchelei bilden den Kern dessen was man Spiessertum nennt
Wilhelm Reich Sexpolitiker

Das ist so ungefähr, was die Bürger vom Leben erwarten. Dabei merken viele nicht, dass es bei ihnen immer beim "Unterordnen" blieb, weil man ihnen das "Vorwärtskommen" gar nicht erlaubte. Mit ihrem ganzen GEFASEL meinen sie immer das GELD das sie in ihrer HEUCHELEI aber nie beim Namen nennen. Es ist die einzige "echte Liebe", zu der sie fähig sind.

Eingetrocknet und verschraubt wie sie sind, können sie deshalb nicht dulden, dass wir Freude und Begeisterung zeigen, für Sachen, die "nichts" einbringen, weil ihnen dadurch ihre eigene trostlose Lage bewusst wird.

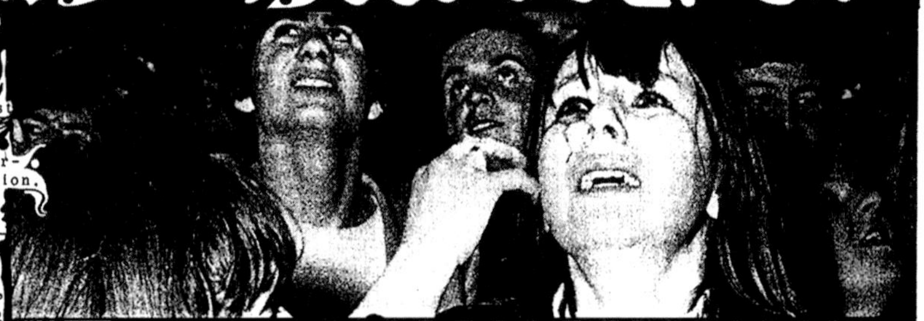

Aber BEAT gibt uns nicht Nichts. Er gibt uns das, was auch den Bürgern gut tun würde:
Satisfaction = BEFRIEDIGUNG, Befriedigung heisst hier Befreiung aus dem täglichen Krampf, heisst: Freude, BEGEISTERUNG, LUST, LIEBE, Beat ist eben viel mehr, als die Spiesser wahrhaben wollen. Beat ist eine kulturelle Rebellion. Mit der verlogenen und seichten Romantik unserer Ahnen haben wir Schluss gemacht. Wir machen uns nichts vor und zeigen, was wir fühlen. Wir haben gemerkt, was uns fehlt

SATISFACTION

Und weil die Bürger an so etwas Unnützem wie Beat keine Freude haben können, ist unsere Begeisterung ein Schlag in ihr Gesicht.
Und darum schicken sie ihre Polizei, um zurückzuschlagen. Sie behaupten, es sei der Lärm des Beat, der ihre Ruhe und Ordnung störe. Aber auch das ist Heuchelei. Denn der Lärm ihrer Schützenfeste, Superdüsenjäger, Marschmusiken und 1.-August-Feuerwerke stört sie nicht - in ihren Ohren ist das Musik.

Zum Ruhe- und Ordnungs-Kult, zu dem uns die Bürger abrichten wollen, gehört auch der Napalmkrieg gegen Vietnam, die Unterdrückung der Farbigen in den USA und Südafrika und die Diskriminierung der Fremdarbeiter in der Schweiz.
Sie verlangen von uns nicht nur, dass wir auf die Befriedigung der natürlichsten Bedürfnisse verzichten, sondern sie wollen uns auch noch zu Teilhabern an ihren Aggressionen machen.
Deshalb rebellieren wir Jungen auf der ganzen Welt gegen Systeme, die Ruhe und Ordnung durchsetzen, ohne dabei zwischen Recht und Unrecht zu unterscheiden. Wenn wir rebellieren, kämpfen wir dabei nicht nur für unsere eigenen Rechte, sondern auch gegen das Unrecht, das diese "Ordnung" in der ganzen Welt verübt.
Machen wir es wie die Progressiven

Mittelschüler der Schweiz (PMCH), die fortschrittlichen Studenten, die Junge Sektion der PdA, formieren wir uns.
Wir müssen überall zusammenfinden und darüber diskutieren was unsere wirklichen Interessen sind. In den Schulen, an den Arbeitsplätzen, in Dörfern und Städten.
Fordern wir von unseren Autoritäten, dass sie dieses Flugblatt mit uns diskutieren. Erweitern wir die Rebellion in der Musik in eine Rebellion in unserem Alltag. Fordern wir Full-Time-Satisfaction!'. Verlangen wir die Demokratisierung der Schulen, das Mitbestimmungsrecht für Schüler und Lehrlinge. Ignorieren wir ihre verklemmte Sexualmoral. Das sind unsere Interessen, die wir durchsetzen müssen, auch wenn sie uns zuerst im alten Stil massregeln, beschimpfen und nach Ruhe und Ordnung rufen.

SATISFACTION ist möglich ★ Rebellion ist berechtigt!

Dieses Flugblatt kann je 10 Stück für Fr. 5.- bei der Antiautoritären Jungen Sektion der PdA Postfach 272 8025 Zürich 25 Postscheck: 80 - 555 60 nachbezogen werden.

Wer ein antiautoritärer Mensch ist und über weitere Flugblätter und Aktionen informiert werden will, schickt seine Adresse auf einer Postkarte an das nebenstehende Postfach.

Einige Bürger werden bestimmt behaupten, dies Flugblatt sei von Peking bezahlt worden. Aber das stimmt nicht. Wer den antiautoritären Menschen helfen will, schickt, mit dem Vermerk REBELLION IST BERECHTIGT, Geld an nebenstehende Adresse.

Und wie der ‹Purple Haze› im Lied den Dingen ihre Alltäglichkeit nimmt und dem lyrischen Ich die ekstatische Geste – den Himmelskuss – ermöglicht, so scheinen auch die Wolken auf dem Flugblatt einzuladen zur fröhlichen Benebelung der Alltagssinne, auf dass andere und neue Erfahrungen möglich werden. Im Song gehen diese Erfahrungen stets einher mit dem Verlust von klaren Unterscheidungen. Die Grenzen zwischen oben und unten («Don't know if I'm climbing up or down»), Tag und Nacht («Don't know if it's day or night»), Glück und Leid («Am I happy or in misery?») verwischen und verschwimmen. Ein ähnliches Durchlässigwerden von üblicherweise Getrenntem ereignet sich auf dem Flugblatt dort, wo Hendrix' Mähne nicht in den Bahnen des gewachsenen Haars verbleibt, sondern ausfranst in die Wolkenformen des Hintergrunds. Verschiedene Strähnen nehmen, zeichnerisch verlängert, die konvexen Bewegungen auf, führen sie fort und variieren sie, sodass sich die Grenzen zwischen dem Porträtierten und seinem Umfeld aufzulösen beginnen. Wenn Ich-Entgrenzung – ja, die Infragestellung rigider Grenzziehungen überhaupt – eine Erfahrung ist, von der das Flugblatt erzählen wollte, so hat Peter König dafür bis in Hendrix' Haarspitzen hinein einen treffenden Ausdruck gefunden.

Die eigentliche Pointe aber war das mittels Montage in Hendrix' Amulett gesetzte Mao-Zitat «Rebellion ist berechtigt». Damit stand der Popstar plötzlich nicht mehr nur für rebellischen Auftritt, wilde Musik und freizügigen Drogenkonsum, sondern erweiterte seine Revolte ins Politische. Der Mao-Slogan war in den späten 1960er-Jahren bekannt geworden als Wahlspruch der chinesischen Kulturrevolution, der die jungen, idealistischen Genossen zur Abrechnung mit den etablierten Parteikadern und Staatsbürokraten aufrief. Die westliche Neue Linke glaubte in China das Ideal einer Revolution verwirklicht, die anders als der Sowjetkommunismus nicht in neuen Machtstrukturen erstarrte, sondern permanent sich selber revolutionierte. Sie identifizierte sich mit Maos Roten Garden in ihrem eigenen Absetzungskampf gegen die stalinistische Sklerose der alten Linken. Auch in der Schweiz schwelte dieser Konflikt schon einige Jahre, und gerade dieses Flugblatt zeigte, wie sehr sich die Jungkommunisten von der Mutterpartei entfernt hatten. Kaum anderthalb Jahre später kam es denn auch zum definitiven Bruch; im Oktober 1969 gab die *Junge Sektion der Partei der Arbeit*, zusammen mit andern Gruppierungen der Neuen Linken, ihren Parteiaustritt bekannt.

Mit der Allianz von Pop und Politik zielte das Flugblatt auf ein Zusammenführen der verschiedenen Formen der Rebellion: Die affektive Revolte der Popfans, der Gesellschaftsausstieg der Hippies, die psychedelische Suche nach Bewusstseinserweiterung und die linksradikale Aufforderung zum Sturz der Autoritäten sollten sich zu einem Ensemble potenzierter Rebellion zusammenschliessen.

«Ruhe und Ordnung» vs. «Satisfaction»

Wogegen sich die potenzierte Rebellion richtete, macht der Textteil unmissverständlich klar, indem er Positionen von Marcuse und der Frankfurter Schule agitationsgerecht popularisiert. Die «herrschende Spiesserklasse» vertrat demnach ein System, in dem die Menschen «in privaten und staatlichen Institutionen, von Fabrik bis Universität, von Schule bis Kirche, von Kindergarten bis Militär, autoritär abgerichtet» wurden. Das Resultat dieser permanenten «Triebverdrängung» waren «willige Arbeitsuntertanen» und «autoritär-neurotische Persönlichkeiten», die unfähig waren zu «Freude, Begeisterung, Lust, Liebe» und einzig der Aufrechterhaltung von «Ruhe und Ordnung» zudienen konnten.

Was das Flugblatt diesen dürftigen Verhältnissen entgegenhielt, war der demonstrative Ruf nach ‹Satisfaction›. Die ganzen brachliegenden Bedürfnisse sollten endlich dauerhaft jene Befriedigung erfahren, die in den verschiedenen rebellischen Praktiken der Rocker, Hippies und linken Aktivisten jeweils kurz aufblitzte. Die ‹Full-Time Satisfaction› würde

▲ **Jubelnde Fans beim Konzert von Jimi Hendrix im Hallenstadion Zürich am 31. Mai 1968.**

aber erst dann möglich, wenn die einzelnen Rebellionen sich assoziierten und – wie Hendrix, behängt mit den verschiedenen Insignien der Revolte, als Schamane der Gegenkultur – dem Establishment ihr geballtes Anderssein entgegensetzten. Die Opposition von Establishment und Gegenkultur wird grafisch noch dadurch unterstrichen, dass ‹Ruhe und Ordnung› in Fraktur geschrieben sind und damit auch visuell einen konservativen Anstrich bekommen, während ‹Satisfaction›, das Zauberwort, das aufs rebellische Ensemble verweist, in den poppigen Lettern der Titelschrift und des Mao-Amuletts erscheint.

Die Rückseite des Flugblatts, die gestalterisch längst nicht die ambitionierte Ästhetik der Vorderseite aufweist, ändert nichts an der grundsätzlichen Aussage, vertieft aber die Argumentation durch zusätzliche Beispiele. So machen knüppelnde Polizisten vor, wie mit Leuten umgesprungen wurde, die sich nicht zufrieden gaben mit «Unterordnung und

Vorwärtskommen, Respekt und Karriere, Lernen und Zeugnissen, Arbeit und Zahltag, Fleiss und Ersparten, Ruhe und Ordnung, Anstand und Gesetz, VW und Opel, Bratwurst und Rösti». Und ein Comic zeigt den Zürcher Polizeikommandanten Rolf Bertschi neben aufgebrachten Bürgern, die «für die 4 F: Feierabend, Fernseher, Filzpantoffel, Flaschenbier» votieren und gegen Popmusik wettern. Auch das rebellische Ensemble bekommt noch weitere Gesichter: Wilhelm Reich – als Theoretiker der sexuellen Revolution einer der intellektuellen Väter der Neuen Linken – wird mit einem Zitat zur bürgerlichen Triebverdrängung präsent: «Sexualscheu und Sexualheuchelei bilden den Kern dessen, was man Spiessertum nennt.» Und Günter Amendt von der Frankfurter Sektion des *Sozialistischen deutschen Studentenbundes* sowie Fritz Teufel, der Politclown der Berliner *Kommune I*, reden der Revolte das Wort. Amendt war der Zürcher Linken noch in frischer Erinnerung, denn er hatte erst wenige Wochen zuvor an einer Veranstaltung der *Fortschrittlichen Studentenschaft Zürich* gesprochen und dort Rudi Dutschke vertreten, auf den Anfang April ein Attentat verübt worden war. Und Teufel passte ohnehin bestens ins Konzept des Flugblatts, stand er doch mit seiner Spassguerilla für ein ähnlich lustvolles Durchmischen verschiedener Protestformen. Überhaupt glichen die Aktionen der Zürcher Linken in ihrem undogmatischen Eklektizismus den Happenings der Berliner Kommunarden. Was Ulrich Enzensberger, Mitbegründer der ersten deutschsprachigen Kommune, über den Zusammengang von Pop und Politik in der Berliner *Kommune I* schrieb, liest sich wie eine Beschreibung des «1. Flugblatts der antiautoritären Menschen»: «Mao wurde für uns ein Popstar, und die Chöre der Kulturrevolution verschmolzen in unseren Ohren mit den *Beatles*-Liedern der *Magical Mystery Tour*».

Eine weitere Gemeinsamkeit mit der Neuen Linken anderer Länder war die Tendenz, das eigene lokale Geschehen in Korrespondenz mit globalen Entwicklungen zu sehen. Gerade das Frühjahr 1968 hatte zu einer unglaublichen Verdichtung in der internationalen Protestagenda geführt: Die Gleichzeitigkeit der Ereignisse – die Aufstände in amerikanischen Grossstädten infolge des Attentats auf Martin Luther King, die Osterunruhen in Deutschland nach den Schüssen auf Dutschke und die Maidemonstrationen in Paris – vertiefte die Wahrnehmung, dass überall derselbe Prozess am Werk sei. Auch die Zürcher Verhältnisse wurden so kurzgeschlossen mit den globalen Unruhen: «Zum Ruhe- und Ordnungskult, zu dem uns die Bürger abrichten wollen, gehört auch der Napalmkrieg gegen Vietnam, die Unterdrückung der Farbigen in den USA und Südafrika und die Diskriminierung der Fremdarbeiter in der Schweiz. [...] Deshalb rebellieren wir Jungen auf der ganzen Welt gegen Systeme, die Ruhe und Ordnung durchsetzen, ohne dabei zwischen Recht und Unrecht zu unterscheiden.»

«Beat, Pop, Protest» – vom Monsterkonzert zu den Globus-Krawallen

Das *1. Flugblatt der antiautoritären Menschen* nahm Ende Mai mit seinem Plädoyer für den Verbund aller, die ‹Ruhe und Ordnung› ablehnten und ‹Satisfaction› forderten, vorweg, was sich im darauf folgenden Monat in Zürich bis hin zu den Globus-Krawallen ereignen sollte: das Zusammenrücken der verschiedenen Protestszenen zum Kunterbunt dessen, was im Nachhinein als 68-Bewegung bezeichnet wurde. Wohl waren bereits vor dem Monsterkonzert einzelne Gruppen gemeinsam aufgetreten – die *Fortschrittliche Studentenschaft Zürich* etwa hatte schon 1967 mit der *Jungen Sektion der Partei der Arbeit* Demonstrationen gegen die Polizei und den Vietnamkrieg veranstaltet. Aber die beiden vertraten ohnehin ähnliche Positionen und repräsentierten noch lange nicht die Vielfalt politisch-künstlerischer Praktiken, welche die Bewegung auf ihrem Höhepunkt auszeichnete. Signifikanter war da schon die Zusammenarbeit der nonkonformistischen Kunstszene mit dem Halbstarkenmilieu, wie sie am prägnantesten in der Freund-

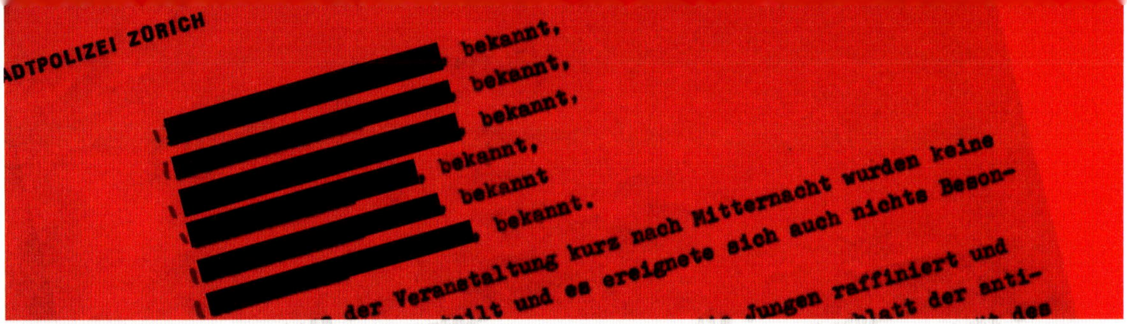
ADTPOLIZEI ZÜRICH
[redacted] bekannt,
[redacted] bekannt,
[redacted] bekannt,
[redacted] bekannt,
[redacted] bekannt
[redacted] bekannt.
der Veranstaltung kurz nach Mitternacht wurden keine
verteilt und es ereignete sich auch nichts Beson-
Jungen raffiniert und
der anti-

An die Schweiz. Bundesanwaltschaft Bern

[redacted] Det.Wm. den 4. Juni 1968
Kriminal – Kommisssariat III

Verteilen von Flugblättern durch die «Junge Sektion» der PdAZ anlässlich der beiden Pop-Konzerte vom Donnerstag, den 30. und Freitag, den 31. Mai 1968 im Hallenstadion Zürich

Am Donnerstag- und Freitagabend, den 30. bezw. 31. Mai 1968 fanden im Zürcher Hallenstadion die beiden in der Presse angekündigten Monsterkonzerte der englischen Pop-Beat-Musiker statt. Während am ersten Abend ca. 3500 junge Konzertbesucher erschienen, waren es am zweiten Abend deren ca. 8000.

Der ND des Pol.Kdo. Zürich teilte uns rechtzeitig mit, die «Junge Sektion» der PdAZ beabsichtige anlässlich der beiden Monsterkonzerte vor dem Hallenstadion an die jungen Teilnehmer ein Flugblatt zu verteilen.

DONNERSTAG, DEN 30. MAI 1968 postierten sich ca. 25 Flugblattverteiler von 18.30 bis 20.30 Uhr vor dem Hallenstadion und dessen Anmarschwegen. Es befanden sich darunter Verteiler und Verteilerinnen die bestimmt nicht der «Jungen Sektion» angehören und eher zu den «Progressiven Mittelschülern» gerechnet werden müssen. Als Flugblattverteiler haben wir erkannt:

[redacted], [redacted]
[redacted], [redacted]
[redacted], [redacted]
[redacted], bekannt,
[redacted], bekannt,
[redacted], bekannt,
[redacted], bekannt,
[redacted], bekannt,
[redacted], bekannt,

Nach Schluss der Veranstaltung kurz nach Mitternacht wurden keine Flugblätter mehr verteilt und es ereignete sich auch nichts Besonderes.

Das Flugblatt (Vide Beilage 1) ist für die Jungen raffiniert und ansprechend gestaltet. Es trägt den Titel: «1. Flugblatt der antiautoritären Menschen». Auf der Frontseite zeigt es das Porträt des Beat-Helden des Abends, Jimi Hendrix, der an einer Halskette den Protestknopf mit Aufschrift «Rebellion ist berechtigt» trägt. Die Flugblätter fanden reissenden Absatz, es dürften davon einige Tausend abgesetzt worden sein.

FREITAG, DEN 31. MAI 1968 beteiligten sich etwa 15 Flugblattverteiler und Verteilerinnen an der Aktion, wobei die gleichen Flugblätter zur Verteilung gelangten. Wie Tags zuvor waren es wieder grösstenteils unbekannte Jugendliche, von den Uebrigen haben wir erkannt:

[redacted], bekannt,
[redacted], bekannt,
[redacted], bekannt,
[redacted], bekannt

[redacted], der die Flugblätter mit seinem Auto gebracht hatte, verteilte den Rest davon noch nach Schluss des Konzertes.

Von unbekannten, vermutlich deutschen Konzertteilnehmern, waren vor Beginn der Veranstaltung an einige Kandelaber und dergl. kleine Klebezettel befestig worden, die die Aufschrift trugen:

STREIK !
Keinen Notstandsstaat
Weg mit den Notstandsgesetzen
Treibt BONN den Notstand aus!

[…]

▲ Bericht des Kriminalkommissariats III der Stadtpolizei Zürich zur Flugblattaktion der Jungen Sektion der Partei der Arbeit (PdA), der die Namen der polizeibekannten Flugblattverteiler auflistet. Diese mussten aus datenschutzrechtlichen Gründen für den Abdruck geschwärzt werden.

▲ **Schon am 14. April 1967 war es im Hallenstadion Zürich nach dem Konzert der Rolling Stones zu Ausschreitungen gekommen. Im Foto nehmen Polizei und Presse ratlos die Trümmer der zerschlagenen Bestuhlung in Augenschein.**

schaft zwischen dem Underground-Poeten Urban Gwerder und Tino, dem Boss der *Lone-Star*-Gang, zum Ausdruck kam. Gwerders Schilderung der ersten Begegnung, die Willi Wottreng in seiner Biografie über Tino festgehalten hat, zeigt fast modellhaft, wie zwei Ungleiche sich durch ein gemeinsames gegenkulturelles Selbstbewusstsein plötzlich als zusammengehörig empfinden konnten: «Ich trug schulterlange Haare, was damals nicht üblich war; die *Beatles* hatten noch Pilzköpfchen. So kam ich zum ‹Krug› heraus, der an der Kruggasse im Niederdorf lag. Gerade gegenüber befand sich ja der ‹Schwarze Ring›, in dem die Rocker gern verkehrten. Da greift mich eine Horde von Couleurstudenten an, sie drücken mich an den Boden, um mir die Haare abzuhauen. Tino sieht das offenbar durch das Fenster des ‹Schwarzen Rings›, kommt hinaus und prügelt grad los. Er haut mich einfach heraus, aus lauter Freiheitssinn. Offenbar hat er sich gesagt: Der andere ist zwar kein Rocker, aber sicher auch einer, der anders denkt. – So haben wir uns kennen gelernt.»

Die spezielle Leistung des Flugblatts von Gretler und König war nun, erkannt zu haben, dass nicht nur linke Politgruppen, Rocker und nonkonformistische Künstler sich in der Konfrontationsstellung zur bürgerlichen Gesellschaft wiederfanden, sondern auch die Beat-, Pop- und Rockfans. Auch diese kollidierten immer wieder mit den Autoritäten in Familie, Schule und Staat und verfügten durch wiederholte Auseinandersetzungen mit der Polizei über Erfahrungen, die sie zu einer Gemeinschaft werden liessen. Es galt also, die Popjugend fürs rebellische Ensemble zu gewinnen und so den nötigen Zulauf zu bekommen, um den Schritt aus der subkulturellen Marginalität hinaus machen zu können.

Dass aber die Rechnung schliesslich besser als erträumt aufging, war nicht allein das Verdienst der Flugblattmacher, sondern ging ironischerweise vor allem aufs Konto der Polizei. Denn deren überharter Einsatz gegen die Besucher des zweiten Monsterkonzerts, der sogar von der bürgerlichen Presse kritisiert wurde, machte noch den apolitischsten

Popfan hellhörig für gegenkulturelle Parolen. Tatsächlich kam es schon in den ersten Tagen nach Hendrix' Gastspiel zu einer neuartigen szenenübergreifenden Zusammenarbeit, die sich in zahlreichen Flugblättern manifestierte. In gemeinsamen Foren wie dem *Aktionskomitee autonomes Jugendzentrum* oder den *Fortschrittlichen Arbeitern, Schülern und Stundenten* (*FASS*) wurden kollektiv Aktionen geplant. Und Zeitschriften wie Urban Gwerders Undergroundmagazin *Hotcha!* versammelten Beiträge, die vom kreativen Durcheinander der sich formierenden Bewegung zeugen. Den vielleicht besten Eindruck vom heiteren Rausch des Aufbruchs vermittelt noch heute Jürg Hasslers Dokumentarfilm *Krawall*, der von 1970 aus auf die noch jungen Ereignisse zurückblickt und eine Fülle von Bildmaterial versammelt.

Interessant ist, dass das Flugblatt des *Aktionskomitees autonomes Jugendzentrum*, das am 29. Juni zur entscheidenden Versammlung vor dem Globus aufrief – und damit als eigentlicher Auftakt zu den Globus-Krawallen betrachtet werden kann –, eine Folge desselben Treffens von Gretler und Jaggi war, das schon das Zustandekommen des *1. Flugblatts der antiautoritären Menschen* ermöglicht hatte. Der *Blick*, einer der Hauptsponsoren des Monsterkonzerts, hatte nämlich im Vorfeld des Hendrix-Auftritts einen Wettbewerb veranstaltet, in dem Gratisbillette verlost wurden. Jaggi hatte Zugang zu den Tausenden von Adressen der Wettbewerbsteilnehmer und liess diese an Gretler weiterreichen, der sie für den Versand des Demonstrationsaufrufs benützte. Das Flugblatt, das so in hoher Auflage verteilt werden konnte, richtete sich explizit an die Popfans und zeigte, mit welcher Selbstverständlichkeit diese nur einen knappen Monat nach dem Monsterkonzert als Teil der Bewegung empfunden wurden:

«Beat-Banausen verbitten,
verbittern,
verbieten Beat
Knüppelschläge nach Jimi Hendrix
Beat-Fans lassen sich das nicht bieten
und verlegen sich nicht aufs Bitten
Bitterkeit und Verlegenheit, nein!
Das zeigte sich an der
Polizei-Pop-Theater-Globus-Demonstration,
Beat war dabei
Beat wird immer dabei sein!
Die Vollversammlung der Jugend im Globus
hat beschlossen sich einzusetzen
für ein autonomes, selbständiges Jugendzentrum.
Das ist ein Ort, wo Beat endlich seinen Platz hat,
wo mehrere Bands spielen,
viele Fans zuhören und tanzen können –
und diskutieren.
Diskutieren über unser Leben, ohne Laufgitter
und ohne Gängelband,
über Beruf, Politik, Sex –
was wir wollen, unter uns, wo jeder mitmachen
und alles offen sagen kann.
In Zürich hat es angefangen und wird nicht
aufhören bis wir soweit sind,
Action ist notwendig
Action ist satisfaction
Auch diesmal kommen alle, noch mehr,
die Stadt soll sehen, dass wir wollen.
Wir treffen uns am Samstag, den 29. Juni, 19.00 h
vor dem Globus-Provisorium
an der Bahnhofbrücke!
Beat, Pop, Protest
Papi Stadt wird staunen!»

Die Popfans kamen – und mit ihnen die ganze Bewegung. Und «Papi Stadt» staunte nicht bloss, sondern griff, ähnlich wie zuvor beim Hendrix-Konzert, hart durch und provozierte so die Ausschreitungen, die als Globus-Krawalle in die Annalen der Stadt eingingen. Was das *1. Flugblatt der antiautoritären Menschen* Ende Mai gefordert hatte, war also kaum einen Monat später sichtbar und lautstark Wirklichkeit geworden. Diese sensible Vorwegnahme späterer Entwicklungen und die unbestrittene ästhetische Originalität machen es zu einem der interessantesten Zürcher Dokumente aus dem Jahr 1968.

«Erwacht, Verdammte dieser Schule!»

Pädagogik und Schule im Zeichen des Antiautoritären

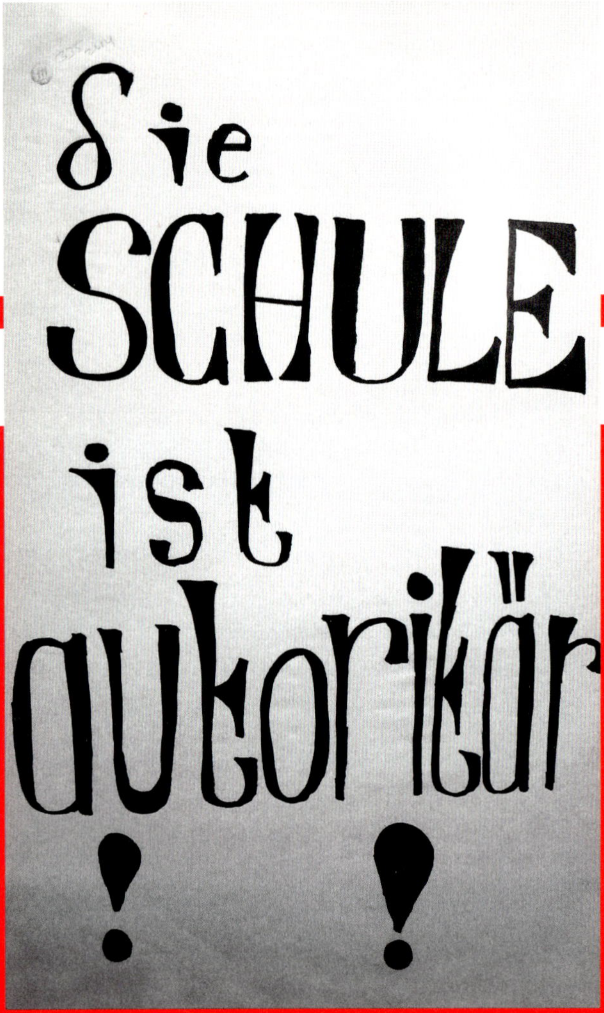

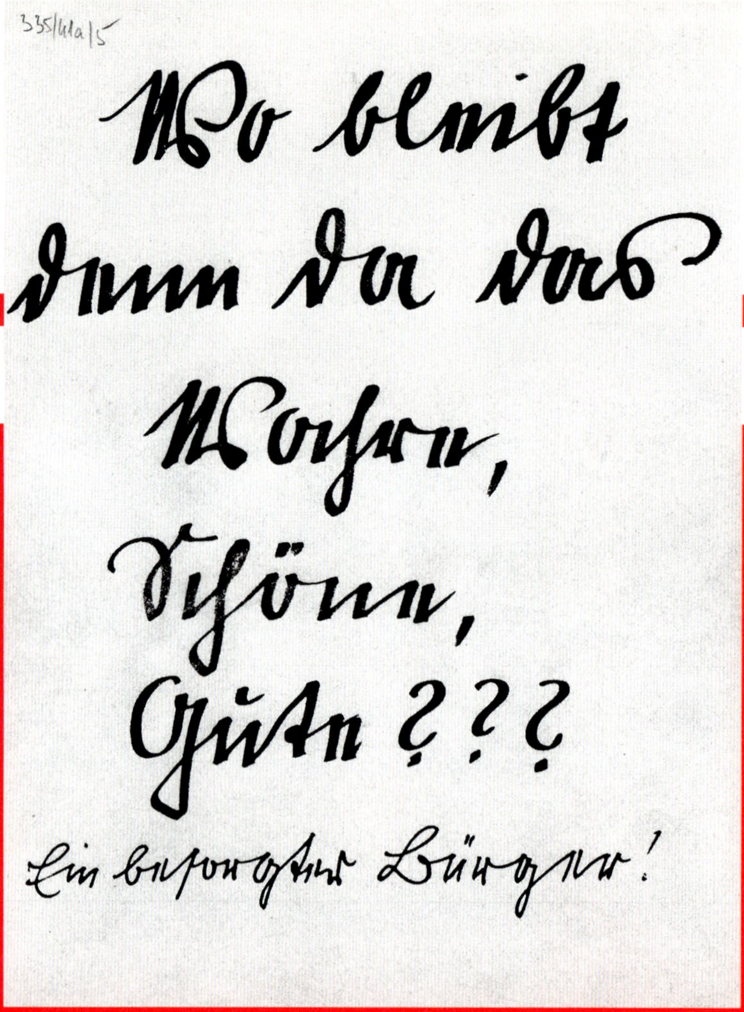

▲▶ Wandzeitungen, entstanden während der Diskussionsveranstaltung «Sechs Tage Zürcher Manifest» vom 4. bis 9. September 1968 im Centre Le Corbusier. Die traditionelle Schule sah sich während der 68er-Bewegung dem Vorwurf ausgesetzt, durch Leistungsdruck und Indoktrination Schüler zu autoritären Charakteren zu erziehen, freie Individuen zu sexuell verklemmten, braven Bürgern abzurichten und zu willigen Konsumenten zu domestizieren.

Erwacht
Verdammte
dieser
Schule

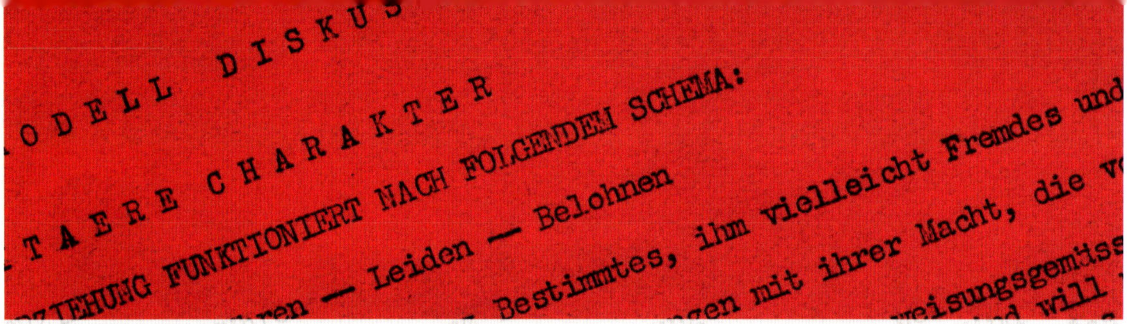

Diskussionsmodell

I. Der Autoritäre Charakter

1. Die Autoritäre Erziehung funktioniert nach folgen-dem Schema: ANWEISEN – BEDROHEN – AUSFÜHREN – LEIDEN – BELOHNEN

ANWEISEN: Das Kind wird angewiesen etwas ganz Bestimmtes, ihm vielleicht Fremdes und Schädliches zu tun.

BEDROHEN: Eltern, Lehrer usw. unterstützen ihre Anweisungen mit ihrer Macht, die vom Kinde als Bedrohung empfunden wird.

AUSFÜHREN: Unter dem Druck der Drohung führt das Kind das Verlange weisungsgemäss durch. Es verzichtet auf persönliche Varianten – das braucht Zeit – aber das Kind will möglichst kurze Zeit unter dem Drucke der Drohung stehen. (Ausser: das Kind führt das Verlangte besser, schöner, schneller, als erwünscht aus, mit dem einzigen Ziel seinen Bedroher zu entwaffnen)

LEIDEN: Während und am Ende der Arbeit steht nicht die Befriedigung, sondern ein undefinierbares Leiden, ein Gemisch aus Leere, Agression und Verkrampfung, vom Erwachsenen «Nervosität» genannt. (Dazu gesellt sich das Gefühl der Erleichterung: dem Drucke entronnen zu sein.)

BELOHNUNG: Dieser unagenehme Zustand (ein Warnsignal des Wesens) wird übertönt durch eine Belohnung, in jedem Falle eine psychische oder physische Ablenkung. Die am Ende der Arbeit empfundene Erleichterung trübt die Kritikfähigkeit und lässt den Betroffenen glauben, die ausgeteilte Belohnung freue ihn tatsächlich.

2. Vereinfachtes Funktionsschema beim ‹reifen› Autoritären Charakter: ANWEISEN – AUSFÜHREN – BELOHNEN

ANWEISEN: Die tausendfach erlebte Kindheitserfahrung, dass der Anweisung die Bedrohung folgt, lässt den Angewiesenen reflexartig handeln. Auf diese Weise muss er sich der Bedrohung nicht bewusst werden und kann in der Issusion leben, er sei ein freier Mensch in einer freien Welt. (Kompensatorisch projiziert er die Bedrohung nach aussen zum Beispiel: Meinung anderer Leute)

LEIDEN: Das Leiden während und am Ende der Arbeit wird übertönt durch intensive Belohnungsvorstellungen.

BELOHNUNG: Sie tritt anstelle der Befriedigung, ist also kein menschliches Gefühl, sondern eine äusserliche Begebenheit, die nicht empfunden und erlebt, sondern konsumiert wird.

3. Kritik der Autoritären Erziehung:
Die autoritäre Erziehung zerstört drei Grundäusserungen des menschlichen Wesens: WESEN – REALITÄTSBEZIEHUNG WESEN – WESENSBEZIEHUNG WESENSIGNALE: Freude – Leiden

ANWEISEN – AUSFÜHREN: Zwischen diesen beiden Stationen schaltet das ursprüngliche Kind eine Pause ein, während derer Entscheidendes geschieht: Das Kind konfrontiert die Anweisunng mit seinem Wesen. Anweisung und Wesen werden miteinander verträglich gemacht: vereinbart (oder das Kind lehnt die Anweisung als unzumutbar ab). Erst jetzt wird die Anweisung ausgeführt, in einer Form, die von der ursprünglichen Anweisung vielleicht stark abweicht, aber zwischen Realität (aussen) und Wesen (innen) die bestmögliche Vereinbarung darstellt – Wesen-Realitätsbeziehung

Dieser Grundvorgang wird durch das Mittel der Bedrohung zerstört. Dem Kind wird keine Möglichkeit gewährt, die Anweisung mit seinem Wesen zu vereinbaren.

AUSFÜHREN–BELOHNEN: Während und am Ende einer echten Arbeit betrachtet das Kind sein (reales) Werk. Es fragt sich: inwieweit entspricht es meinen Vorstellungen (von der Realität)? Der Erzieher sollte jetzt mit seinem Wesen Verbindung mit jenem des Kindes aufnehmen, und ihm verständlich machen, wie er die Realität (Werk + realen Hintergrund zum Beispiel Notwendigkeiten, Gefahren und Konsequenzen) sieht. Beide Wesen halten eine längere Zwiesprache über das Werk. (Realität) Am Ende dieses Vorganges steht die Vereinbarung zweier Wesen (innen) über die Realität (aussen). Diese Vereinbarung ist von Befriedigung begleitet. = Wesen – Wesensbeziehung

Dieser Grundvorgang wird zerstört, indem das Kind zum reflexartigen Ausführen angewiesen wird. Befriedigung ist hier unmöglich, an ihre Stelle tritt die Belohnung. (aus den Händen der Autorität, welche das Kind für befriedigt erklärt)

WESENSIGNALE: BEFRIEDIGUNG UND LEIDEN
Diese Signale informieren den Menschen über den Zustand seines Wesens.

BEFRIEDIGUNG BEDEUTET: Vereinbarung Wesen-Realität oder Wesen-Wesen gelungen.

LEIDEN BEDEUTET: Vereinbarung ungenügend
Die Signale Befriedigung und Leiden werden von der Belohnung übertönt. Diese Signale nicht mehr hören heisst von sich selbst abgetrennt sein.
Ohne Befriedigung wird das Leben leer und inhaltslos.
Ohne Leiden wird das Leben gefährlich: das überhörte Lebenssignal ist häufig von Krankheiten gefolgt.

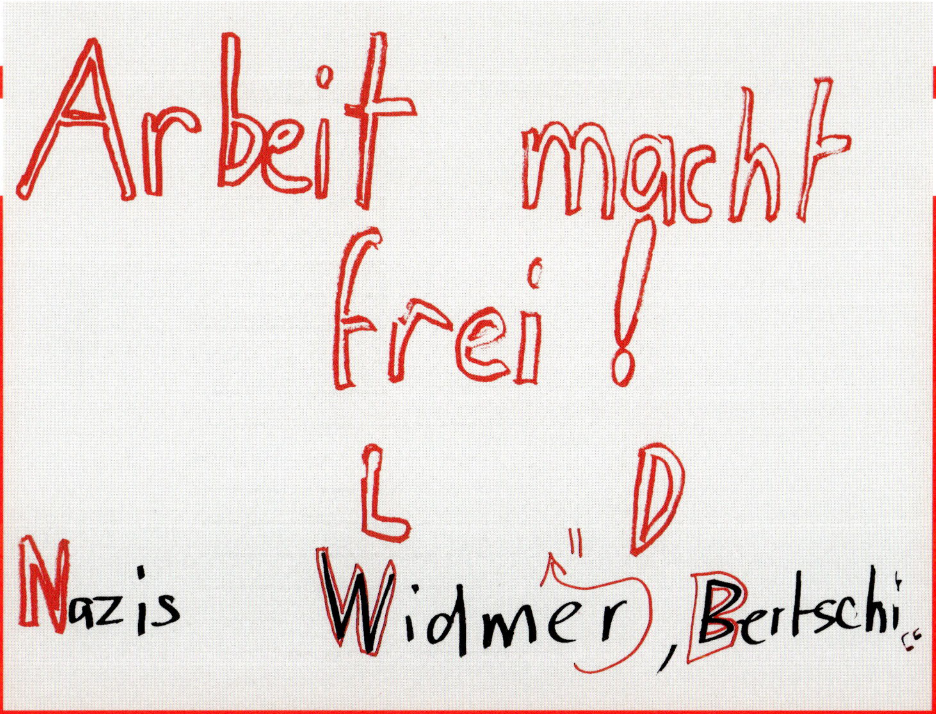

▲ Auch die Zürcher 68er-Bewegung verwendete Anspielungen auf den Nationalsozialismus, um autoritäre Erziehung zu kritisieren; hier in einer Wandzeitung, die während der Diskussionsveranstaltung «Sechs Tage Zürcher Manifest» im September 1968 entstand.

◀ Kritik des autoritären Charakters aus einem Dossier der «Basisgruppe für ein autonomes Jugendzentrum» vom September 1968.

STADTPOLIZEI ZÜRICH

Geschäfts-Nr.

Rapport Nr.

Betrifft:	Vermeintliche Teilnahme an einer nichtbewilligten Demonstration.
Ort:	8001 Zürich, Bahnhofbrücke, Central, Limmatquai, Bellevue.
Zeit:	Samstag, den 29. Juni 1968, ca. 19.30 Uhr bis Mitternacht.
Betroffener:	[redacted]
Begleiterin:	[redacted]

Beilagen

1 Einvernahme,
1 Pamphlet "Hotcha",

B e r i c h t

Mit diversen Flugblättern bis zum Datum vom 28.6.68 hat das AKTIONSKOMITEE AUTONOMES JUGENDZENTRUM für Samstag, den 29.6.68, 19.00 Uhr zu einer machtvollen Demonstration beim "Globus/Bahnhofbrugg" aufgehetzt, die bekanntlich ein bedenkliches Ausmass angenommen hat. Wir setzen voraus, dass diese Geschehnisse bekannt sind.

[redacted] wurde in der genannten Nacht um 00.45 Uhr durch die Uniformpolizei als Teilnehmer an der Demonstration eingebracht, ohne dass gegen ihn eine begangene Uebertretung oder ein Delikt

Schlussverfügung:

Verfügung: ad acta
Zürich, den - 3. JULI 1968

— 1 Kopie a. d. Zentral-Registratur

Zwischen Schnüffelstaat und Staatsschutz

Die Staatsschutzakten im Stadtarchiv Zürich

Nicola Behrens Wenn das *Zürcher Manifest*, jene Gruppe linksliberaler Bürger, die 1968 zwischen aufbegehrender Jugend und Stadtregierung zu vermitteln suchte, sich zu seinen regelmässigen Vollversammlungen im «Weissen Wind» traf, dann waren seine Mitglieder häufig nicht nur unter sich. Oft sass auch ein in zivil gekleideter Detektiv des Kriminalkommissariats III der Stadtpolizei mit am Tisch, um im Anschluss einen Bericht zuhanden seines Vorgesetzten zu verfassen, der die Geschehnisse mehr oder weniger akribisch erfasste und vermerkte, ob die anwesenden Personen der Polizei bereits bekannt seien. So wie das *Zürcher Manifest* gerieten auch zahlreiche andere Gruppierungen im Zürcher Sommer 1968 in das Blickfeld des Staatsschutzes. Doch reichen dessen Aktivitäten viel weiter zurück.

Geschichte und Organisation des Kriminalkommissariats III

Als offizielles Gründungsjahr des Staatsschutzes der Stadtpolizei Zürich gilt das Jahr 1934. Damals wurde das sogenannte Büro HF eingerichtet, in dem die beiden Funktionäre Walter *H*üni und Albert *F*rei nun fest mit der Erledigung von Aufträgen des Staatsschutzes betraut wurden. Zwar waren schon vor dieser Institutionalisierung ähnliche Operationen durchgeführt worden, deren Ergebnisse wurden aber noch in den allgemeinen Polizeiakten abgelegt. Der Aktenbestand der politischen Polizei der Stadt Zürich beginnt erst mit der Einrichtung des Büros HF im Jahr 1934. Offenbar stieg im Laufe der Jahre das Bedürfnis des Staatsapparates, mehr über die politischen Umtriebe der Bürger zu erfahren. In der Zeit des Kalten Kriegs, der 68er-Bewegung und der auf sie folgenden Neuen Sozialen Bewegungen, die auch in Zürich erheblichen Zulauf hatten, wuchs der Staatsschutz der Stadtpolizei Zürich kräftig an. Aus einem Zweierteam wurde eine Dienststelle, die – folgt man dem Bericht der gemeinderätlichen Untersuchungskommission zum Staatsschutz der Stadt Zürich – zur Zeit der Jugendunruhen in den 1980er-Jahren gegen 70 Personen beschäftigt hat. Der Name der Dienststelle war Kriminalkommissariat III, weshalb sich für die Staatsschutzakten der Stadtpolizei die polizeiinterne Kurzbezeichnung «KK III-Akten» durchgesetzt hat.

Die Beobachtungsobjekte

Der Staatsschutz beobachtete vor allem Personen, die sich in politischen Gruppierungen engagierten, deren Ansichten und Ziele er für radikal oder gar extremistisch hielt. Seine Detektive dokumentierten das Bewegungsverhalten von Zielpersonen, indem sie inkognito politische Veranstaltungen besuchten, dort getätigte Äusserungen protokollierten, auch andere Teilnehmer zu identifizieren suchten und Flugblätter und Mitgliederlisten sammelten. Sorgfältig

STADTPOLIZEI ZÜRICH

14.FEB.1969 (018.0)913/235 hg

(018.0)943

(0)923

33

[redacted], Det. den 12. Februar 1969.

Krim. Komm. III.

"Zürcher Manifest." / [redacted] (bekannt).

Hergang der Verbindung zu [redacted].

Dieser fiel anlässlich der Demonstrationen vom 29./30.6.68 und folgende Nächte als immer ziemlich weitabstehender Beobachter auf. Er wurde damals kontrolliert. Ueber sein Verhalten ist eine Aktennotiz erstellt worden. - Später trat er als aktives Mitglied des "Zürcher Manifest" hervor.

Kontaktaufnahme am Samstag, den 1.2.1969 (Frauenrechtstage) 19.45 h Limmatquai/Torgasse, Zürich 1.

Anlässlich der Kundgebung im grossen Börsensaal befand sich [redacted] inmitten der sich antiautoritär gebärdenden Mitbürgern. Er unterhielt sich u.a. mit Herrn Kantonsrat [redacted] und Herrn [redacted]. Anschliessend verfolgte er den Verlauf der Demonstrationen während des Umzuges und den Sit-ins am Bellevue und Paradeplatz.

Zweck der Kontaktaufnahme.

Erhalt von Informationen das "Zürcher Manifest" betreffend. Allgemeiner Standort [redacted]'s, der sich bekanntlich um ein Gespräch mit Unteroffizieren des städt. Polizeikorps bemüht hatte.

Resultat :

[redacted] sagt er sei Sozialdemokrat. Das "Zürcher Manifest" sei von Linksextremisten systematisch unterwandert worden. Gegenwärtig zeichne sich eine Spaltung innerhalb des "Manifest" ab, weil einige Paradepferde unter diesen Umständen nicht mehr mittun wollten und sich aufs Absetzen verlegt hätten. [redacted] hat Bedenken, dass bei einer allfälligen Spaltung die "Bessere Gruppe" wieder unterwandert würde und so eine klare Trennung verunmögliche.

[redacted] bedauert, dass man mit Herrn [redacted] vom PBV nicht ins Gespräch gekommen sei. Er persönlich sei von der Integrität der unteren Chargen bei der Polizei überzeugt. Vielleicht lasse sich mit Herrn [redacted] später etwas machen, obwohl ihm der Rechtskonsulent des PBV aus rechtlichen Gründen abgeraten habe.

Verfügung vom: 12.FEB.1969

Geht an das Polizei-Inspektorat
zur Kenntnis und zurück ad acta.
Der Kommissär Stellvertreter: [redacted]

13.08 Nr.283 10.66 1000000 A4

STADTPOLIZEI ZÜRICH - 2 -

Die ganz "Linksaussen" versuchten ja auch die "Jungsozialisten" umzufunktionieren, wie sie dies auch mit dem "Manifest" täten. Im "Manifest" herrsche eine Schweinerei in Kompetenzfragen. Was beispielsweise ein Dr. [redacted] oder Dr. [redacted] "herauslasse" brüskiere nicht nur ihn, sondern auch andere Mitglieder des "Manifest".

Das im Rahmen der Demonstrationen anlässlich der Frauenrechtskundgebungen aufgeführte Strassentheater bezeichnete [redacted] als schädlich für die Ideen des Manifestes.

Eindrücke über [redacted].

Offensichtlicher Intrigant, der sich sehr ruhig und sachlich gibt es aber bei weitem nicht ist. Er scheint ein Feigling zu sein, dazu ein Heuchler. Die Rolle des Vermittlers zwischen Ordnungskräften und "Manifest" die er offensichtlich gerne spielen würde, entbehrt nicht einer gewissen Gefährlichkeit. [redacted] sollte mit äusserster Vorsicht zu "konsumieren" sein.

[redacted]

Verfg.: Rückleitung an das KK III. Kenntnis genommen.
13.2.69

STADT-POLIZEI ZÜRICH

13.08 Nr.283 10.66 1000000 A4

▲ **Bericht über die Anwerbung und Vernehmung eines Informanten aus dem Umkreis der Arbeitsgemeinschaft Zürcher Manifest. Alle Informationen, die auf die Identität der beteiligten Personen schliessen lassen, mussten aus datenschutzrechtlichen Gründen für die Publikation geschwärzt werden.**

durchsuchten sie auch Zeitungstexte und -fotos nach Hinweisen und schufen so ein weit verzweigtes Netz von themen- und personenbezogenen Informationen: Alle relevanten Daten wurden auf Registerkarten – den sogenannten Fichen – vermerkt und mit Hinweisen auf andere Registerkarten versehen, um so ein komplexes Bild vom als staatsgefährdend eingeschätzten politischen Engagement meist linker Bürger zu erhalten.

Die Ergebnisse dieser emsigen Sammel- und Ordnungstätigkeit sind heute, soweit sie nicht schon polizeiinternen Registerbereinigungen zum Opfer fielen, im Stadtarchiv Zürich einsehbar. Eine Auswahl besonders aussagekräftiger Dokumente wurde auch in die digitale Edition «Der Zürcher Sommer 1968» aufgenommen. In den 1960er-Jahren wäre es in Staatsschutzkreisen völlig undenkbar gewesen, dass die Akten eines Tages der Öffentlichkeit zugänglich sein würden. Man hätte dies wohl als Geheimnisverrat angesehen. 1993 hat der Stadtrat den Bestand dem Stadtarchiv Zürich übergeben, der nun unter strengen Datenschutzauflagen einsehbar ist.

Die aufwendige Praxis der Dokumentation führte dazu, dass eine Aktensammlung von erheblichem Umfang zusammengekommen ist. Der Gesamtbestand der Politischen Polizei im Stadtarchiv Zürich umfasst ungefähr 200 Laufmeter Akten. Den Hauptbestand machen dabei die Akten des Zentralarchivs des KK III aus. Über die Jahre ist dieses Hauptarchiv so umfangreich geworden, dass 1964 ein Schnitt gemacht wurde: Die bisherige Aktenablage wurde geschlossen und eine neue eröffnet, die Registratur 2. Zweifellos sind im Laufe dieser Reorganisation rigoros Bestände vernichtet worden. Bei den Personendossiers zeigt sich dies darin, dass nur jene erhalten wurden, die bei der polizeiinteren Klassifizierung als «historisch erhaltenswert» eingestuft wurden.

Die Registratur 1 umfasst also die Akten von 1934 bis 1964 und hat einen Umfang von etwas über 25 Laufmetern. Ihre Hauptzielgruppen sind bis zum Ende des Zweiten Weltkrieges natürlich die Nationalsozialisten und im kurz darauf beginnenden Kalten Krieg die Kommunisten. Besonders interessant sind die Dokumente, die der Polizei im Mai 1945 in die Hände fielen. Der Bundesrat hatte einen Tag vor Kriegsende beschlossen, die nazideutschen Organisationen zu verbieten und ihre Unterlagen zu konfiszieren. In der Folge wurden die Exponenten der deutschen Kolonie verhört und ausgewiesen. Diese Verhörprotokolle liegen vor. Sie sind für die historische Forschung von eminenter Bedeutung.

Aber auch der Überwachung von Kommunisten verdanken sich einmalige Quellen. Die Staatsschützer verletzten nämlich – wann immer es ihnen möglich war – schamlos die Privatsphäre ihrer politischen Gegner. So wurden nicht nur Versammlungen verfolgt, die in Wirtshaussälen stattfanden, sondern auch Telefone abgehört, wie das des Parteisekretariates der Partei der Arbeit, was sich nur schon aus der Menge der meist natürlich belanglosen Internas ergibt, die sich in den Rapporten finden.

1968

In der Registratur 2 wurden die Informationen von 1964 bis zum Fichenskandal 1989 gesammelt. Obwohl es hier in den 1980er-Jahren zwei polizeiintern ‹Säuberungen› genannte Kassationsaktionen gab, haben diese Akten mit mehr als 80 Laufmetern schon mehr als den dreifachen Umfang des Aktenbestandes der Registratur 1. Waren es anfänglich noch die Genossen der PdA, die im Fokus des Interesses standen, so weitete sich dieser mit den Ostermärschen aus, die in den 1960er-Jahren einsetzten. Die Gruppierungen der Neuen Linken liefen von 1970 an der alten Partei der Arbeit sozusagen den Rang ab. Die *Junge Sektion* der PdA, die *Fortschrittlichen Arbeiter, Schüler und Studenten* (FASS), die *Revolutionäre Aufbauorganisation* (RAZ) und schliesslich die *Progressiven Organisationen der Schweiz* (POCH) oder der *Revolutionären Marxistischen Liga* (RML) standen nun im Mittelpunkt des Interesses.

Das Mass der Irritation, das die Aktivisten der 68er-Bewegung bei der Stadtpolizei auslösten, zeigen verstreute Bemerkungen, welche die Detektive in ihre eigentlich als sachliche Darstellungen abgefassten Berichte einfliessen liessen. So charakterisierte etwa ein Polizist ein Pärchen, das er observiert hatte, mit folgenden Worten:

«Die Beiden machten nicht gerade den Eindruck einer geistigen Elite und es wirkte irgendwie beschämend, dass unsere Kinder durch eine solch barfuss laufende Person erzogen und in die grosse Gemeinschaft eingegliedert werden sollen. Auch U. H. hinterliess einen gewissen Nachgeschmack, wenn man bedenkt, dass dieser Mann einmal einen Geisteswissenschaftler abgeben soll. Seine Aufmachung und die Haartracht kam eher der eines Gammlers de luxe gleich.»

Dass die Polizisten für das 1968 ausgebrochene Diskussionsfieber kein Verständnis aufbrachten, kann dann kaum noch verwundern. Etwa mokierte sich ein Detektiv, offenbar auch, weil er wegen einer ausgiebigen Diskussion besonders lange auf seinen Dienstschluss warten musste, in seinem Bericht darüber, «dass an dieser Sitzung selbst über unbedeutende Sachen endlos diskutiert wurde». Für eine Erforschung der 68er-Bewegung sind diese Dokumente oft weniger deshalb interessant, weil sie Informationen über Ereignisse und Akteure enthalten, die sonst nicht zugänglich wären. Dazu sind sie häufig zu unzuverlässig und zu fehlerhaft. Sie sind aber insofern eine wertvolle Quelle, als sie etwas darüber preisgeben, wie die 68er auf eher konservative Bürger wirkten, was an ihnen so verstörend war und was an ihnen provozierte.

Das KK III gliederte sich neben der eigenen Geschäftskontrolle in Fachgruppen, die das ganze Spektrum möglicher Gefährdungen abdecken sollten. Zwischen den Aufgaben der Fachgruppe 2, die für Linksextremismus und militante Jugendbewegungen zuständig war, und jenen der Fachgruppe 4, der die Beobachtung im Zusammenhang mit der präventiven Terrorbekämpfung und dem Anarchismus oblag, gab es so starke Überschneidungen, dass diese beiden Gruppen eine gemeinsame Arbeitsregistratur führten, die Registratur 2/4. Da diese Aktensammlung nicht als offizielle Registratur galt, sind auf sie auch die Anweisungen für die Registratur nicht angewendet worden. So fand sich hier etwa eine Sammlung von Ordnern mit Telefonabhörprotokollen, die als Deckblatt die Anweisung der Bundesanwaltschaft hatten, wonach diese Akten zu vernichten seien. Oder es sind Fotoalben von 1951 bis 1990 vorhanden, die auch die 80er-Bewegung dokumentieren. Als die Stadtpolizei 1986 bekannt gab, dass die Krawallfotos der 80er-Bewegung vernichtet seien, hatte das unbefangene Publikum wohl das Recht anzunehmen, dass auch die weit weniger heiklen Bilder aus dieser Zeit vernichtet worden seien, was nicht der Fall war. Auf jeden Fall macht diese Verlautbarung im Nachhinein einen eher zwiespältigen Eindruck.

Doch schon 1968 war das KK III darum bemüht, alle Vorkommnisse und die an ihnen Beteiligten fotografisch zu dokumentieren. Dies taten seine Detektive offenbar so auffällig, dass es den Aktivisten nicht verborgen blieb. Einige Kunststudenten drehten den Spiess um und verfolgten die polizeilichen Fotografen ihrerseits mit Kameras. So berichtet ein Detektiv in einem Rapport:

«Der Student [...] verfolgte mich während längerer Zeit auf Schritt und Tritt mit seiner Kamera und seine Absicht war unverkennbar. Obwohl ich meinen Standort laufend wechselte, tauchte B. immer wieder in nächster Nähe von mir auf. Mehrmals richtete er aus kleinster Distanz seine Kamera auf mich und obwohl ich immer auswich, hatte er schliesslich Erfolg. Selbstverständlich habe ich ihn ebenfalls zur Rede gestellt. Seine Begründung für sein Verhalten verdient u. U. besondere Beachtung. Wörtlich erklärte er: ‹Es ist uns bekannt, dass die Polizei jeden einzelnen von uns fotografiert und über uns umfangreiche Alben anlegt. Jede Aktion ruft eine Gegenaktion hervor. Deshalb tun wir dasselbe. Auch wir fotografieren, insbesondere die Polizeifunktionäre und Detektive, die uns dauernd überwachen und bespitzeln und auch wir legen Register und Alben an, das ist unser demokratisches Recht.›»

Bei aller Akribie in der Dokumentation und Auswertung von Detektivberichten in den Jahren der 68er-Bewegung: Den Höhepunkt ihrer Sammelaktivität hatte die Politische Polizei erst zur Zeit der 80er-Bewegung. Hier hat das Stadtarchiv eine hervorragende Sammlung von Flugblättern erben können. Zu den beiden Abteilungen des Hauptarchivs, der Registratur 1 und 2, werden auch weitere Aktensammlungen gerechnet. Es sind dies

- eine aus dem Hauptarchiv ausgeschiedene Aktensammlung zur 80er-Jugendbewegung von etwa 7,5 Laufmetern,
- eine Fotodokumentation von sieben Schachteln über geklebte Flugblätter und Sprays genannt ‹Schmieren/Kleben› und eine
- Sammlung von Publikationen von etwa 1200 einzeln erfassten Büchern oder Broschüren, 23 Schachteln Flugblätter von 1969 bis 1989 und 66 Schachteln teilweise vollständig und teilweise unsystematisch gesammelter Zeitungen oder Zeitungsausschnitte.

Die Sammlung der Publikationen steht dem Publikum unbegrenzt zur Benutzung zur Verfügung und ihr Verzeichnis ist auch im Internet einsehbar. (www.Stadt-Zuerich.ch/Internet/stadtarchiv >Archiv >Bestände suchen über den Archivplan >V. E. Polizeidepartement >c. Akten >V. E. c. 63.)

Das Kriminalkommissariat III ist jedoch nicht die einzige Aktenbildnerin im Bereich des Staatsschutzes der Stadtpolizei Zürich. Neben dem prä-

WIR WOLLEN ES SEHEN!

Die Prügelpolizei wird von der Bezirksanwaltschaft gedeckt. - Gegen uns wurde eine schweinische Untersuchung geführt. - Sechs Anwälte protestierten dagegen:

- Sieber, Bertschi und andere Drahtziehr des polizeilichen Grossangriffs auf die Jugendbewegung hatten ihr Werk als Belastungszeugen fortgesetzt. - Unsere Verteidiger wollten diese Zeugen einvernehmen. - Es wurde ihnen verweigert. -

WIR WOLLEN DIESE ZEUGEN VERHÖREN!

- Von 1000 Photos wurden nur uns belastende Bilder zu den Akten gelegt. - Unsere Verteidiger wollten die anderen Photos sehen. - Es wurde ihnen verweigert. -

WIR WOLLEN DIESE PHOTOS SEHEN!

- Das Fernsehen drehte vor dem Globus einen Film. - Die Bezirksanwälte sahen sich insgeheim den Film an. - Unsere Verteidiger wollten den Film sehen. - Es wurde ihnen verweigert. -

WIR WOLLEN DIESEN FILM SEHEN!

Sechs Anwälte protestierten gegen diese Untersuchungsmethoden. - Sie machten eine Eingabe. - Diese Eingabe - das letzte legale Mittel - wurde abgelehnt. - Sie wurde abgelehnt mit einer fadenscheinigen Begründung, die sich nicht einmal auf Paragraphen berufen kann.

DAS MASS IST VOLL. - AM MITTWOCH ABEND ZIEHEN WIR ZUM OBERGERICHT. -

WIR WOLLEN DIE AKTEN SEHEN!

DIE STAATSANWALTSCHAFT DECKTE DIE POLIZEI. - DIE POLIZEI WIRD DIE STAATSANWALTSCHAFT SCHUETZEN - WIE BUNDESRAT VON MOOS FORDERTE: "ES IST WICHTIG, DASS AUCH IN ZUKUNFT JUSTIZ UND POLIZEI ENG ZUSAMMENARBEITEN!"

WIR VERSAMMELN UNS AM MITTWOCH 11.JUNI
18.30 AN DER RIVIERA

FASS Eigendruck

▲ Die Zürcher 68er-Bewegung verlangte zwar Einsicht in die offiziellen Ermittlungsakten der Polizei, in welchem Ausmass allerdings das Kriminalkommissariat III ihre Aktivitäten heimlich dokumentierte, kam erst mit dem Fichenskandal 1989 ans Tageslicht.

Fotografieren von Polizeifunktionären anlässlich von Demonstrationen

[redacted], Det. 11. Juni 1968.
Krim. Komm. III.

In letzter Zeit haben wir immer öfter festgestellt, dass anlässlich von Demonstrationen oder von sog. Sit-In und Teach-in von einzelnen «Fotoreportern» ganz speziell darauf ausgegangen wird, einzelne Polizeifunktionäre im Bilde festzuhalten. Wir sehen uns veranlasst, auf zwei Vorkommnisse aus jüngster Zeit hinzuweisen.

Mittwoch, 5. Juni 1968, am frühen Abend, fand an der «Riviera» eine grössere Diskussion, durchgeführt von der FSZ und von der «Jungen Sektion FdAZ» statt, die sich bis gegen 22.00 Uhr ausdehnte. Flankiert von roten Fahnen und ausgerüstet mit Megaphonen traten die jungen Radikalen vor die Oeffentlichkeit. Gleichzeitig wurden Flugblätter verteilt.

Wir haben diese «wilde» Demonstration weisungsgemäss überwacht, Det. Wm. [redacted] hat darüber rapportiert.

Im Verlaufe des Abends ist uns aufgefallen, dass unser Kollege, Det.Wm [redacted], während längerer Zeit von einem jungen Fotografen hartnäckig verfolgt wurde. Es war offensichtlich, dass Det. [redacted] aus guter Position und aus nächster Nähe fotografiert werden sollte, obwohl dieser dem Fotografen dauernd auswich und laufend seinen Standort wechselte. Schliesslich gelang es dem uns bisher nicht bekannten Fotografen, Det. [redacted] aus nächster Nähe aufzunehmen.

Kollege [redacted] stellte den jungen Mann und erklärte ihm offen heraus, dass er sich ein solches Verhalten nicht gefallen lasse. Er verwies auf sein Persönlichkeitsrecht und verwahrte sich energisch gegen das aufdringliche und [unlesbar] Verhalten des jungen Fotografen. Letzterer machte geltend, er sei Pressefotograf und es sei sein gutes Recht und seine berufliche Pflicht, Aufnahmen zu machen, selbst auf die Gefahr hin, dass dies gewissen Leuten nicht passe! Währenddem sich Kollege [redacted] mit dem Unbekannten unterhielt, wurde er von einem weiteren Fotografen – dem uns bekannten [redacted], [redacted] – aufgenommen, der sich auch in die Diskussion einmischte. Schliesslich wies sich der uns bisher unbekannte Fotograf mit einem Ausweis der NEUE PRESSE, lautend auf den Namen [redacted], [redacted], [redacted], aus. Er ist identisch mit :
[redacted], [redacted], von [redacted], geb. [redacted], Fotograf, whft. [redacted], ZMvE.

Aktenvorgänge bei der Stadtpolizei:
1967 [redacted]
1968 [redacted]

Genauso wie Det. [redacted] erging es wenig später dem Rapportierenden. [redacted] verfolgte mich während längerer Zeit auf Schritt und Tritt mit seiner Kamera und seine Absicht war unverkennbar. Obwohl ich meinen Standort laufend wechselte, tauchte [redacted] immer wieder in nächster Nähe von mir auf. Mehrmals richtete er aus kleinster Distanz seine Kamera auf mich und obwohl ich immer auswich, hatte er schliesslich Erfolg. Selbstverständlich habe ich ihn ebenfalls zur Rede gestellt. Seine Begründung für sein Verhalten verdient u.E. besondere Beachtung. Wörtlich erklärte er:
«Es ist uns bekannt, dass die Polizei jeden einzelnen von uns fotografiert und über uns umfangreiche Alben anlegt. Jede Aktion ruft einer Gegenaktion. Deshalb tun wir dasselbe. Auch wir fotografieren, insbesondere die Polizeifunktionäre und Detektive, die uns dauernd überwachen und bespitzeln und auch wir legen Register und Alben an. Das ist unser demokratisches Recht.»
[…]

▲ **Unter Beobachtung: Die Aktivisten der 68er-Bewegung wurden nicht nur von der Polizei fotografiert, sondern sie fotografierten ihrerseits auch die Polizisten, wie dieser Polizeibericht vom 11. Juni 1968 belegt.**

ventiven Staatsschutz des KK III bildeten die Kriminalpolizeien von Stadt und Kanton Anfang der 1970er-Jahre eine gemeinsame Anlaufstelle zur Fahndung in konkreten Fällen. Von diesem «Büro S» sind 15,5 Laufmeter Akten des sogenannten operativen Staatsschutzes überliefert, die neben einer umfangreichen Sammlung von fast 1700 Dossiers zu kleineren Vorfällen auch Dokumentationen zu den gewichtigen Fällen enthält, also etwa zum Globus-Krawall oder zur *Gruppe Bändlistrasse*, zur *Baader-Meinhof-Bande* oder zur Heimkampagne.

Als letzter Bestandteil der Staatsschutzakten sind auch die Akten zu den Einsichtsgesuchen in diese Akten miterfasst, die im Nachgang der Fichenaffäre stattgefunden haben.

Die Staatsschutzakten als historische Dokumente

Die Gesamtbewertung dieses Bestandes fällt sehr unterschiedlich aus, je nach den Kriterien, die dazu herbeigezogen werden.

Der Bestand der politischen Polizei ist sicher eine der wichtigsten Quellen zur politischen Geschichte der Stadt Zürich, besonders jenes Teils der politischen Geschichte, die sich nicht im Machtzentrum, sondern an den Rändern des politischen Spektrums abgespielt hat, der Geschichte der sozialen Bewegungen, die zu gesellschaftlichen Verhältnissen in Opposition gestanden haben. Interessant ist hier nur schon die Frage, wer die Aufmerksamkeit der Politischen Polizei erregt hat und wer nicht. Denn oft stand die Aufmerksamkeit und damit das Gewicht, das damit einzelnen Personen und Gruppierungen gegeben wurde, in keinem Verhältnis zu ihrer tatsächlichen politischen Bedeutung. Und andererseits wurden Personen, Gruppierungen oder Ereignisse völlig ignoriert, obwohl sie sogar polizeilich wichtig gewesen wären.

Wichtig ist auch die Frage, welche Informationen beschafft wurden und wie die Politische Polizei zu diesen Informationen gekommen ist. Sind Spitzel oder V-Männer eingesetzt worden oder sind Informanten von sich aus auf die Behörden zugegangen? Wurden gewisse Personen oder Organisationen ohne richterliche Genehmigung abgehört? Wurden unrechtmässig Brief- und Postgeheimnisse verletzt?

Solche und ähnliche Fragen haben im Fichenskandal Anfang der 1990er-Jahre eine zentrale Rolle gespielt. Hier wurde auch offenbar, welch verheerenden Einfluss die Geheimniskrämerei von Politischer Polizei und das völlige Fehlen von Vorgaben der Politik an die Vollzugsorgane auf die Demokratie haben können. Diese Folgen der Tätigkeit der Politischen Polizei in der zweiten Hälfte des 20. Jahrhunderts sind noch nicht aufgearbeitet worden. Die Ergebnisse solcher Forschungsarbeiten wären jedoch dringend nötig, um die Wiederholung der gleichen Fehler in der Zukunft zu vermeiden. Besonders angesichts der politischen und polizeilichen Bestrebungen, die den Staatsschutz in der Schweiz wieder massiv ausbauen wollen und ihm eine zentrale Rolle zur Bekämpfung von terroristischen Aktionen zuschreiben wollen.

Dialoge anstatt Drohungen
Untersuchungen anstatt Vertuschungen
Reformen anstatt Repressionen
Zukunftsentwürfe anstatt Wasserwerfer
Programme anstatt Prügel
Dialoge anstatt Drohungen
Zürcher Manifest
Untersuchungen anstatt Vertuschungen
Zukunftsentwürfe anstatt Wasserwerfer
Dialoge anstatt Drohungen
Zürcher Manifest

Ein Hauch von Kulturrevolution

Die Wandzeitungen der Marathondiskussion «Sechs Tage Zürcher Manifest»

Monika Schnoz «Haut dem päpstlichen Popanzen die Pille um den Ranzen» fordert eine der Wandzeitungen, die vor 40 Jahren am sogenannten Sechstagerennen produziert wurde, d. h. an der Marathondiskussion «Sechs Tage Zürcher Manifest», die vom 4. bis 9. September im Centre Le Corbusier stattfand. Obwohl dieser Satz auch heute noch auf einem Plakat stehen könnte, vermag er kaum noch heftige Leserreaktionen hervorzurufen. 1968 war eine solche Aussage jedoch gewagt und provokativ. Und nicht nur die Provokation war neu, sondern auch ihr Medium: die Wandzeitung, ein grossformatiger Papierbogen, auf den Botschaften oft mit Filzstift per Hand geschrieben oder gezeichnet wurden. Was im Zeitalter digitaler Medien als hoffnungslos anachronistisch erscheint, war um 1968 hochmodern – und zwar aus mehreren Gründen: Erst 1962 hatte der Japaner Yukio Horie den Filzstift erfunden, ein Schreibgerät, mit dem man auf fast allen Unterlagen schreiben konnte und das von der protestierenden Jugend auch zur Anbringung von Graffiti im öffentlichen Raum benutzt wurde. Zudem war die Wandzeitung ein wichtiges Medium der chinesischen Kulturrevolution, deren Rote Garden viele Aktivistinnen und Aktivisten in Westeuropa faszinierten und inspirierten. Maos 1966 erschienene Schrift *Meine erste Wandzeitung. Das Hauptquartier bombardieren!* markierte den Anfang in der Karriere des neuen Mediums im Kontext der Protestbewegungen. Die Wandzeitung avancierte zum Medium der spontanen Agitation und der schnellen Information jenseits institutioneller Behäbigkeit. In ihr verbanden sich für die 68er-Bewegungen ganz Europas die Faszination des Modernen, eine kulturrevolutionäre Attitüde und eine Ästhetik der Vorläufigkeit und der Spontaneität. Wandzeitungen wurden deshalb auch in einem der wichtigsten Ereignisse des Zürcher Sommers 1968 zu einem zentralen Medium: an der Marathondiskussion *Sechs Tage Zürcher Manifest*, die in Anspielung auf den Zürcher Radrenn-Klassiker gleicher Dauer auch den Übernamen *Sechstagerennen* erhielt.

Im Schweizerischen Sozialarchiv in Zürich befinden sich, in dicken Mappen aufbewahrt, rund 300 Wandzeitungen, die im Rahmen des Sechstagerennens entstanden sind. Sie wurden nach dem Ende des Diskussionshappenings von den Veranstaltern – offenbar im Bewusstsein ihrer historischen Bedeutung – dem Archiv übergeben. Diesem Umstand verdankt es sich, dass ein einmaliges Korpus von Dokumenten der 68er-Bewegung erhalten geblieben ist, das in seiner gestalterischen Eigenart, seiner stilistischen Kohärenz und seiner agitatorischen Vielfalt an die berühmten Plakate des Pariser Mai heranreicht.

Die Marathondiskussion

Das Centre Le Corbusier, in welchem vom 4. bis 9. September die Sechs Tage Zürcher Manifest stattfanden, war vom Architekten Le Corbusier entworfen

▲ **Am 28. und 29. Juni 1969 erinnerte die Arbeitsgruppe Zürcher Manifest mit grossen Stellwänden an den brutalen Polizeieinsatz während des Globus-Krawalls. Fotografie des Erkennungsdienstes der Stadtpolizei Zürich.**

und im Auftrag der Schweizer Kunstsammlerin und -mäzenin Heidi Weber als öffentliche Ausstellungshalle errichtet worden. Es befindet sich am Zürichsee, in der Nähe des Zürihorns. Organisiert wurde die Diskussionsveranstaltung von der Arbeitsgruppe Zürcher Manifest (ZM). Diese hatte sich im Anschluss an die im Juni und Juli stattgefundenen Globus-Krawalle gebildet, in deren Rahmen es zu schweren Zusammenstössen zwischen Jugendlichen und der Polizei gekommen war. Das ZM forderte von der Stadtregierung verschiedene Massnahmen, durch die das Recht auf freie Meinungsäusserung wiederhergestellt werden sollte. So verlangten sie u.a. die sofortige Wiederherstellung des vorübergehend eingeschränkten Demonstrationsrechts. Hinter dem ZM standen verschiedene Persönlichkeiten der zürcherischen Gesellschaft: Viele Politiker, Professoren, Geistliche oder Ärzte waren Mitglieder und Unterzeichner des Manifests. Bekannte Namen sind zum Beispiel der Schriftsteller Max Frisch, der Kantonsrat Hansjörg Braunschweig oder der Kunstmaler Gottfried Honegger-Lavater. Was hier schnell klar wird: Hinter dem ZM standen nicht die rebellierenden Studenten oder die Angehörigen der Subkultur, an die man im Zusammenhang mit 1968 in erster Linie denkt, sondern angesehene Persönlichkeiten aus dem öffentlichen Leben. Ihr Manifest wurde als Flugblatt verteilt und in verschiedenen Zeitungen als Inserat abgedruckt.

Das Sechstagerennen im September war als gigantische Diskussionsveranstaltung geplant. Sie wollte allen, die das Bedürfnis hatten, sich über Politisches auszutauschen, ein Forum bieten: «das Gespräch, als Alternative zur Mundtotmachung unliebsamer Revoluzzer, als Überwindung einer kalt-kriegerischen Versteifung, das Gespräch als Einleitung wahrhaft demokratischer schöpferischer Prozesse», wie auf einem Flugblatt verkündet wurde. Revolution durch Gespräche, durch Worte – ganz im Gegensatz zu den bisherigen Ereignissen, bei denen Gewalt und verweigerte Kommunikation vorherrschten.

Während sechs Tagen wurde das Centre Le Corbusier versuchsweise zum autonomen Jugendzentrum, das von der Jugend so lange vergeblich gefordert wurde. Die Veranstaltung hatte enormen Zuspruch,

▲ **Kunstmaler Josef Egger (rechts) bei einer Diskussionsveranstaltung im Mai 1968 im Keller des Centre Le Corbusier an der Bellerivestrasse in Zürich, in dem später auch die Marathondiskussion «Sechs Tage Zürcher Manifest» stattfand.**

gemäss einem Artikel der NZZ vom 11. September 1968 waren zu Spitzenzeiten bis zu 600 Leute anwesend – trotz der Hitze, die sich in den überfüllten Räumen staute.

Die Diskussionen waren in ein Themengerüst eingebunden, das von Sexualität über Demokratie und Militär bis hin zur Stadtplanung reichte. Neben den Diskussionen gab es verschiedene Aktionen und Produktionen wie Aufführungen von Strassentheatergruppen, Filmvorführungen, Gedichtlesungen.

Medienecho und Überlieferung

Die Veranstaltung stiess in den Medien auf grosse Resonanz. Vor allem die Printmedien verfolgten das Happening intensiv. Die Berichterstattung ermöglicht es, dass wir uns auch heute noch ein ziemlich genaues Bild des Ereignisses machen können. Die Zeitungen berichteten über die verschiedenen Diskussionsthemen, über die im Centre Le Corbusier herrschende Atmosphäre und über Besucherzahlen. Fotografien fingen einzelne Momente ein, verschiedene bekannte Persönlichkeiten wurden nach ihrer Meinung zum Geschehen befragt. Das Problematische der massenmedialen Berichterstellung ist allerdings, dass Medien nur über das berichten, was ihrer Logik entspricht. Abgedruckt wird, was aus Sicht der Zeitungsredaktionen Nachrichtenwert hat. Dabei fliesst die redaktionelle Linie respektive die politische Ausrichtung der Zeitung und möglicherweise auch des Journalisten in die Berichterstattung ein.

Heute, gut 40 Jahre nach den Ereignissen, mag aber auch anderes interessieren, als was zeitgenössisch als wichtig und somit berichtenswert eingeschätzt wurde. Deshalb sind andere Medien, die einer andern Logik als jener der Massenmedien unterliegen, besonders wertvoll. Im Falle des Sechstagerennens sind dies Filmaufnahmen, Fotografien, Flugblätter, Plakate und eben: die grosse Menge der Wandzeitungen, auf denen spontane Gedanken und Ideen der Besucher der Veranstaltung dokumentiert sind. Denn auf die Wandzeitungen konnte jeder schreiben, was ihn gerade beschäftigte, was ihm durch den Kopf ging oder was er schon immer ein-

▲ Plakatentwürfe zur Veranstaltung «Sechs Tage Zürcher Manifest».

mal öffentlich sagen wollte. Das Medium Wandzeitung fängt eine andere Realität ein als die üblichen Massenmedien und eröffnet somit eine spezielle Perspektive auf 1968 und den Zürcher Sommer.

Die Wandzeitungen

Doch wie kam es überhaupt dazu, dass die Besucher der Sechs Tage Zürcher Manifest Wandzeitungen in so grosser Menge produzierten? Dies lässt sich ganz einfach beantworten: Das Verfassen von Wandzeitungen wurde von den Veranstaltern als Aktivität angeboten und bereits im Vorfeld der Veranstaltung auf Flugblättern angekündigt. Unklar bleibt, was die Veranstalter dazu bewogen haben mag. Klar ist: Das mediale Angebot kam bei den Besuchern sehr gut an und in den sechs Tagen wurden Hunderte von Wandzeitungen angefertigt. Im Centre Le Corbusier war ein Stand aufgebaut, an dem jeder, der Lust hatte, eine Wandzeitung schreiben konnte. Papier und verschiedene Stifte lagen bereit. Zum Teil wurden Papierbögen auch aneinander geklebt, um eine grössere Fläche zu erzeugen. Resultat dieser Produktion ist eine breite Dokumentation von Meinungen und Gedankenblitzen, Fragen, Parolen und Entrüstungsrufen sowie von kreativen Zeichnungen und Kritzeleien. Zum Teil sind kleine Kunstwerke entstanden. An den vielen verschiedenen Handschriften ist erkennbar, wie viele verschiedene Schreiber am Werk waren, zum Teil haben auch mehrere Personen an einem Exemplar geschrieben, haben Antworten, Kommentare oder neue Fragen auf fremde Wandzeitungen geschrieben. Die Wandzeitung wurde zum Medium des Dialogs.

Die Schriften sind sehr unterschiedlich. Während sich einige Personen grosse Mühe gegeben und mit grosser Sorgfalt am Textdesign gearbeitet haben, scheinen andere ihren Text im Eiltempo hingekritzelt zu haben. Der Kreativität und Phantasie in der Gestaltung der einzelnen Wandzeitungen waren keine Grenzen gesetzt, was mit dem Filzstift möglich war, wurde auch umgesetzt. So wurde der weisse Bogen durch seine Gestaltung zum Ausdruck der Individualität seiner Beschreiber und nicht nur zum Ausdruck ihrer Meinung.

Der Inhalt der Wandzeitungen war häufig inspiriert von den Diskussionsthemen der jeweiligen Tage sowie von aktuellen Ereignissen und Debatten. So sprechen viele Wandzeitungen die Jugendhaus-Debatte an, kritisieren das Verhalten der Polizei und Politiker oder thematisieren das Frauenstimmrecht. Andere beschäftigen sich mit Krieg, Militär und Dienstverweigerung oder gehen auf pädago-

▲ **Die Wandzeitungen, die während des «Sechstagerennens» entstanden, wurden teilweise aufwendig gestaltet, teilweise war ihre Ästhetik aber auch eher schlicht.**

gische Fragen ein. Auch Tabuthemen wie Sexualität und Verhütung werden angeschnitten. Schliesslich finden sich auch Äusserungen zu religiösen, philosophischen oder ethischen Fragen. Einige Wandzeitungen werden auch zur Bekanntgabe von organisatorischen Informationen benutzt. Die Themenpalette ist mindestens so breit und bunt wie ein grosser Teil der Wandzeitungen selbst.

Doch nicht nur die Gestaltung, auch die Sprache der Wandzeitungen variiert beträchtlich. Nicht nur, dass sowohl Deutsch, Schweizerdeutsch, Italienisch, Französisch und Englisch gebraucht wurde, auch im Stilniveau unterscheiden sich die einzelnen Zeitungen beträchtlich. Während sich einige Schreiber eines elaborierten Fachjargons bedienten, verwendeten andere eine dezidiert einfache, bisweilen auch obszöne und beleidigende Sprache. Darüber hinaus dokumentieren auch die Zürcher Wandzeitungen den zeittypischen Schlüsselwortschatz der Protestbewegungen: *Gesellschaft, Revolution, Autorität, Gewalt, Autonomie, Freiheit, Repression, antiautoritär, Frustration* – Wörter, die auch heute noch mit 1968 in Verbindung gebracht werden, Wörter, die eine Generation geprägt haben, auch wenn sie schon von Zeitgenossen als Soziologenchinesisch verspottet wurden.

Themen und kommunikative Funktion

Ende Juni 1968 kam es zu heftigen Zusammenstössen zwischen der Polizei und Demonstranten, die ein Jugendhaus für Zürich forderten. Die Vorkommnisse dieser Nächte werden als Globus-Krawall bezeichnet, weil sie sich vor allem vor und im Globus-Provisorium abspielten, das sich an der Bahnhofbrücke beim Zürcher Hauptbahnhof befand und von den Demonstranten als Jugendhaus gefordert wurde. Laut Augenzeugen gingen die Polizisten äusserst aggressiv vor, vereinzelt soll es zu gewaltsamen Übergriffen gekommen sein. Die Arbeitsgruppe Zürcher Manifest schuf im Anschluss an den Globus-Krawall eine Dokumentationsstelle, die Augenzeugenberichte sammelte. Ziel war es, die Ereignisse aus Sicht der Betroffenen festzuhalten, um diesen eine Stimme zu geben und sie rechtlich zu unterstützten. Betroffene wurden mittels Flugblatt aufgefordert, das individuell Gesehene oder Erfahrene zu Protokoll zu geben. Das Ergebnis ist eine äusserst interessante Lektüre mit dem Titel «Dokumentation I. Berichte und Aussagen von Augenzeugen über die Ausschreitungen vom 29./30. Juni 1968 in Zürich» und ist im Schweizerischen Sozialarchiv Zürich zugänglich. Die Protokolle lesen

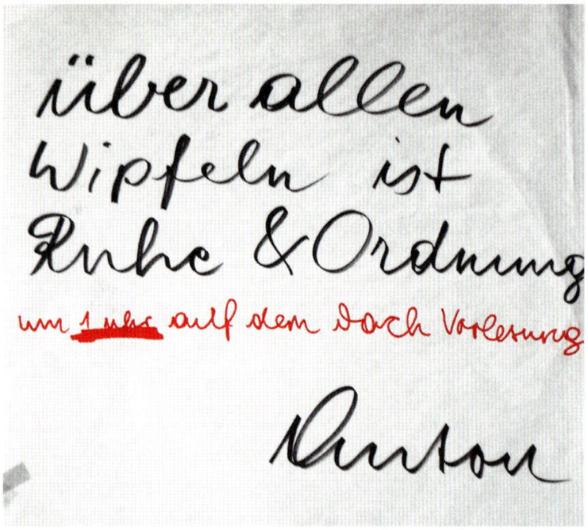

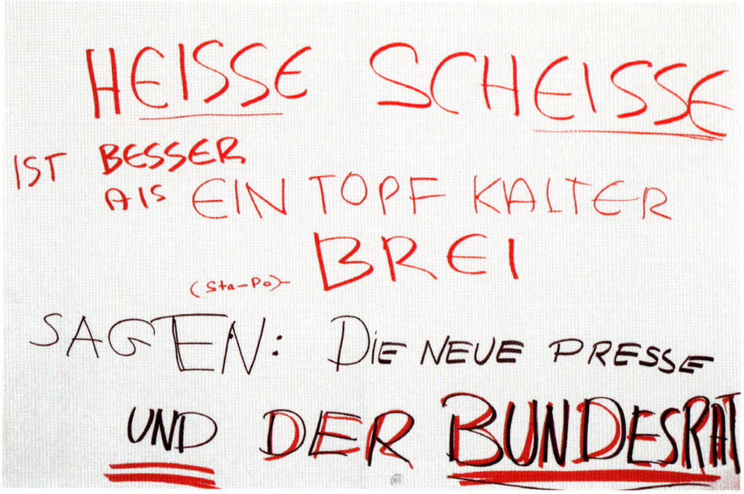

Dialoge auf Papier: Wandzeitungen wurden oft von andern Schreibern ergänzt, teilweise mit Informationen, teilweise mit Kommentaren. Sie wurden so zu einem Ort der Diskussion.

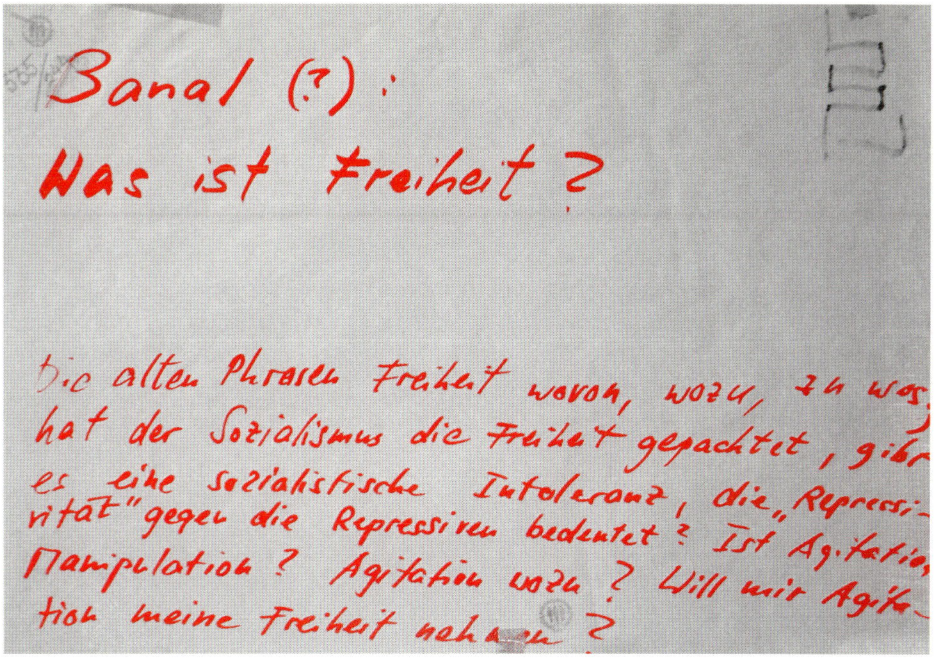

sich wie eine Anklageschrift gegen die Polizei, der systematische Übergriffe gegen Demonstranten und ungesetzliches Vorgehen vorgeworfen werden.

Die Wandzeitung Seite 123 nimmt auf eben diese Ereignisse Bezug und kritisiert die Polizei. Denn statt «Freund und Helfer» zu sein, schiessen hier die Polizisten mit Wasser und Schrot auf einen Demonstranten. Als problematisch beim Vorgehen der Polizei gegen die Demonstranten beim Globus-Krawall wird nicht nur der Einsatz von Gewalt dargestellt, sondern auch, dass die Demonstranten um ihr Recht gebracht wurden, ihre Meinung kundzutun. Die Polizei wird auf der Wandzeitung aber nicht verbal angegriffen oder an den Pranger gestellt, sondern durch die ironisierende Nebeneinanderstellung von Sollzustand (Freund und Helfer) und Istzustand (Einschränker der Meinungsfreiheit) zum Gegenstand heftiger Kritik.

Abbildung Seite 124 unten zeigt eine Wandzeitung mit einem der bekanntesten Slogans der amerikanischen Studentenbewegung: «Make love not war». Diese Wandzeitung dokumentiert jedoch nicht nur, dass die amerikanische Parole ihren Weg auch nach Zürich fand, sondern wie sie hier in einer andern politischen Situation und in einem andern gesellschaftlichen Kontext eine andere Bedeutung erhielt. Während das Friedenssymbol, das sogenannte Peace-Zeichen, in der Mitte der Wandzeitung ebenfalls im Sinne von «Make love not war» Friede statt Krieg fordert, geht es bei «Love all the world» um die Liebe als universelle Kraft. Der Slogan «Aimez-vous les uns sur les autres» dagegen ist durchaus in sexuellem Sinn zu deuten. An den verschiedenen Schriften ist erkennbar, dass mindestens vier Personen an der Wandzeitung gearbeitet haben. Das Gestalten der Wandzeitung zeigt sich hier als kommunikatives Spiel, bei dem dasselbe Motiv unterschiedlich umgesetzt und weiterentwickelt werden kann. Die Wandzeitung ist sozusagen selbst zum Diskussionsraum geworden. Weltfriede und freie Sexualität, Politik und Zwischenmenschliches werden auf dieser Wandzeitung in eigenartiger Weise verschränkt – typisch für 1968: Orgasmusprobleme und Vietnamkrieg wurden als zwei Seiten einer Medaille gedeutet.

Die Wandzeitung in Abbildung Seite 124 oben links kann nur vor dem Hintergrund eines Zitats des damaligen Zürcher Stadtpräsidenten Sigmund Widmer verstanden werden, der am 30. Juli 1968 in einer Radiosendung äusserte: «Die überwiegende Mehrheit der Zürcher Bevölkerung ist empört über die von Jugendlichen hervorgerufenen Unruhen während der letzten Nacht. Auch ich bin empört. Der Stadtrat wird von solchen Demonstrationen der Gewalt nicht zurückweichen. Ruhe und Ordnung in unserer Stadt müssen aufrechterhalten werden. Wenn es nötig ist, werden die Ordnungskräfte verstärkt.» (*Tages-Anzeiger*, 1. Juli 1968) Die Wandzeitung setzt diese Äusserung nun in Verbindung mit Goethes Gedicht «Wanderers Nachtlied»:

> Über allen Gipfeln
> Ist Ruh,
> In allen Wipfeln
> Spürest du
> Kaum einen Hauch;
> Die Vögelein schweigen im Walde,
> Warte nur, balde
> Ruhest du auch.

Anton, der Autor dieser Wandzeitung, hat hier den in den Medien vielfach kolportierten Ausspruch des Stadtpräsidenten mit den bekannten Zeilen aus Goethes Gedichts verschränkt und daraus die Sentenz: «über allen Wipfeln ist Ruhe und Ordnung» geprägt. Sigmund Widmers Ruf nach Ruhe und Ordnung wird in dieser Kontextualisierung zum Ruf nach Friedhofsruhe, nach einer Disziplinierung, die alle Freude und Kreativität der rebellierenden Jugend abtötet. Dieselbe Wandzeitung informiert allerdings weiter über Folgendes: «Um 1 Uhr findet auf dem Dach eine Vorlesung statt.» Diese Information stammt nicht von Anton, sondern von einer andern Person, was an den unterschiedlichen Handschriften erkennbar ist. Zudem ist dieser zweite Text, der durch die rote Farbe hervorsticht, viel kleiner gehalten als der übrige Text. Es ist denkbar, dass die Wandzeitung zu einer Einladung zu einer Gedichtlesung umfunktioniert wurde, wie sie häufiger im Programm der Sechs Tage Zürcher Manifest verzeichnet sind. Ungewöhnlich an dieser Wandzeitung ist zudem, dass der Autor sich namentlich zu erkennen gibt. Das ist, auch wenn es sich nur um ein Pseudonym handeln sollte, bei den Wandzeitungen insgesamt sehr selten der Fall.

Bei einigen Wandzeitungen fällt eine Interpretation sehr schwer. Was will uns der Autor der Wandzeitung von Seite 124 oben rechts mitteilen? Auf was bezieht sich die Aussage «Heisse Scheisse ist besser als ein Topf kalter Brei»? Besser Krawall – selbst wenn das auch nicht gut, nämlich «Scheisse» ist – als Akzeptieren von schlechten Angeboten seitens der Stadt («kalter Brei»)? Und warum schreibt ein anderer diese Aussage der Neuen Presse und dem Bundesrat zu? Ebenfalls unklar bleibt, wieso ein dritter Schreiber die «Sta-Po», die Stadtpolizei, damit in Verbindung bringt – die in diesem Zusammenhang nicht übliche Grossschreibung von «Po» legt es allerdings nahe, hier reine Lust an der dadaistischen Nutzung orthografischer Möglichkeiten zu vermuten.

Auf der Wandzeitung von Seite 125 fragt sich der Schreiber «Was ist Freiheit?», eine Frage, die er selbst als banal kennzeichnet. Jedoch wird die Banalität der Frage, wenn auch nur in Klammern, wiederum infrage gestellt. Ist die Frage danach, was Freiheit ist, banal? Und was ist Freiheit? Darauf folgt ein eigenwilliger Definitionsversuch, der statt zu bestimmen, was Freiheit nun ist, zahlreiche neue Fragen aufwirft und somit beweist, dass die gestellte Frage alles andere als banal ist. Die Fragebatterie erweckt den Eindruck, als ob jemand seine Gedanken, gerade wie sie ihm durch den Kopf gingen, festgehalten hat, ohne Energie für die Formulierung aufwenden zu wollen. Der Verfasser dieser Wandzeitung macht seine momentanen Überlegungen in völlig direkter Weise andern zugänglich und löste vielleicht gerade dadurch entsprechende Diskussionen aus. Die Wandzeitung erweist sich auch in diesem Fall als ein Medium, das in erster Linie Anschlusskommunikation auslösen soll. Dies führt zurück zur Frage:

Warum Wandzeitungen?

Die Vorzüge des Mediums Wandzeitung liegen auf der Hand: Ihre Herstellung ist einfach, das Material billig, man braucht nur Stift und Papier. Der Text ist schnell geschrieben und somit bei seiner ‹Veröffent-

▲ Bei der Ankündigung der Marathondiskussion nahm der Arbeitskreis Zürcher Manifest bewusst Anleihen bei der Collageästhetik des Dadaismus.

lichung› aktueller, als es jedes gedruckte Flugblatt sein kann. Aber für die Marathondiskussion im Centre Le Corbusier dürfte vor allem die kommunikative Funktion der Wandzeitungen eine bedeutende Rolle gespielt haben: Berücksichtigt man, dass bis zu 600 Personen an den Diskussionen teilgenommen haben, so wird schnell klar, dass trotz der offenen Diskussionskultur der späten 1960er-Jahre nur wenige aktiv in die Debatten eingreifen konnten. Die Wandzeitungen eröffneten hier ein weiteres Forum für die Meinungsäusserung all jener, die sich äussern wollten. Wandzeitungen waren zugleich auch Anlass für Gespräche jenseits der grossen Diskussionen. Sie waren nicht nur Meinungsäusserung, sondern auch Aufforderung zum Dialog: zum Verzieren, zum Durchstreichen oder zum Kommentieren dessen, was andere geschrieben hatten. Sie selbst eröffnen einen neuen kommunikativen Raum. Und das war ja das Hauptziel der sechs Tage im Centre Le Corbusier: miteinander reden, sich austauschen, Einigkeit herstellen, Lösungen finden, die Gesellschaft verbessern – eine Revolution im Wort, eine Generation im Diskussionsfieber.

Daneben waren Wandzeitungen aber auch Ausdruck eines ganzen Lebensgefühls. Als ganz neuartige Form, die nicht durch eine lange Tradition festgelegt war, liess sie ihren Verfassern ein Maximum an Freiheit: die Freiheit, zu sagen, was man will, die Freiheit, es so zu sagen, wie man will, die Freiheit, es so zu gestalten, wie man will. Es gab keine Zwänge und keine Richtlinien, wie eine Wandzeitung auszusehen hat, keine Vorschriften oder Anweisungen, es gab keine Kontrolle und keine Zensur. So konnte die Wandzeitung zum Ausdruck der Individualität eines jeden Autors werden. Eine Individualität und Subjektivität, von der der entscheidende Impuls zur Veränderung der Gesellschaft ausgehen sollte – wie von Maos erster Wandzeitung.

«Eine Kanone ist ein psychosomatischer Penis»

Sexualität – Macht – Manipulation

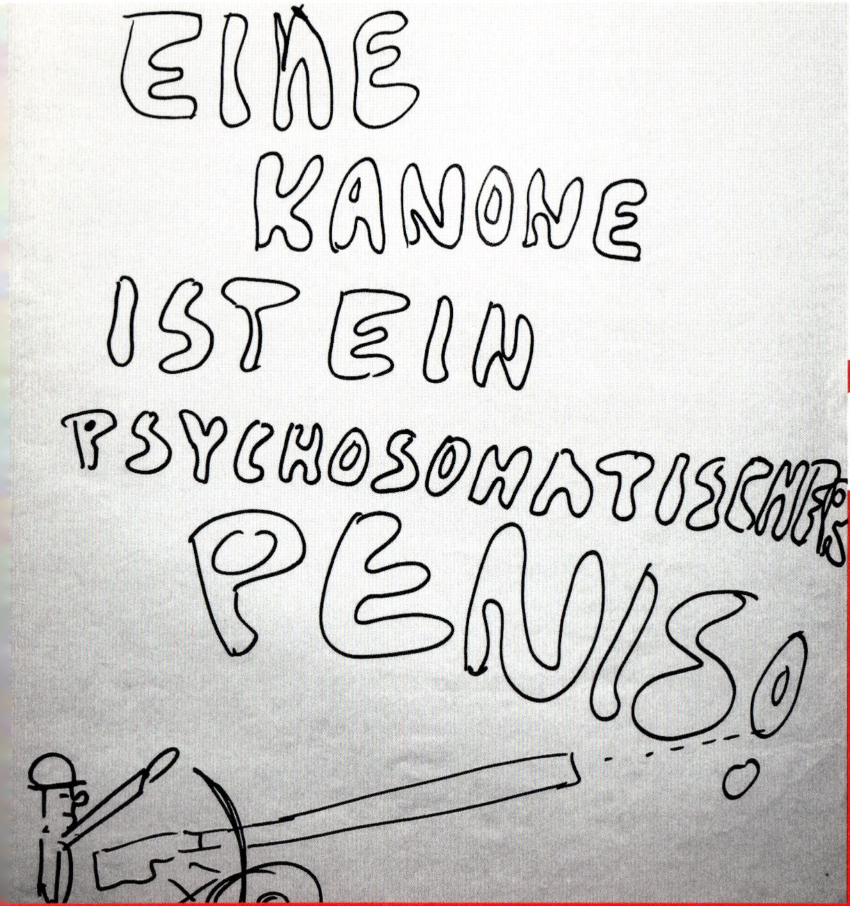

▲▶ Inspiriert von der Kritischen Theorie und der Sexualökonomie Wilhelm Reichs führten die Aktivistinnen und Aktivisten der Zürcher 68-Bewegung Gewalt auf die lustfeindliche Sexualmoral der bürgerlichen Gesellschaft zurück. Sie waren der Ansicht, dass sich das etablierte System nur durch massenmediale Manipulation und gesellschaftliche Triebkontrolle an der Macht halte.

The
and how to get it!
for
Peace

WER BEHAUPTET
DENN EIGENTLICH
DAUERND, DASS WIR
UNTERDRÜCKT
WERDEN?!

Was Freiheit bedeuten kann!

Werde ich, wenn ich frei bin, in den Krieg ziehen ?
NEIN
weil es mein eigentlicher Wunsch ist, in Frieden mit den Menschen zusammenzuleben und etwas Positives aufzubauen, und weil ich, wenn ich mich nicht angegriffen und unterdrückt fühle, keinem Menschen etwas zuleide tun werde.

Warum ziehe ich dennoch in den Krieg ?
Weil ich zum Gehorsam erzogen worden bin – und Gehorsam mich vor Strafe schützt.

Werde ich, wenn ich frei bin, nicht mehr arbeiten wollen?
NEIN
weil es mein Grundbedürfnis ist, mitzumachen und meinen Beitrag an die Gemeinschaft zu leisten.

Warum arbeite ich dennoch oft nicht gerne ?
Weil die Arbeit nicht meine Sache ist. Man hat mich zu oft kritisiert, man hat mich gezwungen und gedrängt. Der Sinn meines Arbeitens war also nicht die Befriedigung meiner schöpferischen und natürlichen Bedürfnisse, sondern die Ausführung der Befehle der Eltern, Lehrer und Vorgesetzten.

Werde ich, wenn ich frei bin, verwahrlosen?
NEIN
weil ich nur lebensfähig in einer Gemeinschaft bin, die mich als Gleichen unter Gleichen akzeptiert. Nur so werde ich mich freiwillig in eine Gemeinschaft einordnen und mich mit meinen Mitmenschen organisieren wollen.

Warum bin ich jetzt in Gefahr zu verwahrlosen ?
Weil ich mich nicht anerkannt fühle und weil die heutige Ordnung davon ausgeht, dass man aus mir nur durch Zwang und Strafe einen sozialen Mitspieler machen kann.

Werde ich, wenn ich frei bin, sexuell haltlos werden ?
NEIN
denn es entspricht mir im innersten Herzen nur eine im mitmenschlichen Gefühl wurzelnde Sexualität, die mich nur so wirklich befriedigen kann.

Warum bin ich in der Sexualität so irritiert?
Weil die Sexualität bei uns von Kind auf unterdrückt und als feindlich, gefährlich, böse, destruktiv und von der Gesamtpersönlichkeit getrennt angesehen wird. wenden !

ABER
wirst vielleicht Du, wenn Du frei bist, freiwillig in den Krieg ziehen – nicht mehr arbeiten wollen – verwahrlosen und sexuell haltlos werden ?

Nein!
Du wirst Dich mit mir zusammentun. Zusammen werden wir, Du und ich, wir alle eine Gesellschaft und ein Zusammenleben ohne Zwang, ohne Privilegien, ohne Tabus und ohne Autorität aufbauen.
Wir werden uns zusammensetzen und gemeinsam einen Fortschritt erarbeiten, einen Fortschritt , der nur in einer so verstandenen Freiheit verwirklicht werden kann.

"MENSCH"

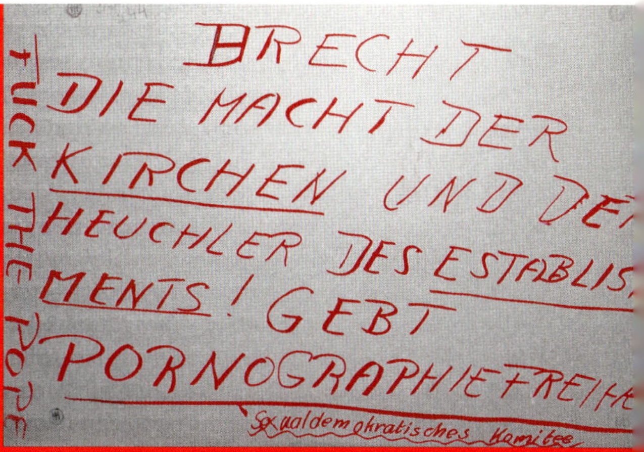

▲▶▶ Faschismus und Militarismus glaubten die 68er durch freie Sexualität überwinden zu können.

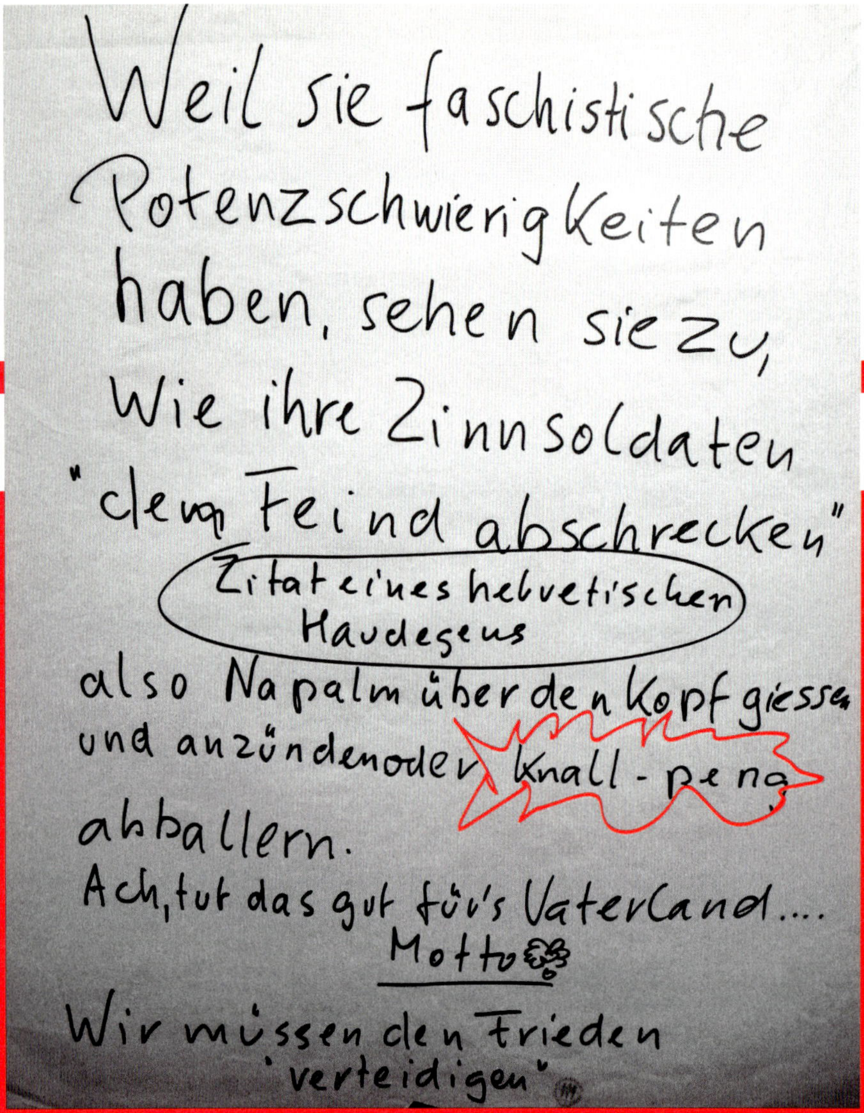
Weil sie faschistische
Potenzschwierigkeiten
haben, sehen sie zu,
wie ihre Zinnsoldaten
"dem Feind abschrecken"
Zitat eines helvetischen
Haudegens
also Napalm über den Kopf giessen
und anzünden oder Knall-peng
abballern.
Ach, tut das gut für's Vaterland....
Motto
Wir müssen den Frieden
'verteidigen'

Love all the World.
aimez vous les uns sur les autres
MERZEDES BENZ
Make Love not War!

I WANT FIVE DOZEN AMPULES OF AMYL NITRITE, PLEASE!
FIVE DOZEN?!
YEAH, I'VE GOT ONE FUCK OF A CASE OF ANGINA PECTORIS!
THAT'LL BE $28.37!
THESE WILL MAKE GREAT PARTY FAVORS FOR THE ANNUAL DOPE DEALERS CONVENTION!
TWEEEEEEEWWW! HEY, ARE YEW A BOY OR A GIRL?!
HAW HAW HAW!
HEY, YOU SMELL LIKE TRASH! GO TAKE A BATH!
HAW HAW HAW!
HEY, CAN'T YOU HEAR THROUGH ALL THAT HAIR?
(A SNAPPY COMEBACK! WHY CAN'T I THINK OF A CLEVER REPLY!?)
(WELL, I'LL JUST HAVE TO BE AS CLEVER AS I CAN UNDER THE CIRCUMSTANCES...)
AW, EAT SHIT, MOTHAFUCKER!
YEW CAN'T TALK ABOUT MAH MOMMA THAT WAY, HIPPIE!!
C'MON, LEROY!
SCREECH
OH, GEE, I'M SORRY! I DIDN'T KNOW HE WAS YOUR MOTHER!
(THE SOUND OF BOOTS ON RIBS)
CRUNCH
KAFROOOM
The sixtyfold o.d. of amyl nitrite (a powerful heart stimulant) does its legendary thing...
ARRRRGGHH!
LORD GOD, BILLY BOB — THAT WAS THE MEANEST HIPPIE YOU EVER PICKED!
ROAR!
RAWR!
SNORT!

Hotcha!

Publizieren im Untergrund

Céline Jourdain Kreative Sippenzeitung für Subkultur, alternative Mutation, (R)evolution, Bewusstseinserweiterung, Leben, bizarre und Community-Bedürfnisse.

Es ist der März des Jahres 1968. Die Jugendunruhen in aller Welt machen auch vor der Schweiz nicht Halt. Am alten Holztisch in einer heimeligen Altbauwohnung mitten in der Zürcher Altstadt sitzt ein 24-jähriger Freigeist. Das ist Urban Gwerder. Er trägt die Haare lang und ist für seinen schwarzen Schlapphut ebenso bekannt wie für den langen Nagel an seinem kleinen Finger. Vor ihm liegt ein Bogen Papier, auf dem der erste Teil eines Textes niedergeschrieben ist mit dem Titel *Wir können nicht mehr länger weiterleben in einer vom Geld versklavten Welt*. Gwerder plädiert darin dafür, sich von Geld so frei wie möglich zu machen und behandelt eines der Themen, welche die Jugend von damals bewegte: den Kapitalismus und seine Folgen. Der Text basiert auf Gedanken von Julian Beck, dem Mann, der mit seinem *Living Theatre* Urban zur Gründung der Untergrundzeitschrift *Hotcha!* motivierte.

Die bürgerliche Presse reagiert entsetzt. «Sex-Inserate und Haschisch-Suppe», mit dieser Schlagzeile gibt der *Blick* die Geburtsstunde jener subkulturellen Zeitung in der Schweiz bekannt, die sich zumindest für ein paar Jahre als Sprachrohr der wilden, verrückten, langhaarigen Jugendlichen etabliert, weil sie im Gegensatz zu den öffentlichen Medien die ‹unverblümte Wahrheit› druckt.

Es waren die Vertreter des *Untergrunds* beziehungsweise der *Subkultur*, die sich mit dem Publizieren der ‹schonungslosen Wahrheit› während der Unruhen in den 1960er-Jahren über die eigenen Reihen hinaus Gehör verschafften.

Die jungen Wilden …

Die 68er-Bewegung, wie das Aufbegehren der Jugend in den ‹langen› 1960er-Jahren im deutschen Sprachraum bezeichnet wird, setzte sich aus verschiedenen Strömungen zusammen. Ein Teil der Engagierten war in den politischen Parteien und Gruppierungen der Linken organisiert. Ein anderer Teil agierte nicht in den festen Formen des Vereinswesens, sondern bildete nach Bedarf und Neigung auf Freundschaft basierende Netzwerke. Unpolitisch waren sie deswegen nicht. Für diese Strömung innerhalb der 68er-Bewegung, in der eher lose verbundene Gruppen von jugendlichen Kunst- und Kulturschaffenden dominierten, die eine Parteizugehörigkeit, ja jegliche Gruppenzugehörigkeit kategorisch ablehnten, wurden Wörter wie ‹Subkultur› oder ‹Untergrund› gefunden. Anders als die Rocker oder die Halbstarken, wie ihre Vorläufer in den 1950er-Jahren genannt wurden, bildete diese Gruppe jedoch auch optisch keine Einheit. Jede Unterwerfung unter verbindliche Grundsätze, Vorschriften und Normen war ihnen zuwider. Uneingeschränkte Selbstentfaltung und eigenständige Entwicklung waren die Werte, die sie anstrebten. Aber

HOTCHA!

EIN ORGAN FUN EMBRYO INFORMATIONEN Nr. 1 ©by Hotcha! Zurich 196

Julian Beck

"WIR KÖNNEN NICHT MEHR VIEL LÄNGER WEITERLEBEN IN EINER VOM GELD VERSKLAVTEN WELT"

Unternehmt etwas, damit euer Leben nicht dauernd dem Prozess des Geldverdienens unterworfen ist. Solange der Gegenstand eurer Arbeit finanzielle Belohnung ist, bleibt diese verflucht.

Die Heiligung der Tat — der heilige Akt, die Heiligung des Moments gehen total verschütt, wenn Sinn und Zweck getaner Arbeit nicht länger die Arbeit selbst, die Leidenschaft, das Werk, die Aktion ist, sondern Geld.

Vergesst das Geld; schiebt es beiseite. Sucht Wege, weiterzukommen mit weniger und immer weniger davon. Das ist sehr, sehr wichtig.

Dann könnt ihr anfangen, Dinge zu tun — im Theater sowieso — die nicht von der Idee leben eventuell finanziell interessant zu sein; dann könnt ihr freier schaffen.

Das Geld zu teilen und als ökonomische Gemeinschaft zu leben, ist nur ein Teil der so hoffnungslosen Bedürfnisse des Menschen. Die Leute müssen schöpferisch leben, um eine Situation zu schaffen, in der das Individuelle nicht dem Kollektiven und das Kollektive nicht dem Individuellen geopfert wird. Dann wird es nützlich, im Werk selber das Gemeinsame zu verfolgen.

Das LIVING THEATRE hat in unserem besonderen Bereich versucht — lediglich als Methode, unser eigenes persönliches Heil auszuarbeiten — die Schutzherrschaft der Autorität zu zerstören, sich von mir frei zu machen. Meine Eigenschaft als Gründer und Leiter hat zu verschwinden, und die Folgen sind:

WIE MACHT MAN EIN SPIEL OHNE DEN AUTORITÄREN BEREICH DES AUTORS, LEITERS UND DESIGNERS? WIE SCHAFFT MAN EINE SITUATION, IN DER DIE EINMALIGKEIT EINES EINZELNEN DER EINE GRUPPE FÜHRT AUFGEHOBEN WERDEN KANN?

Ich denke, unsere diesbezüglichen Eingriffe waren sehr ernst und tiefgehend, wenn auch nicht total.

Das Living Theatre hat bisher an drei Stücken gearbeitet, zwei davon sind von A-Z kreiert worden von einer Gruppe von 25-30 Leuten, arbeitend auf der nämlichen Basis: WAS WERDEN WIR TUN? WIE WERDEN WIRS TUN? WORAUS BESTEHT DAS SCHÖPFERISCHE EREIGNIS? und WIE KÖNNEN WIR MACHEN, DASS ES STATTFINDET? — ©J.B.

(JULIAN BECK IN „INT. TIMES")

— „Fortsetzungen" folgen —

PARADISE NOW!

HEISST DAS NEUE STÜCK, DA VOM LIVING THEATRE JE IN SIZILIEN VORBEREITET WIRD.

DIE PREMIERE IST IM JULI–AUGUST AM FESTIVAL D'AVIGNO

the FUGS

»Tenderness Junctior
(reprise 6280 STEREO)

Die 3. Langspielplatte der FUGS ist jetzt erhältlich: besser denn j Immer noch sind die Dichter Ed Sanders, Tuli Kupferberg Ken Weaver Grundformation die Musiker sind ausgewechs worden.

Allen Ginsberg singt „Hare Krish Ausser den grossartigen Songs v Sanders & Tuli, singen sie Ezra Pound & das Liebeslied der Sa an Aphrodite auf Altgriechisch Hervorragender Gesang, weniger Ugly Sounds, elektr. Geige, Maultrom eine herrliche ½ pornographische Strassenlitanei & ein phantastisch Umschlag von Photograph Avedo

Vom 25.–29. September 1961 werden die FUGS und die MOTHERS of Invention an den „Internationalen Essener Song-Tagen" in Essen gastieren

▲ Erste Ausgabe des «Hotcha!» 1968 mit einem Text von Julian Beck, dem Leiter des Living Theatre.

auch sie wollten den Geschehnissen in der Welt nicht mehr stumm zusehen, sondern auf die Missstände aufmerksam machen. Wenn die Mehrheit der Gesellschaft nach ihren Werten leben würde – davon waren die Vertreter des Untergrunds überzeugt – dann wäre eine neue Art von Gesellschaft Realität und nicht nur Utopie. Der ‹repressiven Gesellschaft› setzten sie die ‹Gemeinschaft› entgegen, deren Angehörige gegenseitig ihre Selbstentfaltung fördern sollten. Statt einer Organisation mit festen Strukturen popagierten sie ein freies, von Selbstverantwortung geprägtes *Sippenleben*.

Eine *Sippe* verstand sich als Gruppe von frei denkenden Menschen, deren Beziehungen untereinander durch *Wahlverwandtschaft* getragen wurde. Ihr Leben war durch gegenseitige Unterstützung zur Bewältigung des Alltags geprägt: gemeinsames Kochen, geteilter Unterhaltserwerb, geistiger und seelischer Austausch wie auch gemeinsames Feiern waren die Regel. Dennoch teilten die Sippenangehörigen nicht zwingend denselben Wohnraum.

Hierarchische Strukturen, Machtkämpfe, Konkurrenzkampf und Gewalt wurden abgelehnt, die revolutionäre Kraft wurde im Dasein selbst gesucht, in den kreativen und spielerischen Elementen der Existenz, im Vorleben von alternativen Lebenskonzepten und in alternativen Medien, die ihre Ideen verbreiteten. Sie konzipierten eine neue Einheit von Leben, Kunst und Politik: Politik war Leben und Leben war Kunst.

Als Sinnbild des Geistes der Gegen- und Subkultur in Zürich steht die von Urban Gwerder publizierte Zeitschrift *Hotcha!*

Hotcha! war nicht nur ein Medium, in dem sich der damalige Untergrund manifestierte, sondern auch eines, in dem sich die Subkultur konstituierte, in dem sich der Untergrund auf lokaler, regionaler, nationaler und internationaler Basis verständigte. Durch die Distribution der Zeitschrift in der Stadt Zürich, in der Schweiz, sogar in der ganzen Welt, wurden immer wieder neue Zeitgenossen, welche die Weltanschauung der Gegengesellschaft teilten, angezogen.

Die Zeitschrift trug ihren Teil zur Konstruktion des Untergrunds bei und entwickelte selbst eine autonome Geltungskraft als Teil der Subkultur. In der Herstellung und Lektüre der Zeitung fand statt, wovon sie selbst berichtete: subkulturelle Tätigkeit.

… und ihr Sprachrohr

Ausschlaggebend für die Entstehung der Zeitschrift *Hotcha!* war Urban Gwerders Begegnung mit dem *Living Theatre* in Zürich. Diese Theatergruppe aus den USA umfasste etwa 50 Leute und galt in ihrer Heimat als Verbund von Anarchisten und militanten Friedenspredigern. Ihre Mitglieder waren wegen ihres politischen Strassentheaters vor einer Inhaftierung nie sicher.

Angetan vom unkonventionellen Auftritt der Gruppe im Zürcher Volkshaus, legte Urban Gwerder während des Applauses ein Exemplar seines Gedichtbands *Tilt* auf die Bühne. Noch am selben Abend schloss er Freundschaft mit Julian Beck, einem der Gründer des *Living Theatre*, der ihn ermutigte, ein Untergrundmagazin herauszugeben, dessen erste Nummer im März 1968 erschien und den Namen *Hotcha!* trug.

Den Namen *Hotcha!* entdeckte Gwerder zufällig in den Liner Notes von Frank Zappas erstem Album *Freak Out!* Das Wort bedeutet nichts Spezifisches, sondern sollte bei Rezipienten alle denkbaren Assoziationen zulassen und als eine Art Geheimcode für Kreativität, Freude und Flexibilität stehen. Der Name erlaubt einen spielerischen Umgang mit dem Wortmaterial und lehnt, ganz im Sinne der Gegenkultur der 60er, das Festgefahrene, Kleinkarierte und Konventionelle ab. So steht beispielsweise als Titelvariation für *Hotcha!* auf dem Frontblatt der 20. Ausgabe *Hoppla!* oder auf jenem der 18. Ausgabe *Hatschi*.

Ohne jegliches Startkapital wurde das Untergrundmagazin in Umlauf gebracht. Gwerder war überzeugt, dass aus dem Glauben an die Idee ein solches Projekt aus sich selbst wachsen und sich schliesslich selbst finanzieren würde. Das Embryo-Spiralen-Signet, das

▲ **Urban Gwerder mit Schlapphut im Theater am Zytglogge, 1967.**

auf keiner Ausgabe fehlen durfte, stand für diese eigenständige Entwicklungsfähigkeit der Zeitschrift. Der Glaube an die Idee bewährte sich und während der folgenden vier Jahre erschien die Subkulturzeitschrift regelmässig. Etwa alle drei Wochen wurden neue, zunehmend umfangreichere Ausgaben publiziert. Dank der stetig wachsenden Auflage und der unbezahlten Arbeit der *Hotcha!*-Sippe war es möglich, den günstigen Verkaufspreis von einem Franken während der ganzen Zeit beizubehalten. Die Mund-zu-Mund-Propaganda sorgte für den nötigen Absatzmarkt. Der Geist der 1960er-Jahre sollte vor keinem Interessierten und keiner Interessierten Halt machen.

Das Layout der ersten beiden Ausgaben wurde bewusst primitiv gehalten, um sich formal gegenüber den etablierten Medien abzugrenzen. Diese Abgrenzung betonte Gwerder, indem er seine Zeitschrift anfänglich als ‹Pfahlbauerzeitung› bezeichnete. Für die Herstellung der darauf folgenden Ausgaben fand sich eine immer wieder neu gemischte *Hotcha!*-Sippe zusammen, die sich mit Gwerder um ein preisgünstiges, aber attraktives Layout bemühte. So wurde Farbe ab der Doppelnummer 9 bzw. 10 nicht mehr nur punktuell, sondern auch grossflächig eingesetzt. Aus Layout-Experimenten resultierten beachtliche Titelblätter, die damals in der Szene für andere Untergrundzeitschriften und später auch für etablierte Zeitschriften als Vorbilder fungierten.

Ab der 54. Ausgabe wurden die Exemplare im Eigendruck in einem abgelegenen Haus in Sünikon im Kanton Zürich vervielfältigt. Das ‹offene Haus› namens *Paradiesgärtli* bot nicht nur Platz für die Druckmaschine, sondern auch für Menschen, die einen befristeten Aufenthaltsort suchten. So wurde zum Beispiel der vor der Polizei flüchtende Rocker Tino von den *Hells Angels* dort einquartiert. Viele junge Menschen kamen mit der *Hotcha!*-Redaktion in Kontakt, und wer im Sinne des Untergrunds etwas zur Zeitschrift beitragen wollte, sei es mit einem Bericht oder im gestalterischen Bereich, der durfte das tun. So zählte das *Hotcha!* ungefähr 30 feste und 70 gelegentliche Mitarbeitende.

Urban Gwerder nahm eine Schlüsselfunktion ein. Er war Redaktor, führte die Korrespondenz und die Administration und kümmerte sich um das ‹offene Haus›. Nicht zuletzt übten sowohl die persönlichen, internationalen Korrespondenznetze als auch *Hotcha!s* Mitgliedschaft beim *Underground Press Syndicate* einen grossen Einfluss auf Inhalt und Form der Zeitschrift aus.

Verbunden und vernetzt

Die Untergrundbewegung war eine internationale und der Geist der 1960er-Jahre ein weltweiter. Es fanden sich Gleichgesinnte, die gemeinsam die Welt verändern wollten. Die ständig wachsende Zahl der Anti-Zeitschriften war über das *Underground Press Syndicate* (UPS), einen internationalen Medienverbund, vernetzt. Die beiden ersten Undergroundzeitschriften der 1960er-Jahre waren *Los Angeles Free Press* in LA (1964) und *East Village Other* (EVO) in New York (1965). Die beiden Zeitschriften gründeten 1966 mit fünf weiteren Mitgliedern das UPS. Dessen Organisation war einfach, aber effizient. Jede Zeitung im Verbund tauschte mit allen andern Mitgliedern Dauerabonnemente aus. Alle Beiträge aus den andern U-Zeitschriften durften übernommen, kopiert und verändert, gekürzt oder verlängert werden, wenn der Urheber sie nicht mit einem einzelnen Copyright versehen hatte. Der Informationsaustausch sollte das geistige, kulturelle und künstlerische Gut des weltweiten Untergrundes stärken und die Vielfalt der Gegenkulturen zusammen- und so erst recht zur Entfaltung bringen. Gwerder gründete, nach amerikanischem Vorbild, den eurasischen Zweig der UPS. Als er sein Netz an das amerikanische Mutternetz anschloss, übernahm er bald die Koordination für das ganze UPS. Die Mitgliederzahl wuchs (1971 zählte man 500), und es entstanden neue, kleinere Austauschverbände wie *Liberation News Service, Cosmic Circuit,* BIT oder die *Partisanenpresse.*

Bunt gemischt

Hotcha! füllte seine Seiten sowohl mit Verarbeitungen der ausländischen Untergrunderzeugnisse als auch mit ‹heimischen› Beiträgen. Zu den Schweizer Subkulturellen, die das freie Sprachorgan öfters nutzten, gehörten beispielsweise Silvio Riccardo Baviera, Sergius Golowin und Anton Bruhin. Antonholz Portmann zeichnete die Schweizer Comix-Streifen und H. R. Giger und Franz Anatol Wyss erstellten die grafischen Beiträge. Im internationalen Teil kamen mit Originalbeiträgen Wortführer der kulturellen Rebellion zu Wort, so zum Beispiel die Poeten der Beat-Generation Allen Ginsberg und Tuli Kupferberg, der Drogenphilosoph Timothy Leary und Allen Watts.

Hotcha!, vom Untergrund für den Untergrund geschrieben, informierte über die Ereignisse in der Subkultur, unterstützte Hilfesuchende mit praktischen Hinweisen zur alltäglichen Lebensgestaltung, erarbeitete und diskutierte das Wesen der ‹alternativen Gesellschaft› und publizierte Informationen und Berichte, welche die öffentlichen Medien verschwiegen oder für unwesentlich hielten. So unterrichtete das *Hotcha!* sein Publikum auch über Themen wie Sex, Verhütung, Abtreibung, Homosexualität und Drogen. Es lieferte Berichte über Vietnam, Dritte Welt, Hunger, Ökologie, Kapitalismus und Kommunismus. Das *Hotcha!* druckte einen bebilderten Lehrgang zum Drehen eines Joints ab, gab Tipps für Kriegsdienstverweigerer oder veröffentlichte Formulare für den Austritt aus der Kirche. Zur Auflockerung informierte die Zeitschrift über Konzerte und neue LP-Produktionen im Bereich der Beat-, Rock- und Popmusik. Im Fokus des Interesses standen amerikanische Rockbands wie *The Fugs, The Rolling Stones* oder Frank Zappa.

In allen Teilen der Welt wurden die Untergrundzeitschriften von den staatlichen Organen nicht gerne gesehen und entsprechend kontrolliert. Auch die Behörden in der Schweiz nahmen das *Hotcha!* aus Zürich unter die Lupe und suchten gezielt nach Anklagepunkten. Wegen Veröffentlichung ‹unzüchtiger Bilder und Texte› kam es regelmässig zu Verfahren gegen die Redaktion. So wurden zum Beispiel Gwerders deutsche Übersetzungen zweier Liebesgedichte der Amerikanerin Lenore Kandel, in denen die körperliche Liebe gepriesen wird, von der Sittenpolizei als «obszöne Erscheinungen» gewertet und Gwerder mit einem Bussegeld von 94 Franken und 20 Rappen bestraft. Neben solch harmlosem Ärger mit den Behörden gab es jedoch auch ernste Zwischenfälle, wenn zum Beispiel Redaktoren verhaftet wurden.

Living Theatre

Mit staatlichen Organen hatten nicht nur Untergrundzeitschriften zu kämpfen, sondern auch andere Gruppen wie das *Living Theatre,* über das im *Hotcha!* häufig berichtet wurde. Seinen Ausgangspunkt nahm das alternative Theater mit seinen Gründern Julian Beck und Judith Malina 1947 in New York. Nach 18 Jahren experimenteller Vorarbeiten zum ‹radikalen Theater› wurde es jedoch in Amerika behördlich geschlossen. Wollten sie ihr Projekt weiterverfolgen, blieb ihnen nichts anderes übrig, als in Europa auf mehr Toleranz zu hoffen. Im Exil entwickelte die riesige, besitzlose Wandersippe eine alternative Lebensform. Die *Living-Theatre*-Mitglieder lebten wie Zigeuner in ein paar Kleinbussen und Zelten und teilten sich Leben und Arbeit. Die Theatergruppe politisierte sich mehr und mehr und entwickelte sich zu einem pazifistischen und anarchistischen Strassentheater. Die Vorführungen wurden von Mal zu Mal einfacher, das Bühnenbild und die Requisiten auf ein Minimum reduziert und die Körpersprache ersetzte vermehrt die Sprechsprache. *Paradise Now*, ein Improvisationsstück, in dem das Publikum aktiv mit einbezogen wurde, ist das bekannteste Stück aus dieser Schaffensphase. Kaum eine Gruppe repräsentierte den Geist des Untergrunds so gut wie das *Living Theatre*. Die Durchmischung von Leben, Kunst und Politik fand hier einen Höhepunkt. Mehrmals besuchte die Truppe Zürich, wo jeweils ein Teil der Mitglieder in der *Hochta!*-Redaktion und im *Paradiesgärtli* einquartiert wurden.

Neben dem Living Theatre ist KUSS ein weiteres Beispiel dafür, wie sich die verschiedenen Aktivitäten im Untergrund und *Hotcha!* als Sprachrohr gegenseitig stützen.

KUSS

1969 rief Sergius Golowin, der in der Szene als ein prominenter Schweizer Märchen- und Subkulturenforscher bekannt war, eine Untergrund-Universität namens KUSS ins Leben. Das Akronym KUSS steht für *Kritische Untergrund-Schule Schweiz* oder für *Kritische Universität für Schweizerische Subkultur.* Nicht selten berichtete das *Hotcha!* über die U-Universität, die in der Berner Junkere 37 gegründet wurde. Die *Junkere 37* war, wie auch die Platte 27 in Zürich, ein Kultur- und Debattierklub für Jugendliche. Zu der Zielsetzung der neuen Uni gab Golowin im *Hotcha!* Folgendes bekannt: «Die ‹Junkere 37›, 1962 gegründet, besitzt nur dann einen tieferen Sinn, wenn sie die Rolle einer Berner Altstadtrarität verliert und sich zu einem Bestandteil im Rahmen einer allgemeinen volkstümlichen Bewusstseinsbildung zu entwickeln vermag. [...] Die Gruppen verschiedener Städte unterstützen sich durch Austausch von Referenten, Dokumentationen, Räumlichkeiten usw. Sie bemühen sich gemeinsam um jene Teile des menschlichen Wissens, die unter den herrschenden Verhältnissen (sanft ausgedrückt!) keine amtliche Förderung finden.» Es ging darum, sogenannte ‹Pop-Couleur-Studenten› aus der ganzen Schweiz in solchen Themen und Bereichen zu bilden, die in staatlichen Ausbildungsstätten tabuisiert wurden. Auf die Missstände im Bildungsbereich sollte aufmerksam gemacht werden, indem die altehrwürdige Alma Mater persifliert wurde. Golowin und seine Freunde stellten in Anlehnung an die öffentliche Uni ihre Regeln und Ordnungen auf.

▲ Das «Paradiesgärtli» in Sünikon, Refugium des Zürcher Underground, in dem die Zeitschrift «Hotcha!» zeitweise gedruckt wurde.

▶ Titelblatt der Londoner Untergrundzeitschrift «OZ», mit welcher der «Hotcha!» im Underground Press Syndicate vernetzt war.

(01810)960.0/216 Kopie KK III 5

STADTPOLIZEI ZÜRICH

An das Gewerbepolizei-Kommissariat.

Betrifft: "Hotcha". 1.Untergrund-Zeitung in der Schweiz, Verkauf im Umherziehen.

Beim Gesuchsteller handelt es sich um den Gründer und Herausgeber der "Hotcha", nämlich um:

G w e r d e r , Alexander Urban, von [redacted], geb. [redacted] in [redacted], Schriftsteller, verh., wohnhaft [redacted], [redacted].

Diese, wie er sie nennt, erste schweizerische Untergrundzeitung ist im April 1968 erstmals erschienen. Die vorliegende Nummer 13/14 ist tatsächlich eher harmlosen Inhalts. In früheren Nummern wurde "dicker aufgetragen". Die Tendenz dieses Elaborates ist eindeutig: Kampfansage an das Establishment, wie das in gewissen nonkonformistischen Kreisen in letzter Zeit grosse Mode ist. Urban Gwerder incl.seine gleichgeartete Ehefrau sind denn auch stets an der sog. "Riviera" anzutreffen, also bei den Bärtigen und Schnauzbärtigen, von denen er selbst ein Musterexemplar ist. Dass er am15.Juni 1968 unter den Demonstranten gegen die Stadtpolizei und anlässlich des Globus-Krawalls anzutreffen war, verwundert deshalb nicht. Anderseits kann er sich damit brüsten, dass er in seiner Eigenschaft als "Schriftsteller" von der Abteilung des Stadtpräsidenten eingeladen worden war, am vergangenen Samstag imStadthaus im Rahmen der PODIUM-Veranstaltungen als Vortragender aufzutreten !

Dass ausgerechnet einem solchen Mann und dessen Sippe die Bewilligung erteilt werden soll, dieses Elaborat auf dem öffentlichen Grund im Umherziehen zu verkaufen, könnte unsererseits nicht verstanden werden.

[redacted] KK III

22.10.68.

Beschwerde des Kriminalkommissariats III an die Gewerbepolizei, den Verkauf des «Hotcha!» betreffend.

So kam es, dass ‹Magister› Golowin im Namen der KUSS im Februar 1969 dem ‹Primus› Urban Gwerder die höchste Auszeichnung, den ‹Doc. honoris causa›, also den Ehrendoktor verlieh.

Urban Gwerders Aktivitäten, sei es als Untergrund-Uni-Dozent oder als Herausgeber des *Hotcha!*, waren wichtig für die Angehörigen des Untergrund und konnten sogar ganze Leben verändern. So nahm zum Beispiel Adrian Suters berufliche Laufbahn zum Schriftsteller und Verleger des WOA-Verlags seinen Anfang beim Strassenverkauf der U-Zeitschrift und beim Zeichnen von *Comix* für dieselbe.

Comix

Die Entwicklung der Underground-Comix steht in einem engen Verhältnis zu den Mainstream-Comics und der Zensur, deren Opfer sie wurden. Zur Abgrenzung von den kommerziellen Mainstream-Comics wurde für den Underground-Comix die Schreibweisen *Comix, Comiks, Komix* oder *Komiks* gewählt.

Als erster moderner Comic gilt *The Yellow Kid* von Richard Felton Outcault, der 1895 in der amerikanischen Zeitung *New York World* erschien. Sequenziell angeordnete Folgen von gezeichneten Bildern, kombiniert mit Begleittext, gab es jedoch schon im 19. Jahrhundert in verschiedenen westlichen Ländern. Nicht nur Amerika, Frankreich und Belgien, sondern auch die Westschweiz oder Holland entwickelten eine Comic- beziehungsweise *Bandes dessinées*-Kultur. Die anfänglich harmlosen Comics wurden nach dem Ende des Zweiten Weltkrieges durch die Einflüsse der Kriegsjahre tendenziell härter und brutaler. Um die Jugend vor negativen Einflüssen im Bereich von Gewalt, Drogen und Sexualität zu schützen, wurde in Amerika in den 1950er-Jahren den radikalisierten Comics eine Eigenzensur, der *Comic-Code,* auferlegt. Auch Zeitschriften in europäischen Ländern zeigten sich bereit, die Comics nach diesem Code zu zensurieren.

In den 1960er-Jahren waren deshalb Comixkünstler, die sich den Themen der Gegenkultur widmeten und eher hartgesottene Strips zeichneten, an einer unzensierten Plattform interessiert. Eine solche boten schon bestehende oder extra dafür gegründete Untergrundzeitschriften. Die Underground-Comix-Ära brach an.

Der Undergrund-Comix nahm seinen Anfang in Amerika, hielt aber in den späten 1960er- und frühen 1970er-Jahren auch in Europa und der Schweiz Einzug, hauptsächlich begünstigt durch das Netzwerk UPS. In der Anfangsphase druckten die europäischen Zeitschriften keine Eigenproduktionen ab, sondern primär die amerikanischen Stripes. So erheiterten in älteren Ausgaben von *Hotcha!* in erster Linie Figuren von Gilbert Shelton (Freak Brothers) und Robert Crumb (Fritz the Cat) die Leser. Teilweise waren dies sogar Erstveröffentlichungen, da die Behörden in Amerika härter gegen die Underground-Comix vorgingen als jene in der Schweiz.

Später kamen Zeichnungen von holländischen Künstlern hinzu, bis sich schliesslich auch einheimische Künstler wie Ueli Bär, Friedrich Kuhn, Antonholz Portmann und Adrian Suter der Zeichenkunst annahmen und sich in der Zürcher Szene einen Namen machten. Eine Spezialausgabe von *Hotcha!* mit dem Namen *Schlürf* widmete sich ausschliesslich dem Comix. Diese Spezialausgabe stellte die Begründung des ersten deutschsprachigen U-Comix-Blatts dar und wurde von Adrian Suter und seinem Bruder Peter übernommen und herausgegeben. Die Entwicklung eines eigenen, unabhängigen Comix-Blattes in Zürich, das seine Hauptaufgabe darin sah, provokative Zeichnungen mit schwarzem Humor an eine alternative Öffentlichkeit zu tragen, war für die Schweizer Comix-Szene ein wichtiger Schritt.

Was blieb

Mit *Hotcha!* lebte die Subkultur in Zürich in den Jahren zwischen 1968 und 1971 auf. Der Untergrund konstituierte sich mithilfe des subkulturellen Magazins, das in gemeinsamer Arbeit von Urban Gwerder und der *Hotcha!*-Sippe produziert wurde. Die Zeitschrift trug dazu bei, dass die Bewegungen der 1960er-Jahre nicht ohne Wirkung blieben. Das Mitspracherecht von Jugendlichen in der Gesellschaft, die Thematisierung von Drogen und deren Wirkungen, die Enttabuisierung von Sexualität und Ehescheidungen, der Aufbau einer alternativen Musikszene sowie ein neues Umweltbewusstsein wurden in erster Linie im und durch den Untergrund gefördert.

Revolutionär und innovativ war die Untergrundzeitschrift nicht zuletzt im gestalterischen und formalen Bereich; so gilt das *Hotcha!* heute im In- und Ausland als wichtiger Anreger und Vorreiter, und es beeinflusste nachhaltig das Layout verschiedener alternativer, aber auch etablierter Zeitschriften. Durch neue Gestaltungs- und Drucktechniken wurden die konventionellen Aufmachungen revolutioniert. So sind etwa sogenannte Irisdrucke bzw. Rainbow-Inking und Unterdrucke Erfindungen der Untergrundpresse. Wortspiele und Mundart – in den etablierten Printmedien eher vermieden – wurden von der Untergrundpresse als stilistische Mittel eingesetzt. Heute gehört beides zu den selbstverständlichen Ausdrucksformen im Zeitungsjournalismus.

Die öffentlichen Medien ignorierten die Untergrundzeitschrift zunächst weitgehend. Erst zu deren Ende hin war das Interesse der bürgerlichen Gesellschaft geweckt. So räumte der *Tages-Anzeiger* vom 28. August 1971 dem subkulturellen Magazin zu dessen 57. und vorerst letzten Ausgabe fast eine ganze Zeitungsseite ein, auf der ausschliesslich über das *Hotcha!* und dessen Herausgeber berichtet wurde.

In diesem Artikel wurde zu den Gründen für das Ende der Produktion Urban Gwerder zitiert, der verkündete, dass er «aus lauter Freude und Aufgestelltsein» entschieden habe, 1971 die letzte Ausgabe herauszugeben. Was nur bedingt korrekt war: 1988 kam zum 20-Jahr-Jubiläum der 68er-Bewegung noch einmal eine Doppelnummer heraus.

Anfänglich von einer breiten Öffentlichkeit als Schund verurteilt, werden die Ausgaben von *Hotcha!* inzwischen als wichtiger Bestandteil der Schweizer Kulturgeschichte gewertet und in Archiven sicher gelagert. Eine vollständige Sammlung des Magazins ist beispielsweise in der Landesbibliothek in Bern oder der Zentralbibliothek in Zürich zu finden.

Schlapp de Bireschnüüzer

Antonholz Portmann

▲ **Im Unterschied zu den kommerziellen Comics hatten die Comix der Subkultur oft provozierende Inhalte und waren voller sexueller Anspielungen, wie der hier abgebildete von Antonholz Portmann.**

Form im Alltag, Alltag ohne Form?

Wechselwirkung zwischen Protestästhetik und Design

Christof Kübler Es sei nichts geblieben von 1968, schrieb der Kunstkenner Bazon Brock 1990 anlässlich der Ausstellung *um 1968, konkrete utopien in kunst und gesellschaft* in der Städtischen Kunsthalle in Düsseldorf – weder im Designbereich noch in der Architektur. Es gebe kein Pop-Design für Möbel über das hinaus, was in Las Vegas und auf Jahrmärkten, in Fernsehunterhaltungssendungen und auf dem Theater an Kulissenzauber entfaltet worden sei.[1] Brock selbst beteiligte sich ab 1958 an sogenannten Happenings gemeinsam mit Friedensreich Hundertwasser, Joseph Beuys und Wolf Vostell. Seine provokative Aussage wird von ihm selbst aber gleich wieder relativiert, denn er erklärt das Fehlen eines essenziellen Niederschlags einer Ästhetik der 1968er-Jahre u. a. damit, dass die Diskussion um das Wie, Wo und Wer zu solchen Fragen Anfang der 1990er-Jahre noch überhaupt nicht abgeschlossen war.

Im Folgenden soll es darum gehen, mit Blick auf Formgebung und Ästhetik der 1968er-Jahre einige ausgewählte Themenfelder und Aspekte zu benennen, seien diese in den von den Akteuren der 68er-Bewegung verwendeten expressiven Formen selbst oder in den Bereichen Design und Architektur angesiedelt. Das Thema kann hier nicht abschliessend behandelt werden, vielmehr liegt das Interesse im Ausloten potenzieller Kreuzbestäubungen zwischen ästhetischen Formen der 68er-Bewegung und gestalteter Umwelt im Bereich des professionellen Designs und der Architektur.

Die Geschichte dieser wechselseitigen Inspiration kann freilich nicht ohne einen Blick auf die etablierte Schweizer Designszene jener Jahre geschrieben werden. Eine ihrer Institutionen war die Auszeichnung «Die gute Form». Seit Ende der 1940er-Jahre wurde unter diesem Label im Auftrag des Schweizerischen Werkbunds gutes Design von industriell hergestellten Produkten prämiert. Doch wehte der Auszeichnung zusehends ein stärkerer Wind entgegen – und so kam, was wohl kommen musste: 1968 wurde kein Preis vergeben, und das Gremium löste sich wenig später auf. Wie konnte es so weit kommen?

Kontext und Geschichte

«Die gute Form» wurde 1949 von keinem Geringeren als Max Bill mitbegründet und verfolgte das Ziel, Objekte für den Schweizer Alltag auszuzeichnen, die besonders gelungen gestaltet waren. Gleichzeitig stellte die Auszeichnung ein behutsames Manifest gegen die radikale Auslegung des eng definierten Designbegriffs der 1920er-Jahre dar. Dem unermüdlichen Ruf der funktionalistischen Gestalter der Vorkriegszeit, Schönheit oder Form eines Produktes allein als Resultat seiner funktions-, material- und konstruktionsgerechten Umsetzung anzusehen – das Credo lautete «form follows function» –, diesem Ruf stellte Bill die Schönheit als *eigenständige* Funktion gegenüber. Es sei mittlerweile selbstverständlich geworden, sagte er, dass es sich nicht mehr darum handeln

◂ **[1] Jean Tinguely, Schaufensterdekoration für den Wohnbedarf in Basel, 1951.**

könne, die Schönheit allein aus der Funktion heraus zu entwickeln. Vielmehr sei die Schönheit als ebenbürtige Funktion zu fördern.[2]
In jenen Jahren war das Verkaufsgeschäft «Wohnbedarf» gewissermassen das Gewissen eben dieses guten Geschmacks. Bereits 1931 in Zürich gegründet, verkaufte es modernes Design in Form von Stahlrohr- und Typenmöbeln. Namhafte Architekten wie Alvar Aalto, Le Corbusier und der bereits erwähnte Max Bill haben für den «Wohnbedarf» Möbelentwürfe geliefert. Für den Basler «Wohnbedarf» (gegründet 1932) hatte der Künstler Jean Tinguely zu Beginn der 1950er-Jahre auch eine Schaufensterdekoration entworfen und realisiert [Abb. 1]. Dennoch: So erfolgreich «Die gute Form» über die Jahre hinweg gewesen war, so verlor sie in den fortgeschrittenen 1960er-Jahren an Einfluss. Denn der hohe ästhetische und moralische Anspruch, den die Auszeichnung reklamierte, lief aus Sicht der Kritiker auf eine «ästhetische Bevormundung» sowohl der Produzenten als auch der Konsumenten hinaus, wie Peter Erni, Architekt und Autor der wohl wichtigsten Publikation zur Geschichte der guten Form (1983), betonte.[3] In den letzten Jahren seiner Verleihung ging der Preis nämlich an Produkte, von denen keine prägende Wirkung mehr auf die ästhetische Gestaltung des Alltags der Bewohnerinnen und Bewohner der Schweiz ausging.

Einen Marcel Duchamp, der in der Kunstszene mit seinem Readymade «Fountain» 1917 für Furore sorgte, weil er ein umgedrehtes Porzellanurinal zur Kunst erklärte, gab es in der Tradition des modernen Wohndesigns noch nicht, und auch die Methode der Dekonstruktion in der Folge des Dada, man denke etwa an Jean-Tinguely-Arbeiten in den Jahren um 1960, schien den professionellen Gestaltern damals wenig Erfolg versprechend. Hervorzuheben wären an dieser Stelle noch am ehesten die Künstler und Gestalter Susi und Ueli Berger, etwa mit ihrer Wolkenlampe aus dem Jahre 1969. Einer der Gründe für das Scheitern der «guten Form» mag zudem darin liegen, dass die Auszeichnung zwar Schönheit als Funktion bejahte, diese gestalterische Öffnung des Designbegriffs gegenüber der Vorkriegszeit aber zugleich wieder einschränkte. Um nämlich der drohenden Inflation formaler Eskapaden Einhalt zu gebieten, formulierte Max Bill eine Art Leitplanke und berief sich auf ein gestalterisches Axiom. Dieses bestand darin, die praktischen Anforderungen und die technischen Möglichkeiten in der Formidee harmonisch zu verbinden.

In diesem hohen, die Gestaltung eingrenzenden Anspruch, auf dessen Grundlage die Auszeichnung «Die gute Form» nun vergeben wurde, sah Bazon Brock im eingangs erwähnten Text wohl eine der Ursachen für den geringen Niederschlag, den die 68er-

▲ [2] Jean Tinguely, Heureka, Plastik entworfen für die Schweizerische Landesausstellung Expo64 in Lausanne.

Bewegung in Architektur und Design seiner Ansicht nach hatte. Die 1968 geführte Diskussion um die ‹Ästhetik in der Alltagswelt› sei fruchtlos geblieben, weil diese Ästhetik in eben dieser Alltagswelt gar nicht angekommen sei. Der bekannte wie kritische Publizist und Schriftsteller Paul Nizon sprach andererseits in seinem Buch *Diskurs in der Enge* (1970) den Erfolg der Auszeichnung «Die gute Form» den von ihr propagierten Tugenden wie Nüchternheit, Sparsamkeit, Schnörkellosigkeit, Sauberkeit oder Vernunft zu. Und er benannte deren Kehrseiten: Besserwisserei, Sturheit und Phantasielosigkeit. Ja er erkannte in «Die gute Form» nicht mehr eine Befreiungsaktion, sondern diffamierte sie als Internierungsmassnahme.[4] Fest steht: Jean Tinguelys verspielte, «nur» Bewegung produzierende Maschine [Abb. 2] stand bereits 1964 in deutlichem Kontrast zum Formanspruch der ausgezeichneten Industrieprodukte, aber auch zu seiner Schaufensterdekoration für den Wohnbedarf Basel. All dies zu einer Zeit, als sich die Schweiz von der ‹geistigen Landesverteidigung› noch nicht restlos abgenabelt hatte, zugleich aber Teil der modernen, in den Kinderschuhen bereits krisengefährdeten Konsumgesellschaft war. An der Schweizerischen Landesausstellung 1964 erinnerte der Militärpavillon, ein stachelbewehrter Igel, an den Kalten Krieg und stand in starkem Gegensatz etwa zu der gesellschaftskritischen Kurzfilmserie des Filmemachers Henry Brandt, die während der Expo im Rahmen der Sektion «Weg der Schweiz» gezeigt wurde, die von Kontinuität und Tugenden der Schweiz handelte. In den Kurzfilmen wurden Fragen gestellt, die Themen betrafen wie: Altersvorsorge, Wohnungsmangel, Integration ausländischer Arbeitskräfte oder Landesplanung.

Sommer 1968

Um der 68er-Bewegung näherzukommen, sollen zwei an zentralen Orten der Bewegung aufgenommene Fotografien herangezogen werden. Ein Doppelzoom auf zwei Bilder des Zürcher Fotografen Willy Spiller erlaubt einen phänomenologischen Blick auf das damalige Geschehen. Die einfache Beschreibung und Interpretation der Bilder lässt die Charakteristika des ästhetischen Auftritts der Akteure, sowohl aufseiten der Protestierenden als auch aufseiten der Ordnungskräfte, deutlich hervortreten [Abb. 3/4].

Das erste Bild entstand am 15. Juni 1968 im Globus-Provisorium (gegen 21.30 Uhr): Im Bildzentrum befindet sich eine junge Frau. Sie ist bekleidet mit Minirock à la Mary Quant, trägt weisse Kniesocken und schwebt gleichsam über dem Boden. Ihren Blick richtet sie hinunter auf Personen auf der rechten Bildseite. Diese beklatschen die akrobatikartige Einlage der «himmelstürmenden» jungen Frau. Ohne Hilfe der Begleiter hätte sie dieses Kunststück jedoch wohl kaum geschafft, denn sie hält sich mit der rechten Hand an der hohen, abgehängten Deckenstruktur im Inneren des Gebäudes fest. Die Hängestruktur nimmt auch die Neonlichtkästen für die Raumbeleuchtung des ehemaligen, provisorischen Verkaufsgeschäftes der Globus AG auf. Auf dem Bild wirken diese wie ein Strahlenkranz für die in Weiss gekleidete Frau, als wäre sie dem Musikclip *Heavenly Club* der legendären Schweizer Musikband *Les Sauterelles* aus dem Jahre 1968 entsprungen. Es scheint aber nur eine Frage der Zeit zu sein, bis die Gravitationskraft die zierliche Person auf den Boden zurückbeordert.

Weitere Personen – wie zufällig zu einem «déjeuner sur l'herbe» zusammengekommen – liegen, knien oder sitzen auf einer entrollten Wolldecke. Auch sie gehören zur engeren Gruppe des durch den Fotografen erfassten Moments – liegen doch die Schuhe der «Himmelstürmerin» säuberlich neben der Wolldecke deponiert. Umrahmt wird diese zentrale Gruppe von einer grösseren Menschenmenge. Auf der linken Seite sind Gäste des Anlasses auszumachen, während die rechte Seite von Aktiven behauptet wird. Das Bild gibt einen kaum zufälligen, wohl aber symptomatischen, happeningartigen Ausschnitt aus der Gesamtveranstaltung, zeigt gewisser-

▲ [3] Momentaufnahme von der ersten Vollversammlung der Jugendlichen im Globus-Provisorium am 15. Juni 1968.

▲ [4] Willy Spiller, Polizeieinsatz auf dem Bahnhofplatz, 29. Juni 1968.

massen einen Nebenschauplatz der Vollversammlung im Globus-Provisorium.

In einem gewissen Gegensatz dazu steht der Polizeieinsatz anlässlich der Globus-Krawalle, als Folge der Schliessung des Provisoriums. Die Fotografie entstand am 29. Juni 1968 auf dem Bahnhofplatz in Zürich: Im Zentrum des Bildes Polizisten, bekleidet lediglich mit Diensthemd und Mütze. Sie stehen mit dem Rücken zum Fotografen, sodass der Betrachter den Standpunkt der Ordnungshüter einnimmt. Nach links wird versucht, mit Wassergewalt die Geschehnisse zu kontrollieren, der hinterste Polizist weist mit ausgestrecktem Arm auf die gegenüberliegende Seite, wo er weiteres Ungemach wahrzunehmen glaubt? Himmel und Hintergrund sind leicht überblendet, was dem Bild etwas Apokalyptisches verleiht, wären da nicht auf der Hausfassade links Reklameschriften wie «Russisch Leder», «Zürcher Tagblatt» und «Doxa» auszumachen, die das Geschehen in den Zürcher Alltag im Sommer 1968 zurückholen.

Es sind die Polizisten, die hier für Kontinuität und Ordnung einstehen, die aber, wie «Die gute Form» in jenen Tagen, herausgefordert sind. Fast scheint es, als wären sie eine Partnerschaft mit dieser eingegangen. Und die qualitative Umschreibung der Auszeichnung, wie sie Peter Erni in seinem bereits erwähnten Buch zur Geschichte der «guten Form» vornimmt, steht fast als Synonym für die interpretative Betrachtung des Bildes des Polizeieinsatzes: Das Ding (gemeint sind die prämierten Gegenstände) vertrage nur wenig andere Dinge neben sich, es dominiere seinen Umraum, so Erni. Der Gestaltungsbedarf dieser Dinge sei ziemlich gross, ohne dass dies unbedingt für ihr Geltungsbedürfnis Geltung habe. Lege man den Gegenstand guter Form in ein zeichengesättigtes Umfeld, so erzeuge er Diskrepanz, Reibereien und Streit. In einem gewissen Sinne sei er nämlich kämpferisch. Er verkörpere eine bewusste Askese und beweise sich unablässig als sinnfälliger Demonstrant gegen schrille Formen, die ihrem Betrachter übergross entgegentreten würden, Formen, die vom sozialen Rang, vielleicht sogar von protzender Arroganz ihres Eigners zeugten. Trotzdem, so heisst es weiter, sei kein Imponiergehabe, wenig Appell auf den ersten Blick auszumachen; der Gegenstand guter Form weise sich vielmehr als Repräsentant eines technischen Vollzugsystems aus.[5]

Ein Zwischenfazit

Der ästhetische Auftritt der Ordnungshüter steht ganz in der Tradition von «Die gute Form» und lässt sich auch mit Nizons Worten umschreiben. Dagegen steht das Bild der Vollversammlung für das Gegenteil, für den «Reziprokwert» von Nüchternheit, Sparsamkeit, Schnörkellosikeit, Sauberkeit, Vernunft, Besserwisserei, Sturheit oder Phantasielosigkeit. Das neue Lebensgefühl verweist auf eine Zeit in der Tradition des Dada, Neo-Dada oder Fluxus und die aus Amerika eingeführte Pop- und Hippiekultur – mit Wertediskussion, psychedelischer Rockmusik, sexueller Befreiung und liberalem Drogenkonsum. Der dadaistische Impuls war 1968 jedoch nicht so stark ausgeprägt wie später in der Jugendbewegung vom Anfang der 1980er-Jahre in Zürich. Es sei nur an den legendären Auftritt der vermeintlichen Herr und Frau Müller in einer Diskussionsrunde mit Stadträtin Emilie Lieberherr am Schweizer Fernsehen erinnert, in welcher Herr und Frau Müller die Voten der Kritikerin Lieberherr nicht etwa konterten, sondern deren Stossrichtung noch verlängerten und damit ad absurdum führten. Im Gegenteil: Die Auftritte der Aktiven wie der Ordnungshüter im Jahre 1968 wirken im Vergleich zu den Konfrontationen im Rahmen gegenwärtiger Protestereignisse vergleichsweise harmlos. Spillers Bilder zeigen, dass der Auftritt der «Himmelstürmerin» auch sehr kontrolliert ist: Die Kniesocken fein säuberlich hochgezogen, die Schuhe ebenso säuberlich am Rand platziert. Auch die Ordnungshüter waren damals nicht martialisch in hochgeknöpfter Uniform und mit Helm im Einsatz – denn erst in Folge jener Ausschreitungen rüstete die Polizei mit Schutzhelmen und Wasserwerfern nach.

Neue Lebenswelt

Doch welche Gegenwelt zur gut bürgerlichen tat sich denn nun an jener Vollversammlung auf? Das Tragen eines Minirocks etwa. Die Rocklänge steht für Popkultur und *Space*, aber auch für sexuelle Befreiung, die Anti-Baby-Pille. Wie sehr dieses Kleidungsstück provozierte und polarisierte, zeigt sich schon daran, dass das Betreten des legendären «Café Odeon» mit Minirock in jenen Tagen untersagt war – das Verbot führte zu Protesten mit Aufmärschen im Lokal. Weiter wäre das «Leben auf dem Fussboden» anzuführen, das als Absage an die Behaglichkeit der guten Bürgerstube der 1950er- und 1960er-Jahre gelesen werden kann, und zwar selbst dann, wenn die Wohnzimmer mit leichten, eleganten Gute-Form-Produkten möbliert waren. Damit verbunden waren Proteste gegen Wohlstand und Weltpolitik schlechthin: Die Ungezwungenheit der amerikanischen Popkultur und «Die gute Form» Helvetiens waren nicht länger unter einen Hut zu bringen:[6] Der Ausbruch aus beengenden Verhältnissen, der Bruch mit Regeln und Formen wurde zum Programm.

Niederschlag

Sinnbilder für diese neue Lebensweise sind etwa Teppichmöbel, die quasi aus dem Boden aufsteigend zu Sitz- und Liegemöglichkeiten werden. Man denke an Verner Panton mit seinen 3-D-Carpet-Möbeln oder dem *Living Tower*, beide aus dem Jahr 1969 [Abb. 5]. Überhaupt konzentrierte sich damals das Interesse der Gestalter auf die integrierte Wohnlandschaft. Daneben entstanden, als eine Art Kreuzbestäubung – wohl mitunter die interessantesten Beiträge der Schweiz zum internationalen Designdiskurs jener Jahre –, die Möbelentwürfe von Ueli und Susi Berger, so etwa der *Soft-Chair* aus Schaumgummi. Weiter erwähnt sei ein Wohnzimmer im Wohnhaus des Architekten Klaus Vogt: einfacher Ausbaustandard, Sichtmauerwerk, offen verlegte Leitungen und Bergers Wolkenlampe!

Auf den durch 1968 ‹aufgeweichten› Boden fielen in den Folgejahren weitere Ereignisse. So prophezeite der Bericht des Club of Rome 1972 düstere Zukunftsaussichten für die Industriegesellschaften. Das enorme Wachstum würde die eigene Existenzgrundlage gefährden; Fragen der Rohstoffe, der steigenden Bevölkerungsdichte, der Umweltverschmutzung u.v.m. standen plötzlich auf der Traktandenliste der Wohlstandsgesellschaften. Spätestens ab diesem Zeitpunkt wurde der vormals in Fachkreisen diskutierte vorherrschende Funktionalismus infrage

▲ **[5] Verner Panton, Living Tower, 1969.**

gestellt und die angesprochenen Werkbundideale («Die gute Form») auf breitester Ebene korrumpiert. Die Überbetonung der praktischen und technischen Funktionen (Handhabung, Ergonomie, Konstruktion, Fertigung) wurden angeprangert – demgegenüber sollten die vernachlässigten, zeichenhaften und produktesprachlichen Funktionen aktiviert werden. «Die gute Form» hatte diese Faktoren zwar nicht explizit ausgeschlossen, doch spielten sie aufgrund der minimalistisch abstrakt ausgerichteten Gestaltung eine nur untergeordnete Rolle.

Mit multicodierten, ironisch-historisierenden, symbolisch aufgeladenen Objekten wurde das Kunststoffzeitalter der 1960er-Jahre verabschiedet, just mithilfe eben der Kunststoffobjekte: dem *Kaktus* von Drocco und Mello oder dem Sessel *Capitello* von Studio 65, beide aus lackiertem Polyurethanschaum aus dem Jahre 1971. Es waren wohl solche Objekte, für die Bazon Brock die Formel von der «Ästhetik des Jahrmarktes» geprägt hatte. Bald wurden *Hightech* und *Trans-Hightech* als Begriffe eingeführt, die Reduktionsästhetik als Parallele zum Minimalismus diskutiert. Während das breite Publikum bei den Klassikern der Zwischenkriegszeit angelangt war und nunmehr die Breuer-Stühle und Stam-Möbel als Billigkopien im Warenhaus für weit unter 100 Franken ergat-

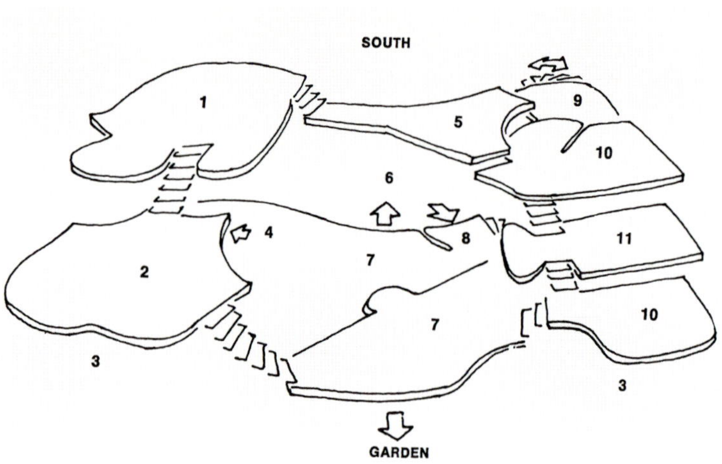

1 Parents
2 Study
3 Underground
4 Kitchen
5 Gallery
6 Court
7 Dwelling
8 Entrance
9 Balcony
10 Children
11 Guests

[6] R. Frei, Ch. und J. Hunziker, Haus in Publinge, Grundriss-Schema, 1965.

terte, propagierte die Avantgarde einen ans 19. Jahrhundert erinnernden Stilpluralismus, neu nicht nach dem Maschinendiktat irgendwelcher Industrieller gestaltet, sondern nach der Konzeption von Designern. Das Spektrum reichte vom *Industrial Design* bis hin zum einzelnen Kunststück. Stark individualistische, mitunter esoterische Tendenzen wurden sichtbar. Design hielt auch Einzug in Kunsthäuser und war 1987 auf der 8. Documenta in Kassel vertreten. Dies als Folge der 1968er-Bewegung? Wohl kaum.

Was aber blieb? Es ist interessant, einen Blick auf zwei im Jahre 1969 erschienene Führer zur Schweizer Architektur zu werfen.[7] Neben Klassischem erwähnen etwa Jul Bachmann und Stanislaus von Moos ein Haus von Robert Frei, Christian und Jakob Hunziker in Publinge (1965), das gewissermassen als Antiform auf die moderne Nachkriegsarchitektur bezeichnet werden kann [Abb. 6]. Es wächst, dem Teppichmöbel von Panton vergleichbar, gleichsam aus dem gewachsenen Terrain. Nur wenig später wurde 1971 die Architekturzeitschrift *archithese* gegründet. Sie startete mit Themen wie «Anfänge des sozialen Wohnungsbaus» (1973), «Das Kollektivwohnhaus» (1974) oder «Grosshaushalt, Formen kollektiven Wohnens 1930–1975» (1975).

Nachhaltigere Effekte sind letztlich in Versuchen zu orten, den Fokus ästhetischer Bemühungen jener Jahre stärker auf die Deutung von Strukturen zu richten. Ein Niederschlag der 68er-Bewegung findet sich in Adolf Max Vogts Buch *Architektur 1940–1980* (1980), in welchem der Autor – vermeintlich unsichtbaren – Strukturfragen breiteren Raum einräumt als formalen Problemen.[8] Auf den Punkt brachte dies etwa auch Lucius Burckhardt Anfang der 1980er-Jahre mit der These «Design ist unsichtbar». Dies ist wohl die nachhaltigste Aussage als Folge von 1968. Burckhardt plädiert in seinem gleichnamigen Buch dafür, dass Entwerfer in einer Art Zusammenschau auch unsichtbare Dinge, wie strukturelle Aspekte, mitreflektieren müssen, sodass die geschaffenen Produkte nicht allein Ausdruck von Funktion, Material und Konstruktion, und – seit Max Bills entsprechender Forderung – auch der Schönheit sind, sondern dass sie auch Strukturen zur sichtbaren Form verhelfen oder diese kommentieren. So gesehen hat Bazon Brock mit seiner anfangs zitierten Bemerkung, dass wenig geblieben sei, insofern recht, als die eigentliche Innovation auf struktureller Ebene ablief. Bemühungen, die heute erneut grosses Interesse auf sich ziehen.[9]

«Vietcong nach Griechenland?»

Imperialismuskritik und Solidarität mit der Dritten Welt

BIAFRA - EIN VOLK MUSS ÜBERLEBEN !

EIN AUFRUF AN ALLE STUDIERENDEN ZÜRICHS

- Die Friedensverhandlungen zwischen Nigeria und Biafra in Kampala (Ghana) sind am 31. Mai 1968 gescheitert. Obwohl Holland, Belgien und die CSSR ihre Waffenlieferungen an Nigeria gestoppt haben, unterstützen die Sowjetunion und Grossbritannien Nigeria nach wie vor mit Waffen. Demgegenüber befindet sich Biafra, das bis jetzt erst von vier afrikanischen Staaten anerkannt wurde, in einer hoffnungslos isolierten Position.
- Trotz verzweifeltem Widerstand der schlecht ausgerüsteten biafranischen Truppen rückt die nigerianische Armee stetig vor; Port Harcourt als einziger Hafen Biafras befindet sich seit einigen Wochen in den Händen der Zentralregierung. Systematisch bombardiert die Armee der Zentralregierung durch vorwiegend ägyptische Piloten auf Maschinen russischer Herkunft biafranische Spitäler, Schulen, Kirchen und Dörfer.
- Durch den Zusammenbruch der wichtigsten Nachschubwege befindet sich die biafranische Zivilbevölkerung und vor allem die Flüchtlinge aus dem Norden in einer katastrophalen Lage. Täglich sterben 200 Menschen an Hunger und Epidemien, die sich rasend ausbreiten.
- Wenn nicht innerhalb weniger Wochen die dringend benötigten Lebensmittel und Medikamente beschafft werden können, wird diese Bilanz ins traurig Gigantische anwachsen.

Deshalb gibt es für uns heute nur eine Konsequenz : Rasche Hilfe !

Die AKTION PRO BIAFRA, die Arbeitsgemeinschaft beider Hochschulen (AGH), die Fortschrittliche Studentenschaft Zürichs (FSZ) und die Liberale Studentenschaft Zürichs (LSZ)

rufen alle Studierenden Zürichs auf,

an einer Kundgebung und Sammelaktion zugunsten der notleidenden Zivilbevölkerung Biafras teilzunehmen.

Gleichzeitig mit unseren Kommilitonen in Bern, Winterthur und St.Gallen wollen wir die Schweizer Bevölkerung mit der Zuspitzung der Tragödie in Biafra konfrontieren und zur humanitären Hilfe aufrufen.

Besammlung : 11. Juli 1968, 19.15 Uhr vor dem Zoologischen Institut an der Künstlergasse

Es werden redigierte Transparente abgegeben. Ein interner Ordnungsdienst wird einen ruhigen Ablauf der Kundgebung garantieren.

AKTION PRO BIAFRA

AGH

FSZ

LSZ

▲▶ Kritik am Imperialismus der westlichen Industrienationen und Solidarität mit den Völkern der Dritten Welt waren zentrale Anliegen der 68er-Bewegung. Die Aktivistinnen und Aktivisten sahen sich als Teil des internationalen Befreiungskampfes, dessen Front auch mitten durch die westlichen Gesellschaften verlief.

US
FÜR FRIEDEN
UND DEMOKRA
TIE

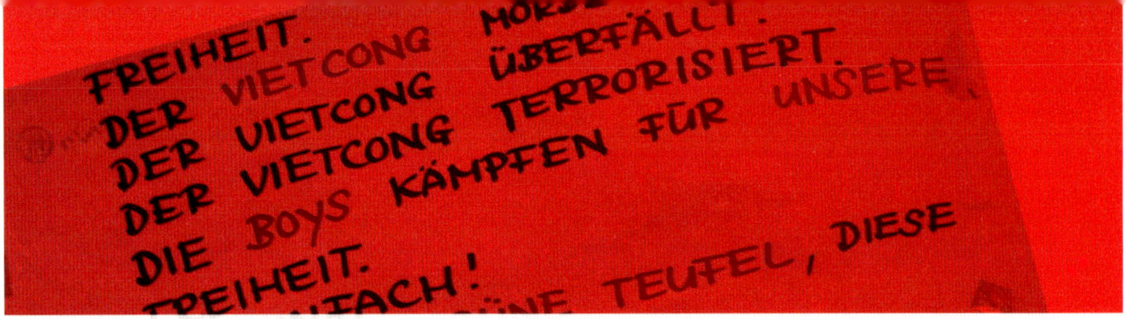

ACHTUNG!
SENSATIONELL!
ABSOLUT NEU FÜR ZÜRICH!
JOHN WAYNE IN DIE GRÜNEN TEUFEL
IM KINO URBAN.
EIN WESTERN AUS VIETNAM.
GRÜNE TEUFEL GEGEN ROTE TEUFEL
STATT INDIANER WERDEN DIESMAL
VIETNAMESEN AUSGEROTTET.
UND DAS GUTE SIEGT WIE IMMER.
ABSOLUT NEU!
GEHEN SIE HIN!

BRAUCHEN SIE RAT?
BEZWEIFELN SIE, DASS DIE AMI'S IN VIETNAM
UNSERE «FREIHEIT» VERTEIDIGEN?
GEHEN SIE HIN!
JOHN WAYNE BEFREIT SIE VON ZWEIFELN!
JOHN BRINGT EMOTIONEN STATT ARGUMENTE.
JOHN NIMMT IHNEN DAS DENKEN AB.
ABSOLUT NEU FÜR ZÜRICH.

KEIN FILM FÜR SPIESSER!
KEIN FILM FÜR MORALISTEN!
ERREGEND. BEZWINGEND.
NUR FÜR HARTE NERVEN.

DIE BOYS KÄMPFEN FÜR UNSERE FREIHEIT.
DER VIETCONG MORDET.
DER VIETCONG ÜBERFÄLLT.
DER VIETCONG TERRORISIERT.
DIE BOYS KÄMPFEN FÜR UNSERE FREIHEIT.
SO EINFACH!
WAS FÜR GRÜNE TEUFEL, DIESE BOYS!

KAMERADEN.
HELDEN.
SOLCHE MÄNNER HAT DER WESTEN
ABSOLUT NEU FÜR ZÜRICH
VERGÜNSTIGUNGEN UNGÜLTIG.
EIN BOMBENGESCHÄFT.
IN ZÜRICH (KINO URBAN).
MIT. VIETNAM.
FASCHISTEN ALLER TENDENZEN!
GEHEN SIE HIN!

P.S. SOLLTEN SIE NACH DIESEM FILM DOCH
NOCH ZWEIFEL HABEN, SO KAUFEN SIE
SICH DOCH FÜR 3.60 FR. DAS BUCH
VIETNAM – GENESIS EINES KONFLIKTES VON
HORLEMANN / GÄNG IN DER EDITION
SUHRKAMP!

▲ **Auch die Kulturindustrie geriet wegen ihrer Kriegspropaganda ins Fadenkreuz der Kritik der Zürcher 68er-Bewegung. Hier eine Wandzeitung, die sich gegen den Film «The Green Berets» richtete, der 1968 in den Deutschschweizer Kinos lief.**

▶ ▲ **Umstrittene Solidarität: Gegenüber den Palästinensern war die Solidarität der 68er-Bewegung weitgehend einmütig, die Haltung gegenüber Israel dagegen war innerhalb der Zürcher Bewegung durchaus umstritten.**

▶ **Die Entwicklungen in Vietnam und in der Tschechoslowakei standen auch bei der Antiautoritären Jungen Sektion der Partei der Arbeit (PdA) im Zentrum der Debatten. Die Flagge der Nationalen Front für die Befreiung Südvietnams (auf dem Plakat links) war auch in Demonstrationszügen und bei öffentlichen Veranstaltungen häufig zu sehen und schmückte so manche Wohngemeinschaft.**

ISRAEL
ISRAEL :
“Les ARABES nous chassent de notre terre.. et nous sommes très pacifiques

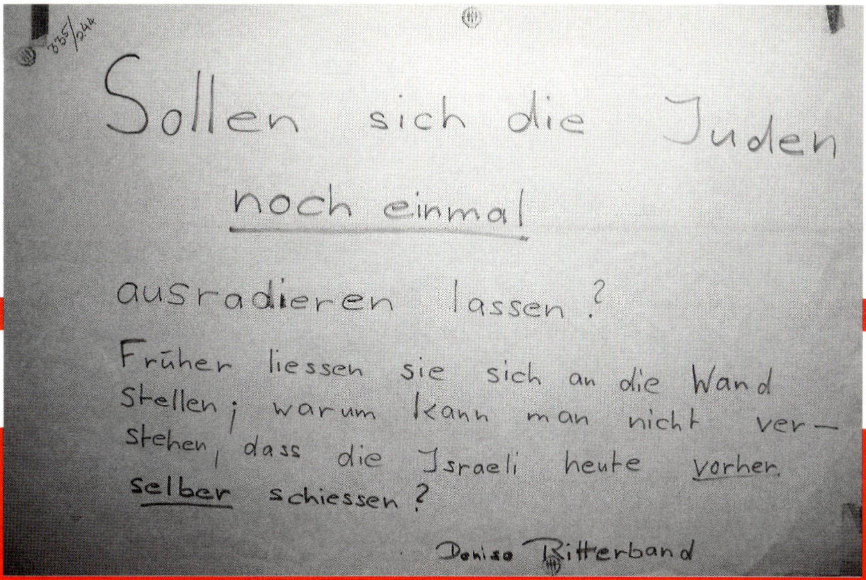
Sollen sich die Juden
noch einmal
ausradieren lassen?
Früher liessen sie sich an die Wand stellen; warum kann man nicht verstehen, dass die Israeli heute vorher selber schiessen?
Denise Ritterband

MITTWOCH 6.
DISKUSSION MIT DER
ANTIAUTORITÄREN
JUNGEN-SEKTION
LEHRLINGFOYER
Ackerstr. 57.

«Ohne uns Frauen gibt's keine Revolution»[1]

Die schweizerische Frauenbewegung nach 1968

Kristina Schulz Noch 1963 stellte die amerikanische Soziologin, Journalistin und Psychologin Betty Friedan in ihrem hernach auch in Europa zum Bestseller avancierten Buch *Der Weiblichkeitswahn* fest, dass angesichts der Vereinzelung und Isolation von Müttern und Hausfrauen der aufsteigenden Mittelklassen die Entstehung einer neuen Frauenbewegung nicht zu erwarten sei. So treffend Friedans Analyse der Situation von Müttern und Hausfrauen der amerikanischen Mittelschichten war, in einem irrte sie: Wenige Jahre später nur formierten sich in den Vereinigten Staaten wie in fast allen westlichen Industriegesellschaften Frauenbewegungen. So auch in der Schweiz. Den Bewegungen gelang es, eine Anhängerschaft über einige Zeit an sich zu binden, die bereit war, Zeit und finanzielle Ressourcen für ein gemeinsames Anliegen einzusetzen: die Befreiung der Frau. *Frauenbefreiungsbewegung, Mouvement de libération des femmes, Movimento delle donne* nannten sich die nördlich und südlich der Alpen entstehenden Frauengruppen, die nach und nach Kontakt zueinander aufnahmen und mit ihren Forderungen an die Öffentlichkeit traten. In dieser besonderen Form einer ‹sozialen Bewegung›, eines fluiden Phänomens, das irgendwo zwischen politischer Partei, Bürgerinitiative und spontaner Rebellion einzuordnen, aber weder das eine noch das andere war, bestand die schweizerische Frauenbewegung der 1970er-Jahre während rund eines Jahrzehnts: von ihren ersten Anfängen mit Gruppengründungen in der Stadt Zürich im Jahre 1968 über eine starke Mobilisierungsphase mit landesweiten Aktionen in der ersten Hälfte der 1970er-Jahre rund um die Kampagne für die Legalisierung des Schwangerschaftsabbruchs bis hin zu einer Phase, in der lokale Aktivitäten wieder in den Vordergrund traten. Diese Phasen konnten sich von Stadt zu Stadt, von Kanton zu Kanton recht unterschiedlich gestalten, nirgends jedoch versiegte der Aktivismus Ende der 1970er-, Anfang der 1980er-Jahre spurlos: Die Aktivitäten ‹vor Ort› vervielfältigten, institutionalisierten, professionalisierten sich und begannen langsam aber sicher, eine gesellschaftliche Wirkung zu entfalten, die über den engen Kreis der Aktivistinnen weit hinaus ging.

Bewegung vor der Bewegung: ein Blick zurück

Natürlich gab es Vorläufer zu dieser Frauenbewegung, wie schon die im deutschen Sprachgebrauch übliche Charakterisierung als ‹neue› Frauenbewegung ausdrückt: Wo eine ‹neue› Frauenbewegung sich konstituiert, muss es auch eine ‹alte› geben. Bestehend aus Organisationen und Vereinen, die hier – wie auch in andern europäischen Ländern – seit dem ausgehenden 19. Jahrhundert von mutigen und herausragenden Frauen gegründet worden waren, war die alte Frauenbewegung nach dem Zweiten

Weltkrieg in der Schweiz sogar ausgesprochen aktiv. Während in Frankreich und Deutschland Diktatur, Besetzung und Krieg ihre Spuren hinterliessen, die Frauenorganisationen aufgelöst und viele der ehemaligen Aktivistinnen verschleppt worden waren, brachten die Jahre 1933 bis 1945 für die Zivilgesellschaft in der Schweiz sicherlich Veränderungen mit sich, stellten aber nicht eine grundsätzliche Zäsur dar, wie das in andern Ländern der Fall war.

Die Aktivitäten der schweizerischen Frauenorganisationen in den Nachkriegsjahrzehnten waren nicht nur auf ein intaktes Netzwerk zurückzuführen, sondern hatten auch einen andern, weitaus weniger erfreulichen Grund: Als einzige in Mitteleuropa waren die Schweizerinnen nach 1945 «Staatsbürgerinnen ohne Stimmrecht» – so der Titel einer neueren Untersuchung über die schweizerischen Frauenverbände – geblieben. Zwar führten die Kantone und Gemeinden nach und nach das Frauenwahl- und Stimmrecht ein, auf nationaler Ebene sollte es aber bis 1971 dauern, bis Frauen das Recht hatten, ebenso wie Männer an die Urnen zu gehen. Die wichtigste ‹Mission› der ersten Frauenbewegung, die Durchsetzung der politischen Rechte für Frauen, war also im Alpenland für lange Zeit noch nicht erfüllt.

Die Aktivistinnen der traditionellen Frauenorganisationen prangerten neben den politischen auch die sozialen Verhältnisse an, unter denen Frauen zu leiden hatten. Koordiniert durch den *Schweizerischen Bund der Frauenvereine* (BSF), der, bereits 1910 gegründet, 1949 die Funktion eines Dachverbandes übernahm und entsprechend restrukturiert wurde, setzten Aktivistinnen sittlicher, konfessioneller, parteinaher oder auch gemeinnütziger Frauenorganisationen sich für die Besserstellung von Frauen im Arbeits- und Berufsleben, im Zivil- und im Strafrecht, in Fragen der Familie und der Bildung ein. Einig war man sich nicht immer, weder in den Prioritäten noch bei der Wahl der Mittel des Emanzipationskampfes, einig war man sich indes in der grundsätzlichen Zielrichtung: die Lebensbedingungen und die Lebenschancen von Frauen zu verbessern.

Ende der 1960er-Jahre trat eine neue Generation von Aktivistinnen auf den Plan, jünger, spritziger, fordernder als ihre älteren ‹Schwestern›. Welches waren die Gründe für ihre Unzufriedenheit?

Die Frauen der Wohlstandsgesellschaft

Es gilt zu bedenken, dass die Frauen, von denen nun die Rede ist, eine gänzlich andere Generationserfahrung gemacht hatten als ihre Vorläuferinnen. Geboren in den Jahren nach 1945, wuchsen sie in einer Zeit relativen wirtschaftlichen Wohlstands und politischer Stabilität auf. Das Leben vieler Frauen wurde durch mehrere Entwicklungen in Wirtschaft und Gesellschaft entscheidend geprägt: Zum einen führte der soziale Aufstieg der neuen Mittelschichten dazu, dass immer mehr Familien ihren Kindern eine gute Bildung und Ausbildung ermöglichen konnten. Weiter entstanden vermehrt Möglichkeiten zur Teilzeitarbeit, was besonders Frauen den Einstieg ins Erwerbsleben erleichterte und damit eigene Einkommen und finanzielle Unabhängigkeit ermöglichte. Schliesslich verlagerte sich die Erwerbsarbeit zunehmend vom industriellen und landwirtschaftlichen Sektor in den Dienstleistungssektor. All diese wirtschaftlichen Veränderungen führten dazu, dass zunehmend besser ausgebildete Frauen auf den Arbeitsmarkt strömten, und dies in einer Phase der wirtschaftlichen Konsolidierung und des stetigen Wachstums, in der ein steigender Bedarf an qualifizierten Arbeitskräften bestand.

Zu diesen ökonomischen Prozessen gesellte sich ein mentaler Wandel, eine ‹Veränderung in den Köpfen›, die allerdings sehr langsam nur voranschritt und auf der gesellschaftlichen Ebene, aber auch im individuellen Leben vieler Frauen zu kontroversen Auseinandersetzungen führte. Nach dem Krieg, in dem Frauen zu Tausenden berufliche Aufgaben der im Kriegsdienst mobilisierten Männer übernommen hatten, waren die meisten Frauen zurück an den Herd gekehrt. Die Berufstätigkeit von Frauen war, wenngleich sie immer existierte, in der kollektiven Wahrnehmung etwas, das sich nicht gehörte und die altbewährte Geschlechterordnung durcheinanderbrachte. Das Bild des ausser Haus erwerbstätigen Mannes und der Haus und Heim wahrenden Frau, das zum Teil noch heute existiert, dominierte bis in die 1960er-Jahre hinein das Denken. Nur allmählich gewöhnte man sich an die Berufstätigkeit von zunächst alleinstehenden oder geschiedenen, dann auch von verheirateten Frauen. Am schwersten tat man sich damit, die Erwerbsarbeit von Müttern zu akzeptieren.

Die Einrichtung von Teilzeitstellen milderte das kollektive Unbehagen etwas ab, ebenso wie die Vorstellung, dass weibliche Berufstätigkeit sich ja in unterschiedlichen Lebensphasen unterschiedlich darstellen könne: Ausbildung und Erwerbstätigkeit bis zur Geburt des ersten Kindes, Familien- und Hausarbeit, solange die Kinder im Hause waren, schliesslich Wiedereintritt auf den Arbeitsmarkt. Wie man sieht, die Vorschläge und Modelle waren zahlreich, sie alle konnten aber nicht darüber hinweg täuschen, dass die Bedingungen, die einst zum Rückzug, oder wenn man so will: zum Ausschluss von Frauen von ausserhäuslichen Tätigkeiten geführt hatten, nicht mehr existierten: Dank der Technisierung nahm der Haushalt immer weniger Zeit und körperliche Kraft in Anspruch, die durchschnittliche Kinderzahl sank, was u. a. durch die Erfindung der sogenannten Anti-Baby-Pille Anfang der 1960er-Jahre ermöglicht wurde, und das Bildungsniveau von Frauen stieg. Alles sprach dafür, dass die ‹Stunde der Frauen› als gleichberechtigte Arbeitnehmerinnen gekommen war. Viel fehlte unter diesen Umständen nicht mehr, damit Frauen sich ihrer gesellschaftlichen Benachteiligung bewusst wurden und es satt hatten, als beliebig einsetzbares Arbeitskräftepotenzial je nach Konjunkturbedingungen eingestellt oder entlassen zu werden, zu niedrigeren Löhnen und schlechteren Bedingungen zu arbeiten als die männlichen Arbeitnehmer und neben der Erwerbsarbeit auch noch die ganze Last der Familienarbeit zu tragen.

Simone de Beauvoir beispielsweise prangerte die gesellschaftlichen Mechanismen, durch die Frauen in der Abhängigkeit von Männern gehalten wurden, bereits 1949 in ihrem Buch *Das andere Geschlecht* an. Das Buch wurde in unzählige Sprachen übersetzt und auch in der Schweiz viel gelesen. Andere Autorinnen, wie die Schweizerin Iris von Roten, die 1958 den Text *Frauen im Laufgitter* veröffentlichte, legen den Finger in dieselbe Wunde. So richtig in die Kritik geriet die herkömmliche Aufgabenverteilung zwischen Männern und Frauen aber erst in Kreisen derjenigen Aktivistinnen und Aktivisten, die sich in der zweiten Hälfte der 1960er-Jahre an den landesweiten, gemeinhin als 68er-Bewegung bezeichneten Protesten beteiligten. Intellektuelle, auf die diese Bewegung zurückgriff, um ihre gesellschaftspolitischen Ziele und Mittel des Kampfes zu definieren, hatten schon seit den 1930er-Jahren Überlegungen zu neuen Formen eines – wie man später plakativ sagte: ‹antiautoritären› – Umgangs zwischen Eltern und Kindern, Frauen und Männern, Arbeitgebern und Arbeitnehmern, Staat und Individuum nachgedacht. Die Ideen von – um nur einige zu nennen – wichtigen Vertretern der Frankfurter Schule wie Max Horkheimer, Theodor W. Adorno oder Herbert Marcuse, beeinflussten Theorie und Praxis der 68er-Bewegung. In Kommune-Projekten, antiautoritären Kinderläden oder in sogenannten Kritischen Universitäten versuchte man, mit traditionellen Strukturen der Verteilung von Macht und Autorität zu brechen und ihnen neue, auf Gleichheit und Autonomie zielende Formen des Miteinanders entgegenzusetzen.

In der Praxis gelang das nicht immer, vor allem haperte es bei der Gleichberechtigung von Männern und Frauen in der Bewegung. Während, so die Wahrnehmung der Bewegungsanhängerinnen, die männlichen Aktivisten demonstrierten, diskutierten und repräsentierten, blieben an den Frauen die Zuarbeiten hängen: Protokolle tippen, Kaffee kochen, den Männern für ihren «revolutionären Kampf» den Rücken frei halten. In der Bundesrepublik führte diese Konstellation 1968 zum Eklat: Eine Vertreterin des «Aktionsrats zur Befreiung der Frauen» bewarf das Präsidium des die Revolte führenden *Sozialistischen*

▲ **Minirockversteigerung am Bellevue in Zürich. Unter dem Motto «Wir existieren, um zu konsumieren» fand am 5. Juli 1969 an der Zürcher Riviera beim Bellevue eine Versteigerung von «Miss-Kleidern» statt. Damit verulkte die Frauen-Befreiungs-Bewegung (FBB) eine Jugendparty auf dem Zürichseeschiff «Helvetia», auf der eine Miss-Wahl stattgefunden hatte.**

Deutschen Studentenbundes (SDS) auf einer Delegiertenkonferenz mit Tomaten und wies die Anwesenden darauf hin, dass auch das Private politisch sei, folglich eine Veränderung der gesellschaftlichen Verhältnisse auch beim Wandel der Machtverhältnisse zwischen Frauen und Männern ansetzen müsse. In der Schweiz wurden im Umfeld der 68er-Bewegung ebenfalls Frauengruppen gegründet. Wenngleich der Bruch mit den gemischten Organisationen der Linken nicht so deutlich sichtbare Zeichen setzte, organisierten sich die Frauen doch auch hier unter Ausschluss von Männern und propagierten eine eigene, autonome Bewegung «von Frauen für Frauen».

Das Wahlrecht ist nicht genug! Formierungsprozesse in Genf und Zürich

Als sich 1975 mehr als 600 Frauen aus der gesamten Schweiz an einem feministischen Kongress in Bern trafen und mehr Chancen für Frauen und die Freigabe der Abtreibung forderten, existierten in fast allen Regionen des Landes, vor allem den kantonalen Hauptorten und den Universitätsstädten, autonome Frauengruppen. Angefangen hatte die Welle der Gruppengründungen in der Deutschschweiz in Zürich, in der Romandie in Genf. Für das Tessin, das nur wenige grössere Städte umfasst und in den 1970er-Jahren noch keine Universität hatte, kann man die

Entstehung des *Movimento Donne Ticino* und seiner lokalen Untergruppen erst für das Jahr 1974 nachweisen. Die Speerspitze der neuen Bewegung lässt sich in Zürich ausmachen.

Eine Gruppe junger Frauen, die aus dem Umkreis der *Fortschrittlichen Studentenschaft Zürich* stammte, trat hier im November 1968 an die Öffentlichkeit. Sie unterbrachen lautstark eine Jubiläumsfeier des Frauenstimmrechtsvereins und erklärten den Anwesenden: Das Frauenwahlrecht allein wird die Gleichberechtigung von Frauen und Männern nicht durchsetzen! Rasch wurde die ständig wachsende Frauengruppe in oppositionellen Kreisen als *Frauenbefreiungsbewegung* (FBB) wahrgenommen, die bei verschiedenen Anlässen Stellung zu unterschiedlichen Themen wie Ehe und Familie, Sexualität, Gewalt gegen Frauen oder bezahlte Arbeit von Frauen nahm. Zum Zugpferd der Bewegung jedoch wurde die Frage des Schwangerschaftsabbruchs, die Anfang der 1970er-Jahre in der Schweiz wie in den Nachbarländern kontrovers diskutiert wurde.

Das Abtreibungsverbot beschäftigte auch die Frauen, die sich Anfang 1971 in Genf in der *Front des Bonnes Femmes* (FBF), wenig später umbenannt in *Mouvement de libération des femmes* (MLF), zusammenfanden. Wie anderswo ging der Entscheidung, sich unabhängig von Männern unter sich zu organisieren, die Enttäuschung über die ignorante Haltung der linken ‹Genossen› voraus, mit denen die Frauen in den Unruhen um 1968 gekämpft hatten. Bald folgten die ersten öffentlichen Aktionen: Flugblätter wurden verteilt und in Nacht- und Nebelaktionen in der Altstadt Plakate aufgehängt, aus denen hervorging, was den MLF beschäftigte: nicht die Erlangung des Wahl- und Stimmrechts – eine Forderung, die als unzureichend erklärt wurde –, sondern Frauenarbeit, die soziale Befreiung der Frau sowie die «Kontrolle unseres Körpers», womit insbesondere Abtreibung und Verhütung angesprochen waren. In ihrer Themenwahl, aber auch in der Form des öffentlichen Auftretens – lautstark, provokativ, fordernd – grenzten sich die neuen Frauengruppen, die in der Folge auch in Bern, Basel, Biel, Freiburg, Neuenburg und vielen andern Orten entstanden, von den traditionellen Gruppen der Frauen(wahlrechts)-bewegung ab. Ein Zusammenwirken der alten und der neuen Frauenbewegung schien daher lange ausgeschlossen. Erst 1977 kam es zu einem offiziellen Treffen von Repräsentantinnen beider Strömungen, das aber nicht in eine längerfristige Zusammenarbeit mündete.

Mobilisierung: Legalisierung der Abtreibung

Das gesetzliche Verbot des Schwangerschaftsabbruchs stand in vielen Staaten Europas und der USA Ende der 1960er-, Anfang der 1970er-Jahre zur Diskussion. Progressive Politikerinnen und Politiker überwiegend der linken Parteien, Teile der Ärzteschaft und der Gewerkschaften sowie namhafte Intellektuelle, Künstler und andere Persönlichkeiten des öffentlichen Lebens sprachen sich für eine Lockerung des nahezu überall geltenden, restriktiven Abtreibungsverbots aus. In den Debatten nahmen die neuen Frauenbewegungen eine radikale Position ein: nicht eine Reformierung im Sinne einer Liberalisierung stand auf ihren Fahnen, sondern die ersatzlose Streichung der entsprechenden Paragrafen des Strafgesetzbuches.

In der Schweiz kam 1971 auf Veranlassung eines überparteilichen Komitees eine Volksinitiative *Für die Straflosigkeit der Schwangerschaftsunterbrechung* zustande. An der Sammlung der hierfür notwendigen Unterschriften beteiligte sich auch die FBB. Ihre Forderungen gingen aber über eine blosse Aufhebung des Verbots hinaus: Man verlangte die Rückerstattung der Kosten einer Abtreibung durch die gesetzlichen Krankenkassen sowie eine bessere sexuelle Aufklärung insbesondere in den Schulen.

Auf der politischen wie auch auf der gesellschaftlichen Ebene hatte die Volksinitiative grossen Einfluss, selbst wenn sie von den Initiatoren später aus strategischen Gründen zurückgezogen wurde (Bundesrat und Parlamente empfahlen 1974, die Initiative abzulehnen, damit hatte sie kaum Chancen, angenommen zu werden). Einerseits setzte sie Bundesrat und Parlamente unter Druck, sich mit der längst überfälligen Reform zu befassen und Gegenvorschläge zur geforderten ersatzlosen Streichung zu entwickeln, die in konservativen, aber auch in bürgerlichen Kreisen abgelehnt wurde. Andererseits unterstützte die Frauenbewegung die Kampagne mit zahllosen Strassenaktionen, Demonstrationen und andern medienwirksamen Auftritten, die das Thema der Abtreibung nicht nur auf die politische, sondern auch auf die öffentliche Tagesordnung brachten und weite Kreise der Gesellschaft polarisierten. Als 1976 eine weitere Volksinitiative *für die Fristenlösung beim Schwangerschaftsabbruch* eingereicht wurde, über die das Stimmvolk im September 1977 abstimmte, kam es zu einem Kopf-an-Kopf-Rennen zwischen Gegnern und Befürwortern einer vergleichsweise liberalen Gesetzgebung, welche die Abtreibung innerhalb der ersten zwölf Schwangerschaftswochen legalisiert hätte. Knapp nur, mit 51,7 Prozent Nein- und 48,3 Prozent Jastimmen, unterlagen die Initiatorinnen und Initiatoren des Volksbegehrens, darunter federführend die 1973 gegründete *Schweizerische Vereinigung für straflosen Schwangerschaftsabbruch*.

Im Vorfeld der Abstimmung sorgte die Fristenlösungs-Initiative für kontroverse Diskussionen in der autonomen Frauenbewegung. Zwar schätzte man die Durchsetzungschancen dieser konsensorientierten Vorlage höher ein als die der Initiative von 1971, zögerte aber, Ressourcen in eine Kampagne zu investieren, die an den eigentlichen, radikaleren Zielen der neuen Frauenbewegung vorbeiging. Schliesslich unterstützte die FBB Zürich die Kampagne, indem sie den für die Liberalisierung werbenden Film *Lieber Herr Doktor* produzierte und in zahlreichen Städten Vorstellungen organisierte. Der Genfer MLF dagegen zog es vor, sich auf die Probleme vor Ort zu konzentrieren, wie die Suche nach einem geeigneten Ort für ein Frauenzentrum und die Eröffnung eines Frauengesundheitszentrums.

Die internen Divergenzen sowie der Ausgang der Volksabstimmung führten zu einer Krise der neuen Frauenbewegung in der Schweiz. Dabei brachen die im Kampf für die freie Abtreibung entstandenen, ohnehin schon äusserst labilen überregionalen Strukturen auseinander, über Kantons- oder gar Sprachgrenzen hinweg koordiniertes Bewegungshandeln lässt sich nach 1977 kaum mehr feststellen.

Zerfall und Neubeginn

Als soziale Bewegung zerfiel die neue Frauenbewegung in der Schweiz wie auch in andern Ländern Ende der 1970er-Jahre. Eine dauerhafte Mobilisierung auf nationalem Niveau, die in der Schweiz aufgrund der ausgeprägten kantonalen und sprachregionalen Verhaftung von Anfang an nur schleppend verlief, schien nach dem Scheitern der Fristenlösung nicht mehr möglich. Zwar versuchte beispielsweise die 1977 aus der Frauenorganisation der *Progressiven Organisationen der Schweiz* (POCH) hervorgegangene *Organisation für die Sache der Frauen* (OFRA) von ihrem Zentrum in Basel ausgehend, auch Untergruppen in Zürich und im Tessin einzubinden. Auch war die FBB weiterhin in mehreren Städten der Deutschschweiz aktiv. Keiner dieser Organisationen gelang es aber, die unterschiedlichen Anliegen und divergierenden Aktionsstrategien innerhalb der Frauenbewegung auf einen Nenner zu bringen.

Allerdings trat die Frauenbewegung damit nicht spurlos von der öffentlichen Bühne ab. War sie im Abtreibungskampf gescheitert, so war es ihr doch gelungen, sich in zahlreichen Städten Räume zu erobern, in denen ein feministisches Selbstverständnis sich weiter entfalten konnte. Bereits 1974 eröffneten Frauen der FBB Zürich das schweizweit erste Frauenzentrum, im selben Jahr begannen auch Genfer Aktivistinnen, sich nach geeigneten Räumlichkeiten umzusehen. Im Mai 1976 besetzten sie ein ausgedientes Café im Quartier des Grottes und richteten dort (bis zur brutalen Räumung durch die kommunalen Autoritäten) ein Frauenzentrum ein. Frauengruppen in andern Städten folgten dem Vorbild. Die Aktivitäten der Frauenzentren waren vielfältig, der Phantasie waren keine Grenzen gesetzt. Es wurde gedichtet, gelesen, diskutiert, gesungen, Feste wurden gefeiert, Aktionen geplant. Unter dem Dach der Frauenzentren trafen sich auch dem Vorbild des US-amerikanischen *Women's Liberation Movement* nachempfundene sogenannte *consciousness-raising-groups,* in denen es um Selbst- und Gruppenerfahrung ging. Weiterhin beherbergten manche Zentren auf Selbsthilfe und gynäkologische Selbstuntersuchungen zielende Gruppen, in denen Wissen erarbeitet wurde, das Frauen eine grössere Unabhängigkeit von der (männlichen) Ärzteschaft ermöglichen sollte.

Neben den Frauenzentren entstanden auch die ersten Anlaufstellen und Notruftelefone für Frauen, Anfang der 1980er-Jahre dann die ersten Frauenhäuser, in denen bedrohte und geschlagene Frauen mit ihren Kindern Zuflucht finden konnten. Unzählbar sind die Initiativen, Projekte und Institutionen, die direkt oder indirekt aus der Frauenbewegung der 1970er-Jahre hervorgegangen sind.

Allerdings hatte dieser Durchbruch – zumindest aus der Sicht der Aktivistinnen ‹der ersten Stunde› – auch eine Kehrseite: den Verlust der Autonomie gegenüber staatlichen Instanzen und gegenüber andern – gemischt-geschlechtlichen – Organisationen. Denn eines wurde sehr schnell deutlich: Nur die wenigsten Initiativen, die aus der Frauenbewegung hervorgingen, konnten sich ohne die Unterstützung einflussreicher Bündnispartner wie Parteien oder Gewerkschaften oder, was häufiger der Fall war, staatlicher Stellen dauerhaft über Wasser halten. Der Ende der 1970er-Jahre einsetzende Prozess der Demobilisierung markiert also den Zerfall einer sozialen Bewegung und zugleich den Neubeginn anderer Formen feministischen Engagements. Neu war das Vorhaben, Frauenprojekte ‹vor Ort› dauerhaft zu institutionalisieren und ihre Anerkennung durch öffentliche oder private Träger anzustreben – dazu gehörten auch handfeste ökonomische Forderungen wie die Rückerstattung von medizinischen Leistungen durch die Krankenkassen.

Die neue Stossrichtung war nur möglich unter geänderten Vorzeichen: Das politische System öffnete sich auch jenseits der Abtreibungsproblematik für die Anliegen der Frauenbewegung. Allerdings passten die jeweiligen Instanzen, Parteien, Institutionen des Staats- und Verwaltungsapparats die Forderungen an ihren eigenen Modus der Politikausübung an. Der Preis des erfolgreichen Agenda-Settings von Frauenbelangen durch die Frauenbewegung war, kann man abschliessend festhalten, folglich eine Anpassung an die Spielregeln des politischen Systems, eine Abschwächung der Forderungen und der Formen ihrer Artikulation. So blicken denn auch ehemalige Aktivistinnen heute eher mit Nostalgie denn mit Siegesbewusstsein auf die Geschichte ihres eigenen Engagements. Für viele Initiatorinnen der neuen Frauenbewegung kommt die Anpassung an politische Regelsysteme und Kriterien der ‹Marktgängigkeit› – auch Frauenprojekte müssen ‹effizient› und ‹rentabel› sein, um finanzielle Unterstützung zu erhalten – einem Verrat der ursprünglichen Ideen und Werte der Bewegung gleich. Aus gebührendem Abstand jedoch sind die Erfolge der neuen Frauenbewegung kaum anzuzweifeln. Strukturen wandeln sich nur langsam. Auf die Notwendigkeit eines solchen Wandels unüberhörbar hingewiesen zu haben, ist das Verdienst dieser Bewegung.

«Des langen Marsches kurzer Atem»

Debatten über 1968 in der heutigen Schweiz

Tobias Holzer Einer, der sich in der Schweiz eingehender mit den Idealen der 68er-Bewegung auseinandergesetzt und seinen Teil zur dazugehörigen Debatte beigetragen hat, ist Christoph Mörgeli, Nationalrat der Zürcher SVP. Im Magazin des *Tages-Anzeigers* vom 26. März 2005 mit dem bezeichnenden Lead «Wie ein schrecklicher Racheengel verfolgt der Zürcher Volksparteiler den Geist von Achtundsechzig in allen Winkeln [...]»[1] beurteilt er Teile der Studentenbewegung wie folgt: «[...] die Kindererziehung ist in die Hände von 68er-Kuschel- und Wohlfühlpädagogen gefallen, im Geiste der verantwortungslosen und selbstsüchtigen 68er bedienen sich gierige Manager aus Kassen, die ihnen nicht gehören».[2]

Weil dieses Zitat aus dem konservativen Lager stammt, kann natürlich nicht von einem allgemeinen Argumentationsmuster zur 68er-Bewegung gesprochen werden. Es illustriert aber einerseits die Präsenz des Themas und die Bedeutung für die gegenwärtige Gesellschaft, die den 68ern zumindest vom ideologischen Gegenpol zugestanden wird. Gleichzeitig steht die Äusserung von Christoph Mörgeli für eine Schlechtmach-Argumentation, die bei der Auseinandersetzung mit dem 68er-Diskurs irritiert. Tatsächlich fallen gegenwärtige Beurteilungen der Studentenbewegung teilweise so negativ aus, dass Peter Sloterdijk festgestellt hat, der Ausdruck ‹Achtundsechziger› werde zunehmend als Schimpfwort verwendet.[3] Die kritischen Argumentationsmuster werden dabei nicht nur von der konservativen Seite als politische Instrumente im Wahlkampf gebraucht, auch ehemalige Aktivisten äussern sich zunehmend negativ über die Studentenbewegung. Es erstaunt zusätzlich, dass nicht nur bestimmte Aspekte wie der problematische Umgang mit Gewalt beanstandet werden, sondern dass die Ideologie der 68er teilweise in ihren Grundfesten – als Beispiele seien die Stichworte ‹Individualismus› oder ‹sexuelle Befreiung› genannt – angegriffen wird.[4]

Um diesem Phänomen etwas genauer auf den Grund zu gehen, wurden sämtliche NZZ-Artikel, die im Jahr 1998 – also im Jahr des 30-Jahr-Jubiläums der Bewegung – in irgendeiner Form die 68er-Bewegung thematisiert haben, auf die Frage hin untersucht, welche Argumentationsmuster oder Topoi innerhalb des öffentlichen Diskurses über die 68er-Bewegung sich zeigen und wie diese gewichtet werden.

Tageszeitungen sind zentrale Orte öffentlicher Debatten. Sie informieren nicht nur, sie wirken auch meinungsbildend. Zeitungen wie die *Neue Zürcher Zeitung* bestimmen folglich die Debatte um Wirkung und Einfluss der Studentenbewegung auf die Gesellschaft in nicht zu vernachlässigender Weise mit. Für das Jubiläumsjahr 1998 bieten ihre Rückblicke und Bestandesaufnahmen die ganze Breite der Sprechweisen über 1968 ab. Ihre Texte spülen die ganze Vielfalt der Argumentationsmuster, mit denen um die gesellschaftliche Bedeutung der globalen Revolte gestritten wird, an die Oberfläche. So etwa den Topos vom kritischen Geschichtsbewusstsein.

Die 68er und die Geschichte

Das kritische Geschichtsbewusstsein, bezogen vor allem auf die Rolle Deutschlands und der Schweiz während des Zweiten Weltkriegs, ist ein wichtiger Bestandteil der Bewertung von 1968. Historikern aus der 68er-Generation wird attestiert, unabhängig von ihrer Herkunft als Deutsche oder Schweizer ein unverfälschtes Geschichtsbild dieser Zeit zu fordern und eine historische Forschung zu verlangen, die gezielt jene Mythen hinterfragt, auf welche die Identitäten einer Gesellschaft aufbauen. Eine historische Forschung, die auch nach den eigenen Fehlern fragt und gerade deshalb verunsichernd und unangenehm wirkt. Nicht von allen Seiten wird diese Strömung in der Geschichtswissenschaft gleich bewertet. So wurden in Deutschland schon in den späten 1960er-Jahren Stimmen laut, die diese ‹neue› Konfrontation mit dem Nationalsozialismus als politisch motivierte Mythenbildung werteten. Die Kritik am NS-Regime sei in Deutschland bereits nach Ende des Krieges weit verbreitet und die Angriffe der Studentenbewegung auf den Faschismus seien in erster Linie gegen den Kapitalismus gerichtet gewesen.[5] In einigen der untersuchten Texte wird diesem neuen, durch ‹68› geförderten Geschichtsbewusstsein zudem eine Fokussierung auf die eigene Schuld unterstellt, die einen neuen toten Winkel in der Geschichtsschreibung produziere. Entsprechend steht beispielsweise die *Unabhängige Expertenkommission Schweiz – Zweiter Weltkrieg*, obwohl die meisten Mitglieder nicht mit der Studentenbewegung in Verbindung gebracht werden können, für dieses Geschichtsbewusstsein. Ihr wird denn auch von verschiedenen Protagonisten der Schweizer Politik, aber auch von Organisationen wie dem *Arbeitskreis Gelebte Geschichte* vorgeworfen, sie fixiere sich auf Verfehlungen des Landes wie die restriktive Flüchtlingspolitik und schenke den Leistungen und vor allem den widrigen Umständen jener Zeit zu wenig Beachtung. Dieser Topos erscheint in den untersuchten Texten immer wieder und hat sich demnach offenbar im kollektiven Gedächtnis über ‹68› festgesetzt.

Im jüngeren Diskurs wird mit dem genannten Argumentationsmuster oft die Forderung verknüpft, dass auch die 68er bei der Beurteilung der eigenen Vergangenheit denselben (kritischen) Massstab anlegen sollten, was aber, wie dies ein Leserbrief in der NZZ moniert, eben gerade nicht der Fall sei: «[…], dass so Pol Pot und seine Schergen eine nicht zu unterschätzende moralische Unterstützung erhalten haben, ist an sich schon traurig genug. […] Wenn heute auch nur der Schatten eines Schattens aus der Zeit des Zweiten Weltkriegs auftaucht, dann sind die Medienschaffenden schnell zur Stelle und um kritische Kommentare nicht verlegen. Wenn es aber um die Untaten der militanten Linken in den sechziger und siebziger Jahren geht, dann werden beide Augen zugedrückt. Vielleicht weil damals Leute mitgemacht haben, die es beim Marsch durch die Institutionen zum Programmdirektor […], zum Chefredaktor […] oder zum Bundesrat gebracht haben?»[6] Der Autor des Leserbriefs klagt also ein, dass die 68er-Generation bei der historischen Beurteilung des Zweiten Weltkriegs eine übermotivierte Kritik übe, während sie bei der Betrachtung der eigenen Geschichte Unangenehmes weitgehend ignoriere. Als möglichen Grund für diese Ignoranz führt er den Einfluss von Persönlichkeiten aus der Studentenbewegung an, die nach dem langen Marsch durch die Institutionen jetzt einen massgeblichen Einfluss auf die öffentliche Meinung hätten – als Entscheidungsträger in der Medienlandschaft der Schweiz oder gar als Bundesrat.

Der einzige Bundesrat, der auch sonst 1998 mit der 68er-Bewegung in Verbindung gebracht wird, ist Moritz Leuenberger.

Ausgerechnet Leuenberger spricht sich jedoch selbst für ein kritisches Geschichtsbewusstsein aus, wenn er in einem Medienporträt mit Blick auf die 68er-Zeit fordert: «Die Kinder von heute sollten wissen, was ihre Väter und Mütter damals getrieben haben. Man sollte ein ungeschminktes, vollständiges

Bild dieser Zeit vermitteln, samt Ausbeutungstendenzen und Überheblichkeiten von Seiten der Jungakademiker, samt Aberrationen auch, wie dies etwa die RAF verkörpert. Am Beispiel des Zweiten Weltkriegs zeigt sich, wie eine Verklärung der Geschichte Schaden anrichten kann. Und so, wie es 1945 nicht *die* Schweiz gab, gab es 1968 auch nicht nur *die* 68er.»[7]

Moritz Leuenbergers Aussage ist eindeutig und ergreift offen Partei für ein kritisches Geschichtsbewusstsein in der Tradition der 68er. Allerdings: Leuenberger gilt nicht als der klassische 68er und schätzt sich selbst auch nicht so ein. Oder wie Irène Dietschi in ihrem Porträt schreibt: «Moritz Leuenberger war, wie er sagt, ‹kein besonders aktiver 68er›.»[8] In gewissem Sinne stellte er sich sogar gegen ihre Radikalität, in dem er 1969, also sehr früh, in eine etablierte Institution, die Sozialdemokratische Partei, eintrat und damit in den Augen vieler Zeitgenossen Verrat an der Studentenbewegung beging.[9] Die Forderung des Leserbriefschreibers, dass die 68er endlich Selbstkritik üben sollten, wird also durch eine entsprechende Äusserung von Bundesrat Leuenberger ausgerechnet nicht wirklich eingelöst.

Um den Topos der mangelnden Selbstkritik endgültig relativieren zu können, müssten sich radikale 68er-Vertreter offen an einer Aufarbeitung der Vergangenheit beteiligen. In den untersuchten Zeitungsartikeln aus dem Jahr 1998 hat sich (natürlich) kein Protagonist grundsätzlich gegen eine objektive Auseinandersetzung mit der Studentenbewegung gewehrt. Es scheint aber Aktivisten zu geben, die sich mit der 68er-Ideologie und ihrer damaligen Rolle einigermassen schwertun. So zögerte Thomas Held, 1968 der «Rudi Dutschke von Zürich» genannt, offenbar lange, bevor er sich entscheiden konnte, mit Irène Dietschi anlässlich ihrer Porträts zum 30-Jahr-Jubiläum der Studentenbewegung über diese Zeit zu sprechen. Bezeichnenderweise fand er es schwierig, «zwischen Revision und Nostalgie den richtigen Weg zu finden»[10]. Dass Held das dem Marxismus-Leninismus entliehene Vokabular im Rückblick «ziemlich lächerlich und überspannt»[11] taxiert, ist das eine. Wenn der «führende Kopf der 68er-Bewegung»[12] aber zu Protokoll gibt, dass er einiges aus dem Inhalt auch heute noch unterschreiben würde, «obwohl er im Herzen, unabhängig von der Phraseologie, nie ein Fundi gewesen sei»[13], scheint die bereits angekündigte revisionistische Falle zugeschnappt zu sein.

Dass ausgerechnet das Argumentationsmuster der mangelnden bzw. der zu fordernden Geschichtskritik in den untersuchten Zeitungstexten eine derart zentrale Rolle spielt, erstaunt nur auf den ersten Blick. 1998 befand sich der internationale Druck auf die Schweiz aufgrund ihrer Rolle im Zweiten Weltkrieg mehr oder weniger auf dem Höhepunkt. Direkte Folge davon war ein Vergleich über insgesamt 1,25 Milliarden Franken, den die Schweizer Banken im Sommer desselben Jahres mit jüdischen Sammelklägern abgeschlossen haben.[14] Der aussenpolitische Druck und die Tatsache, dass Schweizer Politiker, aber auch Historiker, die von aussen kommende Kritik nicht grundsätzlich bekämpften, sondern sich teilweise in früheren Aussagen und Forderungen bestätigt sahen, liess die innenpolitische Auseinandersetzung zeitweise eskalieren. Die Debatte wurde schliesslich derart emotionalisiert geführt, dass beispielsweise sogar Bonner Koalitionsabgeordnete sich genötigt sahen, den damaligen schweizerischen Bundespräsidenten Flavio Cotti in einem offenen Brief aufzufordern, dem Kesseltreiben gegen den 68er Jean Ziegler ein Ende zu setzen.[15]

«Ho-Ho-Ho Chi Minh»

Dieser Schlachtruf an Antivietnamkriegsdemonstrationen in den späten 1960er- und frühen 1970er-Jahren erreicht bei Google noch heute über 10 000 Treffer. Glücklicherweise ist er nicht das einzige Überbleibsel des bunten Treibens auf den Strassen in den bewegten Monaten des Jahres 1968, in denen die öffentlichen Proteste ihren Höhepunkt erreichten. Zumindest nach Meinung von Oskar Negt war und ist der öffentliche Protest ein zentraler und nachhaltig wirkender Aspekt der Studentenbewegung. «Die Demonstrationsöffentlichkeit stand 1968 im Blickfeld der Medien; aber unterhalb dieser offiziellen Ebene, [...], hat sich ein differenziertes Spektrum alternativer Öffentlichkeiten gebildet. Herrschaft lebt von Nichtöffentlichkeit. [...] Was die Studierenden und Jugendlichen von 68 praktiziert haben, davon leben heute noch die Demonstrationsformen der Stahlarbeiter im Ruhrgebiet oder der Streikenden in den neuen Bundesländern.»[16]

Die Kreativität der neuen Protestformen, die öffentliche Präsentation von Anliegen, aber auch der ordnungsstörende Charakter dieser Aktivitäten scheinen sich in das Gedächtnis von ‹68› eingebrannt zu haben. Offenbar wurde die Art des öffentlichen Protestes zumindest in Europa durch die Unruhen von 1968 tief greifend verändert und beeinflusst wohl auch im 21. Jahrhundert noch die Formen der öffentlichen Artikulation von gesellschaftlichem Dissens.

Doch auch zu diesem Teil des Diskurses gibt es Stimmen, die den damaligen Aktivitäten nichts Positives abgewinnen können:

«Während sich in Zürich die Professorenschaft mit Positionsbezügen zum amerikanischen Vietnam-Engagement und der stärkeren Gewichtung ‹gesellschaftlich relevanter› Lehrinhalte auseinanderzusetzen hatte oder die eigenen Lehrveranstaltungen plötzlich mit Vorlesungsstreiks sanktioniert sah, stand in St. Gallen ‹Business as usual› auf dem Stundenplan. [...] Einige Studenten riefen als St. Galler Antwort auf die Studentenunruhen das inzwischen international renommierte Management-Symposium ins Leben.»[17]

In diesem Zitat aus einem NZZ-Artikel zum Gründungsjubiläum der Hochschule St. Gallen wird das erfolgreiche Engagement der St. Galler Studentenschaft als positiver Gegenpol zur unproduktiven oder sogar destruktiven Protesttätigkeit der 68er-Bewegung an der Universität Zürich gesetzt. Während Oskar Negt die Formen des 68er-Protestes als richtungweisend wertet, wird hier der Fokus darauf gelegt, was konkret mit den gestellten Forderungen erreicht werden konnte und wurde. Aus dieser Perspektive scheint die Einrichtung des «Management-Symposium», das damals von konservativen Studierenden gegründet wurde und immer noch besteht, die Entwicklung neuartiger Formen, politischen Dissens und eigene Anliegen der Öffentlichkeit publikumswirksam zugänglich zu machen, bei Weitem zu übertreffen.

Der lange Marsch durch die Institutionen

Der «lange Marsch durch die Institutionen» ist wohl aus zwei Gründen ein beliebtes Argumentationsschema in den Texten der NZZ. Einerseits war 1998 das Jahr des Regierungswechsels in Deutschland. Zum ersten Mal haben mit Gerhard Schröder, Otto Schily und Joschka Fischer Protagonisten aus der 68er-Bewegung den damals selber proklamierten «langen Marsch durch die Institutionen» bis ganz an die Spitze geschafft. Auch wenn Gerhard Schröder nicht als klassischer 68er gilt und sein Wahlsieg über Helmut Kohl nicht auf sozialistische Forderungen zurückzuführen ist, so ist er doch der erste Bundeskanzler, der mit der 68er-Ideologie in Verbindung gebracht wird.[18]

Der zweite Grund ist wohl die Tatsache, dass 1998 das «30. Jubiläumsjahr der Revolte» war. Runde Geburtstage eignen sich gut, um nachzufragen, was aus den Exponenten einer Bewegung geworden ist. Wie haben sie sich entwickelt, wo stehen sie heute und haben sie sich ins politische Establishment integrieren wollen und können? Der folgende Auszug aus einem Gespräch mit Antje Vollmer, der ehemaligen Vizepräsidentin des deutschen Bundestages, zeigt anschaulich, wie sich die Integration der Grünen Partei in Deutschland aus eigener Sicht auf der Stufe des Bundestages abgespielt hat:

«Die Grünen hatten ja anfänglich noch eine weitgehend ausserparlamentarische Identität, die noch aus der 68er-Bewegung stammte. Viele Grüne kamen von den Strassendemonstrationen, das Parlament war eine zusätzliche Möglichkeit, um ihre Ideen durchzusetzen, aber nicht die Hauptmöglichkeit. Bei bestimmten Aktionen waren wir damals auch immer noch eher auf der Strasse als im Parlament. Inzwischen sind wir zu einer parlamentarisch erfahrenen Partei geworden. Wir akzeptieren und schätzen die Rolle des Parlaments, kennen uns professionell aus im Umgang mit den parlamentarischen Mitteln [...].»[19]

Zumindest in dieser Schilderung scheint es sich beim nicht explizit genannten langen Marsch um ein langsames, fast zufälliges Erlernen der diversen Machtinstrumente und nicht um eine gezielte subversive Infiltration des Parlamentes zu handeln. Inwiefern dieses Interview als Teil eines Public-Relations-Konzeptes gesehen werden muss, ist schwierig abzuschätzen, darf aber nicht ignoriert werden.

Auch wenn sich in konservativen Kreisen ein gewisses Mass an Respekt vor der Integration progressiver Kräfte in Politik und Wirtschaft und damit zunehmender Einflussnahme linker Meinungsmacher und Entscheidungsträger auf die Gesellschaft breitgemacht hat, gibt es Stimmen, die den langen Marsch durch die Institutionen ohne damit einhergehende ideologische Abstriche als wenig realistisch taxieren:

«Haben die 68er [...], in Europa zumindest, geistige Hegemonie erlangt? Sind nicht unzählige von ihnen Professoren, Verleger, Richter, Lehrer, Ärzte? Dominieren sie nicht viele Feuilletons? [...] Einige Konservative und Liberale sehen das so, warnen vor linker kultureller Meinungsführerschaft und einem Werteverfall. Andere Bürgerliche nehmen es gelassen, vertrauen, wohl zu Recht, auf die integrative Kraft der Institutionen, auf des langen Marsches kurzen Atem und darauf, dass die Enkelkinder der Titanen rebellisch eigene Wege gehen.»[20]

«... und natürlich kann geschossen werden!»

Gewalt-Topoi spielen 1998 eine wichtige Rolle. Und zwar in doppelter Hinsicht: Einerseits im Hinblick auf die Intoleranz gegenüber Andersdenkenden innerhalb der 68er-Bewegung, die man auch einem erweiterten Gewaltbegriff subsumieren kann, andererseits aber auch im Hinblick auf die Gewalttaten des bundesdeutschen Terrorismus. «Denn 68er waren es, die aus der Erfahrung, dass das herrschende System die überfällige Aufarbeitung der faschistischen Vergangenheit blockierte oder sich nur zögernd und fragmentarisch darauf einliess, den Schluss zogen, dass es sich hierbei um eine latent faschistische Ordnung handle. Wer von dieser Wirklichkeitsanalyse ausging, musste sich völlig frei fühlen in der Wahl der Gegenmittel, diesem System Widerstand zu leisten: ‹[...] und natürlich kann geschossen werden› (wie Ulrike Meinhof es später ausdrückte).»[21]

Der Vorwurf, dass die 68er Gewalt als legitimes Mittel anerkannten, insofern in ihren Augen die alltägliche strukturelle Gewalt einen Grossteil der Bevölkerung zu «manipulierten Massenmenschen»[22] forme und damit eine aufgeklärte Elite gewissermassen zum Handeln zwinge, wird auch von Jürgen Habermas gegen Herbert Marcuse vorgebracht:

«Er suggeriert seinen Hörern, dass sie sich als Teil einer künftigen revolutionären Bewegung verstehen dürfen. Das belegen auch seine zweideutigen Äusserungen zur Frage der Gewaltanwendung. Schon im Juli 1967 setzt er sich [...] vom liberalen Teil des SDS ab: ‹Ich habe keineswegs Humanität mit Gewaltlosigkeit gleichgesetzt. Im Gegenteil, ich habe von Situationen gesprochen, in denen es genau im Interesse der Humanität liegt, zur Gewalt überzugehen.› Diese Tendenz wird durch ein vernunftautoritäres und geistelitäres Verständnis von Philosophie und Aufklärung gefördert, das Marcuse [...] dem politisch fragwürdigen Curriculum des deutschen Gymnasiums verdankte.»[23]

Der Gewaltvorwurf an die 68er ist nicht nur eines der in vielen Artikeln des Jahres 1998 aufgegriffenen Argumentationsmuster, sondern auch eines, das immer wieder von ehemaligen Aktivisten selbst vorgebracht wird. So etwa von Jürgen Miermeister, wenn er der sich antiautoritär verstehenden Bewegung autoritäres Verhalten vorhält:

Arbeitsgemeinschaft Zürcher Manifest

Ein Jahr danach: Drohungen statt Dialoge

Am 29. und 30. Juni 1968 wurde in Zürich das Recht mit Füssen getreten.
Die einseitige Interpretation der Zürcher Unruhen als böswillige Ausschreitungen randalierender Jugendlicher kann heute nicht einmal mehr von den Behörden aufrechterhalten werden.
Neutrale Beobachter (Presseberichterstatter, Rechtsanwälte und unbeteiligte Augenzeugen) haben eindeutig festgestellt:

1 Die Initianten der Demonstration vor dem Globus wollten keine Auseinandersetzung mit der Polizei. Als einzelne Jugendliche gegen das Globus-Areal vorgehen wollten, beschlossen die Initianten vielmehr, limmataufwärts zum Sechseläutenplatz zu marschieren.

2 Dieser Plan wurde von der Polizei verhindert: sie erlaubte den Initianten nicht einmal, sich zu diesem Zweck über eine Lautsprecheranlage an die Demonstranten zu wenden. Statt dessen heizte Polizeikommandant Dr. Bertschi die Stimmung gegen die Demonstranten mit unnötigen Drohungen auf und gab den Befehl zum Einsatz von Feuerwehrspritzen, als sich eine grosse Zahl von Demonstranten bereits zum Abmarsch formierte.

3 Die nun folgende Schlacht, welche die Polizei den Demonstranten lieferte, wurde mit beispielsloser Brutalität ausgetragen. Einzelne Polizisten schlugen mit Gummiknüppeln wahllos auf Leute ein, die sich an der Demonstration nicht einmal beteiligten.

Folterkammer Globuskeller

Im Globuskeller wurden wehrlose Männer und Frauen von Polizisten schwer misshandelt. Auch in der Hauptwache wandte die Polizei Gewaltmethoden an, die nur in einem Unrechtsstaat toleriert werden. Die Übergriffe der Polizei sind in einem Weissbuch des Zürcher Manifests durch mehr als hundert Zeugenaussagen untermauert. Ausschnitte aus diesem Weissbuch und Fotos von misshandelten Mitbürgern sind zur Zeit an der Anklagewand vor dem alten Globus angeschlagen. Das Weissbuch kann im übrigen im Strassenverkauf erworben werden.

Wo bleibt die Gerechtigkeit?

Während eine grosse Zahl von Verhafteten tagelang unter Arrest gehalten und dort zum Teil misshandelt wurde, gingen die Ermittlungen gegen die fehlbaren Polizisten und deren Vorgesetzten nur schleppend voran.
Die kürzlich gefällten Urteile gegen einen Polizisten und drei Jugendliche sind leider nicht geeignet, das Vertrauen in unsere Justiz zu stärken. Aus dem ungleichen Strafmass geht hervor, dass es verwerflicher ist, ohne Uniform einen Pflasterstein auszugraben als in Uniform ein wehrloses Opfer spitalreif zu prügeln. Nach dem bisherigen Stand muss damit gerechnet werden, dass – abgesehen von einigen unbedeutenden Verweisen – die meisten fehlbaren Polizisten straffrei ausgehen und die verantwortlichen Chefs weiterhin in ihren Ämtern bleiben.
Angesichts der Schwere der nie widerlegten Vorwürfe betrachten wir dieses Vorgehen als eine skandalöse Brüskierung des demokratischen Rechtsempfindens.
In jedem andern Rechtsstaat wäre ein Dr. Bertschi und ein Dr. Hubatka nicht mehr im Amt.

Wo sitzen die Drahtzieher?

Wenn Jugendliche gegen diese Rechtsverletzung demonstrieren, wird sofort der Schrei nach der Unschädlichmachung der Drahtzieher laut.
Kein Wort lässt die BGB-Mittelstandspartei in ihrem Aufruf darüber verlauten, dass möglicherweise dem Recht selbst Schaden zugefügt wurde.
Was verlangt wohl eher «energisches Eingreifen»:
polizeiliche Schlägerpraktiken, ungesetzliche Freiheitsbeschränkungen und juristische Willkür oder «die geschmacklose, freche, ja obszöne Art», mit der gegen diese Missachtung der gesetzlichen Schutzansprüche jedes Bürgers demonstriert wird?
Wie kann man von der Jugend einen Bewusstseinsstand erwarten, der Besonnenheit über emotionelles Verhalten setzt, wenn der Bewusstseinsstand erwachsener Politiker nicht ausreicht, um Recht von Unrecht und Ursache von Wirkung zu unterscheiden.
Die BGB jedenfalls schafft das nicht einmal in ihrem kurzen Aufruf. Nachdem sie die Demonstration «gegen die vom Volk gewählten und dem Volk verantwortlichen Gerichtsbehörden» verurteilt hat, droht sie mit dem Schlussatz: «Oder soll das Volk zum Rechten sehen?» Das ist keine Demonstration gegen die Gerichtsbehörden. Das bedeutet ihre Ausschaltung. Die Drahtzieher der Unordnung sprechen oft im Namen der Ordnung.

▲ Schon ein Jahr nach dem Globus-Krawall war die öffentliche Erinnerung an die Ereignisse des Zürcher Sommers 1968 umstritten. Hier die Vorderseite eines Flugblatts der Arbeitsgemeinschaft Zürcher Manifest vom 28. Juni 1969.

«Die Antiautoritären waren autoritär, totalitär, gläubige Kinder einer Wahrheit, einer Philosophie, Kinder von Hitler und Marx (von Carl Friedrich von Weizsäcker Titanen genannt), extreme Ausgeburten idealistischer Philosophie. [...] Die Söhne und Töchter dieser Titanen, die Rebellen von 68 kamen nicht an die Macht. [...] Und denken dabei mit Schrecken [...] an den mörderischen Terror der Roten Garden Mao Tse-tungs. Und mit Scham an ihren kleinen Terror gegenüber andersdenkenden Professoren und Kommilitonen.»[24]

«68er-Kuschel- und Wohlfühlpädagogen»

Entgegen der einleitend zitierten Kritik von Christoph Mörgeli an der 68er-Pädagogik und ihrem angeblichen schädlichen Einfluss auf die gegenwärtige Gesellschaft finden sich 1998 in den Texten der NZZ kaum negative Äusserungen zum Thema Erziehung. Entgegen den Erwartungen spielt dieser Aspekt zwar eine wichtige, im Vergleich zu den andern herausgearbeiteten Argumentationsmustern jedoch eine eher untergeordnete Rolle; er wird – das mag dann auch mit ein Grund für die weniger grosse Aufmerksamkeit sein – überraschenderweise ausschliesslich positiv gesehen. So findet auch Oskar Negt, ansonsten durchaus kritisch, mit Blick auf die Auswirkungen, die ‹68› auf familiäre wie schulische Erziehung gehabt hat, in erster Linie positive Worte:

«Der Studienrat hatte schon den Massenselbstmord von Langemarck im Ersten Weltkrieg mitverschuldet. Stalingrad und die Unfähigkeit, nach der Katastrophe wenigstens eine Zeit des Atemschöpfens und der Trauer einzuschieben, bevor der bienenfleissige Wiederaufbau einsetzte, waren auch Resultate einer Erziehung, die jetzt niemand mehr wollte. Allerorten bildeten sich pädagogische Experimente der Selbstregulierung, die so sehr ins Alltagsbewusstsein von Eltern [...] eingegangen sind, dass heute niemand mehr die Ursprünge in Erinnerung hat. Das gehört zu den Resultaten der 68er-Bewegung, die geräuschlos in das kulturelle Erziehungsklima eingegange sind.»[25]

1968 in der Erinnerungspolitik – ein Fazit

Eine Gesamtschau der Texte, die sich in irgendeiner Form mit 68 und dessen ‹Kindern› befassen, bringt fünf zentrale Argumentationsmuster zutage. Im Jahr 1998 hat vor allem der Topos vom gewandelten Geschichtsbewusstsein eine zentrale Rolle gespielt. Der Umstand, dass das gewählte Jubiläumsjahr zeitlich mit der in der Schweiz emotional geführten Holocaustdebatte zusammenfiel, ist ein Erklärungsansatz für dessen Dominanz. Vor dem Hintergrund dieser innenpolitischen Auseinandersetzung erscheint die Geschichtsrezeption der 68er oft als übermotiviert kritische Nestbeschmutzung, die zu sehr auf die Unterlassungen oder Fehler des eigenen Landes fokussiert ist und damit die eigene Position gegenüber dem (damaligen) aussenpolitischen Druck schwächt.

Der Topos des langen Marsches durch die Institutionen kommt angesichts des 30-Jahr-Jubiläums der Bewegung und dem damit verbundenen Rückblick auf erreichte Ziele ebenfalls häufig vor. Dies hat auch in der Schweiz mit der medialen Berichterstattung über den rot-grünen Wahlsieg in Deutschland und der Ernennung Gerhard Schröders zum Bundeskanzler zu tun. Der schon früh von den Aktivisten propagierte lange Marsch schien damit am Ziel zu sein. Die neu geformte Regierung wurde aber schon 1998 mit einem ‹Dritten Weg› jenseits bürgerlicher und radikal-sozialistischer Politik in Verbindung gebracht. Diese Hinwendung zu einer neuen politischen Programmatik wurde in der NZZ ironisch als «des langen Marsches kurzer Atem»[26] bezeichnet.

Im Gegensatz zum Erziehungstopos, der in den NZZ-Artikeln des letzten runden Jubiläumsjahrs eine vernachlässigbare Rolle spielt, weisen verschiedene Gewalttopoi ein überraschendes Gewicht auf. Erstaunlicherweise fanden sich auch keine Argumentationsmuster aus den Bereichen Psychologie, Pädagogik sowie der politischen Philosophie, die landläufig allesamt zum *core business* der Studentenbewegung gezählt werden. Dennoch zeichnet der

Topoi-Katalog ein interessantes Bild von der erinnerungspolitischen Instrumentalisierung einer zeitgeschichtlichen Epoche, die bis heute lebendig geblieben ist und die das Selbstbild einer ganzen Generation prägt, sei es durch kritische Auseinandersetzung oder Identifikation.

Künftige Jubiläen werden andere Aspekte von 1968 zur Geltung bringen. Vor allem kann davon ausgegangen werden, dass die quantitative Gewichtung der Topoi anders sein wird. Argumentationsmuster, welche die Geschichte der Schweiz im Zweiten Weltkrieg betreffen, werden über keine annähernd so grosse Dominanz verfügen wie noch 1998. Aufgrund der in Mode gekommenen massenmedialen Aufbereitung jugendlicher Straftaten ist dagegen zu erwarten, dass vermeintlich negative Einflüsse der 68er-Bewegung auf Erziehungsfragen in verschiedenen Facetten zutage treten werden. Hier scheint auch die Krux des Diskurses über 68er zu liegen: Eine Vielzahl der von den 68ern mitgeschaffenen gesellschaftlichen Realitäten wie die verbesserte Akzeptanz von Minderheiten und eine liberalere Gesellschaft an sich sind inzwischen in solchem Mass etabliert, dass sie als unstrittig angenommen werden. Umstrittene oder fehlgeleitete Neuerungen bieten dagegen immer wieder Anlass für politische Konflikte und bilden damit auch den Stoff, aus dem der Diskurs in seiner Gesamtheit letztlich geschaffen ist.

«Zum Abschluss der Kundgebung singen wir die Internationale»

Die Zürcher Bewegung und das globale ‹1968›

Zum Abschluss der Kundgebung singen wir die Internationale

Wacht auf, Verdammte dieser Erde,
die stets man noch zum Hungern zwingt!
Das Recht, wie Glut im Kraterherde,
nun mit Macht zum Durchbruch dringt!
Reinen Tisch macht mit dem Bedränger,
Heer der Sklaven, wache auf!
Ein Nichts zu sein, tragt es nicht länger!
Alles zu werden, strömt zu Hauf!
Völker, hört die Signale!
Auf zum letzten Gefecht!
Die Internationale erkämpft das Menschenrecht!

Es rettet uns kein höh'res Wesen,
kein Gott, kein Kaiser, noch Tribun.
Uns aus dem Elend zu erlösen,
können wir nur selber tun!
Leeres Wort: Des Armen Recht!
Leeres Wort: Des Reichen Pflicht!
Unmündig nennt man uns und Knechte!
Duldet die Schmach nun länger nicht!
Völker, hört die Signale!
Auf zum letzten Gefecht!
Die Internationale erkämpft das Menschenrecht!

In Stadt und Land Ihr Arbeitsleute,
wir sind die stärkste der Partei'n.
Die Müssiggänger schiebt beiseite!
Diese Welt muss unser sein!
Unser Blut sei nicht mehr der Raben
und der nächt'gen Geier Frass!
Erst wenn wir sie vertrieben haben,
Dann schein' die Sonn' ohn' Unterlass!
Völker, hört die Signale!
Auf zum letzten Gefecht!
Die Internationale erkämpft das Menschenrecht!

Wer am Ostermontag der Gedenkfeier für den ermordeten Negerführer beiwohnen wollte, musste beim Eingang zum Schauspielhaus zuerst einige polemisch beschriftete Dutschke-Plakate passieren. Die gleichen Sprüche zierten auch das Geländer rund um den Berlin-Gedenkstein bei der Bahnhofbrücke, und am Portal des Generalkonsulates der Bundesrepublik an der Kirchgasse hatten in der Nacht auf den Ostersonntag Unbekannte eine rote Fahne, ein Che-Guevara-Porträt und die Aufschrift »Rudi Dutschke« angebracht.

▲ **Das Singen der «Internationale» war auch in Teilen der Zürcher 68er-Bewegung fester Bestandteil von Protestritualen. Offenbar waren die Genossen aber nicht vollkommen textsicher, sodass die drei Strophen des Kampfliedes der sozialistischen Arbeiterbewegung auf Flugblättern vervielfältigt werden mussten.**

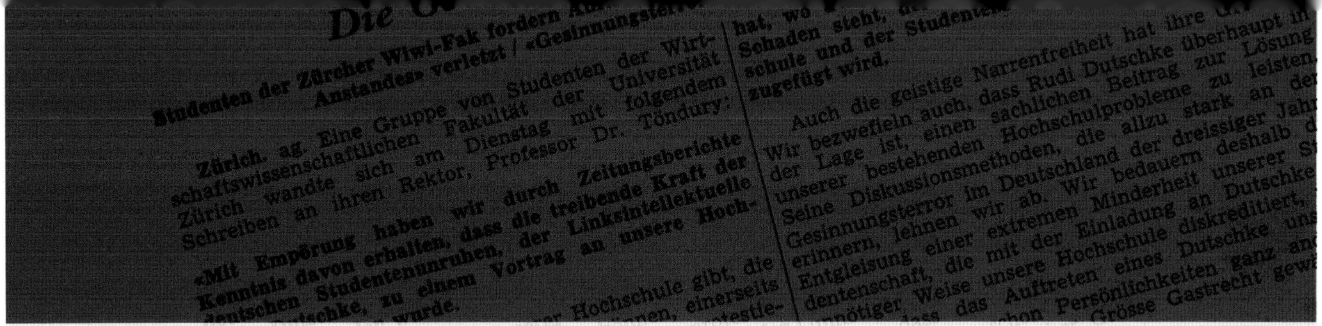

Die Gentlemen warnen vor Dutschke

Studenten der Zürcher Wiw-Fak fordern Auftrittsverbot / «Einpeitscher brutaler Gewalt» / «Regeln primitivsten Anstandes» verletzt / «Gesinnungsterror wie im Deutschland der dreissiger Jahre»

Zürich. ag. Eine Gruppe von Studenten der Wirtschaftswissenschaftlichen Fakultät der Universität Zürich wandte sich am Dienstag mit folgendem Schreiben an ihren Rektor, Professor Dr. Töndury:

«Mit Empörung haben wir durch Zeitungsberichte Kenntnis davon erhalten, das die treibende Kraft der deutschen Studentenunruhen, der Linksintellektuelle Rudi Dutschke, zu einem Vortrag an unsere Hochschule eingeladen wurde.

Wenn es Studenten an unserer Hochschule gibt, die es mit ihrem gewissen vereinbaren können, einerseits gegen die Gewalt in Vietnam lautstark zu protestieren, andererseits aber einem Einpeitscher brutaler Gewalt Handlangerdienste zu leisten, mag das ihre Sache sein. Wenn nun aber Dutschkke und weitere Agitatoren der SDS (Sozialistischer Deutscher Studetenbund) unsere Universität als Forum benützen dürfen, um der Zürcher Studentenschaft Lektionen inmarxistischer Ideologie und in Sexualaufklärung zu erteilen, dann empfinden wir das schlechhin als eine Zumutung.

Diese Herren haben bisher in verschiedenen Auftritten zur Genüge demonstriert, dass ihnen keine Gemeinheit, keine Niedertracht und kein Verstoss gegen die Regeln primitivsten Anstandes zu gering ist, um von sich reden zu machen.

Diese Herren haben in verschiedenen Auftritten bisher zu Genüge demonstriert, dass ihnen keine Gemeinheit, keine Niedertracht und kein Verstoss gegen die regeln primitivsten Anstandes zu wenig ist, um von sich reden zu machen.

Wir sind der festen Ueberzeugung, dass das Auftreten eines Rudi Dutschke, das nur unnötige Unruhe bringen kann, dem Ansehen unserer Hochschule einen schlechten Dienst erweist.

Wen soll es da noch wundern, wenn der Stimmbürger angesichts solcher Provokationen den Anliegen unserer Universität und der Studentenschaft immer weniger Verständnis entgegenbringt? Wir gelangen deshalb an Sie, sehr geehrter Herr Rektor, mit der Bitte, Dutschke und seinen Mitagitatoren das betreten unserer Hochschule zu verbieten.»

Die Unterzeichneten gaben im weiteren noch folgenden Kommentar ab: «Auch wir befürworten grundsätzlich die geistige Auseinandersetzung mit Andersdenkenden. Wir sind aber der Ansicht, dass das rein akademische Interesse an solchen Diskussionen überall dort zurückzutreten hat, wo der Nutzen in keinem Verhältnis mehr zum Schaden steht, der damit dem Ansehen einer Hochschule und der Studentenschaft in der Oeffentlichkeit zugefügt wird.

Auch die geistige Narrenfreiheit hat ihre Grenzen.Wir bezweifeln auch, dass Rudi Dutschke überhaupt in der Lage ist, einen sachlichen Beitrag zur Lösung unserer bestehenden Hochschulprobleme zu leisten. Seine Diskussionsmethoden, die allzu stark an den Gesinnungsterror im Deutschland der dreissiger Jahre erinnern, lehnen wir ab. Wir bedauern deshalb die Entgleisung einer extremen Minderheit unserer Studentenschaft, die mit der Einladung an Dutschke in unnötiger Weise unsere Hochschule diskreditiert, und hoffen, dass das Auftreten eines Dutschke unserer Hochschule, die schon Persönlichkeiten ganz anderer geistiger und moralischer Grösse Gastrecht gewährte, erspart bleibt.»

REKTOR APPELLIERT AN VERNUNFT

UPI. Zum Brief der Wirtschaftswissenschats-Studenten erklärte der Rektor der Zürcher Uni, Professor Gian Toendury:

«Ich habe dieses Schreiben bis am Dienstagabend noch nicht erhalten. Wenn die Kantonale Fremdenpolizei Rudi Dutschke Redeerlaubnis erteilt, so kann und will die Universitätsleitung keine gegenteilige Haltung einnehmen.»

«Persönlich war ich immer der Ansicht, dass Dutschke hier an unserer Uni reden soll, und dass man diesem Besuch keine Hindernisse in den Weg stellen sollte», meinte der Zürcher Universitätsrektor weiter. «Im übrigen traue ich unseren Zürcher Studenten genug Vernunft zu, sich über Dutschkes Ansicht in Ruhe eine Meinung zu bilden.»

DUTSCHKE-ENTSCHEID: AM DONNERSTAG

Zürich. ag. Wie von der zürcherischen Polizeidirektion zu erfahren ist, kann der Entscheid über die Erteilung einer Redebewilligung an Rudi Dutschke auf kommenden Donnerstag erwartet werden. Der Entscheid wird nun doch von den kantonalzürcherischen Instanzen gefällt, nachdem interne Besprechungen mit Bundesstellen stattgefunden haben.

◀ ▲ ▶ Die deutsche und die französische 68er-Bewegung wurden von den Zürcher Aktivistinnen und Aktivisten mit grossem Interesse verfolgt und galten manchen als Vorbild. Auch Presse und Stadtregierung fürchteten, dass die Unruhen über die Grenze schwappen könnten. So sorgte der angekündigte Besuch Rudi Dutschkes im Zürcher Sommer 1968 für Nervosität. Dutschke allerdings wurde kurz vor der für den 26. April anberaumten Veranstaltung in einem Attentat in Berlin schwer verletzt.

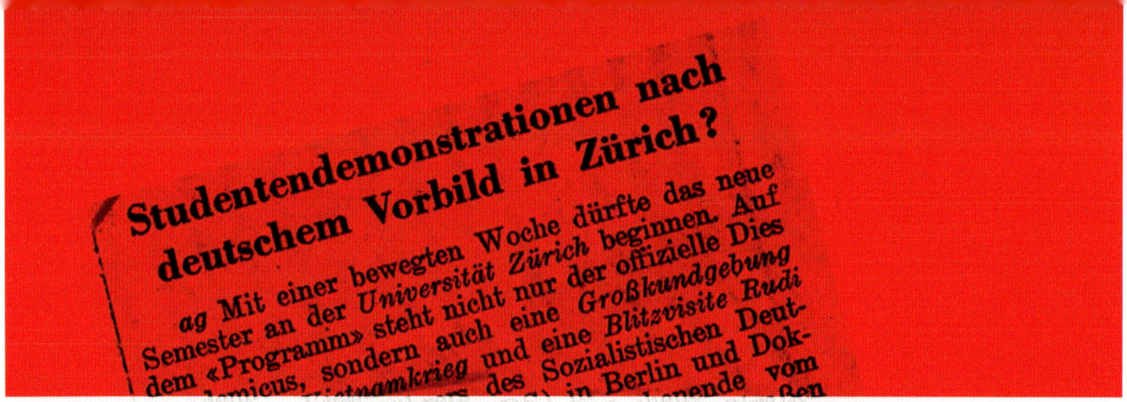

Studentendemonstrationen nach deutschem Vorbild in Zürich?

ag Mit einer bewegten Woche dürfte das neue Semester an der Universität Zürich beginnen. Auf dem «Programm» steht nicht nur der offizielle Dies Academicus, sondern auch eine Großkundgebung gegen den Vietnamkrieg und eine Blitzvisite Rudi Dutschkes, des Führers des Sozialistischen Deutschen Studentenbundes (SDS) in Berlin und Doktoranden der Soziologie. Am Wochenende vom 27./28. April ist mit Aktionen auf Zürichs Straßen zu rechnen. Allerdings dürfte dann der 27jährige Rudi Dutschke bereits wieder abgereist sein.

Das Idol der Linksstudenten in der Bundesrepublik wird – so ist nun nach der jüngsten Sitzung der Fortschrittlichen Studentenschaft Zürich (FSZ) zu vernehmen – vorraussichtlich am späten Freitagnachmittag, 26. April, auf dem Flughafen Kloten eintreffen. Am Abend soll Dutschke auf Einladung der FSZ an der Universität Zürich einen Vortrag halten. Begleitet wird der Anführer der deutschen Studentenrevolten von drei weitern Mitgliedern des SDS, die ebenfalls mit Vorträgen öffentlich auftreten wollen. So will SDS-Funktionär Amend vor Mitschülern über Sexualaufklärung sprechen, die an den Zürcher Gymnasien nach wie vor verdrängt werde. Dutschke selbst will bereits am darauffolgenden Montag nach Finnland in die Ferien fliegen.

Noch hat Dutschke allerdings bis zur Stunde keine Einreisebewilligung. Die Redebewilligung der Zürcher Fremdenpolizei steht ebenfalls noch aus.

▸ Bezugnahmen auf internationale Ereignisse wurden häufig für die Propagierung nationaler politischer Ziele genutzt, im Fall der abgebildeten Wandzeitung für eine Verbesserung der Lage von Militärdienstverweigerern.

Wir freuen uns über den spontanen Protest des Schweizer-volkes gegen die brutale Verhinderung der Liberalisierung in der CSSR durch die Russen.

Wie wäre es mit der Liberalisierung bei uns gegenüber den Militär-verweigerern? Sie wandern noch immer als Verbrecher ins Gefängnis!

Stadtpolizei Zürich

N I C H T   E I N S T E C K E N !   L E S E N !   Beilage No. 2

G E W A L T

Los Angeles, 5. Juni. (AP)
Auf den Senator Robert Kennedy ist in der Nacht vom Dienstag auf den Mittwoch in einem Hotel in Los Angeles ein Attentat verübt worden.

November 1963	John F. Kennedy (ermordet)
Juni 1967	Benno Ohnesorg (erschossen)
April 1968	Martin L. King (ermordet)
April 1968	Rudi Dutschke (lebensgefährlich verletzt)
Juni 1968	Robert Kennedy (lebensgefährlich verletzt)

Polizei, Sanität und Sensationsreporter fragen sich: Wer wird der nächste sein? Besorgte Beobachter fragen: Wie kann die Mordserie gestoppt werden? Ihre Vorschläge: Leibgarden sollen eingeführt, Waffenkäufe erschwert, Panzerwesten verbessert werden. Tiefschürfendere Kommentatoren fragen sich, weshalb die "Seuche der Gewalttat" (NZZ) sich so schnell ausbreiten, wie der Bazillus (wahrscheinlich von fremden Planeten eingeschleppt oder in Pekings Retorten gezüchtet) ein Land nach dem andern in der so gesunden westlichen Welt befallen konnte.

WIR FRAGEN UNS, WARUM SIE SICH FRAGEN.

Warum sie sich fragen, dass in einem System, das täglich Gewalt ganz anderer Grössenordnung anwendet, das von Gewalt und Unterdrückung lebt, Menschen plötzlich zur Gewalt greifen. Warum sie sich aufregen, wenn plötzlich das wahr gemacht wird, was verschleiert oder direkt den Massen dauernd gepredigt wird. Denn: die Attentäter sind keine Sonderlinge, sie machen nur ernst; sie tun dasselbe, was ihre Nationen im Weltmassstab tun: den unliebsamen Gegner aus der Welt schaffen. Aber was in Amerika geschieht, finden wir auch bei uns: den Jungen (oder den Negern) wird Gewaltlosigkeit gepredigt, Diskussion angeboten. Wenn mit der Diskussion ernst gemacht wird, wenn sich das Gespräch z.B. mit Polizisten anbahnt, schafft man gleich eine Situation in der nicht mehr diskutiert werden kann, denn merke: Wer prügelt, spricht nicht. Aber merke auch: Gewalt stösst auf Gegengewalt.

WER WIND SAET, WIRD STURM ERNTEN

fsz

WER SIND DIE MÖRDER?

- Warum verteilen wir am Karfreitag ein Flugblatt, dem Tag, an dem die Christen in der ganzen Welt der Kreuzigung Jesu durch die Römer gedenken?
- Martin Luther King wurde ermordet.
- Rudi Dutschke wurde das Opfer eines Attentates.
- Der Pfarrer Martin Luther King kämpfte für die Gleichberechtigung der Schwarzen in Amerika. Er wurde das Opfer eines Einzelnen.
- Der Student Rudi Dutschke kämpfte für eine wahrhaft demokratische Gesellschaft und Universität. Er wurde das Opfer eines Einzelnen.

- Waren es wirklich Einzelgänger?

- In Memphis wie auch in Berlin sind die Verbrecher erst durch ihre Tat an die Oeffentlichkeit getreten.
- Waren sie als Mörder nicht Opfer einer Hetzkampagne, inszeniert von ein und derselben Macht, die eine "Demokratie" nur solange toleriert, als es ihr nützt? Die aber sofort einen "freiwilligen" Mörder findet, wenn es darum geht, einen ihr nicht genehmen Widerspruch mit brutaler Gewalt zum Schweigen zu bringen.

- Jeder unter uns, der diese Verhältnisse nichtbekämpft oder sie auch nur zulässt, macht sich schuldig!

- Wer sind die wahren Mörder?

Fortschrittliche Studentenschaft Zürich
Junge Sektion der Partei der Arbeit

▲ Die Serie von Attentaten auf Idole der Bürgerrechtsbewegung und der Neuen Linken in andern Ländern gab Anlass zu Solidaritätserklärungen, aber auch zu Anklagen und Drohungen. Hier zwei Flugblätter der Fortschrittlichen Studentenschaft Zürich.

▶ Im August dominierte das jähe Ende des Prager Frühlings die Debatten in der Zürcher 68er-Bewegung. Dabei war vorher durchaus umstritten gewesen, ob die Reformen in der Tschechoslowakei zu begrüssen oder als reformistisch abzulehnen seien.

Mi. 21. Aug. 1968/ 16.00
Limmatquai/Bellevue/
Bahnhofbrücke/ - Strass
von 6 Jugendlichen

Heute Demonstration!

Heute, 21. August, 20 Uhr, Bürkliplatz, Zürich Solidaritätskundgebung mit dem tschechoslowakischen Volk und seinem eigenen Weg zum Sozialismus

Mit Empörung verfolgen wir den Einmarsch sowjetischer Truppen in die Tschechoslowakei. Die Intervention steht in krassem Gegensatz zu den Ideen des Sozialismus und des Selbstbestimmungsrechts der Völker und zu den Beschlüssen von Cierna und Bratislawa.

Wir stellen uns auf die Seite der tschechoslowakischen Parteiführung unter Dubcek, mit der sich die Warschau-Pakt-Mächte geeinigt haben. Unser Protest entspricht unserer Solidarität mit allen Völkern, die für Unabhängigkeit und Selbstbestimmung kämpfen.

Wie wir gegen die Intervention der USA in Vietnam und Santa Domingo, gegen die Blockade Kubas protestierten, rufen wir heute zur Demonstration gegen die Intervention in der Tschechoslowakei auf.

Progressive Mittelschüler Zürich
Fortschrittliche Studentenschaft Zürich
Junge Sektion der PdA Zürich
Jungsozialisten Zürich
Fortschrittliche Gewerkschafter Zürich
Freie Jugend Zürich
Progressive Jugend Zürich
Republikanischer Klub Zürich

FGZ-Eigendruck, 21.8.1968

URBAN GWERDER
TILT

«Was spielerisch war, habe ich immer gut gefunden»

Ein Gespräch mit Urban Gwerder

Céline Jourdain unter Mitarbeit von Susanne Haaf

Urban, du hast dich lange gegenüber den Medien verweigert. Jetzt fängst du wieder an, dich ihnen zu stellen. Hast du Frieden geschlossen mit den etablierten Medien?

(Urban lacht) Vieles hat sich verändert seit den 60er-Jahren. Die Verweigerung gegenüber den öffentlichen Medien hat damals Sinn gemacht. Wir wollten nichts mit den Organen zu tun haben, die sich für unseren Aufbruch und unsere eigene Kultur nicht ernsthaft interessierten und stattdessen Tatsachen verdrehten und Unwahrheiten propagierten. Ich habe deshalb Anfang 1968 das *Hotcha!*, unser eigenes, alternatives Sprachrohr ins Leben gerufen. Als man dann in den 1980er-Jahren auf die glorreiche Idee kam, das 20-Jahr-Jubiläum der 68er feierlich zu begehen, habe ich alle Anfragen für Interviews und Stellungnahmen abgelehnt.

Wolltest du deinen Standpunkt zu den Ereignissen in den 68er-Jahren nicht bekannt geben?

Doch schon, aber ich wollte das auf meine Weise tun, und da zündete ich sozusagen eine Tischbombe: Ich habe eine neue Ausgabe von *Hotcha!* publiziert, als hätte es nur eine kurze Produktionspause zwischen 1971 und 1986 gegeben. Die Reaktionen darauf haben mir gezeigt, wie wichtig unsere Präsenz für die junge Generation als Anregung und Mutmacher immer noch war. Heute gibt es wieder eine neue Generation junger Menschen, gegenüber der ich eine gewisse Verantwortung empfinde, ihr die Geschichte als Zeitzeuge zwar subjektiv, aber trotzdem wahr und möglichst unverfälscht nahezubringen. Mich diesem neuen Publikum zu verweigern, wäre ein schlechtes Zeichen. Deshalb nehme ich heute gerne die Chance wahr, meine Sicht der Vergangenheit zu erzählen. Das hat nichts mit Nostalgie zu tun – ich bin ein Mensch, der im Hier und Jetzt lebt –, sondern ich möchte meinen Beitrag zur Überlieferung der Erinnerung leisten. Meine Haltung gegenüber den kommerziellen Medien hat sich trotzdem nicht wesentlich verändert.

In deinem Buch *Im Zeichen des magischen Affen* problematisierst du den Begriff ‹68er-Bewegung›, der im deutschsprachigen Raum oft verwendet wird, um die Protestbewegungen der 1960er-Jahre zu bezeichnen. Was gefällt dir nicht an dem Begriff?

Er repräsentiert die Bewegung nicht ausreichend. Natürlich, 1968 war das Jahr, das durch Strassenschlachten und sonstige Eskalationen in die Geschichte eingegangen ist. Doch diese waren ja nur Segmente einer Bewegung, die in Wirklichkeit ein viel grösseres Spektrum an Themen und Aktionen umfasste und deren Anhänger oft sehr unterschiedlich waren.

▲ Urban Gwerder heute

Sollten wir also analog zum amerikanischen Begriff ‹sixties› im deutschsprachigen Raum in Bezug auf Europa eher von ‹den langen Sechzigern› sprechen?

Ja. In Amerika feiern sie besonders den Sommer 67, den *summer of love*. Sie erfassen die Bewegung in einem grösseren Kontext. Aber auch dieser Begriff ist eine oberflächliche Schublade und trifft den Kern nicht ganz. Solche festgelegten Begriffe haben mir nie gefallen und dennoch müssen wir damit leben, weil sie sich etabliert haben.

Weitere Begriffe, die du oft verwendest, wenn du über eure Einstellungen und Aktionen sprichst, sind ‹Gegenkultur›, ‹Gegenbewegung› oder ‹Subkultur›: Was genau verstehst du darunter?

Was die Begriffe ‹Gegenbewegung› und ‹Gegenkultur› betrifft, so würde ich sie heute wohl nicht mehr gebrauchen. ‹Gegen› gefällt und entspricht mir nicht, ‹für› ist besser! Was wir angestrebt haben, war eine ‹Eigenkultur›: Wir waren auf den verlogenen Ramsch der damaligen Gesellschaft nicht angewiesen, sondern hatten unsere eigene Musik, unsere eigene Kleidung, unsere eigenen Zeitschriften usw. Es kam darauf an, sein Leben nicht von andern bestimmen zu lassen, sondern eigenverantwortlich zu leben. Dennoch ist das ‹Gegen› nicht ganz falsch. Schliesslich ging es auch darum, den bestehenden Strukturen etwas entgegenzusetzen.

Dies lässt sich ja auch an euren Wortbildungen erkennen. Ihr habt schon bestehenden Begriffen die Vorsilbe Anti- vorangestellt. Daraus resultierten Wörter wie Anti-Nationalfeiertag, Anti-Zeitung, Anti-Copyright und ähnliche.

Wie gesagt, wir waren schon etwas polarisiert. Wir wollten, dass es um Inhalte geht statt immer nur um Geld. Wir haben für Eigenverantwortung plädiert und wollten nicht einfach machen, was vorgeschrieben wurde. Wir waren für Eigenkreativität und haben kapitalistische Massenproduktionen abgelehnt. Solche Einstellungen hatten viele von uns. Das war in erster Linie das Verbindende. Das ‹Gegen› darf man hier einfach nicht falsch verstehen: Es ging nicht um Aggression, sondern um Provokation. Es ging nicht spezifisch um ein Generationen-, sondern um ein Gesellschaftsproblem. Wir wollten ‹die Leute aus dem Busch klopfen›. Das war damals angemessen, heute muss man dafür andere Formen finden.

War eure Bewegung also nicht mehr als eine Reaktion auf Aktionen anderer? Habt ihr einfach eine Antihaltung gegenüber der Gesellschaft ausgelebt?

Absolut nicht. Man darf nicht vergessen, dass wir über einen Zeitraum sprechen, innerhalb dessen sich auch Dinge verändert haben. Wir haben damals einen Lernprozess durchlaufen. Am Anfang galt es wie gesagt, die Gesellschaft, die vor allen Problemen die Augen verschloss, durch Provokation wachzurütteln. Gleichzeitig haben wir eine Gegengesellschaft entwickelt. Mit einem einfachen «wir sind dagegen» war es aber auf Dauer nicht getan. So hat sich unser Schwerpunkt von einer Gegenkultur mehr und mehr auf eine Eigenkultur verlagert, das Reaktionäre verlor an Wichtigkeit.

Leider wurden dann aber vor allem die kreativen Besonderheiten unserer Bewegung im Verlauf der Zeit durch das Establishment vereinnahmt. Das Lebensgefühl, das unseren Herzen entsprungen ist und das sich teilweise an der Oberfläche gezeigt hat, wurde vermarktet. Dasselbe ist übrigens auch späteren Bewegungen passiert, nur noch rascher. Man musste sich immer wieder Neues einfallen lassen.

Ist dann der Begriff der ‹Subkultur› eher angemessen, um eure Bewegung zu beschreiben?

Diese Bezeichnung kann man gut verwenden, sie ist relativ neutral, wenngleich auch fast schon zu allgemein, also nicht klar genug definiert.

Wen umfasst dieser Begriff? Neben euch gab es ja auch diverse andere Gruppen, die damals engagiert auftraten, zum Beispiel die Neue Linke, die sich in Gruppierungen wie FSZ, FASS oder FGZ organisierte.

Von einer *Gruppierung* der Subkulturellen würde ich nicht sprechen. Es war keine klar abgegrenzte Gruppe mit einer bestimmten Anzahl Mitglieder. Dennoch, wenn wir von uns als Kollektiv gesprochen haben, haben wir Begriffe wie ‹Subkultur› oder ‹Untergrund› gebraucht. Genauso wurden wir von externen Leuten mit diesen Überbegriffen benannt. Das Wichtigste war aber, dass wir uns nicht in eine Schublade stecken lassen wollten. Ich für meinen Teil fühlte mich jedenfalls keiner bestimmten Gruppe zugehörig damals – und das ist bis heute so geblieben. Vielleicht liegt es daran, dass ich ziemlich frei erzogen wurde und früh bemerkt habe, dass Gruppierungen immer mit Macht zu tun haben. Macht habe ich abgelehnt. Mich haben Menschen als Ganzes interessiert. Es ging nicht nur um Abgrenzung gegenüber den andern, sondern im Gegenteil: Man hatte auch miteinander zu tun und war andern Ansichten gegenüber tolerant. Es gab zum Beispiel Rocker, die zu meinen Dichterlesungen kamen. Natürlich herrschte da nicht immer eitel Freude, und wenn man sich nicht so für einander interessierte, ging man sich auch mal aus dem Weg. Aber im Grunde waren ja alle am Suchen und Ausprobieren, und alle waren sich einig in dem Ziel, etwas verändern zu wollen. So haben wir auch Erfahrungen ausgetauscht. Und, wie gesagt, die Toleranz für die andern schwang dabei immer mit und bewirkte, dass Minderheiten einbezogen wurden, dass es also nicht mehr darauf ankam, welche Hautfarbe man hatte, ob man schwul war, ob männlich oder weiblich. Schwierig wurde es erst dann, wenn diese Toleranz aufgegeben wurde und plötzlich einzelne Gruppen auf Machtansprüche und Konfrontation setzten.

Das kam auch vor?

Ja, solche Leute hat man dann schon eindeutig ausgeschlossen bzw. sie haben von sich aus andere Meinungen nicht akzeptiert und damit Abgrenzung vollzogen. Mit ihnen hatten wir nicht viel gemeinsam. Viele von uns in der Untergrundszene waren Autodidakten. Wir waren nicht sehr papiergläubig und hatten bald erkannt, dass es keinen Grund gibt, Respekt gegenüber Autoritäten zu haben. Grossen Respekt hatten wir aber vor dem, was jemand im Kopf und im Herzen hat. Dieser Respekt ist absolut und schliesst eigentlich niemanden aus. Die Akademiker dachten hier anders, sie waren generell sehr papiergläubig und zeigten Respekt vor Obrigkeiten.

▲ **Das Living Theatre mit der Performance «Paradise Now» in Avignon.**

Wobei es natürlich auch unter ihnen Ausnahmen gab! – Auf jeden Fall fanden die meisten von ihnen, wir seien unpolitisch. Das war aber genauso ein haltloser Vorwurf, wie: «Langhaarige können nicht arbeiten.» Wir haben ihnen das ziemlich übel genommen. Heute sieht man aber im Rückblick, dass sie unrecht hatten. Viele der Themen, die aus der subkulturellen Ecke kamen, sind noch heute wichtig und auf der Tagesordnung der Politik.

Ihr hattet also eine politische Wirkung, ohne in das politische System integriert zu sein. Könntest du in diesem Zusammenhang meine entwickelte These, dass «Politik zum Leben und das Leben zur Kunst» wurde, unterstützen?

Äh, so ungefähr. Das *Living Theatre* kann hier als ein gutes Beispiel angeführt werden. Ich stand ja im engen Kontakt mit dem Gründer des Theaters, Julian Beck. Bei seiner Theatergruppe waren das Leben und die politische Haltung eine Einheit. Sie hatten sich erarbeitet, wie man anders miteinander umgehen könnte. Mit dieser Haltung sind sie von Ort zu Ort gewandert, um ihre Gesinnung weiterzugeben. Wenn sie in Zürich waren, habe ich einen Teil der Mitglieder bei mir einquartiert. Im Grunde war diese Theatergruppe einer der besten Botschaftsträger der damaligen Zeit, denn überall hat sie Menschen mitgerissen, zusammengestöpselt und vernetzt.

International orientiert zu sein, war euch Subkulturellen also sehr wichtig?

Allgemein war uns wichtig, mit Menschen in Kontakt zu treten, und zwar nicht so wie heute mit Computer und Internet, sondern direkt. Ob dies die Landesgrenze überschreitet oder nicht, hat weniger eine Rolle gespielt. Wir haben miteinander gelebt und gearbeitet und haben auch die Möglichkeit, Reisen zu machen, genutzt, um andere Menschen zu treffen. Vor den Problemen in unserer Stadt haben wir uns dennoch nicht verschlossen. Wenn wir Aktionen vernünftig fanden, haben wir uns durchaus solidarisch gezeigt und dem *Hotcha!* zum Beispiel Flugblätter von andern Gruppen beigelegt, um so deren Verbreitung zu unterstützen. Aber wir haben uns da nicht vereinnahmen lassen. So sind beispielsweise einmal Vertreter der linken Gruppierung

Rote Steine in die *Hotcha!*-Redaktion gekommen. Sie haben uns ein Wahnsinnsmanifest gezeigt, das unverblümt zu totaler Gewalt aufrief. Sie fanden, wir als freie Presse sollten das drucken. Natürlich habe ich das nicht gemacht. Wir waren zwar die freie Presse, aber Gewalt in welcher Form auch immer haben wir abgelehnt.

Aber für ein Jugendhaus seid ihr auch eingetreten?

Ja, das lag auch uns am Herzen. Schliesslich hat alt Stadtpräsident Emil Landolt das Zürich-Fest mit der Idee begründet, dass der Erlös der Zürcher Jugend, zum Beispiel in Form eines Jugendhauses, zugute kommt. Unter dem späteren Stadtpräsidenten wurde das aber nie mehr besprochen, und das Geld schien für diese Zwecke nicht mehr vorhanden zu sein. Wir wollten aber unser Recht einfordern und hofften, es könnte eine Art *Artslab* wie in London, also ein Experimentierhaus für allerlei, geschaffen werden. Es sollte durchaus nicht beschränkt sein auf Kunst, sondern das gesamte Spektrum, also auch Wissenschaft, Spiel und Ähnliches umfassen.

Hätte man nicht versuchen sollen, sich auf Angebote des Stadtrates einzulassen, statt auf Konfrontationskurs zu gehen? Hätte man so die Eskalation am Globus-Provisorium vielleicht vermeiden können?

Erstens hat der Stadtpräsident nichts Brauchbares vorgeschlagen. Zweitens hat den Ausbruch der Gewalt beim Globus-Krawall niemand verstanden; nicht die Jugendlichen, die demonstriert hatten, und schon gar nicht die Bevölkerung. Im Grunde sind in dieser Nacht viele eigenartige Dinge passiert.

Ich und ein paar Freunde kamen an jenem Abend am vereinbarten Treffpunkt in einem Szenerestaurant in der Altstadt an und wurden schon böse überrascht. Die Rocker hatten sich dort versammelt. Sie waren bis an die Zähne mit Ketten, Schlagringen und Stöcken usw. bewaffnet. Hinter unserem Rücken waren sie von linken Radikalen angestachelt worden und wären durchaus als Kanonenfutter geopfert worden, was die ganze Sache in einem andern Licht hätte erscheinen lassen. Dies konnten ich und Tino (der Boss der Rocker) zum Glück in letzter Minute verhindern. Wir haben die Rocker entwaffnet und sind dann mit ihnen mit der ursprünglichen, guten Gesinnung zum Globus-Provisorium gegangen. Dort stellte sich jedoch heraus, dass die Provokation aus einer ganz andern Richtung kam. So stand der Polizeipräsident Bertschi bereits da und heizte die Situation an, indem er in sein Megafon brüllte. René Keller und ich sind nebeneinander den Demonstranten voraus die Strasse entlang gerannt und während ich über immer neuen Demosprüchen brütete, schrie er die entstandenen Sprüche lauthals in die Umgebung. An diesem Abend haben wir gemerkt, wie unorientiert und verunsichert die Bevölkerung war. So viel abstrakte Gewalt hat man vorher nicht gekannt. Nach der Schlacht waren wir alle ratlos. Vor Ort wurde beschlossen, dass man sich noch am gleichen Abend versammelte, um über das weitere Vorgehen zu beraten. Als Vertreter des Untergrunds wollte man mich erst an diesem Treffen nicht zulassen. Daran sieht man auch deutlich, dass durchaus einige Gruppen Abgrenzung betrieben haben. Dank der Vermittlung eines Freundes bin ich dann doch dabei gewesen. Ich habe dafür plädiert, so schnell wie möglich ein Gratis-Informationsblatt für die Bevölkerung herauszugeben, das über die Geschehnisse aufklärt. Schliesslich war von der öffentlichen Presse diesbezüglich ja nichts Objektives zu erwarten. Die Idee kam bei den Linken gut an – so gut, dass sie unverschämterweise gefragt haben, wann sie denn das Flugblatt bei mir abholen könnten. Nachdem ich sie darauf aufmerksam gemacht hatte, dass sie die nötige Infrastruktur hätten und nicht ich, haben sie sich der Aufgabe angenommen und publizierten ein Informations-Extrablatt.

Du sagst, den Ausbruch der Gewalt hat niemand von euch verstanden. Welchen Verlauf dieser Demonstrationsnacht, welche Reaktionen vonseiten der Stadt und der Polizei hatte man denn erwartet?

Es gab ja vor den Krawallnächten schon einmal eine Demonstration für das Jugendhaus, und zwar am 15. Juni 1968, bei der wir auch das Globus-Gebäude betreten durften. Wir dachten, dass es jetzt so weiter verlaufen würde und wir über derartige Demonstrationszüge das Jugendhaus erkämpfen könnten, zumal ein solches Jugendhaus der Wunsch aller Jugendlichen war und somit bei den Demonstrationen auch alle Gruppierungen vertreten waren. Doch an dem Krawallabend durften wir das Globus-Gebäude nicht betreten, und es kam zur Eskalation.

Nach dem Globus-Krawall gab es vielfältige Bemühungen, die Geschehnisse aufzuklären und wieder zu einer Verständigung zwischen den Fronten zu kommen. Du hast bereits auf das Informations-Extrablatt hingewiesen. Eine wichtige Rolle spielte auch die *Arbeitsgemeinschaft Zürcher Manifest*. Hast du da auch mitgewirkt?

Ich war wie auch andere intellektuelle Kulturschaffende bei den Diskussionen anwesend. Diese Veranstaltung war eine gute Sache: Endlich sind die verschiedenen Interessengruppen zusammengesessen und haben miteinander diskutiert. Doch als dann das Manifest unterschrieben werden sollte, hat man mir als Vertreter des Untergrunds aus unerfindlichen Gründen verweigert, zu unterschreiben. Das hat mir trotz der vorangehenden guten Gesprächsatmosphäre gezeigt, dass sich doch nichts verändert hatte.

Der Globus-Krawall wird häufig als das zentrale Ereignis der Jugendbewegung in Zürich angesehen. Würdest du ihm die gleiche Bedeutung beimessen?

Nein, es gab noch vieles mehr, was die Bewegung ausgemacht hat als das Ringen um ein Jugendhaus. Wichtige Themen für uns waren zum Beispiel: nie wieder Krieg, ein toleranter Umgang unter den Menschen, weniger Respekt vor dem Geld oder der Autorität und mehr Respekt vor andern Dingen, wie zum Beispiel der Natur. Zudem sind die Grundwerte des Menschen von grosser Wichtigkeit. Beispiele sind hier die Liebe, die Sehnsucht nach Frieden und Freiheit, die Bereitschaft zu teilen oder die Lebensfreude.

Welche Aspekte eurer Bewegung habt ihr deiner Meinung nach bis in die heutige Zeit transportieren können?

Nun, die Grundwahrheiten und Urwerte des Menschen sind natürlich geblieben und waren auch vorher schon da. In den 1960er-Jahren wurden sie lediglich besonders betont. Daneben haben wir zu gesellschaftlichen Änderungen beigetragen. So hat sich die Stellung der Frau nach den 1960er-Jahren entscheidend verändert. Erhalten hat sich auch der offene Umgang mit Sexualität, die Stärkung und Unterstützung von Minderheiten, die Akzeptanz anderer Kulturen, die Ökologie, die ja heute eines der Hauptthemen darstellt. Die Menschen sind toleranter geworden und unkomplizierter: Damals wäre es zum Beispiel undenkbar gewesen, dass sich ein Bankier mit einem Punk unterhält. Heute ist das kein Problem mehr. Auch kulturell ist viel passiert.

Gab es andererseits Bereiche, in denen ihr eure Ziele nicht erreicht habt?

Bis heute setzt sich die Kette von Kriegen beständig fort. Es ist uns auch nicht gelungen, das Geld abzuschaffen. Aber man sollte uns das nicht vorwerfen – wir waren ja auch nicht der liebe Gott. Generell scheint mir, man hat der Bewegung nicht genügend Zeit gelassen zum Lernen. Auch für uns waren ja Ideen wie das Miteinanderleben, Eigenverantwortlichkeit, die freie Liebe usw. erst einmal Neuland und ein grosses Experimentierfeld. Aber sie hätten sicher auch beispielhaft für andere Lebensformen werden können. Doch diejenigen, die wir damals das Establishment nannten, also die Regierenden, haben sofort damit begonnen, die Bewegung zu zerschlagen, als sie merkten, dass diese aufgehört hatte, nur harmlos zu sein.

Die Jugendbewegung hatte in den 1960er-Jahren ja nicht nur die Schweiz ergriffen, sondern ganz Europa und die USA. Habt ihr euch von den protestierenden Jugendlichen aus Frankreich, Deutschland oder Amerika unterschieden?

Natürlich waren die Jungen und damit auch ihre Bewegung nicht überall gleich. Aber das bringt der Unterschied der Kulturen schon zwangsläufig mit sich. Ich habe das jedoch nie als Abgrenzung gesehen, sondern immer als Chance, sich auszutauschen und auch Gemeinsamkeiten zu entdecken. Speziell war in der Schweiz vielleicht, dass es schon innerhalb unseres Landes immer eine ziemliche Vielfalt gab. Sicher hängt das damit zusammen, dass in der Schweiz unterschiedliche Sprachen und Kulturen aufeinandertreffen. Dies hat dazu geführt, dass wir nicht so radikalisiert waren wie zum Beispiel die Jugendlichen in Frankreich. Und die Friedensbewegung, die in den USA aufgrund des Vietnamkriegs eine wichtige Rolle spielte, war für uns weniger zentral, da die Schweiz da nicht involviert war.

In andern Städten der Schweiz, beispielsweise in Bern, Basel und Genf, gab es ja auch Aktionen von Jugendlichen. Erfolgte da ein Austausch oder kochte mehr oder weniger jeder sein eigenes Süppchen?

Wir haben uns gegenseitig besucht und miteinander diskutiert. Solche Sachen waren immer wichtig. Damit haben wir die Jugendbewegung auf nationaler Ebene zusammengebracht. Jede Stadt hatte natürlich ihr eigenes Kolorit, aber das hat es auch spannend gemacht.

Kommunikation und Interaktion mit andern Menschen scheinen also schon immer zentral für dich gewesen zu sein. Wodurch kamst du zu dieser Haltung?

Einer der wichtigsten Faktoren für diese Prägung ist wohl meine Kindheit. Ich bin im Kreis 4 aufgewachsen, also in einem multikulturellen Viertel: Dort lebten Arme und Reiche, Menschen mit verschiedenen Religionen, Nationalitäten und damit auch Sprachen und Kulturen zusammen. Die Gasse wurde meine erste private Universität, meine Lebensschule. Hier habe ich mehr gelernt, als mir in der Schule hätte beigebracht werden können. Mit 14 habe ich bereits in Künstlerateliers verkehrt, und wenn mich ein Dichter oder Musiker interessiert hat, versuchte ich, seine Adresse herauszufinden, um mit ihm in Kontakt treten zu können. So habe ich früh viele Menschen kennengelernt, mit denen ich viel korrespondiert habe. Ich war überall der Benjamin – das war ein stehender Begriff für das jüngste Mitglied der Familie – und hatte damit meinen Platz im multikulturellen Gesellschaftsteil.

Heute bist du nicht mehr der Benjamin. Auf deiner Webseite bezeichnest du dich als «Dichter, Performer, Gestalter, Publizist». All diese Tätigkeiten haben schon in den 1960ern dein Leben massgeblich bestimmt und dir zu legendärem Ruhm verholfen. Wie hat das Ganze angefangen?

Begonnen habe ich, kann man sagen, als ‹Elfenbeinturmdichter›. Ich habe schon als Kind eigene Texte geschrieben, und das setzte sich so fort. Irgendwann habe ich damit begonnen, meine Arbeiten zu veröffentlichen. Aber eine ganz neue Dimension hat mein Wirken in der Öffentlichkeit dann 1966/67 bekommen, als ich zusammen mit verschiedenen Rockbands wie *Onion Gook, Jelly Sounds Limited* und andern eine sogenannte ‹multimediale Poetry-Perfomance› veranstaltete. Bei diesen Vorstellungen haben wir Fredi Murers Experimentalfilm *Chicorée* (ein fiktives Gwerder-Porträt) gezeigt, und ich habe meine Texte zu der spielenden Band gelesen. Im Anschluss gab es Diskussionen und Gespräche mit dem Publikum, und gleichzeitig haben wir unsere Ausstellungen präsentiert. Diese Happenings liefen übrigens parallel zu denen von *The Fugs* in New York und von *Frank Zappa* in Los Angeles. Wir sind damit eine Weile lang in der Schweiz und in der BRD aufgetreten und haben diese Vorstellungsreihe *Poëtenz* – von Poet und Potenz – genannt. Zu dieser Tournee existiert ein Sammelband …

▲ Cover des Lyrikbandes «Tilt» aus dem Jahr 1967.

… Tilt?

Genau. Darin habe ich Gedichte, Songs und Collagen aus der *Poëtenz*-Zeit zusammengestellt. Das Buch enthält als Originalbeilage auch das erste Poster von H.R. Giger, mit dem wir damals für diese Happenings geworben haben.

Besonders wichtig wurde dann für dein Schaffen die Untergrundzeitschrift *Hotcha!*, die du Anfang 1968 gegründet hast. Wie wurde sie produziert – lauter Langhaarige in einem Raum, die daran arbeiteten? Oder wie kann man sich das vorstellen?

Nun, die Hauptarbeit habe ich alleine verrichtet, aber wir trafen uns tatsächlich regelmässig für das Zusammentragen, Falzen und Handkolorieren der verschiedenen Ausgaben. An solchen Abenden haben wir gemeinsam gekocht, geschrieben, gedruckt und haben das Layout erstellt. Meistens haben wir uns in meiner Wohnung in der Altstadt zusammengefunden. Oft haben wir uns aber auch im *Paradiesgärtli* getroffen, einem ganz fantastischen Refugium, das uns ein Freund überlassen hatte, als er für Jahre ins Ausland ging. Ein Missverständnis möchte ich aber noch aus der Welt schaffen: Es waren nicht nur Langhaarige dabei, wir hatten auch Mitarbeiter, die dermassen gewöhnlich und kaufmännisch ausgesehen haben, dass sich die Leute gefragt haben, ob das Spitzel seien.

Wie war das Verhältnis zu den andern freien Zeitschriften in der Schweiz und im Ausland?

Mit der *Agitation*, die von der FASS herausgegeben wurde, hatten wir nicht viel zu tun. Da war das Interesse beiderseits nicht so gross, ausser dass wir für sie ein Vorbild dafür gewesen sind, wie man eine ‹andere› Zeitung macht. Mit der *Neutralität, dem Fokus* oder der Basler Zeitschrift *Polemos* haben wir eher sympathisiert. Ausserdem war ich im Rahmen des *Underground Press Syndicate* (UPS) in Kontakt mit ungefähr 500 Untergrundzeitschriften im Ausland. Man konnte zum Beispiel auch bei der *Hotcha!*-Redaktion Pakete mit 10 bis 50 U-Zeitschriften erstehen.

Kam es bei der grossen Menge an unterschiedlichen Zeitschriften vor, dass man fusionierte?

In Bezug auf *Hotcha!* war das keine Option. Es kam vor, dass man gemeinsame Projekte durchführte. So haben wir beispielsweise zusammen mit der Genfer Zeitschrift *Oeuf* eine Doppelausgabe produziert: Auf der Vorderseite war die eine Zeitschrift, auf der Hinterseite die andere vertreten. Diese Ausgabe wurde doppelt so dick und hatte eine doppelt so hohe Auflage. Mehrkosten hat das nicht verursacht, und es hat geholfen, *Hotcha!* in der französischen und *Oeuf* in der deutschen Schweiz bekannter zu machen. Ausserdem konnte es vorkommen, dass einige Leute ein eigenes Heft produzierten und dieses dem *Hotcha!* beilegen wollten. Das hat man gemacht, es verlief sich dann aber meist nach höchstens drei Ausgaben wieder. Solche spielerischen Experimente habe ich jedenfalls immer gut gefunden. Echte Fusionen von *Hotcha!* mit andern Zeitschriften kamen hingegen nicht infrage; das wäre mir zu spekulativ und kapitalistisch gewesen.

A propos kapitalistisch: Die Zeitung *Blick* wollte *Hotcha!* ja aufkaufen und dich als Chefredakteur einstellen …

Das stimmt, aber dieses Angebot anzunehmen wäre wirklich einem Wahnsinnsverrat gleichgekommen. Sie haben damals gar nicht verstanden, dass ich ein solches Angebot ausschlage. Ich hätte ja ein festes Gehalt gehabt …

Du bist deinen Idealen treu geblieben und hast Bilanz gezogen: Dein 1998 erschienenes Buch trägt den Namen *Im Zeichen des magischen Affen*. Bezieht sich dieser Titel darauf, dass ihr häufig als «langhaarige Affen» bezeichnet wurdet?

Nein, obwohl diese Assoziation gemacht werden kann. Der Titel verweist auf den chinesischen Kalender: Laut diesem waren nämlich die Jahre, in denen eigenartige Dinge passierten, immer Affenjahre. Mein Geburtsjahr 1944 oder die Jahre 1968 und 1980 waren zum Beispiel Affenjahre. Damit bin ich nach chinesischem Horoskop ein Affe. Ein Magier bin ich gemäss den Kabbalazahlen. Man füge nun beides zusammen und setze ein Zeichen.

Ein esoterisch angehauchter Titel also. In diesem Bereich haben später viele Leute der 68er-Bewegung Halt gesucht. Wie stehst du zu Spiritualität und Esoterik?

Spirituell war ich immer, esoterisch eigentlich nicht. Früher habe ich die ganzen Religionen studiert, den Koran, die Bibel, das Tibetanische Totenbuch, die Tora und Ähnliches gelesen. Es gibt so viele Kulturen, so viele Möglichkeiten, sich auszudrücken. Ich möchte mich da nicht festlegen. Was mich jedoch interessiert, ist der Zen, wo es darum geht, den Kopf zu leeren von Dingen des Alltags, die einen belasten, sich selbst zu finden, zur Ruhe zu kommen, sogar zu lachen. Gleichzeitig macht Zen niemandem irgendwelche Vorschriften – das mag ich.

Was heisst es für dich also, spirituell zu sein?

Ich würde sagen, Spiritualität hat viel damit zu tun, dass man sich bewusst ist, dass es noch anderes gibt als einen selbst, dass es Gründe gibt, Respekt zu haben, zum Beispiel vor der Natur, demütig zu sein in dem Bewusstsein, dass man eigentlich privilegiert ist und dankbar für alles Gute, das passiert.

Gab es für euch damals in der Gesellschaft auch Dinge, die ihr als gut und unterstützenswert ansaht?

Natürlich gab es Dinge, die wir gut fanden, und man darf sich das durchaus nicht so vorstellen, dass wir einfach nur gegen alles waren. Einiges haben wir auch gern angenommen und uns nicht dagegen gestellt. Wir hatten ja alles in allem Spass am Leben. Aber es gab eben auch Zustände, die wir gern ändern wollten, und das war uns auch wichtig.

Auch heute gibt es Dinge, die man verändern müsste, dennoch erscheint heute eine Bewegung wie die der 60er undenkbar. Wie schätzt du die heutige Jugend ein, was hältst du von ihr?

Sie ist in der Tat eigenartig stiller, als wir es damals waren. Man kann sagen, sie ist angepasster, mehr den Kommerz gewöhnt und in gewisser Weise unsicherer und ängstlicher. Es gibt aber auch grosse Ausnahmen, die sich jedoch nicht durchsetzen können respektive eher unauffällig im Hintergrund wirken. Wir waren ja damals viel mehr Leute, die für die gleichen Ziele eintraten, und diese Tatsache, viele Mitstreiter zu haben, hat Mut gemacht und einen bestärkt. Dass einige Zeitgenossen über die heutige Jugend herfallen und sie anklagen, nichts zu taugen und nicht politisch interessiert zu sein, ist allerdings ungerecht. Die Zeiten sind ja jetzt ganz andere. Wir konnten damals noch rebellisch sein, zu unserem Chef sagen: «Servus, mach doch deinen Dreck selbst», weil wir kurz darauf sicher wieder einen Job hatten. Heute ist das viel schwieriger.

Was willst du den jungen Leuten gern weitergeben?

Die gleichen Inhalte wie eh und je, sie gelten noch immer. Dies begleitet vom Wunsch, ihnen möge eine eigene zukünftige Gegenwart vergönnt sein.

Cover der 1998 erschienenen Autobiografie Urban Gwerders

URBAN GWERDER

IM ZEICHEN DES

MAGISCHEN AFFEN

Oral History of the Sixties
singe sengt • TILT
Poëtenz • Living Theatre
Hot Raz Times mit
Frank Zappa
Berglers Balz • Motz el Son

Gesammelte Gedichte & Songs
Beat Generation • The Fugs
HOTCHA! & weltweiter
Underground
Alpinomadics • Bolo'bolo
Hier & Jetzt

Ausschnitt aus

Tages-Anzeiger.

No. 4.6.1968

Pöbeleien nach dem Monster-Pop-Konzert

Die Jugendlichen hatten sich inzwischen auf dem Weg zum Hauptbahnhof

und der Stadtpolizei kam es in der Nacht auf den Pfingstsamstag nach dem Monster-Pop-Konzert im Hallenstadion. Die ersten Zusammenstösse fanden im, die weiteren ausserhalb des Hallenstadions statt. Dabei mussten die Uniformpolizisten verschiedentlich vom Gummiknüppel Gebrauch machen, wo- schlagen wurden. Ein Stadtpolizist und vier Jugendliche, darunter ein Mädchen, wurden verletzt und vier Personen verhaftet.

Einige Stühle zusammengeschlagen

Nach den Angaben von *Kommissär Josef Bucher*, der einen Zug von rund 35 Uniformpolizisten leitete, geschah wäh- stadion sehr wenig. Nur einige kleinere Zwischenfälle waren zu registrieren, vor allem als einige Jugendliche versuchten, die Bühne zu erklettern. Entgegen den Versprechungen des Veranstalters dauerte das Konzert wiederum fast bis Mitternacht. So war es den wenigsten Besuchern noch möglich, das Tram oder die letzten Züge nach Hause zu selbst wurden einzelne Stühle zusammengeschlagen, worauf der den Polizeieinsatz leitende Adjunkt, Dr. Hans Schlegel beschloss, das Hallenstadion zu räumen. Die Polizisten bildeten eine Kette und gingen so langsam von der Bühne aus vorwärts, die Jugendlichen vor sich her treibend. »Ich kann für meinen Zug die Hand ins Feuer legen, dass bei dieser Aktion keiner mit dem Gummiknüppel dreingeschlagen hat«, erklärte Kommissär Bucher.

Feuer vor dem Hallenstadion

Vor dem Hallenstadion entfachten Jugendliche ein ziemlich grosses Feuer, zuerst mit Papier nachher mit den Resten der kaputtgegangenen Stühle aus dem Stadion. »Da keine direkte Gefährdung für das Hallenstadion bestand, liessen wir die Leute machen«, erklärte Kommissär Bucher. Später wurde beim Kiosk ein zweites Feuer entfacht, was die Polizei veranlasste, Hunderte von Jugendlichen vom Platz wegzutreiben, wiederum ohne Gewalt. Die Jugendlichen wurden auf die andere Seite hinter die Veloständer gedrängt. »Ich habe nicht gesehen, dass geschlagen wurde«, stellte Bucher fest.

Die Uniformpolizisten standen nun vor dem Hallenstadion, auf der gegenüberliegenden Seite der Wallisellenstrasse die Jugendlichen, welche plötzlich begannen, die Polizisten mit Steinen, Bierflaschen und andern Gegenständen zu bewerfen, wobei ein Polizeimann durch eine Bierflasche verletzt wurde und im Spital behandelt werden musste. Als die »Schiessübungen« nicht aufhörten, ging die Polizei gegen die Jugendlichen los, die sich hinter den Veloständern verbarrikadiert hatten. »Dabei wurde auch vom Gummiknüppel Gebrauch gemacht«, erklärte Sicherheitspolizeichef Dr. Hans Schlegel.

Eine Barrikade beim Albert-Naef-Platz

Die Jugendlichen verzogen sich vor

nes Milchmannes umkippen, doch konnte die Polizei das Vorhaben noch rechtzeitig verhindern.

Die Crazy-Girl-Bar wird geräumt

Inzwischen hatte die Gerantin der Crazy-Girl-Bar an der Zwinglistrasse im Kreis 4 die Hilfe der Polizei ver- begehrte, obwohl das Lokal schon voll war. Weil die Pop-Musiker nach dem Monsterkonzert dorthin gefahren waren, hatte das Lokal eine Freinacht bis 2 Uhr bewilligt erhalten. Als Kommissär Bucher mit seinem Zug die Bar erreichte, wurde diese – es war inzwischen 2 Uhr – noch von zahlreichen randalierenden Jugendlichen belagert, welche die Polizisten nicht sehr freundlich empfingen. Kommissär Bucher erhielt ein Glas Bier ins Gesicht geworfen, ein anderer Polizist einen Whisky. Zu Tätlichkeiten kam es aber sonst nicht; der letzte, hartnäckigste Barbesucher, der sich weigerte, das Lokal freiwillig zu verlassen, wurde aus dem Lokal getragen und auf die Strasse gelegt, worauf das Lokal geschlossen wurde.

Ausschreitungen beim Hauptbahnhof

Die nächste Meldung kam vom Hauptbahnhof, wo bei der Küchliwirtschaft des Bahnhofbuffets Feuer angezündet worden waren. Etwa 400 bis 500 – meist jugendliche – Personen beiderlei Geschlechts lagen oder sassen auf dem Boden und warteten offensichtlich auf die ersten Züge oder auf das Oeffnen des Bahnhofbuffets. »Sie benahmen sich absolut korrekt und anständig«, sagte Kommissär Bucher, »beim ersten Feuer war nur Papier angezündet worden, darum ging ich daran vorbei. Beim zweiten Feuer bat ich die Jugendlichen, das Feuer zu löschen, was sie widerspruchslos taten. Nach diesem Augenschein befahl ich meiner Mannschaft, in die Hauptwache einzurücken.«

Die Brandwache griff ein

Inzwischen war die städtische Brandwache alarmiert worden. Der Grossalarm rückte aus und legte Leitungen, um die kleinen Feuer zu löschen, wobei die friedlich daliegenden Jugendlichen angespritzt wurden. Diese standen auf, kreischten, und innert kurzer Zeit war der ganze Bahnhofplatz

Ging die Polizei doch zu forsch ins Zeug?

Wir haben absichtlich bei der Schilderung der Vorgänge nach dem Pop-Monster-Konzert im Hallenstadion weitgehend der Darstellung der Stadtpolizei Raum gegeben. Diese steht stellenweise in krassem Gegensatz zu den Berichten von Augenzeugen. Beispielsweise erklärte ein Zürcher Photoreporter: »Ich wurde beim Photographieren von drei Uniformpolizisten getreten und mit Knüppeln bearbeitet.« Ein weiterer Photograph fragte einen besonders »schlagkräftigen« Polizisten nach seinem Namen und erhielt als Anwort – einen Tritt. Ein Journalist einer Zürcher Tageszeitung sah, wie ein Jugendlicher völlig isoliert von seinen Kameraden am Boden lag, während Polizisten auf ihn einschlugen.

Ausserdem wurde festgestellt, dass im Waidspital zwei und im Kantonsspital drei Jugendliche mit Hundebissen behandelt wurden. Sie waren die Opfer von Polizeihunden, obwohl sie die »Hüter des Gesetzes« nicht im geringsten provoziert hatten. Ein 17jähriges Mädchen, das einfach ins Gedränge gekommen war, erhielt Schläge mit dem Gummiknüppel und musste mit gebrochenem Arm sich im Spital behandeln lassen.

Es war aber offenbar nicht nur die Polizei, die Fehler machte. Beim Hauptbahnhof wäre es nicht zu den schweren Ausschreitungen gekommen, wenn nicht die Brandwache so forsch ins Zeug gefahren wäre. Wegen einiger

Quellen zur Protestgeschichte

Die digitale Edition «Der Zürcher Sommer 1968»

Susanne Haaf Die 68er haben nicht nur im Gedächtnis jener, welche die Protestbewegung hautnah miterlebt haben, tiefe Spuren hinterlassen. Sie haben auch sonst für bleibende Erinnerungen gesorgt, indem sie unzählige Seiten schrieben, Plakate malten, umfangreiche Protokolle anfertigten, geschraubte Pressemitteilungen verfassten, Wandzeitungen erstellten und originelle Zeitschriften aus der Taufe hoben. Sie haben dafür gesorgt, dass die Zeitungen ihnen ganze Seiten widmeten, haben Fotografen Modell gestanden, und auch die Polizei dokumentierte umfassend ihre Treffen und Aktionen, sammelte alle Dokumente, derer sie habhaft werden konnte, und legte umfangreiche Dossiers an. Die papierne Hinterlassenschaft der Jahre um 1968 füllt ganze Regalmeter in den Archiven. Lange blieben die Akten unberührt, gerieten gar in Vergessenheit. Mit Blick auf Jugendbewegungen und subkulturelle Aktivitäten galt in der Schweiz bisher vor allem der 80er-Bewegung und dem Opernhaus-Krawall die Aufmerksamkeit von Historikern, Soziologen und Feuilletonisten. Erst zum 40. Jubiläumsjahr der Revolte befassen sich die Schweizer Historiker zunehmend mit der Aufarbeitung der Ereignisse um das Jahr 1968, ihrer Ursachen und langfristigen Folgen. Wer sich jedoch bislang mit der 68er-Bewegung in der Schweiz beschäftigen wollte, musste die Archive aufsuchen und selbst Ordner und Mappen von Dokumenten durchforsten. Denn während die 68er-Bewegung in andern Ländern schon lange mit umfangreichen Quelleneditionen gewürdigt wurde, war das Material zu den Ereignissen in der Schweiz der Öffentlichkeit bislang auf solchem Wege nicht zugänglich. Dies galt auch für die Ereignisse des Sommers 1968 in Zürich und damit für eine Phase und einen Ort, die als Brennpunkte von ‹68› in der Schweiz betrachtet werden müssen. Mit der digitalen Edition «Der Zürcher Sommer 1968» liegt nun erstmals eine umfangreiche Sammlung von Quellen vor, welche die Ereignisse, die 1968 die Limmatstadt erschütterten, noch einmal lebendig werden lässt. Die auf diese Weise leichter zugänglich gemachten Quellen ermöglichen es nun einem breiten Publikum, persönliche Erinnerungen an die Ereignisse von 1968 aufzufrischen oder sich überhaupt erst ein Bild zu machen von einem Abschnitt der Stadtgeschichte, der von einigen bis heute verteufelt, von andern mythologisiert wird.

Die Quellen und ihre Fundorte

Die in der Edition enthaltenen Dokumente sind in ihrer Mehrzahl den beiden für die Überlieferung der 68er-Bewegung in Zürich zentralen Archiven entnommen: dem Schweizerischen Sozialarchiv Zürich (SSA) sowie dem Stadtarchiv Zürich (StArZ). Das Schweizerische Sozialarchiv Zürich, 1906 gegründet und heute im anmutigen «Sonnenhof» in der Nähe des Bahnhofs Stadelhofen gelegen, bewahrt bis in die heutige Zeit einen beträchtlichen Fundus an damals entstandenen Wandzeitungen, Kleinschriften wie Flugblättern, Dossiers und Extrablättern, Zeitungsausschnitten, Zeitschriften, Fotografien und auch einigen Plakaten auf.

Auch in dem schon seit 1798 die Stadtgeschichte Zürichs dokumentierenden, heute am Neumarkt gelegenen Stadtarchiv wurden viele der im Rahmen der 68er-Bewegung entstandenen Schriften gesammelt und aufbewahrt. Die Sammlung umfasst unter anderem ebenfalls Kleinschriften und Zeitungsausschnitte, einen vergleichsweise grossen Bestand an Fotos und – als überaus wichtige und aufschlussreiche Quelle – Polizeiakten: darunter zum Beispiel Personenakten zu den Mitstreitern der Bewegung, Spitzelberichte von Protestaktionen und internen Beratungen der Aktivisten, Akten von Disziplinaruntersuchungen gegen Polizeibeamte, weiterhin Korrespondenzen und Gutachten, Stadtratsbeschlüsse und vieles mehr. Auch Dokumentationen und chronologische Übersichten über die Ereignisse um den Globus-Krawall finden sich hier.

Die Edition «Der Zürcher Sommer 1968» enthält die meisten dieser in den beiden Hauptarchiven aufbewahrten Dokumententypen. Sie gewährt damit nicht nur Einblick in die damaligen Ereignisse, sondern bildet auch die unterschiedlichen Medien und Textsorten ab, die charakteristisch waren für ihre Zeit und – wie etwa Wandzeitungen und Flugblätter – für ein zeittypisches Lebensgefühl stehen.

Rund um den Globus … und einiges mehr

Das zentrale Protestereignis der Zürcher Jugendbewegung im Sommer 1968 war der sogenannte Globus-Krawall, der besonders in der Nacht vom 29. zum 30. Juni die Limmat-Stadt erschütterte. Ihm gingen zahlreiche Ereignisse voraus, die den eruptiven Ausbruch der Gewalt überhaupt erst ermöglichten. Doch wurden diese nicht allein durch die Aktivisten ausgelöst, sondern ganz unterschiedliche Akteure schufen ein Klima, das fast zwangsläufig zu Krawall und Demonstrationsverbot führen musste. Diese sind zum einen die Bewegung für ein autonomes Jugendzentrum und die radikalen Studenten, die durch Ultimaten und symbolische Besetzungen eine Eskalation der politischen Lage bewusst provozieren. Ihnen stehen die Stadtregierung und die von ihr kommandierte Polizei gegenüber. Vertreter der Alternativ- und Gegenkultur, aber auch andere soziale Aussenseiter wie Rocker und Trebegänger schliessen sich der Bewegung an und prägen sie mit. Die jugendliche Populärkultur, die mit den sogenannten Monsterkonzerten in Zürich einen Höhepunkt erlebt, wirkt als Bindemittel zwischen den unterschiedlichen Gruppen und als Katalysator für den Protest. Weiterhin prägen die etablierten Massenmedien die Geschehnisse mit, indem sie vor Verhältnissen wie in Paris oder Berlin warnen, die Stadtregierung zu hartem Durchgreifen auffordern und somit durch ihre skandalisierende Darstellung Stereotype transportieren, die einen Dialog unmöglich machen. Infolge des Globus-Krawalls und des daraufhin verhängten Demonstrationsverbots tritt ausserdem das linksliberale Stadtbürgertum in Aktion, das sich im *Zürcher Manifest* organisiert und zwischen protestierender Jugend und Stadtregierung vermitteln will. Das *Zürcher Manifest* ist bestrebt, das Gespräch wieder in Gang zu bringen und so Handlungsspielräume wieder zu öffnen, die vorher durch die radikalen Forderungen der Jugendlichen, ungeschicktes Taktieren der Stadtregierung, brutales Agieren der Polizei und parteiische Berichterstattung der lokalen Presse verengt worden waren. Dem *Zürcher Manifest* verdankt sich auch ein weiteres zentrales Ereignis des Zürcher Sommers 1968, die Marathondiskussion «Sechs Tage Zürcher Manifest» vom 4. bis 9. September im Centre Le Corbusier, bei dem Vertreter aller Strömungen der Protestbewegung gemeinsam agierten und ein Forum fanden für ihre Kritik an Staat und Gesellschaft.

Dieser Bogen der Ereignisse, der von der allmählichen Eskalation im Frühjahr 1968 über den Globus-Krawall und die Öffnung von Handlungsspielräumen durch das *Zürcher Manifest* bis hin zum allmählichen Auseinanderfallen der Bewegung im Herbst reicht, steckt den zeitlichen und thematischen Rahmen der Edition ab. Da es also nicht nur die demonstrierenden Jugendlichen waren, die den städtischen

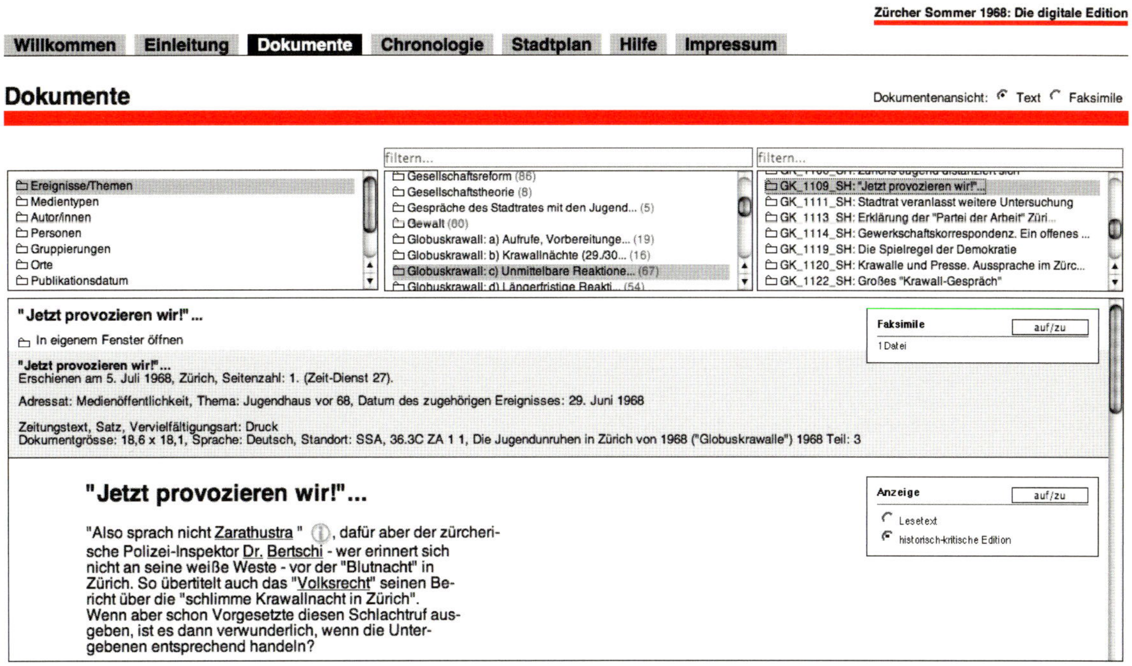

▲ **Dokumentenansicht in der digitalen Edition «Der Zürcher Sommer 1968» (Screenshot).**

Raum zum Feld politischer Aktionen umdefinierten und nutzten, wurden Dokumente aller beteiligten Akteure in die Quellensammlung aufgenommen.

Eine digitale Edition

So vielfältig die Akteure, so vielfältig waren auch ihre bevorzugten Themen, Ziele und Aktivitäten. Es ist daher nicht verwunderlich, dass Inhalte über sehr unterschiedliche Dokumententypen vermittelt wurden, die nun in der Edition repräsentiert sind. Um den Lesern die Orientierung im vielfältigen Dickicht der Dokumente zu erleichtern, wurden sie jeweils mehreren Rubriken zugeordnet, wodurch nun dem Benutzer präzise zugeschnittene Recherchen möglich sind. Zugänglich ist die Edition über die gängigen Internetbrowser. Die obige Abbildung präsentiert beispielhaft einen Suchpfad, der sich aus einer Benutzeranfrage hätte ergeben können. Deutlich ist erkennbar, dass die Recherche generell vom Allgemeinen zum Spezielleren erfolgt. So ist der Benutzer zunächst angehalten, aus einer Liste der Rubriken, nach denen die Dokumente vorsortiert sind, diejenige auszuwählen, die bestimmend sein soll für die weitere Recherche. Die Rubriken umfassen Ereignisse und Themen, Medientypen, Autoren, Personen, Gruppen, Orte oder Publikationsdaten, und sie werden jeweils wieder in eine Menge von Subkategorien aufgelöst, die die zweite Station der Auswahl für den Benutzer bilden. Im hier verfolgten Beispiel führte die Entscheidung für die Rubrik ‹Ereignisse/Themen› dazu, dass eine Liste von Subkategorien angezeigt wurde, die so unterschiedliche Ereignisse und Themenbereiche wie den Globus-Krawall selbst oder dessen Folgen, das Jimi-Hendrix-Konzert vom 31. Mai 1968 oder das Thema Gewalt enthält. Wird auch hier eine Subkategorie ausgewählt, zum Beispiel das Ereignis Globus-Krawall mit besonderem Fokus auf Stellungnahmen und Reaktionen zu den Geschehnissen («Globus-Krawall über›), so gelangt der Benutzer in einem dritten Schritt zu einer Liste von Titeln der Dokumente, die unter der gewählten Kategorie subsumiert werden können. Dabei bleiben die Entscheidungen, die bis zu diesem Punkt getroffen wurden, für den Benutzer fortwährend sichtbar und somit nachvollziehbar. Abschliessend muss die Entscheidung für ein spezielles Dokument gefällt werden, das daraufhin in einem grösseren Bereich unterhalb der Navigationsfenster geöffnet wird.

Die Rubrik ‹Ereignisse› wurde um den Teilbereich ‹Themen› erweitert, da die Edition eine signifikante Anzahl an Dokumenten enthält, die sich nicht auf ein spezielles Ereignis beziehen, sondern eher ein seinerzeit brisantes Thema behandeln. So spiegelt das auf Seite 208 abgedruckte Gedicht von Anton Bruhin, einem Vertreter der subkulturellen Szene, eher den generellen Zeitgeist der Jugend wider, als dass hier ein bestimmtes Ereignis zugrunde liegt. Durch diese Erweiterung wurde erreicht, dass die Rubrik ‹Ereignisse/Themen› sämtliche in die Edition aufgenommenen Dokumente erfasst, einige der Texte darüber hinaus sogar mehrfach erscheinen, wenn sie zum Beispiel sowohl ein Ereignis als auch eines oder mehrere Themen behandeln. Dabei konnte ein Vorteil digitalen Edierens ausgenutzt werden: Auf einen Text kann mehrfach von unterschiedlichen Orten aus verwiesen werden, sodass er nicht mehr statisch und auf eine spezielle Position in der Edition festgelegt ist. Ebenso ist es möglich, unter der Rubrik ‹Medientypen›, die die Subkategorien ‹Flugblätter›, ‹Wandzeitungen›, ‹Zeitungsausschnitte› und Ähnliches umfasst, die vollständige Edition zu sichten. Doch nicht über alle Kategorien ist die gesamte Edition zugänglich. So fehlt zum Beispiel einigen Dokumenten, wie dem oben zitierten Gedicht, jeglicher Hinweis auf den Zeitpunkt ihrer Publikation, sodass diese bei der Einordnung der Texte nach deren Publikationsdaten nicht aufgeführt sind; und auch innerhalb der übrigen Rubriken kommt es vor, dass einzelne Dokumente nicht verzeichnet sind, während andererseits auf bestimmte Texte wiederholt verwiesen wird.

Einige der übergeordneten Rubriken scheinen sich auf den ersten Blick kaum voneinander zu unterscheiden, namentlich die ‹Ereignisse› vom ‹Publikationsdatum› oder die Rubrik der ‹Autoren› von der ‹Personen›. Bei näherem Hinsehen zeigt sich jedoch, dass diese Einteilung zweckmässig ist. So unterscheidet sich das Publikationsdatum eines Dokuments in den meisten Fällen von dem Zeitpunkt der Begebenheit, auf das dieses sich bezieht. Weiterhin umfassen die Rubriken ‹Personen› und ‹Gruppen› weniger die Autoren beziehungsweise Autorengruppen, welche die Dokumente verfassten – häufig wurden Dokumente nicht von einem individuellen Autor erstellt, sondern sind Produkte gemeinschaftlicher Arbeit Gleichgesinnter –, als vielmehr die in den Dokumenten erwähnten Personen oder Gruppierungen. Eine Recherche zur Rolle Max Frischs im Rahmen des *Zürcher Manifests* könnte so beispielsweise über die Rezeption der Dokumente begonnen werden, die seinen Namen beinhalten. Auch in den Dokumenten erwähnte Orte könnten für den Benutzer der Edition von primärem Interesse sein, weswegen diese ebenfalls als eigene Kategorie aufgenommen wurden. Dabei wurden nicht nur die in den Texten enthaltenen Hinweise auf Städte und Länder berücksichtigt, sondern daneben vor allem Strassen, Plätze und Gebäude innerhalb Zürichs als Subkategorien aufgenommen, sodass sich allein anhand dieser Liste ein Stadtplan der 68er-Bewegung ergibt, der zu einem Rundgang entlang der Schauplätze des Geschehens einlädt. Virtuell wurde ein solcher Ausflug bereits realisiert in Form eines skizzenhaften Stadtplans von Zürich mit besonderen Markierungen an den wichtigen Schauplätzen, welcher der Edition beigefügt wurde.

Der Zugriff auf die einzelnen Dokumente erfolgt in der vorliegenden Edition also wie in einem Buch durch Register, die jedoch anstelle von Seitenzahlen direkte Verweise zu den betreffenden Dokumenten enthalten.

Mit der Edition ins Jahr 1968

Eine Vorauswahl, wie sie für den Zugang zu den Quellen in der vorliegenden Edition getroffen werden muss, setzt ein Grundwissen zu den Umständen und Ereignissen des Jahres 1968 in Zürich sowie zu den darin involvierten Personen voraus. Doch wendet sich die Edition nicht allein an Benutzer, die sich bereits eingehend mit diesem Thema auseinandergesetzt haben, sondern sie soll allen Interessierten einen unkomplizierten Zugang zu den Ereignissen des Jahres 1968 in Zürich ermöglichen. Natürlich ist der Benutzer am besten beraten, direkt die Doku-

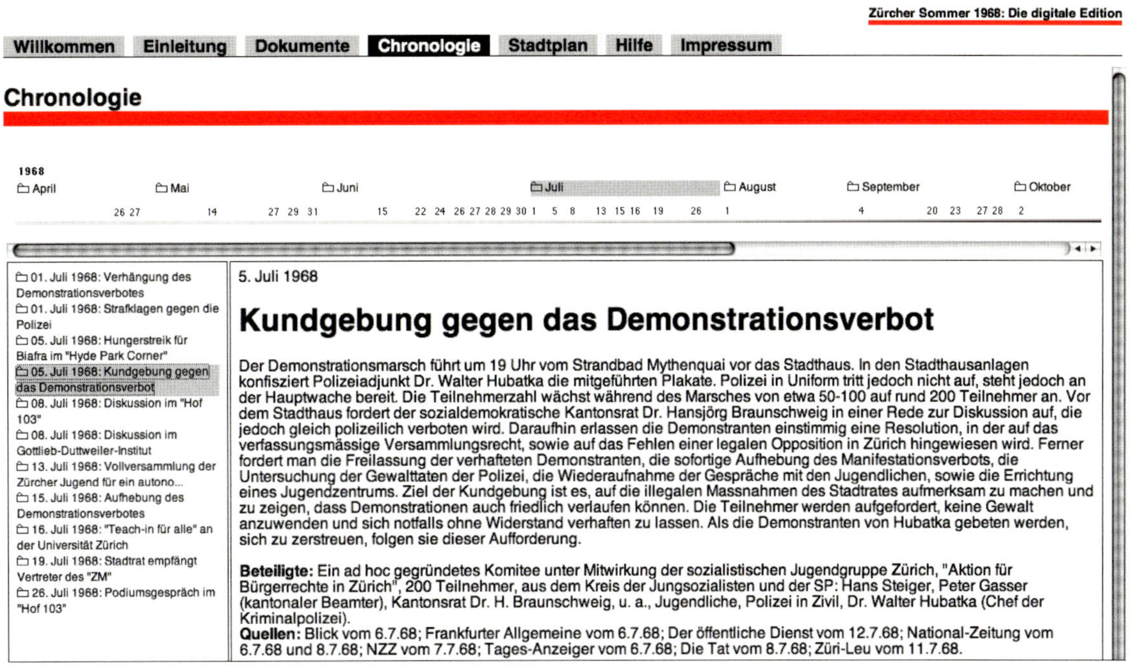

▲ **Screenshot aus der Chronologie der digitalen Edition «Der Zürcher Sommer 1968».**

mente zu konsultieren, um einen Überblick über die historischen Geschehnisse zu erhalten. Doch ein strukturiertes Basiswissen ist nicht nur für die Recherche in den Quellen, sondern auch für die Einordnung des jeweiligen Fundes überaus nützlich. Zu diesem Zweck wurde eine übersichtliche Chronologie erstellt, in der die wichtigsten Ereignisse des Zürcher Sommers aufgelistet und knapp zusammengefasst sind. Daneben werden die an der jeweiligen Begebenheit Beteiligten genannt sowie einige Quellen angegeben, die von ihr berichten. So ist es dem über diesen kurzen Abriss hinaus interessierten Benutzer möglich, sich anhand der Quellen näher zu den Geschehnissen zu informieren.

Die obige Abbildung zeigt einen Ausschnitt aus der Chronologie. Aufgerufen wurde der 5. Juli 1968 und sodann aus den zwei an diesem Tag angebotenen Ereignissen die Kundgebung gegen das Demonstrationsverbot ausgewählt. Als Ergebnis dieses Schrittes wird die in der Abbildung sichtbare kurze Skizzierung der Geschehnisse angezeigt, zusammen mit einer Liste der Beteiligten sowie einigen Quellen, die das Ereignis behandeln. Daneben erscheinen Verweise auf diejenigen Quellen, die in der Edition verfügbar sind, sodass die direkte Verbindung zwischen der Chronologie und den Dokumenten hergestellt ist.

Die Dokumente stellen sich vor

Ein Dokument, beispielsweise ein Flugblatt, enthält in der Regel nicht allein die Informationen, die mittels Text, Grafiken oder Fotos übermittelt werden, sondern es macht zusätzlich eine Reihe von Aussagen über sich selbst, seine Entstehung, Beschaffenheit, Farbe usw., die für seine Bedeutung von grossem Interesse sein können. Diese Informationen werden in dem sogenannten Dokumentenkommentar (auch: Header) festgehalten, der jedem Text vorangeht und so eine schnelle Orientierung über das Dokument ebenso wie dessen erste Beurteilung und Einordnung ermöglicht. Er ist der Übersichtlichkeit halber farblich abgehoben.

Dieser Dokumentenkommentar enthält zunächst, sofern bekannt, Autor und Titel des Dokuments. Kann kein Titel ermittelt werden, wie dies etwa bei Wandzeitungen häufiger der Fall ist, so wurden an dessen Stelle die ersten Wörter des Textes aufgeführt. Dies erlaubt zwar in den meisten Fällen keine Rückschlüsse auf Inhalt und Thematik des Textes, wie dies bei einem herkömmlichen Titel in der Regel gewährleistet wäre, doch ist es so immerhin möglich, das Dokument später erneut zu identifizieren. Aussagen zur Thematik des Textes können ferner dem Header an anderer Stelle entnommen werden.

Doch nicht nur die Auffindbarkeit eines Dokuments innerhalb der Edition muss gewährleistet werden, sondern auch der Fundort im Archiv spielt eine wichtige Rolle, zum Beispiel für den Fall, dass ein Benutzer aus bestimmten Gründen das Original eines Dokuments konsultieren möchte. Denkbar wären auch vergleichende Studien zum Bestand der Archive anhand der Edition. Für Untersuchungen solcher Art ist zu jedem Dokument im einführenden Kommentar grundsätzlich dessen genauer Fundort mit Archiv, Signatur der Schachtel und Nummer der Mappe angegeben.

Darauf folgen Informationen zur Beschaffenheit des Dokuments selbst: So erhält der Benutzer einen Hinweis auf die Medienart des Dokuments sowie auf dessen Herstellungsart und die Form der Vervielfältigung. Beispielsweise tritt bei Flugblättern häufig der Fall auf, dass sie von Hand oder mit der Schreibmaschine geschrieben und dann durch Hektografie, eine Technik zur Herstellung von Kopien mittels Matrizen, vervielfältigt wurden. Der Screenshot auf Seite 201 hingegen zeigt einen Zeitungsartikel, der gesetzt und dann durch Druck vervielfältigt wurde. Weiterhin kann sich der Benutzer hier über die Farbe des Dokuments, die Sprache, in der der Text vorwiegend verfasst ist, eventuell enthaltene Grafiken oder Fotos sowie über die Adressaten des Textes informieren. Auch die Originalgrösse des Dokuments ist hier angegeben. Sie kann bei mehrseitigen Texten je nach Seite variieren. In diesem Fall sind für jede Bilddatei eines Dokuments deren spezielle Abmessungen angegeben, wobei jeweils die Masse der breitesten und der längsten Stelle aufgeführt wurden.

Schliesslich enthält der Header auch erste inhaltliche Angaben zum Text. So erfährt der Benutzer neben den Adressaten des Textes, welchem Ereignis oder Thema das Dokument zugeordnet wurde. Diese Angaben sind auch, wie oben erläutert, im Rahmen der Basisrecherche nach den Dokumenten bereits zugänglich. Diesbezüglich sei jedoch noch einmal an oben angeführtes Beispiel erinnert: die Recherche nach der Rolle des Autors Max Frisch im Zusammenhang mit dem *Zürcher Manifest*. Es wurde vorgeschlagen, über die Personensuche all jene Dokumente zu ermitteln, die auf Max Frisch verweisen. Unter ihnen können nun über die Angaben zu Thema und Ereignis im jeweiligen Dokumentenkommentar diejenigen Texte ausfindig gemacht werden, die zusätzlich das *Zürcher Manifest* thematisieren, wodurch schliesslich ein auf die spezifische Frage des Benutzers genau abgestimmtes Rechercheergebnis vorliegt.

Einen speziellen Fall stellen die Polizeiakten aus dem Stadtarchiv Zürich dar. Hier kann es vorkommen, dass ein Bericht zu einer bestimmten Person oder einer Protestversammlung von Jugendlichen im Anhang ein konfisziertes Dokument, beispielsweise ein Flugblatt, auf das in der Akte Bezug genommen wurde, enthält. Solche Anhänge wurden als eigenständige Dokumente aufgefasst und daher separat aufgenommen, sind jedoch durch Verweise auf die zugehörige Polizeiakte mit dieser verknüpft.

Texte, die sich selbst beschreiben

Der Header führt somit zu den eigentlichen Texten der Edition hin. Diese werden sowohl als Abschriften als auch in Form von Abbildungen der Dokumente, sogenannten Faksimiles, angeboten. Dabei ist zwar die Abschrift so konzipiert, dass die Nähe zum Originaltext weitgehend erhalten bleibt und Informationsverlust möglichst vermieden wird, doch kann die ursprüngliche Form des Dokuments häufig nicht vollständig imitiert werden. Beispielsweise enthält das pressekritische Dokument auf Seite 70 f. zahlreiche Grafiken, die sich direkt auf den Text beziehen und somit innerhalb des Dokuments eine besondere Rolle spielen. Jedoch ist es weder möglich noch wäre es erwünscht, diese Grafiken authentisch nachzubilden, denn der besondere Nutzen der Abschrift besteht gerade darin, dass durch sie ein schneller und unkomplizierter Zugang zum Text des Dokuments ermöglicht wird. Der Gesamteindruck des Dokuments wird stattdessen durch erläuternde Kommentare innerhalb der Abschrift sowie insbesondere durch das Faksimile vermittelt. Hinsichtlich des Textbildes stehen die Abschriften den Originalen sehr nah, da die verschiedenen Erscheinungsformen der Schrift und des Layouts hier wiedergegeben werden. Als Besonderheiten der Schrift können deren Grösse und Farbe, ausserdem die Schriftart sowie die Schriftformatierung, also zum Beispiel fetter oder kursiver Druck, Majuskeln und Kapitälchen, Sperrung, Unterstreichung usw. angesehen werden. Die Angaben zum Layout umfassen die grobe Textgliederung mit Titeln und Zwischentiteln, Absätzen sowie gegebenenfalls einem sogenannten ‹opener›, d.h. einer eröffnenden Zeile über dem Titel, wie sie oft bei Zeitungstexten erscheint, beziehungsweise dementsprechend einem ‹closer› am Ende des Textes. Ausserdem werden in diesem Zusammenhang Tabellen, Aufzählungen und Einrückungen ebenso wie die Zeilenumbrüche gekennzeichnet.

Viele textliche Besonderheiten sind konstitutiv für die Bedeutung eines Dokuments. So dienen beispielsweise die Capitalis-Passagen im Dokument «Die Zürcher Presse heizt einen heissen Sommer an» der Hervorhebung von Aussagen. Ebenso können auch Titel und Zwischentitel, Aufzählungen, Tabellen, Fettdruck oder verschiedene Schriftarten als semantisch bedeutend für einen Text gelten. Diese bedeutungstragende Funktion bestimmter Formatierungen für den Text ist das wichtigste Kriterium für deren Markierung in der Edition.

Es ist jedoch möglich, dass diese sehr genaue Aufbereitung der Texte gemäss ihres ursprünglichen Erscheinungsbildes (diplomatischer Abdruck) nicht für sämtliche möglichen Anwendungen von Interesse ist, sondern in einigen Fällen ein schlichter Lesetext mit den nötigsten, d.h. die Übersichtlichkeit gewährleistenden Formatierungen, genügen oder sogar die Recherche vereinfachen würden. An dieser Stelle konnten die Möglichkeiten digitalen Edierens sehr fruchtbringend eingesetzt werden: So hat der Anwender die Option, zwischen der Darstellung eines diplomatischen Abdrucks und einem einfachen Lesetext zu wählen. Für speziellere Anwendungen ist es darüber hinaus möglich, sich individuell für oder gegen bestimmte Formatierungen zu entscheiden. Der Dialog erfolgt über ein Fenster, das gewissermassen auf dem Dokument liegt und beliebig an den Ort in der Browseransicht verschoben werden kann, der für den Benutzer am besten überblickbar ist.

Neben der Darstellung formaler Gegebenheiten in den Texten wird der Benutzer auf inhaltliche Aspekte hingewiesen, wodurch ebenfalls der Zugang zum Text und dessen Spezifika erleichtert wird, ohne dass jedoch Interpretationen vorweg genommen werden. So wird zum Beispiel Sprachwechsel, wie er im angeführten pressekritischen Dokument zwischen Text und Sprechblasen erfolgt, besonders hervorgehoben. Auch Zitate, Problematisierungen von Begriffen, zum Beispiel durch den Ausdruck ‹sogenannt› oder durch das Setzen von Anführungszeichen, sowie Schlagwörter und Parolen, also Elemente mit besonderer kommunikativer Funktion, werden hierbei besonders gekennzeichnet.

Des Weiteren erhalten Personen-, Gruppen- und Ortsnamen eigene Markierungen und werden, wenn der Benutzer sie mit dem Cursor berührt, in einem an dieser Stelle sich öffnenden Fenster in normalisierter Form dargestellt. Für die unterschiedlichen Benennungen des damaligen Zürcher Stadtpräsidenten Dr. Sigmund Widmer also, die von ‹Sigi Widmer› über ‹Dr. Widmer› bis hin zu ‹der Stadtpräsident› reichen, wird immer dieselbe Form angegeben, in diesem Fall ‹Dr. Sigmund Widmer›, die so auch im Register zur Dokumentenauswahl erscheint. Zu den einzelnen Personen kann sich der Benutzer darüber hinaus mittels einer an gleichem Ort bereitgestellten Kurzbiografie informieren.

Pop-up-Fenster dienen zudem der Benennung sämtlicher editorischer Kennzeichnungen im Text. Sie bilden also den Stellenkommentar sowie den textkritischen Apparat der Edition, die somit jedoch nicht, wie üblicherweise, am Ende einer Seite, sondern an der jeweiligen Textstelle selbst dargestellt werden.

Angaben zur Textgenese, also zur Entstehung des Textes, sind vorgesehen, erscheinen jedoch insgesamt eher selten. Der Grund ist, dass es sich zumeist um gedruckte und vervielfältigte Texte handelt, die bereits in der korrigierten, für die Veröffentlichung freigegebenen Fassung vorliegen. Wo Eingriffe des Autors oder von anderer Hand in den Text erkennbar sind, sind sie als solche gekennzeichnet.

Sämtliche dieser Anmerkungen zu einzelnen textlichen Phänomenen sollen dazu dienen, ein möglichst authentisches Bild des Originaltextes zu zeichnen. Wo dies nicht vollständig gelingt, bietet das Faksimile die Möglichkeit, den gewonnenen Eindruck von einem Dokument um fehlende Informationen zu ergänzen.

Die Jugendbewegung der 60er-Jahre präsentiert sich in Zürich wie auch andernorts als bunte Mischung verschiedener Themen, Ideologien, Ansichten, Lebensstile, Aktionen und schliesslich auch Medien. Das Stichwort ‹bunt› kann hierbei in vielen Fällen wörtlich genommen werden: So erscheinen beispielsweise die heute erhaltenen Flugblätter und Plakate in vielen unterschiedlichen Farben und erzielen so eine Wirkung, die durch alleinige Beschreibung der Dokumente nicht vollständig wiedergegeben werden kann. Die Faksimiles hingegen dokumentieren diese Wirkung und bilden somit eine Komponente der vorliegenden Edition, deren Informationsgehalt kaum zu überschätzen ist. Dennoch wäre eine reine Faksimile-Ausgabe nicht ausreichend, etwa wenn ein möglichst rascher Einblick in die Texte gewährleistet werden soll, Unterstützung bei der Beurteilung textlicher Phänomene wie solcher der Textentstehung erwünscht ist oder automatisierte Recherchen über das Textkorpus von Interesse sind. Hinsichtlich dieser und ähnlicher Aspekte sind die Möglichkeiten einer digital vorliegenden, mit Metainformationen versehenen Abschrift sehr umfangreich. Das Medium der digitalen Edition bietet zudem vielfältige Möglichkeiten, mit der vorhandenen Information umzugehen. Der Benutzer ist eingeladen, die für ihn selbst optimale Präsentation der Texte zu ermitteln, sodass die Arbeit mit der Edition seinen speziellen Ansprüchen und Interessen gerecht wird.

Mit dieser vielseitigen und benutzerfreundlichen Form soll die Edition «Der Zürcher Sommer 1968» dazu beitragen, einerseits die 68er-Bewegung in Zürich als einen der wichtigsten historischen Prozesse der Zürcher Stadtgeschichte in das öffentliche Gedächtnis zurückzuführen und andererseits auf die Bedeutung Zürichs als wichtiges Zentrum der 68er-Bewegung überhaupt aufmerksam zu machen.

«Eines Tages, so hoffe ich ...»

Das utopische Moment

eines tages,
(so hoffe ich),
werden die schulen geschlossen sein
und die gefängnisse offen
und in den vielen unnütz gewordenen gebäuden
werden die menschen gratis wohnen
und in den autos,
in welchen es noch platz hat
fahren anhalter,

im bundeshaus in bern
wird getanzt
und man sieht filme
und spielt theater
und die polizisten
werden als gärtner angestellt
für rasen, die man betreten darf
und im tram macht ein shit die runde

eines tages wird man sich freuen
jenen geld geben zu dürfen,
die es nötig haben
oder wein
oder jemanden zu beherbergen,
einen fremden,
einen freund

und niemand wird präsidenten brauchen
und direktoren
und heimleiter
und generäle

und die irrenhäuser
werden wirkliche schulen sein
und die irren lehrer, die antworten
wenn sie gefragt werden

und im park,
in den pärken
werden nicht mehr nachts im dunkeln
strichjungen und huren angeheuert,
nein, tags, bei schöner witterung
werden dort orgien abgehalten
und bei regen im stadthaus
und alle werden sich freuen
in der schweiz zu leben

♡
anton bruhin

Sechs Tage
Zürcher Manifest
Sechs Tage
Zürcher Manifest
4.-9. September 1968
im Centre Le Corbusier, Höschgasse 8,
Zürich
4.-9. September 1968
im Centre Le Corbusier, Höschgasse 8,
Zürich

Anhang

Anmerkungen

Kapitel 3

1 Der Sammelband Dynamisierung und Umbau von Mario König liefert einen guten Überblick über die wirtschaftlichen und sozialen Dynamiken in der Schweiz der 1960er- und 1970er-Jahre.
2 Lachemeier, Die Arena, S. 48 ff.
3 Tanner, Lebensstandard, Konsumkultur, S. 101–131.
4 Spirig, Zwischen Jugendbewegung und Hochschulreform, S. 93 ff. und Huber, 1968, Fortschrittliche Studenten, S. 13 ff. Vgl. dazu auch Gwerder, Im Zeichen des magischen Affen.
5 Siehe dazu das Porträt von Willi Wottreng über Tino – König des Untergrunds.
6 Huber, Fortschrittliche Studenten, S. 2 ff.
7 Peter, Die Dritte Welt, S. 67–79.
8 Hanspeter Kriesi et. al. haben in ihrem 1981 erschienenen Band Politische Aktivierung in der Schweiz, 1945–1978 für die 1960er-Jahre einen markanten Anstieg politischer Mobilisierungsereignisse festgestellt.
9 Lachenmeier, Die Arena, S. 34–38.
10 Kunz, Von der Rebellion zur Emanzipation, S. 20 f.
11 Bucher, FBB: Fotogeschichte und Kunz, Von der Rebellion zur Emanzipation, S. 22–34.
12 Degen, Italiener, Spanier, Griechen, S. 317.
13 Lachenmeier, Die Arena, S. 78–97.
14 Peter, Die Dritte Welt, S. 50–53.
15 Vgl. beispielsweise Fernandez, Mai 68 dans les universités de Suisse Romande sowie Wisler, Drei Gruppen der Neuen Linken.
16 Bittner (2006), Bucher et al. (1995), Schär (2006), Stahel (2006) und Zimmermann (2006) untersuchen in ihren Studien sogenannte Nachfolgebewegungen.

Kapitel 11

1 Vgl. Brock, Bazon (1990): Ästhetik in der Alltagswelt und Emanzipation der Wünsche. In: um 1968. konkrete utopien in kunst und gesellschaft. Städtische Kunsthalle Düsseldorf 27. Mai bis 8. Juli 1990. Köln. S. 183 f.
2 Bill, Max (1949): Schönheit aus Funktion und als Funktion. In: WERK, Sonderdruck «Die gute Form».
3 Vgl. Erni, Peter (1983): Die gute Form. Eine Aktion des Schweizerischen Werkbundes. Baden. S. 127.
4 Nizon, Paul (1973): Diskurs in der Enge. Aufsätze zur Schweizer Kunst, Bern 1970. Zürich. S. 45.
5 Vgl. «Die gute Form», in: Peter Erni (1983): Die gute Form. Eine Aktion des Schweizerischen Werkbundes. Baden. S. 6.
6 Bignens, Christoph (2002): Ausbruch aus dem «befreiten Wohnen». In: Schweizer Möbel und Interieurs im 20. Jahrhundert (Hg. Arthur Rüegg). Basel. S. 177–195, hier S. 193, weiter: Claude Lichtenstein (2002): Das Ende des Fortschritts und die Wiederentdeckung der Geschichte. In: ebd., S. 215–235.
7 Vgl. Bachmann, Jul / von Moos, Stanislaus (1969): New Directions in Swiss Architecture. New York. Weiter: Lucius Burckhardt / Annemarie Burckhardt / Diego Pverelli (1969): Moderne Architektur in der Schweiz seit 1900. Winterthur. Sowie: Florian Adler (1969): Architekturführer Schweiz. Luzern.
8 Vogt, Adolf Max u.a. (1980): Architektur 1940–1980. Frankfurt, Wien, Berlin.
9 Burckhardt, Lucius (1980): Design ist unsichtbar. In: Wer plant die Planung? Architektur, Politik und Mensch. Kassel. S. 187–199.

Kapitel 12

1 Liedzeile aus dem Frauensong «Frauen auf die Barrikaden» (1973).

Kapitel 13

1 Zit. Leuthold, Ruedi (2005): Wer hat Angst vor Christoph Mörgeli. In: *Das Magazin*, 26.3.05., S. 10.
2 Zit. Leuthold, Ruedi (2005): Wer hat Angst vor Christoph Mörgeli. In: *Das Magazin*, 26.3.05., S. 10.
3 Das Philosophische Quartett. ZDF, 3.6.07.
4 Als Beispiel füge ich hier den – zugegeben umstrittenen – französischen Kultautor Michel Houellebecq an, der für seine Angriffe auf die 68er-Bewegung berüchtigt ist.

5 Lübbe, Hermann (1998): Achtundsechzig; Akademische Revolutionsromantik und ihre Folgelasten. In: *Neue Zürcher Zeitung*, 30.5.1998, S. 65. In diesem Artikel wird Bezug genommen auf ein Zitat von Max Horkheimer: «Wer vom Kapitalismus nicht reden will, sollte auch vom Faschismus schweigen.»

6 Zit. Uboldi, Guido (1998): Leserbrief zum Artikel «Pol Potts Schatten». *Neue Zürcher Zeitung,* 5.5.1998., S. 67.

7 Zit. Dietschi, Irène (1998): Gratwanderung zwischen Revision und Nostalgie. Irene Dietschi porträtiert sechs prominente Vertreter der 68er-Generation. In: *Neue Zürcher Zeitung*, 23.5.1998., S. 78. Das Zitat stammt aus dem Porträt über Bundesrat Moritz Leuenberger.

8 Zit. Dietschi, Irène (1998): Gratwanderung zwischen Revision und Nostalgie, Irene Dietschi porträtiert sechs prominente Vertreter der 68er-Generation. In: *Neue Zürcher Zeitung*, 23.5.1998., S. 78.

9 «Während viele 68er den traditionellen Institutionen vorerst fernblieben [...], trat Moritz Leuenberger schon 1969 der SP bei. Für ‹Fortschrittliche› war ein solcher Schritt Verrat.» Zit. Dietschi, Irene (1998): Gratwanderung zwischen Revision und Nostalgie, Irene Dietschi porträtiert sechs prominente Vertreter der 68er-Generation. In: *Neue Zürcher Zeitung*, 23.5.1998., S. 78.

10 Zit. Dietschi, Irene (1998): Gratwanderung zwischen Revision und Nostalgie, Irene Dietschi porträtiert sechs prominente Vertreter der 68er-Generation. In: *Neue Zürcher Zeitung*, 23.5.1998., S. 78.

11 Zit. ebd. S. 78.

12 Zit. ebd. S. 78.

13 Zit. ebd. S. 78.

14 Diverse Autoren (1998): Die Schweiz im Spiegel der New Yorker Einigung. Reaktionen des Auslands auf den Bankenvergleich. In: *Neue Zürcher Zeitung*, 15.8.1998., S. 5.

15 Kolbe, Gerd (1998): Brief an Bundespräsident Cotti. Unterstützung von Ziegler durch Bonner Koalitionsabgeordnete. In: *Neue Zürcher Zeitung*, 16.12.1998., S. 14.

16 Zit. Negt, Oskar (1998): Dialektische Bilder. Gedanken zu den politischen Folgen von «68». In: *Neue Zürcher Zeitung*, 1.6.1998., S. 66.

17 Zit. Das Schweigen der Lämmer auf dem Rosenberg. Versuch der Relativierung eines hartnäckigen Vorurteils. In: *Neue Zürcher Zeitung*, 25.5.1998., S. 53.

18 « [...] und zum erstenmal darf von einem 68er gesprochen werden, der den Weg durch die Institutionen bis zur Spitze geschafft hat». Zit. Dedial, Jürg (1998): Stil als Inhalt – Schröders Weg an die Macht; ein langer Marsch durch die deutschen Institutionen. In: *Neue Zürcher Zeitung*, 29.9.1998., S. 2.

19 Zit. Dedial, Jürg/Guggi, Beat/Meier, Reinhard (1998): «Unser Wahlziel ist eine rot-grüne Regierung in Deutschland». Gespräch mit der grünen Vizepräsidentin des Deutschen Bundestages, Antje Vollmer. In: *Neue Zürcher Zeitung*, 12.9.1998., S. 7.

20 Zit. Miermeister, Jürgen (1998): Die januskӧpfige Generation; Vom Terror der Titanenkinder 1968: Wurzeln und Spuren eines Mythos. In: *Neue Zürcher Zeitung*, 23.5.1998., S. 77.

21 Zit. Negt, Oskar (1998): Dialektische Bilder. Gedanken zu den politischen Folgen von «68». In: *Neue Zürcher Zeitung*, 1.6.1998., S. 66.

22 Zit. Miermeister, Jürgen (1998): Die januskӧpfige Generation; Vom Terror der Titanenkinder 1968: Wurzeln und Spuren eines Mythos. In: *Neue Zürcher Zeitung*, 23.5.1998., S. 77.

23 Zit. Habermas, Jürgen (1998): Die verschiedenen Rhythmen von Philosophie und Politik: Zum 100. Geburtstag Herbert Marcuses. In: *Neue Zürcher Zeitung*, 18.7.1998., S. 61.

24 Zit. Miermeister, Jürgen (1998): Die januskӧpfige Generation; Vom Terror der Titanenkinder 1968: Wurzeln und Spuren eines Mythos. In: *Neue Zürcher Zeitung*, 23.5.1998., S. 77.

25 Zit. Negt, Oskar (1998): Dialektische Bilder. Gedanken zu den politischen Folgen von «68». In: *Neue Zürcher Zeitung*, 1.6.1998., S. 66.

26 Zit. Miermeister, Jürgen (1998): Die januskӧpfige Generation; Vom Terror der Titanenkinder 1968: Wurzeln und Spuren eines Mythos. In: *Neue Zürcher Zeitung*, 23.5.1998., S. 77.

Literatur und Quellen

Kapitel 3

Bittner, Stefan (2006): Höhenflüge im Underground. Die Bärglütli und ihre Sommer-Camps 1971–1973. Ein Schweizer Hippie-Dropout-Phänomen als Ausdrucksform des «romantischen Komplexes», unveröffentl. Liz., Bern.

Bucher, Judith und Barbara Schmucki (1995): FBB: Fotogeschichte der Frauenbefreiungsbewegung Zürich, Zürich.

«Contestation et Mouvements 1960–1980», Cahiers d'histoire du mouvement ouvrier 21, 2005.

Degen, Bernard (1992): Italiener, Spanier, Griechen, ‹junge Mädchen in Miniröcken› und ‹langhaarige Jünglinge›. Der soziale Wandel der sechziger Jahre im Spiegel der Maifeiern. In: Ders. et al. (Hg.): Fenster zur Geschichte – 20 Quellen Interpretationen. Festschrift für Markus Mattmüller, Basel / Frankfurt a. M.

Fernandez, Jimena (1990): Mai 68 dans les universités de Suisse romande. Développement des mouvements et impact du facteur international, unveröffentl. Liz., Fribourg.

Gilcher-Holtey, Ingrid (Hg.) (1998): 1968 – vom Ereignis zum Gegenstand der Geschichtswissenschaft, Göttingen.

Gwerder, Urban (2000): Im Zeichen des magischen Affen, Zürich.

Huber, Martina (2006): 1968. Fortschrittliche Studenten in Zürich, unveröffentl. Liz., Zürich.

Jeanneret, Pierre (2005): Le Mouvement démocratique des étudiants. In: Cahiers d'histoire du mouvement ouvrier, Nr. 21, S. 43–84.

Kalt, Monika (2006): Von der Barmherzigkeit zur Solidarität. Entwicklungspolitische Bewusstseinsarbeit und Tiersmondismus in der Schweiz der 1960er und 1970er Jahre, Basel.

König, Mario et al. (1998): Dynamisierung und Umbau. Die Schweiz in den 60er und 70er Jahren, Zürich.

Kraushaar, Wolfgang (2000): 1968 als Mythos, Chiffre und Zäsur, Hamburg.

Kriesi, Hanspeter (1981): Politische Aktivierung in der Schweiz, 1945–1978, Diessenhofen.

Kunz, Barbara (2006): Von der Rebellion zur Emanzipation. Zürcher 68erinnen erinnern sich: Soziale und kulturelle Praxis 1965–1974, unveröffentl. Liz., Zürich.

Lachenmeier, Dominik (2002): Die Arena – eine Gruppierung der Basler «68er-Bewegung» zwischen «etablierter» und «alternativer» Öffentlichkeit, unveröffentl. Liz., Basel.

Lerch, Fredi (2001): Muellers Weg ins Paradies. Nonkonformismus im Bern der sechziger Jahre, Zürich.

Pavillon, Olivier (2005): La Nouvelle Gauche en Suisse romande, des années 60 au milieu des années 80: un essai de mise en perspective. In: Cahiers d'histoire du mouvement ouvrier, Nr. 21, S. 7–30.

Peter, Nicole (2006): Die Dritte Welt der schweizerischen Linken: Genese eines heterotopischen Ortes 1964–1968, unveröffentl. Liz., Zürich.

Schär, Renate (2006): «Erziehungsanstalten unter Beschuss». Heimkampagne und Heimkritik in der Schweiz in den 1970er Jahren, unveröffentl. Liz, Bern.

Spirig, Christine (2005): Zwischen Jugendbewegung und Hochschulreform. Die Zürcher Studenten 1967–1969, unveröffentl. Liz., Zürich.

Stahel, Thomas (2006): Wo-wo-wonige! Stadt- und Wohnpolitische Bewegungen in Zürich nach 68, Zürich.

Tanner, Jakob (1999): Lebensstandard, Konsumkultur und American Way of Life seit 1945. In: Walter Leimgruber et al.: «Goldene Jahre». Zur Geschichte der Schweiz seit 1945, Zürich, S. 101–131.

Tanner, Jakob (1998): The Times They Are A-Changin' – Zur subkulturellen Dynamik der 68er Bewegung. In: Ingrid Gilcher-Holtey (Hg.): 1968 – Vom Ereignis zum Gegenstand der Geschichtswissenschaft, Göttingen, S. 207–223.

Wisler, Dominique (1996): Drei Gruppen der Neuen Linken auf der Suche nach der Revolution, Zürich.

Wottreng, Willi (2002): Tino – König des Untergrunds. Die wilden Jahre der Halbstarken und Rocker, Zürich.

Zimmermann, Angela (2006): Maoisten in der Schweiz. Das lange rote Jahrzehnt der KPS/ML im Kontext der schweizerischen Linken 1972–1987, unveröffentl. Liz., Zürich.

Kapitel 4

Häsler, Alfred (1976): Das Ende der Revolte. Aufbruch der Jugend 1968 und die Jahre danach. Zürich.

Huber, Martina (2006): 1968. Fortschrittliche Studenten in Zürich. Universität Zürich (Lic. phil. I Univ. Zürich).

König, Mario, et al. (Hg.) (1998): Dynamisierung und Umbau. Die Schweiz in den 60er und 70er Jahren. Zürich (Die Schweiz 1798–1998: Staat – Gesellschaft – Politik, Bd. 3).

Kunz, Thomas (1993): Das Zürcher

Jugendhaus Drahtschmidli: Entstehung und Entwicklung. Zürich (Diss. Univ. Zürich).

Müller, Hans-Peter; Gerold Lotmar (Hg.) (1972): Der Bunker von Zürich: Jugend zwischen Rückzug und Revolte: Ein Modellfall. Olten.

Spirig, Christine (2005): Zwischen Jugendbewegung und Hochschulreform. Die Zürcher Studenten 1967 bis 1969. Zürich (Lic. phil. I Univ. Zürich).

Wisler, Dominique (1996): Drei Gruppen der Neuen Linken auf der Suche nach der Revolution. Zürich.

Auswahl zentraler Quellentexte

Die Zürcher Bewegung im internationalen Kontext

Flugblatt der FSZ, erschienen vor dem 27.4.68: «Dies – Tag der Festreden».

Tages-Anzeiger Nr. 99 vom 27.4.68: Friedlicher Go-in an der Universität Zürich.

Tages-Anzeiger Nr. 100 vom 29.4.68: Erreicht die «Kulturrevolution» jetzt auch Zürich? Betrachtungen nach den Strassenkundgebungen vom Freitag und Samstag.

Die Tat Nr. 113 vom 15.5.68: Solidaritätsgefühl treibt welsche Studenten auf die Srasse.

NZZ Nr. 384 vom 25.6.68: Die Aktionen der Jugendlichen. Mittelschüler demonstrieren für Biafra.

Volksrecht Nr. 156 vom 6.7.68: Mittelschüler hungern für Biafra.

Die Radikalisierung in der Jugendhaus-Debatte

Flugblatt der FASS, erschienen vor dem 15.6.68: «Wir machen dem unbekannten Polizisten den Prozess».

Flugblatt der FASS, erschienen vor dem 15.6.68: «Anregungen zur Polizeidemonstration».

Flugblatt der FASS, erschienen vor dem 15.6.68: Satisfaction ist möglich – Rebellion ist berechtigt. Warum wir den Globus besetzen wollen.

NZZ Nr. 363 vom 17.6.68: Vom Protest zum Ultimatum. «Besetzung» des Globus-Provisoriums durch Jugendliche.

NZZ Nr. 379 vom 24.6.68: Die Suche nach einem Jugendzentrum. Gespräche des Stadtrats mit Jugendvertretern.

NZZ Nr. 154 vom 25.6.68: Vor weiteren «Globus»-Demonstrationen.

Volksrecht Nr. 147 vom 26.6.68: Vor weiteren Demonstrationen für ein Jugendzentrum.

NZZ Nr. 389 vom 27.6.68: «Warndemonstration» in Zürich. Verkehrsbehinderung in der City.

NZZ Nr. 147 vom 27.6.68: Grüne Welle fürs Jugendhaus? Weitere Diskussionen, Paint-In und ein Umzug für das «autonome Jugendzentrum».

Tages-Anzeiger Nr. 149 vom 27.6.68: Eine Warndemonstration mit Umzug.

Neue Presse Nr. 150 vom 28.6.68: Keine Besetzung des «Globus»-Provisoriums? Zürcher Jugend will den Stadtrat verulken.

NZZ Nr. 391 vom 28.6.68: Feste Haltung des Zürcher Stadtrates. Sperrung des Globus-Provisoriums.

NZZ Nr. 391 vom 28.6.68: Feste Haltung des Zürcher Stadtrates. Sperrung des Globus-Provisoriums.

NZZ Nr. 419 vom 10.7.68: Erste Gehversuche des «autonomen Jugendzentrums».

NZZ Nr. 426 vom 14.7.68: Erklärungen des Zürcher Stadtrates zu den Unruhen.

Der Globus-Krawall

A-Z Basel Nr. 151 vom 1.7.68: Zürcher Strassenschlacht zwischen Polizei und Demonstranten.

Volksrecht Nr. 151 vom 1.7.68: Die schlimme Krawallnacht in Zürich. Wohin es führt, wenn Provokation um ihrer selbst willen betrieben wird.

Nationalzeitung Nr. 299 vom 2.7.68: «Mit diesen Leuten kann man ja nicht reden». Pressekonferenz der Zürcher Polizei über die zweite Zürcher Krawallnacht/ 17 Verletzte, 36 Verhaftete. Aufruf zur Gewaltlosigkeit. Zürcher Freisinn schürt das Feuer.

NZZ Nr. 398 vom 2.7.68: Die Ausschreitungen in Zürich.

NZZ Nr. 399 vom 2.7.68: Dritte Krawallnacht in Zürich. Verkehrsbehinderung durch sensationshungrige Menge.

Tages-Anzeiger Nr. 153 vom 2.7.68: Aus der Sicht der Polizei. Bilanz der 2. Krawallnacht: 17 Verletzte und 36 Verhaftete.

Neue Zürcher Nachrichten Nr. 152 vom 3.7.68 : Nun doch ein Ende der Krawalle? Einer dritten Nacht folgte das Versammlungsverbot. Die Zusammenstösse lösten verschiedenartigste Folgen aus.

Vorwärts Nr. 29 vom 18.7.68: Fakten über Polizei, Behörden, Presse. Anstatt eines Nachwortes zu den Zürcher Unruhen vom 29./30. Juni.

Erste Reaktionen und Massnahmen auf die Krawalle

Tages-Anzeiger Nr. 152 vom 1.7.68: Appell des Stadtpräsidenten.

NZZ Nr. 399 vom 2.7.68: Demonstrationsverbot in der Stadt Zürich.

Tagblatt der Stadt Zürich Nr. 153 vom 2.7.68: Erklärung der Freisinnigen Partei der Stadt Zürich zu den Ausschreitungen am Wochenende.

NZZ Nr. 403 vom 3.7.68: Die Krawallnächte in Zürich.

Tagblatt der Stadt Zürich Nr. 154 vom 3.7.68: Strassenschlachten in Zürich. Stellungnahme der BGB-Mittelstandspartei der Stadt Zürich.

Tagblatt der Stadt Zürich Nr. 154 vom 3.7.68: So geht es nicht. Erklärung der Christlichsozialen Partei zu den Ausschreitungen vom 29. und 30. Juni 1968.

Tages-Anzeiger Nr. vom 5.7.68: Ermittlungen durch Kantonspolizei. Hubatka: «Gegen Schläger wird vorgegangen».

Tagblatt der Stadt Zürich Nr. 157 vom 6.7.68: Erklärung der «Partei der Arbeit» Zürich, zu den Demonstrationen der Jugend.

NZZ Nr. 410 vom 7.7.68: Demonstration gegen das Zürcher Demonstrationsverbot. Zurückhaltung der Stadtpolizei.

NZZ Nr. 426 vom 14.7.68: Erklärungen des Zürcher Stadtrates zu den Unruhen.

NZZ Nr. 497 vom 14.8.68: 200 Strafanzeigen gegen Krawallteilnehmer in Zürich. Der Grossteil der Angeschuldigten unbekannt.

Tagblatt der Stadt Zürich Nr. 165 vom 16.7.68: Aufhebung des Demonstrationsverbotes. Beschluss des Stadtrates vom 15. Juli 1968.

Das Züricher Manifest

Volksrecht Nr. 155 vom 5.7.68: Ein Zürcher Manifest.

Neue Zürcher Nachrichten Nr. 159 vom 11.7.68: Vom «Zürcher Manifest» zur Aktion.

Neue Gespräche und ihre Folgen

Flugblatt des Hof 103, erschienen vor dem 8.7.68: «Einladung an alle».

NZZ Nr. 410 vom 7.7.68: Demonstration gegen das Zürcher Demonstrationsverbot. Zurückhaltung der Stadtpolizei.

Flugblatt des Hof 103 vom 9.7.68: «Mitteilungsblatt 1».

Tages-Anzeiger Nr. 159 vom 9.7.68: Die Zürcher Unruhen – eine sachliche Aussprache.

NZZ Nr. 419 vom 10.7.68: Erste Gehversuche des «autonomen Jugendzentrums».

Tages-Anzeiger Nr. 162 vom 12.7.68: Demonstration gegen das Zürcher Demonstrationsverbot. Zurückhaltung der Stadtpolizei.

National-Zeitung Nr. 318 vom 13.7.68: Zürcher Jugend tagt.

Neue Zürcher Nachrichten Nr. 161 vom 13.7.68: Aufruf zur Selbstkritik. Résumé eines Podiumsgespräches über die Zürcher Unruhen.

National-Zeitung Nr. 325 vom 17.7.68: Das Gespräch kann beginnen. Teach-in über die Zürcher Krawalle.

Neue Zürcher Nachrichten Nr. 166 vom 19.7.68: Die Steinwürfe haben uns aufgeweckt. Heute empfängt der Stadtrat Vertreter des «Zürcher Manifestes».

Volksrecht Nr. 174 vom 27.7.68: Kein befriedigendes Gesprächsergebnis. Dritte Arbeitssitzung des «Zürcher Manifestes».

Tages-Anzeiger Nr. 229 vom 28.9.68: Böses Ende des Jugendzentrums «Hof 103». Jugendliche zerstörten die Räumlichkeiten, die bis Ende September geräumt werden müssen.

Sechs Tage Zürcher Manifest

NZZ Nr. 561 vom 11.9.68: Sechs Tage «Zürcher Manifest». Bilanz eines Experiments.

National-Zeitung Nr. 419 vom 11.9.68: «Sechs Tage Zürcher Manifest» abgeschlossen. Der Stadtpräsident hat Angst vor der NZZ.

NZZ Nr. 564 vom 12.9.68: Schatten über dem «Zürcher Manifest».

Tages-Anzeiger Nr. 223 vom 21.9.68: «Zürcher Manifest» veröffentlicht Zeugenaussagen. Ein düsteres Bild der Zürcher Ordnungshüter.

NZZ Nr. 586 vom 23.9.68: Vertreter des «Zürcher Manifests» beim Regierungsrat.

Volksrecht Nr. 234 vom 5.10.68: Repression in der Demokratie.

Volksrecht Nr. 243 vom 16.10.68: Zürcher Manifest gelangt an den Stadtrat. Polizeibeamte sind zu Anzeigen verpflichtet.

NZZ Nr. 714 vom 18.11.68: Arbeitstagung der «Arbeitsgemeinschaft Zürcher Manifest».

Das Ende von 1968

Neue Zürcher Nachrichten Nr. 290 vom 13.12.68: Versuch einer Bilanz aus der Monster-Debatte.

Volksrecht Nr. 300 vom 21.12.68: Zürcher Manifest erwägt Demonstration gegen Wasserwerfer.

Kapitel 5

Fahlenbrach, Kathrin (2007): Protestinszenierungen. Die Studentenbewegung im Spannungsfeld von Kultur-Revolution und Medien-Evolution. In: Klimke, Martin / Joachim Scharloth (Hg.). 1968. Handbuch zur Kultur- und Mediengeschichte der Studentenbewegung. Stuttgart, Weimar, S. 11–21.

Kraushaar, Wolfgang (2001): 1968 und Massenmedien. In: Archiv für Sozialgeschichte, Bd. 41. Bonn, Bad Godesberg, S. 317–347.

Lachenmeier, Dominik (2007): Die Achtundsechziger-Bewegung zwischen etablierter und alternativer Öffentlichkeit. In: Martin Klimke/Joachim Scharloth (Hrsg.): 1968. Ein Handbuch zur Kultur- und Mediengeschichte der Studentenbewegung. Stuttgart 2007, S. 61–72.

Liehr, Dorothee (2007): Ereignisinszenierung im Medienformat. Proteststrategien und Öffentlichkeit – eine Typologie. In: Martin Klimke/Joachim Scharloth (Hrsg.): 1968. Handbuch zur Kultur- und Mediengeschichte der Studentenbewegung. Stuttgart, Weimar, S. 23–36.

Sösemann, Bernd (1999): Die 68er Bewegung und die Massenmedien. In: Jürgen Wilke (Hg.): Mediengeschichte der Bundesrepublik Deutschland. Köln, Weimar, Wien, S. 672–697.

Tackenberg, Marco / Dominique Wisler (2007): Hutlose Bürschchen und halbreife Mädels. Protest und Polizei in der Schweiz. Bern.

Wisler, Dominique (1996): Drei Gruppen der neuen Linken auf der Suche nach der Revolution. Zürich.

Zweifel, Urs (1998): Polizeilicher Ordnungsdienst im «Aufbruch 68». In: Mario König / Georg Kreis / Franziska Meister / Romano Gaetano (Hrsg.): Dynamisierung und Umbau: Die Schweiz in den 60er und 70er Jahren. Zürich, S. 183–201. (Die Schweiz 1798 –1998: Staat – Gesellschaft – Politik, Bd. 3).

Kapitel 6

Fischer-Lichte, Erika (2004): Ästhetik des Performativen. Frankfurt a. M.

Gilcher-Holtey, Ingrid (2001): Die 68er Bewegung. Deutschland – Westeuropa – USA. München.

Gwerder, Urban (1998): Im Zeichen des magischen Affen. Zürich.

Häsler, Alfred A. (1976): Das Ende der Revolte. Aufbruch der Jugend 1968 und die Jahre danach. Zürich.

Mumenthaler, Samuel (2001): Beat Pop Protest – Der Sound der Schweizer Sixties. Lausanne.

Tytell, John (1995): The Living Theatre. art, exile, and outrage. New York.

Wottreng, Willi (2002): Tino, König des Untergrunds. Die wilden Jahre der Halbstarken und Rocker. Zürich.

Kapitel 7

Enzensberger, Ulrich (2004): Die Jahre der Kommune I. Berlin 1967–1969. Köln.

Häsler, Alfred A. (1976): Das Ende der Revolte. Zürich.

Gwerder, Urban (1998): Im Zeichen des magischen Affen. Zürich.

Mumenthaler, Samuel (2001): Beat Pop Protest. Der Sound der Schweizer Sixties. Lausanne.

Sorg, Eugen (1993): Aufbruch. In: *Das Magazin* 21 (1993). S. 32–44.

Wottreng, Willi (2002): Tino. König des Untergrunds. Zürich.

Kapitel 10

Breyvogel, Wilfried (2005): Eine Einführung in Jugendkulturen. Veganismus und Tattoos. Wiesbaden.

Bucher, Werner (Hg.) (1979): Orte. *Schweizer Literaturzeitschrift*. Schweizer Untergrundszene – damals, heute, vorher, jetzt. Nr. 24. Zürich.

Cremer, Günter (1991): Die Subkultur der Rocker. Erscheinungsform und Selbstdarstellung. München.

Gehret, J. (Hg.) (1979): Gegenkultur Heute. Die Alternativbewegung von Woodstock bis Tunix. Amsterdam.

Schwendter, Rolf (1973): Theorie der Subkultur. Neuausgabe mit einem Nachwort, sieben Jahre später. Frankfurt a. M.

Gwerder, Urban (1998): Im Zeichen des magischen Affen. Zürich.

Gwerder, Urban (Hrsg.) (1968–1971/1988): *Hotcha!* Nummern 1–57/58. Zürich.

Jourdain, Céline (2008): «Was spielerisch war, habe ich immer gut gefunden». Ein Gespräch mit Urban Gwerder. (in diesem Band).

Stapferhaus Lenzburg (Hg.) (1979): a walk on the wild side. Jugendszenen der Schweiz von den 30er Jahren bis heute. Lenzburg.

Blick vom Dienstag, 16. April 1968.

Tages-Anzeiger vom Samstag, 28. August 1971.

Zürichsee-Zeitung vom Donnerstag, 20. Februar 1969.

Kapitel 12

Dardel, Julie de (2007): Révolution sexuelle et mouvement de libération des femmes à Genève (1970–1977). Lausanne.

Joris, Elisabeth / Witzig, Heidi (Hg.) (1986): Frauengeschichte(n). Dokumente aus zwei Jahrhunderten zur Situation der Frau in der Schweiz. Zürich.

Lenzin, Daniéle (2002): Die Sache der Frauen: OFRA und die Frauenbewegung in der Schweiz. Zürich.

Mesmer, Beatrix (2007): Staatsbürgerinnen ohne Stimmrecht. Die Politik der schweizerischen Frauenverbände 1914–1971. Zürich.

Schulz, Kristina (Hg.) (2007): Neue Frauenbewegung in der Schweiz. Themenschwerpunkt der *Schweizerischen Zeitschrift für Geschichte* 57 (2007), H. 3.

Kapitel 14

Homepage von Urban Gwerder und Olivia Etter: www.motzelson.com

Gwerder, Urban (1998): Im Zeichen des magischen Affen. Zürich

Gwerder, Urban (1967): Tilt. Bern.

Kapitel 15

Archive

http://www.sozialarchiv.ch

http://www.stadt-zuerich.ch/internet/stadtarchiv/home.html

68er-Bewegung in Zürich.

Wisler, Dominique (1996): Drei Gruppen der Neuen Linken auf der Suche nach der Revolution. Zürich.

Häsler, Alfred A. (1976): Das Ende der Revolte. Aufbruch der Jugend 1968 und die Jahre danach. Zürich.

Weitere Editionen zur 68er-Bewegung

Kraushaar, Wolfgang (Hg.) (2003): Frankfurter Schule und Studentenbewegung. Von der Flaschenpost zum Molotowcocktail 1946–1995. 3 Bände: Hamburg 1998/ CD-ROM: Hamburg.

rotaprint 25 (Hg.) (2006): Agit 883. Bewegung, Revolte, Underground in Westberlin 1969–1972. Buch mit CD sämtlicher Ausgaben der Agit 883. Berlin.

Archiv Soziale Bewegungen und Stadtarchiv Freiburg (Hg.) (2003): Gleich wird's grün. Freiburger Fahrpreiskämpfe 1968. Freiburg im Breisgau. CD mit Begleitheft (= Materialien zur Protestgeschichte 2).

Abbildungsverzeichnis

61 Polizeiakte, «Dienstbefehl zur Globusmanifestation des Aktionskomitees ‹Jugendzentrum› vom Mittwoch, 26.6.1968. Beginn 18:00 Uhr», Stadtpolizei Zürich, KK III, Polizeiinspektorat, 26.6.1968, StArZ, V.E. c.63., Schachtel 274/(018.0)913/226 Aktionskomitee autonomes Jugendhaus, 1, Akt. 1-37.
62 unten links, Wandzeitung, «Wir wollen sein ein einig Volk von Brüdern, verstande», 4.9.1968, entstanden während der Diskussionsveranstaltung «Sechs Tage Zürcher Manifest» vom 4.–9. September 1968, SSA, 335 41b/335 41b, 16.
63 unten rechts, Wandzeitung, «Die Polizei», entstanden während der Diskussionsveranstaltung «Sechs Tage Zürcher Manifest» vom 4.–9. September 1968, SSA.
64 Fotografie, Podiumsdiskussion zu den Globus-Krawallen am 11. Juli 1968 am Gottlieb Duttweiler Institut, Keystone/Str.
67 Zeitungstext, «Wehret den Anfängen!», 17.6.1968, NZZ/365.
70 Flugblatt, «Die Zürcher Presse heizt einen heissen Sommer an», FASS (Gruppe Saint-Just), 11.6.1969, SSA, 335 41c/335 41c 03.
71 Rückseite des Flugblatts «Die Zürcher Presse heizt einen heissen Sommer an», FASS (Gruppe Saint-Just), 11.6.1969, SSA, 335 41c/335 41c 03.
73 Ausschnitt aus Flugblatt, «Ausmerzen...», FSZ, 5.7.1968, SSA, Ar.201.35/Ar.201.35 FSZ: Flugblätter.
75 Fotografie, wie Seite 64.
78 links, Zeitungstext, «Was wollen die Studenten?», Rainer Gangl, 15.5.1968, *Tages-Anzeiger*.
78 rechts, Flugblatt, «Die Krise des Spätkapitalismus und die Studentenrevolte», FSZ, 20.11.1968, StArZ, (018.0)32/60 Fortschrittliche Studentenschaft Zürich FSZ, 4-V, Schachtel 238/(018.0)32/60 Fortschrittliche Studentenschaft Zürich FSZ, 4, Akt. 106-143.
79 Flugblatt, «Dies – Tag der Festreden», FSZ, 27.5.1968, SSA, Ar.201.35/Ar.201.35, FSZ: Flugblätter.
80 aus: AMZ-U. Erste Hochschul-Untergrundzeitung der Schweiz, 1968, StArZ, V.E. c.63., Schachtel 237/018.0)32/60 Fortschrittliche Studentenschaft Zürich FSZ, 3, Akt. 76-105.
81 links, Flugblatt, «Alle Leute fragen: Was denken die Studenten? Wir fragen: (Was) denken die Behörden? Teach-In zum Universitätsgesetz», 5.11.1968, SSA, 335 41c/335 41c 01.
81 rechts, Flugblatt, «Legalität und Legitimität», FSZ, 16.7.1968, SSA, Ar.201.35/Ar.201.35 FSZ: Flugblätter.
82 Still aus dem Film «Krawall» von Jürg Hassler, CH 1970.
84 oben, Flugblatt, «Freitag 14. Juni 18.30. Paint-in». 14.6.1968, StArZ, V.L. 132/V.L. 132, Globus-Krawalle (Ereignisse Juni 1968).
84 unten, Flugblatt, «Heute 18h. Diskussion», Aktionskomitee autonomes Jugendzentrum, 13.7.1968, SSA, 335/41c/335/41c, 17.M2.
87 Flugblatt, «Diskussion! 1. August-Diskussion», Antiautoritäres Komitee 1. August, 1.8.1968, SSA, 335/41c/335/41c, 17.M2.
88 Flugblatt, «Anregungen zur Polizeidemonstration», FASS, 15.6.1968, StArZ, V.L. 132/V.L. 132, Globus-Krawalle (Ereignisse Juni 1968).
88–89 Stills aus dem Film «Krawall» von Jürg Hassler, CH 1970.
91 Polizeiakte, «Podium-Veranstaltung der Abteilung des Stadtpräsidenten. Pro Testfall. Junge Autoren erproben progressive Sprache», Kriminal-Kommissariat III der Stadtpolizei Zürich, 21.10.1968, StArZ, (0)922 Abstimmungen, 2; (0)923 Kundgebungen, 1-2 Schachtel 106/(0)923 Kundgebungen, 2, Akt. 31-65.
94 Zeitungstext, «Nach dem Zürcher Pop-Monsterkonzert. Krawalle», 4.6.1968, Zürich, *Blick*.
97 Flugblatt, «1. Flugblatt der antiautoritären Menschen», Antiautoritäre Junge Sektion der PdA, 30.5.1968, StArZ, 106/106, (0)923 Kundgebungen, 1, Akt.1-30.
98 Rückseite des Flugblatts, «1. Flugblatt der antiautoritären Menschen», Antiautoritäre Junge Sektion der PdA, 30.5.1968, StArZ, 106/106, (0)923 Kundgebungen, 1, Akt.1-30.
100 Fotografie, Fans beim Konzert von Jimi Hendrix im Hallenstadion Zürich im Juni 1968, Keystone/Photopress-Archiv.
102 Ausschnitt aus der Polizeiakte «Verteilen von Flugblättern durch die ‹Junge Sektion› der PdAZ anlässlich der beiden Pop-Konzerte vom Donnerstag, den 30. und Freitag, den 31. Mai 1968 im Hallenstadion Zürich, Kriminalkommissariat III der Stadtpolizei Zürich, 4.6.1968, StArZ, 222/(018.0)30/152 Junge Sektion der Partei der Arbeit Zürich, 2, Akt. 35-63.
103 Fotografie, Nach dem Konzert der Rolling Stones am 14. April 1967 im Hallenstadion Zürich, Keystone/Photopress-Archiv.
106 links, Wandzeitung, «Die Schule ist autoritär», entstanden während der Diskussionsveranstaltung «Sechs Tage Zürcher Manifest» vom 4.–9. September 1968, SSA.
106 rechts, Wandzeitung, «Wo bleibt denn da das Wahre, Schöne, Gute?», 4.9.1968, entstanden während der Diskussionsveranstaltung «Sechs Tage Zürcher Manifest» vom 4.–9. September 1968, SSA, 335 41a/335 41a, 5.
107 Wandzeitung, «Erwacht, Verdammte dieser Schule», entstanden während der Diskussionsveranstaltung «Sechs Tage Zürcher Manifest» vom 4.–9. September 1968, SSA.
108 Ausschnitt aus Dossier «Basisgruppe für ein autonomes Jugendzentrum. Diskussionsmodell», Basisgruppe für ein autonomes Jugendzentrum, 9.1968, SSA, 335/41b/335/41b, 20.
109 links, Wandzeitung, «Arbeit macht frei!», entstanden während der Diskussionsveranstaltung «Sechs Tage Zürcher Manifest» vom 4.–9. September 1968, SSA.
109 rechts, Wandzeitung, «Sind Sie auch borniert», entstanden während der Diskussionsveranstaltung «Sechs Tage Zürcher Manifest» vom 4.–9. September 1968, SSA.
110 Polizeiakte, «Betrifft: Vermeintliche Teilnahme an einer nichtbewilligten Demonstration», Kriminalkommissariat III der Stadtpolizei Zürich, 30.6.1968, StArZ, Schachtel 341/(018.0:269)913/240/244 Baviera, Silvio, 1944.
112 Polizeiakte, «Zürcher Manifest», Kriminalkommissariat III der Stadtpolizei Zürich, 12.2.1969, StArZ, 277/277, (018.0)913/235 Zürcher Manifest, 2, Akt.31-65.
115 Flugblatt, «Wir wollen es sehen!», FASS, 11.6.1969, StArZ, (0)923 Kundgebungen, 3-5, Schachtel 107/(0)923 Kundgebungen, 4, Akt. 121-161.
116 Polizeiakte, «Fotografieren von Polizeifunktionären anlässlich von Demonstrationen», Kriminalkommissariat III der Stadtpolizei Zürich, 11.6.1968, StArZ, 106/106, (0)923 Kundgebungen, 1, Akt.1-30.

118 Fotografie von der Veranstaltung des Zürcher Manifestes vom 8./29. Juni 1969, Stadthausanlage Bürkliplatz, Zürich 1, Erkennungsdienst Zürich, Juni 1968, StArZ, V.E. c.63 Schachtel 277/277, (018.0)913/235 Zürcher Manifest, 2, Akt. 31-65.

120 Fotografie von der Veranstaltung des Zürcher Manifestes vom 28./29. Juni 1969, Stadthausanlage Bürkliplatz, Zürich 1, Erkennungsdienst Zürich, Juni 1968, StArZ, V.E. c.63 Schachtel 277/277, (018.0)913/235 Zürcher Manifest, 2, Akt. 31-65.

121 Fotografie, Kunstmaler Josef Egger (rechts) an einer Versammlung im Mai 1968 im Keller des Centre Le Corbusier an der Bellerivestrasse in Zürich. 31.3.1998, Keystone.

122 Fotografie, Sechs Tage Zürcher Manifest, 4.9.1968, SSA, 335 41a/ 335 41a, 4.

123 Wandzeitung, «Die Polizei dein Freund und Helfer», 4.9.1968, entstanden während der Diskussionsveranstaltung «Sechs Tage Zürcher Manifest» vom 4.–9. September 1968, SSA, 335 41a/335 41a, 5.

124 oben links, Wandzeitung, «Über allen Wipfeln», entstanden während der Diskussionsveranstaltung «Sechs Tage Zürcher Manifest» vom 4.–9. September 1968, SSA.

124 oben rechts, Wandzeitung, «Heisse Scheisse ist besser», entstanden während der Diskussionsveranstaltung «Sechs Tage Zürcher Manifest» vom 4.–9. September 1968, SSA.

124 unten, Wandzeitung, «Love all the World», entstanden während der Diskussionsveranstaltung «Sechs Tage Zürcher Manifest» vom 4.–9. September 1968, SSA.

125 Wandzeitung, «Banal (?): Was ist Freiheit?», entstanden während der Diskussionsveranstaltung «Sechs Tage Zürcher Manifest» vom 4.–9. September 1968, SSA.

127 Plakat, «Sechs Tage Zürcher Manifest», 4.9.1968, SSA, 335 41a/ 335 41a, 5.

130 links, Wandzeitung, «Eine Kanone ist ein psychosomatischer Penis», entstanden während der Diskussionsveranstaltung «Sechs Tage Zürcher Manifest» vom 4.–9. September 1968, SSA.

131 Wandzeitung, «Fuck for Peace», entstanden während der Diskussionsveranstaltung «Sechs Tage Zürcher Manifest» vom 4.–9. September 1968, SSA.

132 Wandzeitung, «Wer behauptet denn eigentlich dauernd, dass wir unterdrückt werden?!», 4.9.1968, entstanden während der Diskussionsveranstaltung «Sechs Tage Zürcher Manifest» vom 4.–9. September 1968, SSA, 335 41a/ 335 41a, 5.

133 links, Flugblatt, «Was Freiheit bedeuten kann!», Mensch, SSA, Ar.201.36/Ar.201.36 FASS Flugblätter.

133 rechts, Wandzeitung, «Brecht die Macht der Kirchen», entstanden während der Diskussionsveranstaltung «Sechs Tage Zürcher Manifest» vom 4.–9. September 1968, SSA.

134 rechts, Wandzeitung, «Weil sie faschistische Potenzschwierigkeiten haben», entstanden während der Diskussionsveranstaltung «Sechs Tage Zürcher Manifest» vom 4.–9. September 1968, SSA.

135 Wandzeitung, «Love all the World», entstanden während der Diskussionsveranstaltung «Sechs Tage Zürcher Manifest» vom 4.–9. September 1968, SSA.

136 Ausschnitt aus dem Comic «Freak Brothers» von Gilbert Shelton, aus *Hotcha!*, Nr. 34, 1970.

138 Erste Ausgabe des *Hotcha!* 1968, Gwerder Urban [(Hrsg.)] (1968-1971/1988): *Hotcha!*: Sippenzeitschrift Nr. 1-57/58 Zürich. Zentralbibliothek: N 3112.

140 Urban Gwerder mit Schlapphut im Theater am Zytglogge 1967, Foto aus dem Privatarchiv Urban Gwerder.

143 oben, Foto des «Paradiesgärtli» von Tina Gwerder, Privatarchiv Urban Gwerder.

143 unten, Titelblatt der Londoner Untergrundzeitschrift OZ, Nr. 30/1970, Privatarchiv Urban Gwerder.

144 Polizeiakte «An das Gewerbepolizei-Kommissariat. Betrifft: *Hotcha*», Kriminalkommissariat III der Stadtpolizei Zürich, 22. Oktober 1968, StArZ, Schachtel 333, (018.0)960.0/246 Gwerder, Alexander, 1944/*Hotcha!*.

147 Comic «Schlapp» von Antonholz Portmann, aus *Hotcha!*, Nr. 51, 1971

148 Fotografie, Vollversammlung im Globus-Provisorium am 15.6.1968, Willy Spiller, Zürich.

150 Fotografie, Jean Tinguely, Schaufensterdekoration für den Wohnbedarf in Basel, 1951, Christian Baur, Basel.

151 Fotografie, Jean Tinguely, Heureka, Plastik entworfen für die Schweizerische Landesausstellung EXPO64 in Lausanne Marcel Stamm, Jacques Saxod, Lausanne.

153 links, Fotografie, Vollversammlung im Globus-Provisorium am 15.6.1968, Willy Spiller, Zürich.

153 rechts, Fotografie, Polizeieinsatz am 29. Juni 1968 auf dem Bahnhofplatz in Zürich, Willy Spiller, Zürich.

155 Verner Panton, Living Tower, 1969, Verner Panton Design, Schweiz.

156 R. Frei, Ch. und J. Hunziker, Haus in Publinge bei Genf, 1965, aus: New Directions in Swiss Architecture, New York 1969.

158 oben links, Wandzeitung, «Pattakos muss an die Wand», entstanden während der Diskussionsveranstaltung «Sechs Tage Zürcher Manifest» vom 4.–9. September 1968, SSA.

158 rechts, Flugblatt, «Biafra – Ein Volk muss überleben!» Aktion pro Biafra (AGH, FSZ, LSZ), 11.7.1968, SSA, 335/41c/335/41c, 17.M2.

158 unten links, Wandzeitung, «Lasst alle am schöpferischen Prozess teilnehmen», entstanden während der Diskussionsveranstaltung «Sechs Tage Zürcher Manifest» vom 4.–9. September 1968, SSA.

159 Wandzeitung, «Für Frieden», entstanden während der Diskussionsveranstaltung «Sechs Tage Zürcher Manifest» vom 4.–9. September 1968, SSA.

160 Wandzeitung, «Achtung! Sensationell!», entstanden während der Diskussionsveranstaltung «Sechs Tage Zürcher Manifest» vom 4.–9. September 1968, SSA.

161 oben links, Wandzeitung, «Israel», entstanden während der Diskussionsveranstaltung «Sechs Tage Zürcher Manifest» vom 4.–9. September 1968, SSA.

161 oben rechts, Wandzeitung, «Sollen sich die Juden noch einmal ausradieren lassen?», entstanden während der Diskussionsveranstaltung «Sechs Tage Zürcher Manifest» vom 4.-9. September 1968, SSA.

161 unten, Plakat, «Diskussion mit der Antiautoritären Jungen-Sektion», Junge Sektion der PdA, 5.11.1968, StArZ, (018.0)30/152 Junge Sektion der Partei der Arbeit Zürich, Schachtel 222 und 223/ (018.0)30/152 Junge Sektion der Partei der Arbeit Zürich, 3, Akt. 64-104.

162 Wandzeitung, «Der Baum der Reife», entstanden während der Diskussionsveranstaltung «Sechs Tage Zürcher Manifest» vom 4.–9. September 1968, Zürich, SSA, 335 41a, 5.

166 Fotografie Minirock-Versteigerung am Bellevue, 5.7.1969, Keystone/Str.

170 Fotografie René M. Myser, 4.9.1968, ZB, SBGA Ar. 115/SBGA Rr. 115.05.

176 Flugblatt «Ein Jahr danach: Drohungen statt Dialoge», Arbeitsgemeinschaft Zürcher Manifest, 28. Juni 1969, StArZ, 277, (018.0)913/235 Zürcher Manifest, 2, Akt. 31-65.

180 links, Rückseite des Flugblatts «Gibt es für die Linke ein Fremdarbeiterproblem?», FSZ, SSA, 335/41c/335/41c, Mappe 2.

180 rechts, Zeitungstext, «Wer am Ostermontag der Gedenkfeier für den ermordeten Negerführer beiwohnen wollte», *Tages-Anzeiger*, 16.4.1968, Tages-Anzeiger/89.

181 Zeitungstext, «Die Gentlemen warnen vor Dutschke. Studenten der Zürcher Wiwi-Fak fordern Auftrittsverbot / ‹Einpeitscher brutaler Gewalt› / ‹Regeln primitivsten Anstandes› verletzt / ‹Gesinnungsterror wie im Deutschland der dreissiger Jahre›», *National-Zeitung*, 10.4.1968, Basel, *National-Zeitung*/ 169, SSA, 15.5 ZA 2, 1968.

182 Zeitungstext, «Studentendemonstration nach deutschem Vorbild in Zürich», NZZ, 1.4.1968, NZZ/204.

183 Wandzeitung, «Wir freuen uns über den spontanen Protest», entstanden während der Diskussionsveranstaltung «Sechs Tage Zürcher Manifest» vom 4.–9. September 1968, SSA.

184 links, Flugblatt, «Nicht einstecken! Lesen!», Fortschrittliche Studentenschaft Zürich, 5.6.1968, StArZ, V.E. c.63., Schachtel 238/(018.0)32/60 Fortschrittliche Studentenschaft Zürich FSZ, 4, Akt. 106-143.

184 rechts, Flugblatt, «Wer sind die Mörder?», Fortschrittliche Studentenschaft Zürich, Junge Sektion der PdA, 19.4.1968, StArZ, V.E. c.63., Schachtel 237/018.0)32/60 Fortschrittliche Studentenschaft Zürich FSZ, 3, Akt. 76 105.

185 Flugblatt, «Heute Demonstration!», FGZ, 21.8.1968, StArZ, 276 8/276 8, (018.0)913/235 Zürcher Manifest, 1, Akt.1-30.

186 Cover des Lyrikbandes «Tilt»; Gwerder, Urban (1967): Tilt. Bern.

188 Fotografie, Urban Gwerder heute.

190 Living Theatre «Paradise Now», Aufführung in Avignon; Foto von Robert Bollag aus dem Privatarchiv von Urban Gwerder.

194 Cover des Lyrikbandes «Tilt»; Gwerder, Urban (1967): Tilt. Bern.

197 Cover des autobiografischen Buchs «Im Zeichen des Magischen Affen»; Gwerder, Urban (1998): Im Zeichen des Magischen Affen. Zürich.

198 Ausschnitt aus Zeitungstext «Pöbeleien nach dem Monster-Pop-Konzert. Trümmer und Feuer markierten den Weg der randalierenden Pop-Fans», *Tages-Anzeiger*, 4.6.1968, Zürich, StArZ, 106, (0)923 Kundgebungen, 1, Akt. 1-30.

201 Screenshot von der Digitalen Edition, Dokumentenansicht.

203 Screenshot von der Digitalen Edition, Chronologie.

208 Flugblatt, «Eines Tages», Anton Bruhin, SSA, 335 41c/01.

209 Fotografie, Sechs Tage Zürcher Manifest, 4.9.1968, SSA, 335 41a/335 41a, 4.

210–211 Wandzeitung, «Es lebe die Utopia», entstanden während der Diskussionsveranstaltung «Sechs Tage Zürcher Manifest» vom 4.–9. September 1968, SSA.

Namenverzeichnis

Autorinnen und Autoren

Nicola Behrens
geb. 1956, rechtshistorische Promotion über die Verwaltung der Stadt Zürich in der Helvetik 1798–1803. Hat als wissenschaftlicher Mitarbeiter am Stadtarchiv Zürich den Bestand der KK III, 2. Registratur, aufgearbeitet.

Rahel Bühler
geb. 1980, studiert Allgemeine Geschichte und Politikwissenschaft an der Universität Zürich. In ihrer Lizentiatsarbeit hat sie die Berichterstattung Deutschschweizer Massenmedien zum «Globus-Krawall» analysiert.

Lorenz Durrer
geb. 1977, studiert Germanistik und Geschichte an der Universität Zürich und unterrichtet Deutsch an der Kantonsschule Küsnacht.

Susanne Haaf
geb. 1982, studierte Germanistik und Computerlinguistik an den Universitäten Heidelberg und Zürich. Seit 2007 ist sie als wissenschaftliche Mitarbeiterin in der Forschungsstelle zur Edition der deutschen Schriften Martin Bucers bei der Heidelberger Akademie der Wissenschaften tätig. Zudem war sie Mitarbeiterin im Editionsprojekt «Der Zürcher Sommer 1968» am Deutschen Seminar der Universität Zürich.

Tobias Holzer
geb. 1974, studiert an der Universität Zürich Geschichte im Hauptfach, neuere deutsche Literatur im ersten und deutsche Sprachwissenschaften im zweiten Nebenfach. Seine Lizentiatsarbeit in Geschichte befasst sich mit dem Thema «Frontismus und bürgerliche Politik in Muri AG 1933–1942».

Céline Jourdain
geb. 1981, ist Studentin an der Universität Zürich. Studium der Germanistik, Filmwissenschaft und Philosophie. Hat sich mit der Zürcher Subkultur während den 1960er-Jahren auseinandergesetzt und war Mitarbeiterin im Zürcher Editionsprojekt «Der Zürcher Sommer 1968» am Deutschen Seminar der Universität Zürich.

Christof Kübler
geb. 1956, ist leitender Kurator am Schweizerischen Landesmuseum. Ausstellungs- sowie publizistische Tätigkeit zu Themen der Architektur, des Designs und der Kulturgeschichte im 20. Jahrhundert, u.a. «Wider den hermetischen Zauber, rationalistische Erneuerung alpiner Architektur um 1930, Rudolf Gaberel und Davos».

Angelika Linke
geb. 1954, ist Professorin für Deutsche Sprachwissenschaft an der Universität Zürich und ständige Gastprofessorin an der Graduate School for Studies in Language and Culture in Europe der Universität Linköping/Schweden. Forschungsschwerpunkte: Kommunikationsgeschichte der Neuzeit, kulturanalytische Linguistik, Soziolinguistik, Sozialsemiotik des Körpers.

Nicole Peter
geb. 1973, Studium der Allgemeinen Geschichte an den Universitäten Zürich und Hamburg, verfasste ihre Lizentiatsarbeit zur Genese der Vietnamsolidarität der Schweizerischen Linken in den 1960er-Jahren. Derzeit arbeitet sie an der Forschungsstelle für Sozial- und Wirtschaftsgeschichte der Universität Zürich an ihrer Dissertation zu Erinnerungskulturen bezüglich der Rolle der Schweiz im Zweiten Weltkrieg.

Joachim Scharloth
geb. 1972, ist Wissenschaftlicher Assistent am Deutschen Seminar der Universität Zürich. In seiner Habilitationsschrift beschäftigt er sich mit den sprach- und kulturgeschichtlichen Folgen der 68er-Bewegung. Er ist Herausgeber von «1968. Ein Handbuch zur Kultur- und Mediengeschichte» und von «1968 in Europe. A History of Protest and Activism, 1956–77».

Monika Schnoz
geb. 1981, arbeitet heute in einer Agentur für Markenidentität in Zürich. Sie studierte an der Universität Zürich Publizistikwissenschaft, neuere deutsche Literaturwissenschaft und deutsche Sprachwissenschaft. Sie setzte sich schwerpunktmässig mit der «Arbeitsgruppe Zürcher Manifest» sowie deren Marathondiskussion «Sechs Tage Zürcher Manifest» auseinander und war Mitarbeiterin im Editionsprojekt «Der Zürcher Sommer 1968» am Deutschen Seminar der Universität Zürich.

Kristina Schulz
ist Wissenschaftliche Oberassistentin am Institut für Wirtschafts- und Sozialgeschichte der Universität Lausanne, wo sie Frauen- und Geschlechtergeschichte des 19. und 20. Jahrhunderts lehrt. Sie hat mit einer vergleichenden Analyse der neuen Frauenbewegungen in Frankreich und der Bundesrepublik promoviert. Nach ihrer Promotion hat sie gemeinsam mit Prof. Franz Schultheis ein von der DFG gefördertes Projekt zur Sozioanalyse materieller und symbolischer Ursachen gesellschaftlichen Leidens in der Bundesrepublik geleitet. Zurzeit arbeitet sie an einer Geschichte der literarischen Emigration in die Schweiz in der Zeit des Nationalsozialismus.

Ursula Stutz
geb. 1981, Studium der Germanistik an der Universität Zürich und der Humboldt-Universität zu Berlin. Sie hat ihr Studium mit einer Lizentiatsarbeit zur performativen Darstellung von Sprache und Kulturkritik bei Hugo Ball abgeschlossen und war Mitarbeiterin im Editionsprojekt «Der Zürcher Sommer 1968» am Deutschen Seminar der Universität Zürich.

Jakob Tanner
geb. 1950, ist Professor für Geschichte der Neuzeit an der Forschungsstelle für Sozial- und Wirtschaftsgeschichte der Universität Zürich. Forscht als Permanent Fellow am Collegium Helveticum zur Geschichte der Emotionen. Weitere Forschungsschwerpunkte: Geschichtstheorie, Wirtschafts- und Finanzgeschichte, Wissenschafts- und Körpergeschichte, Geschichte sozialer Bewegungen.

Peter Zaugg
geb. 1980, studiert Deutsche Sprach- und Literaturwissenschaft, Philosophie und Kunstgeschichte an der Universität Zürich. In seiner Lizentiatsarbeit beschäftigt er sich mit den kommunikativen Stilen unterschiedlicher Gruppen in der Zürcher 68er-Bewegung. Zudem war er Mitarbeiter im Editionsprojekt «Der Zürcher Sommer 1968» am Deutschen Seminar der Universität Zürich.